"明楚王墓与明代藩王文化"学术研讨会

2023年10月21日 湖北 武汉

会场合影

"明楚王墓与明代藩王文化"学术研讨会

SEMINAR ON THE TOMB OF THE KINGS OF CHU AND THE CULTURE OF KINGS IN MING DYNASTY

《明楚王墓与明代藩王文化》学术研讨会

2023年10月21日 湖北 武汉

明楚王墓遗址公园合影

明楚王墓国家考古遗址公园申创工作专家组
高级顾问吴宏堂主持

武汉东湖高新区党工委宣传部副部长
翟磊致欢迎词

湖北大学党委副书记
祝欣出席并致辞

武汉市文化和旅游局二级巡视员
张宏斌出席并致辞

湖北省文化和旅游厅文物保护与考古处副处长
张君出席并致辞

湖北省博物馆二级研究馆员
院文清作主旨发言

"明楚王墓与明代藩王文化"学术研讨会论文集

明楚王墓国家考古遗址公园申报创建领导小组　编

科学出版社

北京

内 容 简 介

明楚王墓为明八代九位楚藩亲王墓葬群，贯穿明代始终，是现存时间跨度最长、格局最清晰、占地最集中、保存最完整的明代亲藩墓群。为第五批全国重点文物保护单位，位于湖北省武汉市东湖高新区龙泉街道明楚王墓遗址公园内。

为加强对明楚王墓及明代藩王制度、相关历史文化的学术研究及成果转化，明楚王墓文物管理所特举办"明楚王墓与明代藩王文化"学术研讨会，鼓励专家学者撰文探讨、阐释相关遗址。本文集收录诸位大家、学者30余篇论文，包含明藩相关研究、明楚王墓考古相关研究和明楚王墓国家考古遗址公园相关思考三大部分。

本书可供考古学、历史学等学科研究者，以及高等院校相关专业师生和广大文物保护工作者、文物考古爱好者阅读、参考。

图书在版编目（CIP）数据

"明楚王墓与明代藩王文化"学术研讨会论文集／明楚王墓国家考古遗址公园申报创建领导小组编.

北京：科学出版社，2024. 10. -- ISBN 978-7-03
-079399-7

Ⅰ. K878.84-53

中国国家版本馆 CIP 数据核字第 2024KT0106 号

责任编辑：王光明　王　钰／责任校对：邹慧卿
责任印制：肖　兴／封面设计：金舵手世纪

科学出版社 出版
北京东黄城根北街 16 号
邮政编码：100717
http://www.sciencep.com

北京中科印刷有限公司印刷
科学出版社发行　各地新华书店经销

*

2024 年 10 月第　一　版　开本：787×1092　1/16
2024 年 10 月第一次印刷　印张：25　插页：1
字数：590 000

定价：288.00 元
（如有印装质量问题，我社负责调换）

编辑委员会

序

　　1368 年，太祖朱元璋在应天府称帝，国号大明，年号洪武。洪武三年（1370），太祖封第六子朱桢为楚王，就藩武昌府。洪武四年（1371），江夏侯周德兴受命增拓武昌府城，于洪武十四年（1381）迎朱桢就藩，王府位于今武昌区阅马场附近。朱桢在武昌生活的 53 年里，修建楚望台遥望南京，亲选龙泉山为楚藩王陵。楚王一脉历时 274 年，至崇祯十六年（1643）张献忠攻陷武昌、沉末代王朱华奎于江，楚藩"昭、庄、宪、康、靖、端、愍、恭、定"共八代九王全部葬于武汉龙泉山，形成了规模宏大的明楚王墓葬群，九座明代亲藩茔园占地面积约 2.64 平方千米。

　　龙泉山为两条蜿蜒相环的山脉，两山相会处有一珠山，形成"二龙戏珠"之势。山脉之间形成一葫芦形小盆地，九座亲藩茔园便建造于盆地边缘。整个地形藏风纳水，与明十三陵非常相似，每座茔园又自成体系，当是数百年前楚王派人悉心勘测挑选后的风水宝地，如端园"位卯面西""规制宏丽，宛然昆仑元圃也"。九园整体布局基本体现了"居中为尊""长幼有序""尊卑有别"的传统观念，每座茔园的具体方向依背靠山脉而定，但园门皆面向盆地中央。第一代楚昭王的昭园坐北朝南位于主峰天马峰的中轴线上，其位置至尊无上；天马峰向西南山势依次下降，朱桢之后的历代楚王陆续拓展兆域，按照辈分高低葬于诸峰下，除宪王外，园门均面向天马峰，形成对昭园的朝揖之势。九园的排列基本为子左孙右，昭园左侧为其子庄王的茔园，右侧为其孙康王的茔园；靖园左侧为其子的端园，右侧为其孙的愍园，体现了儿孙陪侍父祖的格局，突出了长者为尊的伦理观。同时，楚王妃子的茔园基本都建在王墓旁，体现了主从、隶属关系。

　　依据明代王陵的规制，九座茔园皆筑有内外两重围墙，平面皆呈"回"字形；各茔园有独立的神道（正中为神道，神道两侧无石像生）和御道，自成完整格局。东西垣偏南处各辟一门，并有横道相连，墓冢附近无方城、明楼等设施。各茔垣地面建筑结构基本相同，由内外茔垣、荷花池、享殿、配殿、石五供、神帛炉、地宫等组成。其中昭王、庄王及端王墓前各有一座记述其生平功绩的龟碑亭。

　　除明楚王墓外，龙泉山的人文历史可追溯到西汉时期，其时这一地区为舞阳侯樊哙孙樊建的封地，名为江夏，所以其山称为江夏山。唐朝初年改称夹山，取两山夹道而行之义。唐朝天宝末年，宰相李蹊开基造屋，凿地得泉，形成东西两井，东井冒气则晴，西井无气则雨，占验灵准，因此又称灵泉山。

　　汉高祖刘邦以武昌为樊哙封地，传说樊哙死后葬于天马峰下。从汉代起，就有许多隐逸之士迁到灵泉山来隐居,遂成灵泉古市。清同治《江夏县志》有载:"灵泉古市始于汉,迄唐宋而兴盛。"在环山 7 平方千米的幽谷盆地上,或倚山为亭阁,或随水为轩榭,建有灵泉寺、听松阁、远眺亭、大观桥、春露亭、秋爽亭、晴雨井、百卉园、龙龟戏鱼池、蓼莪堂、含山楼、万卷书楼、拜寿台等蔚然景观。

据清代地方史志《灵泉志》载,楚昭王朱桢在位四十多年期间,深得太祖、成祖两代皇帝的信任,曾任宗正之职。他游玩时见灵泉之地山势崇隆,意欲在此营建王陵。只是当时此地早已是名门辈出、人烟密集的形胜之地。山内张、沈、樊、李、杜、邹、董、曾八大家族在此繁衍生息、根深叶茂,号称八大家。他们无惧楚王威势,坚守祖辈之地,极力抗争。致使昭王及后来的庄、宪、康王均未能正常营葬,均是死后停棺待葬。历代楚王费尽心思,终于还是把这块风水宝地收入囊中。逐内山八名家,外山四十八户,形成了内山不许百姓行走、外山不许车马践踏的王陵禁地。《灵泉志》又载,明末战乱中楚王茔区地宫及地面建筑被张献忠盗掘焚毁。清朝以降龙泉山逐渐形成若干小村落,长期的生产生活活动中,规模宏大的茔园建筑遭受风雨侵蚀及各种破坏,地面建筑大多被毁。幸运的是,九园地面基址均有不同程度的存留,可以说是现存明代亲王墓中时间跨度最长、格局最清晰、占地最集中、保存最完整的墓群。其形制、格局与北京明十三陵遥相呼应,为研究明代藩王体制、皇家丧葬制度,以及明代武汉地方的政治、经济、文化、世俗等提供了珍贵的实物资料。

武汉龙泉山明楚王墓的考古与保护利用工作于 20 世纪 90 年代正式开始。1991 年经国家文物局批准,湖北省文物考古研究所、武汉市文物考古研究所、江夏区博物馆三家单位联合对昭王地宫进行了考古发掘。通过发掘,发现昭王地宫保存完好,基本形制及建造方式清晰了然。出土有鎏金铜封册、灵牌、铜镜、镶金腰带、木旌顶、锡铅明器、铜炉、铁器、漆木器等。同时对昭王茔园的整体规制布局也进行了初步的清理勘测,为其他楚王茔园的保护工作提供了重要的参考依据。此后,武汉市文物考古所与明楚王墓文物管理所联合成立了明楚王墓考古工作站,积极实施了墓葬园区调查勘探、考古数字化和愍王茔园外城垣区域发掘等工作,并取得了良好成效。

为更好地促进明楚王墓保护、展示和利用,并让文物保护成果惠及人民群众,2018 年武汉东湖新技术开发区管委会(下简称东湖高新区)成立了明楚王墓国家考古遗址公园申创小组,在国家文物局、湖北省文旅厅和武汉市文旅局的大力支持下,积极开展明楚王墓国家考古遗址公园申创事宜。遗址公园规划依据《明楚王墓群保护规划》,按考古工作成果和使用功能的需要,将 6.871 平方千米(包括全部保护范围和部分建设控制地带)的遗址公园划分为遗址展示区、管理服务区以及自然生态维持区三大功能区。力求在严格保护明楚王墓遗址本体、陵寝格局及自然山水、地理形貌的基础上,准确、充分地揭示遗产价值,打造以"明代楚王茔园"为核心,以"龙泉山水胜景"为背景的明代藩王墓的考古研究基地、武汉地方传统文化(楚文化)的科普教育基地、东湖新技术开发区的城市"绿肺"及武汉市郊野旅游目的地。为了将展示主题、对象及内容构建起空间关系，规划将阐释与展示的结构定为：一环、一带、九园、十二景。"一环"是展示道路，"一带"是指古河道展示带，"九园"是指九处墓葬遗存展示园区，"十二景"是指历史环境及景观环境展示点。

数年来，在社会各界的关心与支持下，明楚王墓考古遗址公园申创工作初显成效。2021年9月，湖北省人民政府公布明楚王墓文化遗址公园为湖北省第一批文化遗址公园。2022年12月，国家文物局将明楚王墓国家考古遗址公园列入第四批国家考古遗址公园立项名单。

解决学术问题、从学术深度提炼遗址核心价值和创新遗址阐释方式也是创建遗址公园的重要工作内容，事实上，明楚王墓的遗迹分布、文化面貌、发展演变等，尚有大量问题有待研究和解决。明楚王墓考古学、历史学和遗产保护的研究与成果转化工作尚有很大空间。

2023年10月21日，由中国考古学会、湖北省文化和旅游厅、湖北省文物局、武汉市文化和旅游局指导，武汉东湖新技术开发区管理委员会、湖北大学主办，武汉市文物考古研究所（武汉市文化遗产保护研究中心）、龙泉山明楚王墓国家考古遗址公园申报创建领导小组办公室、湖北大学文化遗产学院、湖北大学文化遗产传承与创新研究中心承办的"明楚王墓与明代藩王文化"学术研讨会成功举办。会议邀请了来自全国各地不同领域的专家学者从考古学、历史学、文化学等领域作为切入点，围绕明代藩王制度、湖广等地区藩王文化、武汉明楚王墓等明藩遗址、明代楚藩与武昌城等方面展开学术研讨，并拟将相关研究成果汇编形成学术论文集，以进一步推动明代藩王文化研究、传承与发展，并为明楚王墓考古遗址公园建设提供学术支撑。

精诚所至，金石为开。明楚王墓的文物保护与活化利用工作需长期、持续的努力，无论是鼓励、推动不同视角的学术研究及转化，还是营造古今交融的遗址公园，都导向同样的最终目的：彰显文物背后的文化特质、最大化发挥其社会教育作用，增强民族文化自信，建设中华民族现代文明提供精神动力。

是为序。

（中国社会科学院学部委员、
中国社会科学院考古研究所研究员）

前　言

　　习近平总书记在文化传承发展座谈会上强调："中国文化源远流长，中华文明博大精深。只有全面深入了解中华文明的历史，才能更有效地推动中华优秀传统文化创造性转化、创新性发展，更有力地推进中国特色社会主义文化建设，建设中华民族现代文明。"[①] 早在 1981 年，武汉市就开始对龙泉山的文物古迹和自然景观进行有计划的考古发掘和保护开发，拨付专款复建了部分明楚王墓地面建筑，建成开放了楚天名山牌坊、远眺亭及登山步道、楚昭王陵园、龟碑亭、婆婆树、樊哙雕像及樊哙墓等重要景点。

　　21 世纪以来，随着工业化、城市化进程加速，大遗址保护面临城镇建设、土地紧缺等系列危机，为此我国积极探索大遗址的合理利用模式，2009 年 6 月 12 日国家文物局和杭州市人民政府共同举办了"大遗址保护与考古遗址公园建设"的良渚论坛。2009 年 12 月，国家文物局印发《国家考古遗址公园管理办法（试行）》和《国家考古遗址公园评定细则（试行）》，标志着我国国家考古遗址公园建设的实践拉开了序幕。考古遗址公园是指基于考古遗址本体及其环境的保护与展示，融合了教育、科研、游览、休闲等多项功能的城市公共文化空间，是对考古类文化遗产资源的一种保护、展示与利用方式，既是大遗址保护工作的创新，同时也是对公园这一城市功能元素内涵的拓展，是在大遗址保护发展到一定阶段，具备了一定基础后的产物，具有鲜明的时代特色。自 2010 年开始，我国先后公布了四批国家考古遗址公园名单，包括 55 家挂牌名单与 80 家立项名单。

　　2018 年，结合龙泉山明楚王墓现有条件及区位规划研判，东湖高新区管委会确立了申报创建明楚王墓国家考古遗址公园的工作目标，由历届管委会主任亲自挂帅，办公室设在龙泉街道办，旨在加强历史文化传承，创新文旅发展新模式，擦亮"龙泉"名片，助力打造具有国际吸引力的"向往之城"。

　　2022 年底，明楚王墓入选第四批国家考古遗址公园立项名单；2023 年 2 月，明楚王墓所在的龙泉紧随其后被湖北省规划为武汉新城"龙泉山片区"，考古遗址公园创建优势和必要性愈发凸显：一是组织领导坚强有力。国家、省市有关部门及东湖高新区党工委、管委会的各级领导多次莅临指导，并在政策、资金、人才等各方面给予了大力支持，助力国家传统文化传承，为片区建设"文化旅游休闲区"赋能，提升光谷文

---

① 习近平：《在文化传承发展座谈会上的讲话》，《求是》2023 年 9 月 1 日第 17 期。

化软实力。二是自然文化资源禀赋优越。明楚王墓考古遗址公园规划面积 6.87 平方千米，三面环水、四面环山，历史悠久，人文底蕴深厚，自古被视为"福地仙壤"，西汉至明初众多忠臣孝子、文人学士、节烈隐逸被山水吸引，来此诗礼传家、安居乐业。汉唐时期，此处形成了武汉地区最早的商业集市之一——灵泉古市。明楚王墓周边文化资源具有显著整合优势，适于协同发展、形成联动效应，如中山舰博物馆、梁子湖景区、湖泗窑遗址、湖北明代藩王博物馆、规划的大明风华文旅小镇。三是地理区位优势突出。明楚王墓所属东湖高新区为全国科创高地，综合经济实力全市领先，能为遗址公园创建提供强有力的地方政府支持。遗址公园四面均有一级主干道，周边有多条高速公路和快速路，空轨旅游专线、计划建成的豹澥湖水上交通线路，使交通可达性得到进一步提升。四是文物保护工作坚强有力。在《明楚王墓群文物保护规划》等规划的引领下，持续开展考古工作，深化安全防范和保护利用举措，推动保护展示与数字科技融合，创新开展"老王说藩王"等文化宣传活动，力争让明楚王墓群从"活"起来到"火"起来。

与此同时，在明楚王墓群考古遗址公园的创建中也面临一些困难，尤为突出的则是学术研究的短板问题。在文化建设重要性与创新性愈加凸显的新时代，国家文物局对于考古遗址公园的挂牌评定要求越来越规范细致，着重公众参与和寓教于民的社会价值。而明楚王墓遗址公园的日常管理和运营单位属基层文保单位，缺乏历史学、考古学等领域的专业技术人才，科研力量薄弱，导致明楚王墓的学术研究及成果转化工作相对滞后，遗址的文化内涵尚未得到充分挖掘与阐释，一定程度上影响了文物保护成果与时代共进、为人民共享。

为了加强学术研究，补齐学术短板，2023 年初，我们启动"明楚王墓与明代藩王文化"学术研讨会前期筹备工作，历经 8 个月，邀请了国内 6 个省份 11 个市 40 余位专家学者，收到论文 30 余篇，于 2023 年 10 月 21 日在武汉市成功举行了一场小而精的学术研讨会。会议的主要亮点：一是主题新，首次以明藩墓葬遗址为主题进行学术研究。明王朝册封的藩王为数众多，遍布全国各地，对有明一代各地的政治、经济和文化产生了不可忽视的影响，因此明藩研究是明朝历史研究的重要课题。而墓葬遗址作为反映特定历史时期等级制度、道德观、生死观的重要实物资料，在学术上具有独特价值，但长期以来相关研究成果较少，本次会议鼓励、邀请专家学者更多地关注、思考明藩墓葬遗址及相关研究方向，并将成果积极用于遗址公园建设实践。二是模式新，由文物行业部门、地方政府和高校联合举办。会议由中国考古学会、湖北省文化和旅游厅、湖北省文物局、武汉市文化和旅游局指导，武汉东湖高新区管委会和湖北大学主办，武汉市文物考古研究所（武汉市文化遗产保护研究中心）、龙泉山明楚王墓国家考古遗址公园申报创建领导小组办公室、湖北大学文化遗产学院、湖北大学文化遗产传承与创新研究中心承办。三是成果新，与会专家分别从不同角度深入研究了明代藩王制度、皇家丧葬制度与文化特点，以及明代武昌城市建设溯源、基于明藩遗存的国家考古遗址公园建设等诸多子课题，分享了各自在历史学、考古学和文化遗产保护等领域的最新研究成果与发现，主题集中但切入点丰富多样、内容涵盖面广博。其中，湖北省古建筑研究中心李长盈、武汉市文物考古研究所张剑分别就愍王墓园的最新考古发现和保护展示工作进行了性质判定和研究论述；河南省文物考古研究院孙凯分享了对位于河南焦作沁阳市境内的郑藩亲王墓葬全面而翔实的调查与研究；江汉大学人文学院刘文祥认为，明藩时期的今紫阳湖湖泊相关建设工程及周边项目的营建和布局，对后世武昌旧城东南部城市景观和城市文化都产生了持续至今的深远影响；湖南大学岳麓书院战蓓蓓通过梳理明代吉藩、楚藩和岷藩地区的宗藩书院情况，分析了宗藩与地方关系网络的互动；华中农业大学马克思主义学院谢宁静从园林与集会的角度，对明中叶后辽王府与地方社会深层互动进行了研究……来自历史学、考古学、文化遗产学等不同领域的学者交流碰撞，耳目一新、掌声阵阵，不仅使明楚王墓遗址更加鲜活，更为明代藩王的历史文化研究拓展了新的思路。

　　不同于其他类型的公园，考古遗址公园应当以人民群众喜闻乐见的方式保护遗址、展示历史文化科研成果，发挥出不可复制的社会效益。我们将以此次学术研讨会为起点，一以贯之地做好明楚王墓相关学术研究与成果转化工作，从而进一步推动明楚王墓国家考古公园建设。

熊浩宇

（龙泉街道党工委副书记、办事处主任）

2024 年 2 月 27 日于武汉

目　录

明藩相关研究

在"明楚王墓与明代藩王文化"学术研讨会开幕式上的致辞

武汉东湖高新区管委会

（2023 年 10 月 21 日）

尊敬的各位领导、各位专家学者、同志们、朋友们：

大家上午好！

江城如画里，美景迎高朋，非常高兴在这个秋意渐浓的时节，与大家相聚武汉光谷。

在中国考古学会、湖北省文化和旅游厅、湖北省文物局、武汉市文化和旅游局的指导下，在武汉市文物考古研究所（武汉市文化遗产保护研究中心）、湖北大学文化遗产学院、文化遗产传承与创新研究中心的支持下，历经半年有余的筹备，今天我们共同迎来一场文化盛会——"明楚王墓与明代藩王文化"学术研讨会。首先，我谨代表武汉东湖高新区管委会，向拨冗莅临的领导嘉宾表示热烈的欢迎！向惠赐鸿文的饱学之士表示衷心的感谢！

巍巍华夏，泱泱大国。中华民族从五千年绵延不断的悠久历史中走来，创造了博大精深的中华文化，孕育出辉煌灿烂的中华文明。何以印证？无数弥足珍贵的文化遗产不言自明。历史洪流永远向前，如箭光阴永远飞逝，岁月无法被复刻，却由世代相承、幸而存之、不可替代的文化遗产所诠释与诉说。如何让文化遗产在新时代绽放新光彩，是当代人的责任。党的十八大以来，党中央高度重视文化遗产保护与传承工作，习近平总书记多次主持召开文物工作会议、组织集体学习，到孔庙、敦煌莫高窟、殷墟等 100 多处历史文化遗产考察，就文物、考古、非遗等作出 170 余次指示批示。

东湖高新区成立三十载，从武汉地图外的二厘米，到现在 518 平方千米的规划范围，实现了从城市郊野到"中国光谷"的蝶变，是武汉经济的"领头羊"。近年来，在保持经济蓬勃发展的同时，我们也在积极推进科技和文化融合发展，补齐文化短板。位于生态大走廊南端的龙泉山便是高新区的文化聚宝盆，这片土地有着厚重的历史底蕴和独特的文化价值，其中之最便是全国重点文物保护单位明楚王墓。

明楚王墓为明八代九位楚系亲王的墓葬群，时间跨度长、格局清晰、占地集中、保存完整，与北京十三陵遥遥相望，共同反映了明代皇家葬制与相关政治、经济、文化特点。2001 年由国务院公布为第五批全国重点文物保护单位。

2018 年确立申报创建明楚王墓国家考古遗址公园目标以来，我区专门成立了申创领导小组，由区管委会历任主任担任组长，各职能部门负责人作为成员。特聘原湖北省文化厅副巡视员、长江文明馆（武汉自然博物馆）名誉馆长吴宏堂作专家组高级顾问，引进知名院校硕士生充实基层文保队伍，积极利用龙泉山历史文化和自然生态叠加优势打造考古遗址公园，使文物保护成果更多惠及人民群众文化生活。近年来，在省委、省政府及省文旅厅、省文物局，市委、市政府及市文旅局的大力支持下，申创工作相继写入武汉市文旅发展"十四五"规划、2023 年武汉市政府工作报告及我区"十四五"发展规划。2021 年 9 月，湖北省人民政府批准明楚王墓为第一批省文化遗址公园。2022 年 12 月，国家文物局公布明楚王墓入选第四批国家考古遗址公园立项单位。

本月 10 日，国家文物局关强副局长带队调研明楚王墓，关副局长非常关心遗址本体保护展示状况、文物安防、遗产数字化建设及园区运营情况，先后参观考察了明楚愍王陵园、昭王陵园、监控中心、智慧管理中心，并对我们的工作给予了肯定与鼓励。

今天，群贤毕至，嘉宾云集，幸甚至哉！是一次极为珍贵的学习机遇，也将成为明楚王墓学术研究与转化利用工作的新起点。我区将借此契机，深入学习贯彻习近平总书记关于加强文化遗产传承与保护的重要论述和重要讲话精神，认真落实省市相关要求，积极汲取各位专家的智慧和建议，以强烈的责任感和使命感保护好、利用好辖区内文化遗产，加快文化基因解码，创新文旅建设，更好地满足人民群众日益增长的美好生活需要！

最后，衷心祝愿本次研讨会取得圆满成功！希望各位领导嘉宾为明楚王墓保护和活化利用工作把脉会诊、出谋划策，助力明楚王墓考古遗址公园创建！祝各位领导、嘉宾身体健康、工作顺利！

谢谢大家！

在"明楚王墓与明代藩王文化"学术研讨会开幕式上的致辞

湖北大学

（2023 年 10 月 21 日）

尊敬的各位领导、各位专家：

大家上午好！

金秋十月，丹桂飘香，我们汇聚江城武汉，隆重举办"明楚王墓与明代藩王文化"学术研讨会。作为主办方之一，我谨代表湖北大学，对本次会议的召开表示热烈的祝贺；对远道而来的各位专家、学者，致以诚挚的欢迎；对长期以来支持和帮助我校的各位领导、嘉宾，表示衷心的感谢！

1931 年在武昌宝积庵创办的湖北省立教育学院，开启了九秩湖大之源。学校虽历经坎坷和磨难，但初心不改、踔厉奋发，积淀形成了"自强不息、克难奋进"的习坎精神。建校之初，条件艰苦，学校希望通过培养教师，来"唤起民众复兴民族之鹄"；抗战时期，虽漂泊不定，但不坠青云之志，师生用杉树皮、木架搭建临时教室艰难办学；转型发展时期，全校师生团结一致、攻坚克难，实现了办学层次从本科到博士的跨越，办学规模显著扩大。如今，湖北大学已成为湖北省人民政府与教育部共建的省属重点综合性大学、湖北省"国内一流大学建设高校"，学科门类齐全，办学特色鲜明，正全面开启迈向一流、高质量发展的新征程。

荆风楚韵，文脉相承，湖北大学人文学科积淀深厚、学术氛围浓郁。历史文化学院源起于学校 1942 年设立的史地专修科，办学历史悠久、师资力量雄厚，一批史学文化大师曾在这里任教，形成了良好的文化传统和育人氛围。目前已建立了从本科到博士后完备的学位教育结构和专业人才培养体系，是国家级一流本科专业建设点、湖北省重点学科建设单位、湖北省"十四五"文化遗产与文化产业特色学科群牵头学科，也是湖北大学承担国家社科基金重大、重点项目最多的学院。2021 年 1 月，湖北省文化和旅游厅与湖北大学共建成立了湖北大学文化遗产学院，并聘请著名考古学家、中国社会科学院学部委员王巍老师为名誉院长和学术委员会主任。通过考古领域的人才引进、平台建设，新设立了文物与博物馆学、文化遗产、考古学等专业，并获得考古发掘团体领队资质。近几年来，考古和文化遗产团队主动参与中华文明探源、长江国家文化公园、万里茶道申遗等工作，为加快推进文化强省建设作出了湖大贡献。

湖北大学非常重视与明楚王墓国家考古遗址公园在考古、科研、数字化等领域的全面合作。明楚王墓作为我国重要的文化遗产，不仅具有极高的历史、艺术和科学价值，也是我们传承历史文化、弘扬民族精神的重要载体。通过本次研讨会，与国内外知名专家、学者围绕"明楚王墓与明代藩王文化"这一主题展开深入探讨和交流，共同推进明楚王墓的保护与传承工作，将为明楚王墓国家考古遗址公园的建设提供强力的学术引擎。同时，对于我校考古学、文物与博物馆学、文化遗产等专业的教学科研和学科建设也将起到积极的促进作用。

今天，我们有幸邀请到各位专家、学者莅临指导。在此，也恳请大家充分发挥自己的专业优势和学术造诣，各抒己见、畅所欲言。我们将切实做好各项会务服务工作，努力把本次会议办成提升明代藩王文化研究、缔结真挚友谊的盛会。愿我们共同珍惜这相识的缘分，携手前行，共谋发展，为复兴中华传统文化，为实现中华民族伟大复兴的中国梦贡献智慧力量。

最后，祝愿各位领导、专家、学者身心和顺、万事胜意！预祝"明楚王墓与明代藩王文化"学术研讨会圆满成功！

谢谢大家！

在"明楚王墓与明代藩王文化"学术研讨会开幕式上的致辞

武汉市文化和旅游局

（2023 年 10 月 21 日）

尊敬的各位领导、各位专家学者、朋友们：

大家上午好！

在这金风送爽、丹桂飘香的美好时节，我们相聚在中国光谷隆重举办"明楚王墓与明代藩王文化"学术研讨会，共谋明楚王墓创建国家考古遗址公园大计，共商文化遗产保护利用和历史研究工作。在此，我谨代表武汉市文化和旅游局对本次会议的召开表示热烈祝贺！向莅临会议的各位领导、专家和朋友表示诚挚欢迎！向长期以来关心、支持武汉文化事业和文物工作的领导、专家和社会各界表示衷心感谢！

武汉是国家历史文化名城，历史传承悠久，文化积淀深厚，是荆楚文化的重要发祥地。作为荆楚大遗址传承发展工程的重要代表，明楚王墓坐落在享有"楚天名山"的龙泉山，自成一派、独具一格，是现存明藩王墓保存最完整的墓群之一，也是武汉市唯一一处国家级古墓葬遗址，为研究明代藩王体制、皇家丧葬制度以及明代武汉地方政治经济文化等提供了珍贵的实物资料，是武汉的一张重要文化名片。

近年来，在国家文物局、省文旅厅和武汉市的大力支持下，在东湖高新区的高度重视下，明楚王墓相继完成本体保护展示、环境整治、考古发掘等系列工程，"老王说藩王"、公众考古课堂等活动引发关注，相继获批湖北省首批文化遗址公园、列入第四批国家考古遗址公园立项名单，遗址保护展示成果显著。

党的十八大以来，习近平总书记就文物考古工作作出一系列重要指示批示，在今年的文化传承发展座谈会、全国宣传思想文化工作会议上，习近平总书记再次发表重要讲话。上述重要讲话和指示批示，为在新的历史起点上做好明楚王墓保护利用和展示传播工作提供了根本遵循。我们要担负起新时代新的文化使命，认真贯彻落实党中央关于保护第一、加强管理、挖掘价值、有效利用、让文物活起来的工作要求，坚持规划先行，严格保护明楚王墓遗存本体、陵寝格局及自然山水、地理形貌；狠抓考古研究，深度挖掘阐释明楚王墓价值内涵，助力保护传承长江文化，弘扬中华优秀传统文化；加快文旅融合，健全配套设施建设，提升游客服务体验，打造武汉文化旅游目的地；把握评定窗口期，对照挂牌目标，制定相应措施，持续推进明楚王墓国家考古遗址公园创建工作，力争形成"北有盘龙城、南有九王寝"双国家考古遗址公园格局。

期待各位专家、各位同仁深入交流探讨，提供学术支撑，为明楚王墓的保护利用和历史研究出谋划策、献计献策。

最后，预祝本次会议取得圆满成功，祝各位来宾在武汉度过美好时光，谢谢大家！

在"明楚王墓与明代藩王文化"学术研讨会开幕式上的致辞

湖北省文化和旅游厅

〔2023 年 10 月 21 日〕

尊敬的各位专家、各位同仁：

大家上午好！金秋时节，硕果飘香，在全国上下掀起学习习近平文化思想热潮之际，我们满怀新的希望和期许，在"诗乡福地，大美龙泉"，迎来了"明楚王墓与明代藩王文化学术研讨会"的顺利召开。在此，我谨代表湖北省文化和旅游厅（湖北省文物局），对从百忙之中、不辞辛苦参加此次会议的各位专家学者表示热烈的欢迎！对长期以来关心、支持和参与湖北文化遗产保护事业的各位专家学者、社会各界表示衷心的感谢！

习近平总书记指出："荆楚文化是悠久中华文明的重要组成部分，在中华文明发展史上地位举足轻重。"[①]湖北是古人类起源地、楚文化发祥地、三国文化富集地、红色文化繁盛地。厚重的历史积淀留下了门类众多、数量巨大、分布广泛的文化遗产资源。全省现有不可移动文物 36000 余处，其中，全国重点文物保护单位 168 处，湖北省文物保护单位 920 处。武当山古建筑群、钟祥明显陵、咸丰唐崖土司城址列入世界文化遗产。近年来，在省委省政府的坚强领导下，全省文旅文物部门认真贯彻落实习近平总书记关于文物工作重要论述和重要指示批示精神，以敬畏之心、责任之心，加强保护管理，推进有效利用。建立湖北省文物工作联席会议制度，加强部门联动和协调配合，大力推进荆楚大遗址传承发展工程，新增 2 处大遗址获国家考古遗址公园挂牌，新增 3 处国家考古遗址公园立项，评定公布两批次 12 个湖北省文化遗址公园，以长江、长征国家文化公园、国家考古遗址公园、湖北省文化遗址公园为主体的荆楚优秀传统文化保护传承体系初步形成。

湖北是研究明代藩王文化的重地，有明一朝，共册封藩王 264 位，湖北境内有 47

---

① 习近平会见印度总理莫迪〔EB/OL〕. http://www.gov.cn/xinwen/2018-04/27/content_5286462. htm〔2018-04-27〕.

位，先后有五位皇帝分封其子嗣在湖北，累计分封藩国 13 个，数量之众，居于全国之首。明太祖就有 4 子在湖北，可见湖北在明皇室眼中的重要性。湖北境内也留存着非常丰富的明代藩王遗存，尤其是藩王陵墓，目前全国考古发掘明藩王墓十余座，湖北发掘 5 座。明楚王墓群，是明朝八代九位楚藩王的陵寝，楚藩享国 274 年，可以说"一部楚藩史相当于一部明朝史"，是明王朝兴衰荣辱的亲历者。武汉市、东湖高新技术开发区、龙泉街各级政府高度重视明楚王墓的保护利用工作，在国家文物局和省文旅厅指导下，实施了一系列保护展示、环境整治工程，明楚王墓也成功入选第一批湖北省文化遗址公园、列入第四批国家考古遗址公园立项名单。

当前，我们正在深入推进长江国家文化公园建设，湖北明代藩王文物是长江文物的重要组成部分，研究好、保护好、利用好明楚王墓与明代藩王文化资源，有利于推动湖北打造特色长江文化，为长江国家文化公园湖北段建设增光添彩；建成明楚王墓国家考古遗址公园，有利于满足人民群众美好生活的文化需求。今天，我们诚邀各位专家学者共聚一堂，举行"明楚王墓与明代藩王文化"学术研讨会，希望各位专家学者不吝指教、献言献策，为明楚王墓国家考古遗址公园建设、为保护利用好明代文物资源集思广益、群策群力。我们将认真研究采纳提出的意见建议，充分吸取各方智慧，进一步推动湖北文物和文化遗产保护利用高质量发展！

最后，祝本次学术研讨会取得圆满成功，祝各位专家在湖北期间身体健康、万事顺意！欢迎各位会后在湖北走走看看，领略湖北风光、荆楚风情！

谢谢大家！

明藩相关研究

四十年来明代楚藩研究述评

梁曼容　　殷佳静

（延安大学历史文化学院）

内容摘要：明初，朱元璋分封诸王藩屏帝室。自此，宗藩制度伴随明代始终，与国家政治、经济、文化方面有着紧密的联系。新中国成立以来，明代宗藩问题即已受到诸多学者关注；改革开放后，学术界对于宗藩问题的讨论从社会形态的宏观透视日益走向区域化的具体研究[①]。楚藩始于 1381 年楚王朱桢就藩武昌，终于明亡[②]；对于湖广地方的政治、经济以及社会有着广泛且深远的影响；是宗藩区域性研究的重要个案。明代楚藩研究的深入，不仅可以进一步深化区域和地方史的研究，对于进一步反观明代宗藩问题乃至明代历史变迁问题都具有重要意义。本文拟对 1980 年以来的明代楚藩研究成果进行归纳和总结；并对未来可拓展的研究空间提出展望。

关 键 词：明代藩王制度　楚藩　考古学　历史学

一、楚藩墓葬研究

1990 年至 1991 年，湖北省文物考古研究所、武汉市文物考古研究所对楚昭王墓开展了考古发掘工作，引起了学者的广泛关注。诸多学者对于楚昭王陵墓的考古发掘、墓葬形制及葬俗、楚藩宗室成员墓葬以及楚藩陵墓的后期保护进行了较为系统地研究。

1. 对楚藩陵墓的考古发掘研究

较早对于楚王陵墓的相关研究见徐忠影《“楚昭园”与明陵群》，文中对楚王明陵群的来龙去脉以及陵园建制进行了介绍与阐释，述及楚昭王与八大家族对于龙泉山区地权的争夺，及八大家族从与之相对到走向最后的妥协局面，并对陵群建制进行了较

---

① 梁曼容：《20 世纪以来的中国明代宗藩研究》，《中国史研究动态》2019 年第 4 期，第 30～40 页。

② （清）张廷玉：《明史》卷一〇〇《表第二·诸王世表二》，中华书局，1974 年，第 2607～2609 页。

为详细的叙述，对于学界后续了解楚王昭园的基本建制有较大的帮助①。1992 年，湖北省文物考古研究所、武汉市博物馆、武昌县博物馆共撰的《武昌县龙泉山明代楚昭王墓》，主要对楚昭王茔园的地理位置、墓室结构、墓室填土以及随葬器具种类、材质、摆放位置进行了更加详细的记载②。付守平的《明代楚昭王朱桢墓发掘简讯》，从楚昭王墓的地理位置、墓室形状、墓室材质等方面出发，提出楚昭王墓具有墓葬偏离陵寝中轴线、陵寝大而墓葬规模偏小、随葬具有明器化等特征③。湖北省文物考古研究所、武汉市文物考古研究所、武汉市江夏区博物馆共刊的《武昌龙泉山明代楚昭王墓发掘简报》，对楚昭园布局、墓葬形制、随葬器物进行了详细的梳理，并将楚昭王与其他同期藩王墓葬进行对比，认为楚昭王墓是明前期唯一的单室亲王墓④。梁柱的《龙泉山明代楚藩茔域探奇》，在上文述及的基础上又提出了楚昭王墓中随葬器物的另一特征，即楚昭王墓中"几件特殊器物"，如随葬的镀金铜封册、石座砖碑灵牌、铜半镜、镶木金腰带、荷叶形木旌顶等；这些均不见于目前全国已掘的其他亲王墓中，而只在楚昭王墓中出现；作者认为这种现象是一个值得继续探讨的话题⑤。杨锦新在《明藩楚昭王——朱桢墓发掘记》中，将楚昭王墓的发掘过程、墓室结构、出土器具以及出土文物的清理与管理情况进行了详细的说明；同时，杨锦新依照楚昭王石碑墓志铭内容，推测出楚王妃墓应也在龙泉山区，并指出可将出土器具类文物作为研究楚王历史的重要凭证，探讨其具体的史料价值⑥。此外，除了上述对于初代楚王陵墓的考古发掘研究之外，2019 年，武汉市文物考古研究所还对明朝第七代楚王——愍王陵园的外城垣及其以外区域进行了考古调查与勘探和发掘清理工作。杨娟和刘永亮在《湖北武汉明楚王墓愍王茔园》一文中，从愍王茔园地理位置和愍王茔园的清理工作两个方面进行叙述，为楚藩其他陵园的发掘工作提供了参考⑦。

　　张高荣主编的《新编灵泉志》是在古志基础上续编的新志，纵观古今，翔实记录了龙泉山自汉以来的沿革与发展，对该地区的朱氏族谱、名人文集与事迹、民间传说、文献图画进行了收集与整理；与此同时，对龙泉山楚昭王陵寝的墓葬概况与特点进行

　　① 徐忠影：《"楚昭园"与明陵群》，《江汉考古》1980 年第 2 期，第 107、108 页。

　　② 湖北省文物考古研究所、武汉市博物馆、武昌县博物馆：《武昌县龙泉山明代楚昭王墓》，《中国考古学年鉴 1991》，文物出版社，1992 年，第 249、250 页。

　　③ 付守平：《明代楚昭王朱桢墓发掘简讯》，《江汉考古》1992 年第 1 期，第 40 页。

　　④ 湖北省文物考古研究所、武汉市文物考古研究所、武汉市江夏区博物馆：《武昌龙泉山明代楚昭王墓发掘简报》，《文物》2003 年第 2 期，第 4～18 页。

　　⑤ 梁柱：《龙泉山明代楚藩茔域探奇》，《收藏·拍卖》2009 年第 9 期，第 54～59 页。

　　⑥ 杨锦新：《明藩楚昭王——朱桢墓发掘记》，《武汉文史资料》1994 年第 4 期，第 100～104 页。

　　⑦ 杨娟、刘永亮：《湖北武汉明楚王墓愍王茔园》，《大众考古》2020 年第 9 期，第 16、17 页。

了较为全面的描述,为学界了解龙泉山的历史沿革提供了翔实的参考资料①。除此之外,刘毅所著《明代藩王陵墓的考古学研究》一书,由明代藩王墓、明代藩王陵墓考古资料、明代藩王陵园制度、墓葬形制、埋葬制度及随葬品研究五个部分组成。其中,该书以地方志和考古资料为基础,对明代湖广地区藩王陵墓的分布范围进行初步整理与分析;与此同时,从考古学的角度对湖北地区明代藩王陵墓进行了考古调查与研究,对其陵园、玄宫、埋葬制度和特点进行了细致的叙述。刘毅将文献学与考古学进行有机结合,并对相关文集、笔记、地方志进行充分利用,是研究明代藩王陵墓制度的集大成之作②。

2. 楚藩寝园墓葬形制及葬俗研究

除上述对明代楚王墓的考古发掘研究成果之外,学界还针对楚藩寝园建制、墓葬形制及葬俗进行了探讨,有助于进一步加深对明代藩王葬制的相关了解。

王纪潮在《明代亲王葬制的几个问题》中,将明代亲王与郡王陵墓的墓室大小和墓道长度进行了对比,并以楚王、宁王、梁庄王及其王妃为研究对象,作者认为墓圹规模、墓葬形制、随葬品的奢俭多以墓主的财力为前提,得出各地亲王墓葬形制的大小与随葬品的多寡往往有其偶然性的结论③。武汉市文物考古研究所、武汉市江夏区博物馆、江夏区流芳岭文化馆的《武汉市江夏区流芳岭明墓发掘简报》,作者通过对寺王村明墓和大谭村明墓墓葬形制的探究,推测出寺王村可能为楚藩郡王或王妃之墓,而大谭村明墓则为明中晚期平民家族墓地④。涂家才在《龙泉山上楚王陵》中,从楚昭王寝园布局、门楼陵殿的台基与殿基材质、护栏和廊檐形状与结构、望柱形状、屋顶所用瓦面,以及瓦当所用样式等方面出发,对昭园一楼一门三殿的建制进行了详细描述;在此基础上,对楚王寝园的附属建筑:龟碑亭、金水桥、神帛炉、东西班房以及月台进行了专门介绍,为了解楚昭王陵寝的地上建筑提供了翔实的资料⑤。此外,富士康发掘分队的《武汉江夏富士康工业园区墓葬发掘》,按照墓葬规模大小将其分为大型墓葬、中型墓葬、小型墓葬和陶窑四类,分别对其进行墓葬形制与随葬物品的研究;其中,除了小型墓葬中两座属于宋代墓葬外,其余均为明代墓葬,且与楚昭王朱桢有着直接关系⑥。祁金刚、刘治云、江卫华执笔的《武汉江夏流芳四股山明墓发掘简报》,

①　张高荣:《新编灵泉志》,武汉出版社,2006 年。

②　刘毅:《明代藩王陵墓的考古学研究》,科学出版社,2021 年。

③　王纪潮:《明代亲王葬制的几个问题》,《文物》2003 年第 2 期,第 63~65 页。

④　武汉市文物考古研究所、武汉市江夏区博物馆、江夏区流芳岭文化馆:《武汉市江夏区流芳岭明墓发掘简报》,《江汉考古》2000 年第 3 期,第 47~50 页。

⑤　涂家才:《龙泉山上楚王陵》,《武汉文史资料》2003 年第 9 期,第 48~50 页。

⑥　富士康发掘分队:《武汉江夏富士康工业园区墓葬发掘》,《武汉文博》2010 年第 4 期,第 14~17 页。

通过对墓葬形制和随葬器物的分析与研究，推断这座长方形单砖墓为明代楚藩郡王墓①。刘永亮在《明代楚藩陵园的规制布局》中，以楚愍王为例，对愍园概况和规制布局进行介绍，总结出楚藩各陵园均承袭明祖陵的形制且主体建筑布局基本相同、建筑规制大体相似等特点，并对"石像生""碑亭""金水桥""明塘"进行了详细的探讨，得出楚藩陵园遵循着"合族而居，合朝而葬"的陵园布局理念的结论②。白瑶瑶在《明代湖北地区宗藩墓葬的墓室特点》中，以明代湖广境内宗藩的分布情况为切入点，并根据湖北地区已公布宗室墓葬的相关资料，对其墓室部分进行分类与分析，总结出不同藩系墓葬形制的差异与其自身传承之间的关系，有助于从总体上了解湖北地区明代宗藩墓葬的特点③。罗玲在其硕士论文《明代湖广地区藩王墓探究》中，以明代湖广地区藩王世系与墓葬位置研究为主线，依照湖广地区藩王墓葬位置，分析出湖广地区各藩王陵墓的分布特点；并围绕明前期、明中期、明后期三个时段对王墓在陵园、玄宫建制以及规模方面进行分析，认为明代湖广地区的藩王墓在规制上呈现出等级制度森严、在修建上多位于分封地附近的丘陵、依山势而建等特征④。

郭燕华、涂明星在《明代楚藩葬制葬俗典型特征研究》中，则以明代楚藩葬制为中心，从棺椁材质与祭坑设置、入葬习俗、入葬禁忌等角度分析楚藩墓葬制度和葬俗的特征，探讨楚藩丧葬制度与丧葬习俗所折射出明中后期下层宗室成员的生活状态和丧葬观念，及其反映的深厚文化底蕴⑤。汪磊在《明楚昭王朱桢带銙金饰构件简考》中，通过随葬品"带銙"和"铜半镜"对楚昭王朱桢进行分析，认为其在显示身份地位和体现政治等级的同时，还反映了明代藩王丧葬制度与社会服饰文化的发展⑥。

3. 对楚藩宗室成员墓葬的具体研究

楚藩一支，经时 274 年，共历八代九王，楚王及其宗嗣均葬于龙泉山明陵区，形成了规模庞大的楚藩坟茔建筑墓群。自湖北省文物考古研究所和武汉市文物考古研究所对楚藩陵园进行开发和保护工作以来，出土了较多明代楚藩及其宗室成员的陵墓，也相继有学者以楚藩及其宗室成员的陵墓为基础进行的相关学术研究。

武汉市博物馆的《黄家湾明代楚王朱氏墓》，就专门论述楚昭王朱桢的五世孙：镇

①　武汉市文物考古研究所、武汉市江夏区博物馆：《武汉江夏流芳四股山明墓发掘简报》，《武汉文博》2010 年第 4 期，第 10～13 页。

②　刘永亮：《明代楚藩陵园的规制布局》，《大众考古》2021 年第 3 期，第 55～62 页。

③　白瑶瑶：《明代湖北地区宗藩墓葬的墓室特点》，《大众考古》2021 年第 3 期，第 63～71 页。

④　罗玲：《明代湖广地区藩王墓探究》，山东大学 2021 年硕士学位论文。

⑤　郭燕华、涂明星：《明代楚藩葬制葬俗典型特征研究》，《开封文化艺术职业学院学报》2021 年第 9 期，第 14、15 页。

⑥　汪磊：《明楚昭王朱桢带銙金饰构件简考》，《东方收藏》2022 年第 8 期，第 13～15 页。

国中尉朱显栻与其妻恭人赵氏墓、朱显栻次子辅国中尉朱英椰与其妻宜人袁氏墓,通过对二者出土墓志、买地券内容进行细致解析;在此基础上,对墓葬形制与出土器物进行分析与考证,从而探究逝者生平与墓葬形制之间的相互关系,并进行葬俗方面的研究[1]。除此之外,武汉市文物考古研究所、武汉市江夏区博物馆在《武汉江夏二妃山明景陵王朱孟炤夫妻墓发掘简报》中,围绕武汉市江夏区流芳街发掘的朱桢第八子朱孟炤与其王妃贲氏之墓展开叙述,通过绘图的方式对其墓室的内部结构进行详细介绍,并按照出土文物的质地对随葬器物进行分类,从而对这座楚藩郡王墓的形与制进行细致的探讨[2]。武汉市文物考古研究所的《武汉市明通城王朱英焬家族墓地发掘简报》,在对墓葬形制、随葬器物的研究基础上,对朱英焬家族墓地中出土的玉带进行了细致的考证,推测出玉带应归属于通城王继妃邵氏,这类反映明代丧葬礼制的随葬品,为研究明代藩王制度和研究明代地方郡王家族墓地的布局与规格提供了新的考古资料[3]。

许志斌、刘永亮在《湖北武汉二妃山明代楚藩家族墓群一号茔园发掘简报》中,对明代崇阳靖简王朱孟炜第六子,镇国将军朱季塎及其夫人潘氏墓的发掘情况进行了详细的梳理,分别从茔园遗迹位置、墓葬形制与墓室布局、随葬器物及主要瓷器等多个方面进行论述;将随葬物品依照其质地分为瓷、铜、石三类,将重要瓷器进行了展示说明,对于研究明代早期陶瓷史和明代的丧葬制度具有重要价值[4]。许志斌、刘永亮在《湖北武汉二妃山明代楚藩家族墓群二号茔园发掘简报》中,对辅国将军朱均钵家族墓地的发掘情况做以周详的叙述。与一号茔园不同的是,辅国将军朱均钵家族墓地出土了较多的随葬物品,分为瓷、陶、玉、金、铁、石器六类;相比上文,二号茔园简报一方面注重于对于随葬瓷器的研究,另一方面通过对其中出土的墓志和买地券进行解读与分析,并以此对墓主身份、墓主之间的长幼之序及卒葬年代进行确认,为我们研究明代墓葬断代和明代藩王的丧葬制度提供了重要资料[5]。祁金刚的《江夏明代楚藩郡王墓群》,通过对墓室、墓道、祭祀坑及随葬物品的研究与分析,对江夏二妃山地区的楚藩郡王墓群进行了梳理[6]。

① 武汉市博物馆:《黄家湾明代楚王朱氏墓》,《江汉考古》1998 年第 4 期,第 30～40 页。

② 武汉市文物考古研究所、武汉市江夏区博物馆:《武汉江夏二妃山明景陵王朱孟炤夫妻墓发掘简报》,《江汉考古》2010 年第 2 期,第 46～56 页。

③ 武汉市文物考古研究所:《武汉市明通城王朱英焬家族墓地发掘简报》,《江汉考古》2014 年第 6 期,第 26～34 页。

④ 武汉市文物考古研究所:《湖北武汉二妃山明代楚藩家族墓群一号茔园发掘简报》,《文物》2021 年第 12 期,第 17～33 页。

⑤ 武汉市文物考古研究所:《湖北武汉二妃山明代楚藩家族墓群二号茔园发掘简报》,《文物》2021 年第 12 期,第 34～55 页。

⑥ 祁金刚:《江夏明代楚藩郡王墓群》,《武汉文史资料》2016 年第 9 期,第 35～39 页。

4. 对楚王陵墓的后期保护工作研究

楚王及其宗室成员陵墓作为重要的历史文化遗迹，承载着丰富的历史信息和文化记忆，但是由于时间的推移和碍于发掘技术的限制，部分陵墓的地上建筑不免破败，因此，对龙泉山明代楚藩及其宗室成员墓葬群的后期保护开发工作就显得尤为重要，自 2001 年"明楚王墓"被公布为第五批全国重点文物保护单位以来，引起了诸多学者的高度重视并进行了相关研究。

杨忠平在《龙泉山明楚昭王墓园地面建筑修复纪略》中，将修复之前的楚昭园基本概况进行了介绍，对昭园修复环节及工程内容进行了回顾，并将当时修复过程中出现的不足进行了反思①。郭婷、刘媛的《湖北武汉市明楚王墓群——楚庄王墓遗址保护展示方案》，从明楚王墓现场勘探的实际情况出发，以楚庄王墓保护为例，根据遗址现状的损毁情况，分析现存问题，并制订了相应的修复方案。希冀寻找出古迹基址保护的有效手段和途径②。邹涵、刘润晨、樊兢克在《明代官式建筑复原研究——以武汉市龙泉山愍王陵享殿为例》中，以愍王陵中的主体建筑享殿为例，通过实地测绘、查阅历史文献和相关建筑复原资料，对享殿整体建筑进行数字化复原，并利用实测柱网数据进行验算，探讨复原工作的理论价值和实际应用价值③。

基于上述学者的研究成果，刘润晨在其硕士论文《武汉龙泉山明楚王墓群愍王享殿复原研究》中，以恢复愍王陵享殿的形象为切入点，通过实地测绘数据，结合相关历史文献，利用数字化建模软件对其进行复原，进行成果展示，以此补充龙泉山明楚王墓群实景图片及测绘数据，完善明楚王墓群的研究，为龙泉山明楚王墓群的保护与利用提供基础资料与未来陵墓文化的创新提供新线索④。刘杨在其硕士论文《明楚王墓传统营造思想及其保护利用研究》中，以明楚王墓为研究对象，分析明代帝陵的选址及其营造思想，梳理明楚王墓的历史沿革并对其现状进行分析，总结明楚王墓的营造特点，在此基础上开展对明楚王墓的保护与利用研究，发掘与揭示明楚王墓深厚的文化内涵⑤。

除此之外，湖北明楚王墓于 2022 年获批国家考古遗址公园建设立项，旨在打造以楚藩八王九寝及龙泉山胜景为核心的九园陵景遗址公园，将考古先行与保护为主有机结合，做好对楚王墓群文物与建筑的保护展示工程与遗产的阐释工作，促进文旅融合与发展，推动优秀传统文化的传承。

---

①　杨忠平：《龙泉山明楚昭王墓园地面建筑修复纪略》，《武汉文博》2014 年第 4 期，第 16～19 页。

②　郭婷、刘媛：《湖北武汉市明楚王墓群——楚庄王墓遗址保护展示方案》，《建材与装饰》2016 年第 28 期，第 178、179 页。

③　邹涵、刘润晨、樊兢克：《明代官式建筑复原研究——以武汉市龙泉山愍王陵享殿为例》，《华中建筑》2021 年第 8 期，第 135～140 页。

④　刘润晨：《武汉龙泉山明楚王墓群愍王享殿复原研究》，湖北工业大学 2020 年硕士学位论文。

⑤　刘杨：《明楚王墓传统营造思想及其保护利用研究》，湖北工业大学 2022 年硕士学位论文。

二、明代楚藩的区域社会史研究

除了前述楚藩墓葬研究之外，学术界运用区域史和社会史的研究方法，从多个角度展开了对于明代楚藩更为丰富和细致的研究，使得楚藩在湖广地区的诸多具体活动和历史面相得以呈现。

1. 楚藩与湖广地方社会的互动

张建民在《明代两湖地区的宗藩与地方社会》中，对两湖境内宗室分布与衍化的基本情况进行了梳理，认为两湖地区藩府林立、宗室人口膨胀对地方社会造成了较大的负担；加上宗藩供应浩繁、役使负担渐重、干扰地方官府行政，对明代两湖地方社会产生了破坏性影响①。与此类似，张大海在《明代湖广宗藩浅述》中，立足于湖广地区宗藩的人口与分布情况，系统探讨了明代湖广宗藩对于湖广地区经济、社会以及各方面的影响，认为宗藩府陵营建、宗室禄米供应、侵占民田强征田赋、凭借特权干扰地方行政等不法行为是激起诸多冲突的根源，危及国家统治并加速了明朝的灭亡②。孙圳、王剑的《论明代湖广藩王对地方社会的积极影响》，以湖广地区的藩王为研究对象，从湖广藩王参与地方工程建设、救护地方人民、与官员的良性互动三个方面分析明代湖广藩王对地方社会的积极影响，为学界认识湖广藩王的多元形象提供了思考路径③。

杜星的硕士论文《略论明代湖广宗室对地方社会的影响》，在介绍明代湖广境内宗藩分布情况的基础上，从经济、政治、社会生活三个方面来论述湖广宗藩对于湖广地方社会的影响，有助于我们从侧面了解湖广宗藩的生存状态和兴衰与变迁；与此同时，作者得出湖广宗藩在文化领域颇有造诣之余又给湖广地方社会带来了极大危害的结论④。毕明君在其硕士论文《明代楚王与地方社会》中，以明代楚王及其宗室为研究对象，从宗室禄米、供应役使、婚丧嫁娶、楚王府与地方社会秩序之间的相互关系等角度出发，考察历代楚王对湖广地方社会所产生的各种影响，有助于加深对明代楚藩与湖广地方社会互动关系的理解⑤。章旋在其硕士论文《明代湖广宗藩与地方社会》中，从湖广宗藩与地方社会统治秩序、经济状况几个方面分析湖广宗藩与地方生活之间的关系；在此基础上，介绍了湖广宗藩的文化成就，得出湖广宗藩对地方社会造成巨大

---

① 张建民：《明代两湖地区的宗藩与地方社会》，《江汉论坛》2002 年第 10 期，第 76～81 页。

② 张大海：《明代湖广宗藩浅述》，《理论月刊》2008 年第 3 期，第 65～68 页。

③ 孙圳、王剑：《论明代湖广藩王对地方社会的积极影响》，《哈尔滨师范大学社会科学学报》2022 年第 6 期，第 149～154 页。

④ 杜星：《略论明代湖广宗室对地方社会的影响》，华东师范大学 2010 年硕士学位论文。

⑤ 毕明君：《明代楚王与地方社会》，武汉大学 2011 年硕士学位论文。

压力的同时又对中华文化的发展做出了贡献的结论①。田宝中的硕士论文《明代楚藩的经济状况与宗室斗争》，从洪武时期至正德时期、嘉隆时期、晚明时期三个不同的时间段对楚藩经济状况的恶化过程进行把握分析，认为楚藩经济境遇的恶化与宗室人口的增长紧密相关，在此基础上，得出楚藩的宗室斗争是其经济状况恶化的结果②。

2. 楚藩文化宗教活动相关研究

自建文一朝削藩以来，明代藩王的政治权力逐渐被剥夺殆尽，藩王无法从政，四民之业亦窒碍难行，楚王及其宗室成员只能寄情于诗赋、歌舞、乐器等文艺活动之中。这些文化成就对于湖广地方社会的文化发展产生了促进作用，也为明朝文化事业的发展做出了贡献。杜七红在《略论明代楚藩与文艺》中，以明代楚府为例，围绕藩府与文化艺术之间的关系展开论述，从歌舞、乐器、词曲三个方面论述明代藩王与文艺的关系，是后世考察明代社会文化艺术史的重要窗口，提供了了解湖北历史文化变迁的独特视角③。章旋、邱昌文在《浅论明代湖广宗藩的文化成就》中，从明代湖广藩府的藏书、著书、刻书等文化成就出发，论述了明代宗室文化产生的背景与宗室的文化成就对湖广地方文化发展的影响，认为湖广藩府已成为当地的文化中心且具有表率作用，在推动当地文化的发展和净化治学风气，以及促进学风的兴盛等方面亦起到了重要作用④。

除了上述文化成就之外，明代楚藩在作为文化与宗教的载体传播道教的过程中，亦发挥着重要的作用。涂明星在《明楚藩与武汉九峰山》中，通过太祖与无念禅师的往来和楚王朱桢营造正觉禅寺这两个方面，对九峰山从早期充当军事、邮递功能的湮没无闻到成为佛道兼具名山的过程进行论述，认为几代楚王的经营与明代楚藩郡王安葬于此是武汉九峰山成为信众云集之地和旅游胜地的原因⑤。此外，王岗在《明代藩王与道教》中，从明代藩王支持道教发展的动因出发，对明代藩王道教修炼、道庙修建、道教藏书、竞取道号等对于道观的多方面支持进行了全面的叙述；其中，作者对几代楚王收集道教书籍文献的传统进行了详细梳理，并对《道藏》以及楚藩收藏的其他重要道书进行了基本介绍，认为明代楚藩在推动湖广地方宗教的发展中扮演着重要的角色⑥。

---

① 章旋：《明代湖广宗藩与地方社会》，西南大学 2011 年硕士学位论文。

② 田宝中：《明代楚藩的经济状况与宗室斗争》，武汉大学 2019 年硕士学位论文。

③ 杜七红：《略论明代楚藩与文艺》，《中国经济与社会史评论·2018 年卷》，社会科学文献出版社，2019 年，第 228～234 页。

④ 章旋、邱昌文：《浅论明代湖广宗藩的文化成就》，《许昌学院学报》2010 年第 6 期，第 94～97 页。

⑤ 涂明星：《明楚藩与武汉九峰山》，《文化产业》2020 年第 27 期，第 49～51 页。

⑥ 王岗著，秦国帅译：《明代藩王与道教——王朝精英的制度化护教》，上海古籍出版社，2019 年，第 117、118 页。

3. 关于楚藩的其他研究

学术界对明代楚藩的研究逐渐多样化，涉及楚藩宗室婚姻与嫁俗、楚藩形象、楚藩宗室个案事件以及楚藩王城建筑礼制等方面的研究，也为后续学者通体考察与研究明代楚藩奠定了基础。

范植清在《明朝皇室的嫁俗与楚王朱华奎嫁女》中，以末代楚王朱华奎嫁女为例，对明朝皇室选婚及嫁娶礼仪的复杂程序进行阐述，总结出明代皇室婚俗具有"对象上以貌取人""婚仪中的繁文缛礼""规制上纸醉金迷"等特征①。彭校的《明代楚宗的婚姻与地方社会秩序》，以楚宗的联姻对象为切入点，认为明代前期楚宗与官宦、贵族的联姻对地方社会产生了积极影响，而明代中后期楚宗的姻亲结构呈现逐渐平民化的趋势，在宗禄困窘的背景下走上违法犯罪道路，给同宗和地方社会造成了负面影响②。

王浩淼在《从明代楚府变局看武冈王朱显槐形象的转变》中，首先对一般文献中朱显槐的形象进行分析，其次从明前中期、嘉靖朝、万历朝三个时段对朱显槐形象的演变过程及形象转变的促因进行阐述，认为其形象经历了贤王、贪王和丑王的数次转变，是当时商品经济迅速发展、宗室人口繁盛和君主性格等因素综合作用下渐变成的产物③。庞敏的硕士论文《明代楚藩形象研究》，以明代楚藩世系、政治活动、经济情况及文化成就等方面为出发点，对楚藩形象进行研究，分析其形象形成与演变的具体原因，总结出楚藩形象呈现正面、负面两极分化的极端特点，认为宗藩的堕落和食禄无为与藩禁政策息息相关④。

李庆南的《明代楚藩的惊天内乱》⑤和王晓明的《万历年间伪楚王案探究》⑥，是明朝万历年间发生的一起有关宗室身份"真伪之辨"的政治案件，也称为"楚宗之乱"或"楚宗之争"，作者对伪楚王案的始末进行阐述，并对楚宗案与党争之间的密切关系进行了分析。此外，关于楚藩王府城建的研究见刘文祥、黎国亮的《明代武昌楚藩王城建筑礼制与布局复原初探》，作者以武昌城内明代楚藩王城建筑为研究对象，重点从楚王府的选址、王府建筑布局、王府建筑的废毁等方面对楚王府的建筑制度和布局进行分析，并探讨王府城建中蕴含的礼制内涵；在此基础上，总结出明楚藩的王城建筑具有变通性和灵活性的特点，认为楚藩王城建筑是明初政治形势与明初藩王制度共同作

---

① 范植清：《明朝皇室的嫁俗与楚王朱华奎嫁女》，《史学月刊》1989 年第 2 期，第 108～110 页。

② 彭校：《明代楚宗的婚姻与地方社会秩序》，《乐山师范学院学报》2019 年第 7 期，第 54～61 页。

③ 王浩淼：《从明代楚府变局看武冈王朱显槐形象的转变》，《社会科学动态》2023 年第 6 期，第 92～105 页。

④ 庞敏：《明代楚藩形象研究》，西南大学 2022 年硕士学位论文。

⑤ 李庆南：《明代楚藩的惊天内乱》，《武汉文史资料》2015 年第 11 期，第 56～61 页。

⑥ 王晓明：《万历年间伪楚王案探究》，《湖北科技学院学报》2019 年第 1 期，第 130～133 页。

用下的产物，其选址建造和长期存在对明清武昌城市空间布局亦产生了深远影响[①]。

三、总结与展望

近四十年来，学界对明代楚藩的研究虽已取得了一些学术成果，大致可分为楚藩墓葬研究和楚藩区域社会史研究，但在研究对象、研究史料和研究方法上，仍存在着可继续拓展的空间。

第一，突破考古学与历史学的学科壁垒，加强跨学科的互补与合作。目前，关于明代楚藩的研究，考古学和历史学还处在各自为政、各说各话的阶段。考古学的研究详于对楚王陵寝、墓葬形制、随葬品的呈现与介绍等方面，对宗藩的政治、经济、文化制度及其影响与历史变迁问题较少触及。历史学的研究侧重于对楚藩分封、重要事件与具体社会活动的考察，几乎很少将墓葬相关内容纳入视野。无论是考古学还是历史学，对于彼此现有的研究成果，借鉴与吸收都严重不足。夏鼐曾将考古学与历史学比喻为"车子的两轮，飞鸟的两翼"，故而倡导二者"不可偏废"[②]。其实，二者不仅不可以偏废，更应当互通有无，才能相得益彰。楚藩陵寝选址、建筑规模、墓葬形制、随葬品种类，既体现出宗室贵族的政治等级、社会地位、礼治秩序、经济状况和宗教信仰等基本内容及其变动情形，也一定程度上反映了明代建筑工艺、手工业技术、装饰艺术、社会风尚、商品经济乃至对外交流的诸多情况。因此，对于楚藩的研究，学界应当加强考古学与历史学的对话与交流，形成互补与互动[③]，进而将楚藩研究推向深入。

第二，突破传统史料，加强物质性史料的搜集和利用。目前，历史学界研究明代宗藩所使用的史料仍主要是正史、制书、政书等传统政治史和经济史的史料；忽略了文学、艺术、宗教、医药、科技等社会文化史料，以及琴棋丹青、庙宇道观、墓志碑刻、珠宝青铜等视觉性和物质性史料的研究与利用。由于明代宗藩人口规模庞大，现存明代史籍的相关记载，通常首要记载各藩府分封情况与传承世系，其次为始封亲王的生平事迹，再次为部分继袭亲王和郡王，对三将军、三中尉、主君及其配偶等人群涉及非常少。众所周知，明代宗室多好文墨者，有数量丰富的诗歌、书法、绘画、杂剧、音乐等作品产出；宗室信仰佛道，广泛参与了道庙的修建，留下诸多碑刻；大

---

① 刘文祥、黎国亮：《明代武昌楚藩王城建筑礼制与布局复原初探》，《武汉学研究》2021年第2期，第101～119页。

② 夏鼐：《什么是考古学》，《考古》1984年第10期，第931～936页。

③ 刘未：《考古学与历史学的整合——从同质互补到异质互动》，《中国史研究》2021年第3期，第12～18页。

量的宗藩墓志陆续出土。这些史料不仅可以再现下层宗室的生平经历与日常生活，还展示出明代宗藩的文艺生产、宗教活动、人际关系与社交网络，极大地弥补传统文字史料的记载缺失。此外，明代有关宗藩的文字记载，无论是官方还是私人著史，大多出自于士人之手；这使得传统史料中所呈现的"宗藩"，是被另一个不同阶层、身份、地域、价值取向的人群所塑造和刻画出来，即使客观的史料所呈现的"意象"也很难说完全客观①。文学、艺术、医药、科技等文化性史料多是来自于宗藩的创作或编撰，庙宇道观、墓葬碑刻、珠宝青铜等物质性景观往往由王府主导或参与其中；墓志不仅记录了志主的个人生平，志文的书写与请托对象的选择，还反映出宗藩对自身的价值期许与社交选择②。因此，这些史料在某种意义上可以纠正官方和私人著史存在的立场偏颇问题。

第三，以明代楚藩为"中间"视角，进而达到从宗藩看中央、观地方的双重效果③。目前，关于楚藩的历史学研究，主要体现为区域社会史的研究取向，并较多地冠以"地方社会"的头衔；但其基本内容都是将过去宗藩整体史的研究成果放入某一区域进行再观察，其研究的内在路数和基本看法几乎与整体史研究没有太大差异；在研究资料和研究方法上并没有太多突破与创新，实为"通史区域化"的典型代表。而且，立足于区域、社会视角的宗藩研究在问题意识上纵然体现出新意，但学者基本回避对明代宗藩制度的整体性和结构性审视。介于中央和地方之间的楚藩，因其特殊的地位，带有皇权的深刻烙印，很大程度上与地方社会迥然有别；与此同时，楚藩的到来，在城址、水利、田产、赋役多个维度上给封地带来冲击和改变，并在不断互动中，与地方社会建立起密切的联系。因此，楚藩同时兼具中央权力的属性和地方社会的特征，足以在整体史自上而下和区域史自下而上之外，构成"中间"视角，达到从宗藩看中央、观地方的双重效果。在这一视角下，宗藩问题就不单是深入调查和精耕细作的社会区域史研究，而是具有了连接地方与中央、社会与政治的意义。

---

① 梁曼容：《从文化重新发现宗藩——柯律格〈藩屏：明代中国的皇家艺术与权力〉的范式创新》，《形象史学》总第 14 辑，社会科学文献出版社，2019 年，第 19 页。

② 梁曼容、张嘉豪：《明代秦藩与朝廷官员的社会交往——以墓志撰书人为中心》，《延安大学学报（社会科学版）》2023 年第 2 期，第 102～110 页。

③ 梁曼容：《明代宗藩研究的问题意识》，《李洵先生百年诞辰纪念文集》，人民出版社，2022 年，第 241 页。

李时珍任楚府奉祠时间考

陈仕猛[1]　段涛涛[2]　王宏彬[3]

（1. 湖北省蕲春县退役军人事务局　2. 湖北省蕲春县文物局　3. 湖北省蕲春县博物馆）

内容摘要：李时珍曾任楚王府奉祠正。本文吸取诸家陷于顾氏《李时珍传》谜团的教训，另辟蹊径，选取可靠史料，参考李裕有关论述，从多个角度推论、求证，对李裕的不当论述也予以修正，认为李时珍于隆庆二年（1568）左右赴任楚府奉祠，隆庆六年（1572）夏，从楚王府离任。

关 键 词：李时珍　楚府奉祠　庆历间　隆庆二年　隆庆六年

明代伟大的医药学家、《本草纲目》编著者李时珍（约 1518～1593）曾任楚王府奉祠正。他本人在《本草纲目》卷一《序例上》"历代诸家本草"中，介绍《本草纲目》说："明楚府奉祠、敕封文林郎、蓬溪知县，蕲州李时珍东璧撰。"李时珍次子李建元在《进本草纲目疏》中，说父亲"原任楚府奉祠，奉敕进封文林郎、四川蓬溪知县"。《明史》卷二九九《方伎列传》"李时珍传"说："时珍官楚王府奉祠正。"

李时珍何时出任楚府奉祠，任期多长时间，当年在位的楚王是谁，学术界众说纷纭，争议很大。本文梳理各家观点和论述，以可靠史料为依据，试图论定李时珍任楚府奉祠时间。

一、诸家基本观点及论证缺陷

最早探讨李时珍任楚府奉祠时在位楚王的学者，可能是吴云瑞（1905～1970），1942 年 10 月，吴氏在《中华医学杂志》第 28 卷第 10 期上，发表了《李时珍传略注》，指出李时珍任楚府奉祠时的楚王，为楚恭王朱英㷿[1]。

著名医史学家王吉民（1889～1972）编纂了《李时珍先生年谱》，发表在《药学通报》1955 年 8 月号第三卷第八期上，推定李时珍任楚府奉祠、被推荐到太医院，都在

---

① 参见吴佐忻：《李时珍生平年表》，《李时珍研究论文集》，湖北科学技术出版社，1985 年，第 24 页。

嘉靖三十年（1551）。其论证逻辑是：据顾景星《白茅堂集》中《李时珍传》记载，李时珍医术精深，"楚王闻之，聘为奉祠，掌良医所事。世子暴厥，立活之。荐于朝，授太医院判。一岁告归，著《本草纲目》"。又据《本草纲目》序例说，李时珍著《本草纲目》"始于嘉靖壬子"（按："嘉靖壬子"，即嘉靖三十一年，1552 年）。查《明史》表（按：为《明史》卷一〇一《诸王世表二》"楚王世表"），楚恭王英㷿于嘉靖三十年（1551）至隆庆五年（1571）在位。王氏解释说，之所以将李时珍就任楚府奉祠职务、被推荐到太医院等"系在 1551 年"，是因为李时珍"翌年已返蕲州开始著《本草纲目》"①。

中医学专家、资深专栏作者陈存仁（1908～1990）在《中华医史杂志》1982 年第 2 期上发表的《李时珍先生年谱》，基本是王吉民所编《年谱》的翻版，还反而误将楚府奉祠解释为"楚祠奉祠"，说"在湖北楚县（按：湖北没有楚县）有楚王祠，向归官府奉祠，李氏任奉祠正，就是管祠庙的官职"。长春中医学院教授郎需才撰写了《王吉民、陈存仁〈李时珍先生年谱〉评注》《评〈李时珍先生年谱〉》，指出了陈氏谬误，"明楚府奉祠"并非"楚祠奉祠"，而是明朝楚王府的奉祠，楚王是明朝皇帝封其子孙于武昌一带的郡王（按：实为亲王），世代承袭，楚王府在武昌，王府中设奉祠所，有奉祠正一人（按：还有其他人员），掌管祭祀乐舞②。

上海中医学院（上海中医药大学的前身）吴佐忻是一位中医学史专家，对李时珍生平有较深入的研究，1983 年，在中国药学会药史学会纪念李时珍逝世三百九十周年学术会议上，发表了《李时珍生平年表》，后又在《上海中医药杂志》1988 年第 1 期上，发表了《李时珍楚王府任职日期考》。吴氏对楚王为恭王朱英㷿的说法提出质疑，不赞同王吉民 1551 年说，也不认同 1558 年、1547 年、1552 年后、1556 年等各种说法。吴氏认为：聘请李时珍担任王府奉祠正的楚王，不是恭王朱英㷿，而是朱英㷿之父愍王朱显榕，李时珍在楚王府任职日期的上限为 1542 年，下限为 1544 年。其论证大体分为四步：①据顾景星《白茅堂集》李时珍本传，李时珍到楚王府任职在前，编著《本草纲目》在后；李时珍著《本草纲目》，"始于嘉靖壬子，终于万历戊寅"；据光绪《蕲州志》卷九（按：为光绪《蕲州志》卷九《选举下·辟荐》），李时珍受楚王举荐到太医院任职是在"嘉靖年间"。由此可知，李时珍任楚王府奉祠正，是在 1552 年（嘉靖三十一年）之前。②据顾景星《白茅堂集》李时珍本传，李时珍曾治愈楚王世子的病；查《明史·诸王世表二》，朱英㷿于嘉靖三十年（1551）袭封楚王，隆庆五年

① 王吉民：《李时珍先生年谱》，原载《药学通报》1955 年 8 月第三卷第八期，收入钱超尘、温长路：《李时珍研究集成》，中医古籍出版社，2003 年，第 121 页。

② 郎需才：《评〈李时珍先生年谱〉》，原载《中华医史杂志》1985 年第 3 期，收入钱超尘、温长路：《李时珍研究集成》，中医古籍出版社，2003 年，第 172 页。

（1571）去世，袭封楚王时，还没有子女，当然更说不上有世子；继朱英㷡之后袭封楚王的是其子朱华奎，朱华奎于万历六年（1578）封世子，据《明史》卷一一六《诸王列传一》所记册封亲王世子制度，亲王嫡长子十岁立为王世子，反推朱华奎1569年时才一岁；梳理多条文献资料，没有发现李时珍于1569年之后在太医院任职的记载。显然，《白茅堂集》李时珍本传所说的楚王不是朱英㷡，世子也不是朱华奎。③朱显榕之父端王朱荣㳦卒于嘉靖十三年（1534）；《白茅堂集》李时珍本传在写李时珍正式行医之前，还记载李时珍"年十四，补诸生。三试于乡，不售。读书十年，不出户庭，博学无所弗窥"，李时珍放弃科举，正式悬壶操业，是在嘉靖十九年（1540）之后。因此，聘请李时珍任王府奉祠正的楚王，也不会是朱荣㳦。④这个楚王是愍王朱显榕，李时珍治愈的楚王世子，是朱英㷡。李时珍任楚王府奉祠正，是在1541年至1544年之间；考虑到李时珍在正式行医后到出名，需要一些时间历练，所以把李时珍在楚王府任职日期的上限姑系在1542年；朱显榕在嘉靖二十四年（1545）正月被世子朱英㷡击毙，此前李时珍已离开楚王府，由朱显榕推荐去北京太医院任职了，未目击到王府事变，所以把李时珍在王府任职日期的下限姑次之于1544年；同时，朱显榕推荐李时珍去太医院任职的年份也可以大致确定下来，即在1544年①。吴氏在所编《李时珍生平年表》中，将李时珍接受楚愍王朱显榕聘请，任楚王府奉祠正，并且兼管良医所事务，治愈楚愍王世子朱英㷡的病，均系于1543年（嘉靖二十二年）；将李时珍经朱显榕推荐，去北京太医院任职，系于1544年（嘉靖二十三年）。

蕲春本土著名的李时珍和《本草纲目》研究专家王剑编著的《李时珍大传》，2011年6月由中国中医药出版社出版，在第一章《李时珍一生的大事年谱》中，记述李时珍在楚王府任职情况②，与吴佐忻所说大致相同。

湖北中医学院（湖北中医药大学的前身）文献研究室李裕撰写了《李时珍生平考疑》，1983年7月，被湖北中医学院科研处编入《纪念李时珍逝世三百九十周年学术讨论会文集》，其中论及李时珍任职问题，考定李时珍任楚府奉祠至少七年以上，即在隆庆五年（1571）楚恭王死前，至万历六年（1578）华奎封世子之后，可能长达十余年，即从嘉靖四十四年（1565）起，万历六年止。李裕后来又与同事合著《李时珍和他的科学贡献》，经李今庸教授审定后，1985年5月由湖北科学技术出版社出版，在该书第十二章《关于李时珍的若干考证》第三节《李时珍任职考》中，李裕从八个方面考证李时珍任楚府奉祠时间，断定"李时珍为楚王府奉祠当在隆庆初至万历六年初，任职时间大约十至十二年"。

---

　　①　吴佐忻：《李时珍生平年表》，《李时珍研究论文集》，湖北科学技术出版社，1985年，第24、25页。吴佐忻：《李时珍楚王府任职日期考》，《上海中医药杂志》1988年第1期，第37、38页。

　　②　王剑：《李时珍大传》，中国中医药出版社，2011年，第4页。

曾任湖北省中医药研究院医史文献研究室主任的钱远铭（1923～1999）主编的《李时珍史实考》，1988年4月由广东科技出版社出版，第一章《李时珍生平考》中有一小节专门论述李时珍任楚府奉祠时间，否定了吴佐忻1542～1544年说，因"此时李时珍……初入医门，根本不可能担负楚府奉祠和掌良医所事之重任"；否定了王吉民1551年说，因"此时楚王英㷿刚刚袭位，并无世子可言"；否定了李裕1565年、任期长达十余年说，因"与李时珍任职太医院又相矛盾"；推测李时珍约于1559年（嘉靖三十八年）任楚府奉祠，任期七至八年，约1566年（嘉靖四十五年）被楚王推荐到太医院任职。钱氏等人并未注意到，1559～1566年，楚王英㷿仍然没有儿子，不可能发生"李时珍救楚王世子之事"。

著名哲学家唐明邦（1925～2018）所著《李时珍评传》，1991年3月由南京大学出版社出版（2011年4月又出了典藏版），第二章《科学巨人光辉的一生》中说："1556年，楚王府慕李时珍之名，把他请去给世子治病。病愈后，委他为王府奉祠正，当个主管祭典的七品官，目的是要他兼管王府的'良医所'，充当王府贵族的专用医生。""1559年，皇帝下诏延揽天下名医，李时珍被楚王府推荐入太医院。"[1]附录的《李时珍年表》中，则将楚王英㷿聘李时珍为奉祠所奉祠正、兼管良医所事，楚王长子暴厥（即抽风），被李时珍治愈，系于1555年（嘉靖三十四年），将楚王推荐李时珍入北京太医院，系于1558年（嘉靖三十七年）[2]。唐氏这里所说，错谬不少，因他是著名学者，其著作影响特别大，所以有必要予以评析。一是无论1555年还是1556年，楚王英㷿都还没有儿子，说李时珍治好楚王长子的抽风病，岂非空穴来风？二是王府奉祠正，不是七品官，而是正八品。

以上诸家论述，一般都将顾景星《白茅堂集》中的《李时珍传》作为基础论据，但各家得出的结论与顾氏《李时珍传》只有部分相合，以致顾此失彼。如，王吉民先生1551年说，与顾景星所说李时珍任楚府奉祠、被楚王推荐到太医院、从太医院辞职回家著《本草纲目》等时段相合，但彼时楚王尚无儿子，若如此，"世子暴厥，立活之"就落空了。再如，吴佐忻先生1542～1544年说，似乎解答了"李时珍所救活的楚王世子是哪个"的问题，但如果按照顾景星所说，李时珍"年十四，补诸生。三试于乡不售"，明代乡试，每三年一大比，14+（3×3）=23，即李时珍23岁后放弃科举，从父学医，"读书十年，不出户庭……善医，即以医自居"，23+10=33，就是说，李时珍三十多岁后才成蕲州名医，治好顾氏所谓富顺王父子的心病，而1542年时，李时珍年仅25岁，如果用顾氏《李时珍传》核对，时间段不合。而且，此时李时珍对中医药刚刚入门，医术还没有获得蕲州荆王府信任，名声尚未传到武昌楚王府，完全不可能

① 唐明邦：《李时珍评传》，南京大学出版社，1991年，第26页。
② 唐明邦：《李时珍评传》，南京大学出版社，1991年，第347、348页。

出任楚府奉祠。

诸家论述为什么经不起推敲? 症结在于视顾景星《李时珍传》为信史, 将其作为立论依据。

顾景星(1621~1687)在李时珍去世三十年左右才出生。明末战乱, 特别是张献忠屠蕲时, 李时珍之孙李树初誓死抵抗, 时珍后裔多遭杀戮, 家史资料失传, 如, 李家后人对李时珍祖父的名字和基本情况一无所知, 顾景星在传中只得用"祖某"二字记述①, 这两个字可有可无, 没有什么实际意义(康熙《蕲州志》收录的顾氏早期所撰《李时珍传》, 就没有"祖某"二字)。顾景星说李时珍开过一个"附子和气汤"的方子, 打消了富顺王废立王储的念头, 这个故事很不可靠, 因为废立王储, 自有朝廷制度规定, 不是哪个想废就废、想立就立的, 而且, 富顺王朱厚焜(1498~1576)素有"贤王"之美誉, 他的元妃没有亲生儿子, 朱厚焜去世后, 继位的是庶一子朱载坤②。又如, 李时珍在太医院没有任什么实际职务, 至少所任职务较低, 顾景星却说"授太医院判"(院判为太医院副主官), 凭空抬高李时珍的政治地位。顾景星自己都承认, 他所记"(李时珍)先生轶事", 是小时候在街头巷尾听说的(康熙《蕲州志》本《李时珍传》说:"余儿时于里中闻知先生轶事。")。

顾景星年轻时, 正逢战乱, 清兵南下, 顾家逃离蕲州, 乱定始还, 在《白茅堂集》卷四五《家传》的小序中, 顾氏本人都痛感"文献之不足征"。如, 他将与李言闻、李时珍父子交情深厚的曾祖父顾阙(字桂岩)辞官时的年龄都记错了, 在卷四五《家传·桂岩公传》中说, 顾阙不去福建赴任, 辞官归里, "时年三十八", 但据卷四六《家传·忌日丘墓记》所记, 顾阙生于嘉靖七年(1528), 推算起来, 隆庆五年顾阙辞官回乡时, 已四十四岁, 相差六岁③。

顾景星是一位文学家, 而不是一位严谨的史学家, 他是用文学笔法写人物传记的, 如, 说李时珍诞生时, "白鹿入室, 紫芝产庭", 使用的是古代中国典型的拔高和神化伟人、名人的手法④, 焉能为据?

总之, 顾景星《李时珍传》所记李时珍事迹, 并不绝对可靠, 用之于考证李时珍生平, 自然会发生这样或那样的缺陷; 用之于核验李时珍生平考证是否准确, 也只宜作个参考而已。

---

① 参见李裕、樊润泉、王晓萍等:《李时珍和他的科学贡献》, 湖北科学技术出版社, 1985年, 第205、206页。

② 参见陈仕猛:《荆王府史话》, 华夏文艺出版社, 2020年, 第179、180页。

③ 参见陈仕猛:《荆王府史话》, 华夏文艺出版社, 2020年, 第193页。

④ 参见王旭东:《拨开历史迷雾, 寻找真实的李时珍》,《中国中医药报》2018年6月7日第3版。

二、李时珍于隆庆二年（1568）左右至隆庆六年（1572） 夏任楚王府奉祠正

吸取诸家陷于顾氏《李时珍传》谜团的教训，必须转换思维，从其他角度入手，选取可靠史料，求证李时珍任楚府奉祠时间。在这方面，李裕所撰《李时珍生平考疑》和《关于李时珍的若干考证》（即《李时珍和他的科学贡献》第十二章），尽管也没有完全摆脱顾氏《李时珍传》的拘束，但他开辟了新径，给我们考证李时珍生平以很多启发；当然，他有的论述也证据不足，或失之武断，须予以修正。

1. 历史文献明确记载有李时珍任楚王府奉祠正的时段

关于李时珍任楚府奉祠时间，并非绝无历史文献记载。李裕就发现了一则珍贵史料，并在所撰论文和著作中指出并论述[①]。这就是，清乾隆年间，大学士嵇璜等奉敕编撰《续文献通考》，卷四二《选举考·方伎》明确记载：

> 时以医举者，惠帝时戴思恭，成祖时盛寅、吴讷，孝宗时吴杰，世宗时许绅，庆历间李时珍。思恭、寅、杰并官太医院使。讷有学行，尝侍内庭，备顾问，历官南京副都御史。绅累加礼部尚书，领太医院事，宫变营救甚力，加太子太保。时珍官楚王府奉祠正。

《方伎考》所列明代名医，所称某个时段，主要因其在某个时段取得较高成就或担任较高职位。如，戴思恭（1324~1405），字原礼，是明太祖身边最好的御医，曾被派去给燕王朱棣（即后来的永乐皇帝、明成祖）治过病，建文年间官至太医院使（太医院主官），永乐初告老还乡，他历事三代皇帝，在惠帝（即建文帝）时仕途达到顶峰，因此，《方伎考》中称"惠帝时戴思恭"。同理，所述"庆历间李时珍""时珍官楚王府奉祠正"，如果将上下文贯通起来理解，可以说有两层意思，一是"凭医术获得举荐、任用的……隆庆、万历年间，有李时珍"，二是"李时珍于隆庆、万历年间官楚王府奉祠正"。《续文献通考》乃是钦定官书，可能有档案资料作依据，所记李时珍事迹，应当是比较可靠的。

2. 隆庆之前李时珍未到楚王府任职

记载李时珍任职的档案，现已无法寻觅，但是，关于隆庆之前李时珍尚未到楚王

---

① 李裕：《李时珍生平考疑》，《纪念李时珍逝世三百九十周年学术讨论会文集》，湖北中医学院科研处，1983 年，第 79 页；又收入王剑：《李时珍学术研究》，中医古籍出版社，1996 年，第 14 页。李裕、樊润泉、王晓萍等：《李时珍和他的科学贡献》，湖北科学技术出版社，1985 年，第 204 页。

府任职，是可以找到多条辅证的。

其一，据《明史》卷七一《选举志三》记载，明太祖选官不拘资格，而"永宣以后，渐循资格"。据万历年间重修的《大明会典》卷五《吏部四·保举》记载，嘉靖四十四年（1565），明世宗诏令："不论举、贡、进士，但有贤能，一体保举。"李时珍既不是举人、贡生，更不是进士，他仅仅以诸生（秀才）的身份就被聘为王府奉祠，不大可能发生在世宗这条诏令颁布之前①。

其二，据《明史》卷七五《职官志四》记载，王府"各所副官，嘉靖四十四年并革"。嘉靖四十四年之前，王府奉祠所设有官员两名，奉祠正一人（正八品）、奉祠副一人（从八品），到嘉靖四十四年，精简一名，只设奉祠正一人。李时珍、李建元父子称李时珍官职名，只称"楚府奉祠"，省略了"正"字，可能是因为李时珍在嘉靖四十四年之后才出任，彼时不设奉祠副，所谓"楚府奉祠"，就是"楚王府奉祠正"②。

其三，李时珍《濒湖脉学》自序，落款称"明嘉靖甲子上元日谨书于濒湖蕲所"③。"嘉靖甲子"，即嘉靖四十三年（1564）。这说明，此前一段甚至较长时间，李时珍主要活动在蕲州。结合上述官员保举制度、王府设官制度改革等情况，可以判定，嘉靖四十四年之前，李时珍未到楚王府任职。

这里需要指出的是，李裕说《本草纲目》序例及辑书姓氏详记了李时珍的官品，而《濒湖脉学》《奇经八脉考》等为李氏早期著作，无作者官阶记载，可看成是嘉靖四十四年以前李时珍尚无官职的一个辅证④。这一说法值得商榷。《奇经八脉考》卷前有吴哲于隆庆壬申（即隆庆六年，1572年）作的《题〈奇经八脉考〉》，顾问于万历丁丑（即万历五年，1577年）作的《〈奇经八脉考〉引》，如果按照李裕所说"李时珍为楚王府奉祠当在隆庆初至万历六年初"⑤，再按照李裕所说记载官品"反映了李时珍对个人身份与地位的重视和严肃态度"⑥，李时珍是应该在《奇经八脉考》一书中记载所任"楚府奉祠"这一官职的，但李时珍并未记载。可见，李时珍在著作中如果未写上官职，并

① 参见李裕、樊润泉、王晓萍等：《李时珍和他的科学贡献》，湖北科学技术出版社，1985年，第202页。

② 参见李裕、樊润泉、王晓萍等：《李时珍和他的科学贡献》，湖北科学技术出版社，1985年，第202页。

③ 柳长华：《李时珍医学全书》，中国中医药出版社，1999年，第1647页。

④ 李裕、樊润泉、王晓萍等：《李时珍和他的科学贡献》，湖北科学技术出版社，1985年，第202、203页。

⑤ 李裕、樊润泉、王晓萍等：《李时珍和他的科学贡献》，湖北科学技术出版社，1985年，第205页。

⑥ 李裕、樊润泉、王晓萍等：《李时珍和他的科学贡献》，湖北科学技术出版社，1985年，第202页。

不一定表明他无官职。

其四，从李时珍与画家刘雪湖的交往看，隆庆元年（1567）秋，李时珍仍在蕲州。刘雪湖，名世儒，字继相，浙江山阴（今绍兴）人，以擅长画梅著称，著有《刘雪湖梅谱》。该书约于嘉靖四十年（1561）初刻，仅一卷，后多次重刻，传世的为万历二十三年（1595）刘雪湖同乡王思任刻、清初墨妙山房印本，分上下两卷。《刘雪湖梅谱》收录了多篇名人序跋，卷上有嘉靖二十九年（1550）状元唐汝辑所作《刘雪湖梅谱序》，《序》是"隆庆三年（1569）岁在己巳立春日"撰写的，《序》中说："岁丁卯秋，刘雪湖持所绘墨梅来叩余……已而雪湖游楚入闽，至己巳冬返……"①从《唐序》看，刘雪湖于丁卯年（即隆庆元年，1567 年）的秋天动身"游楚"。地处吴头楚尾的蕲州，当是刘雪湖"荆楚之游"的第一站。《刘雪湖梅谱》卷下收录了李时珍赠刘雪湖的七言绝句一首，顾问赠刘雪湖的五言绝句二首，还收录了刘雪湖《上樊山王竹淇殿下》五言律诗一首。顾问赠诗前注明"日崖顾问（蕲州人，浙江参政）"，"崖"当是"岩"，"参政"应为"参议"。顾问于嘉靖二十八年（1549）任浙江按察司金事，后升浙江布政司参议，嘉靖三十四年（1555），母亲病逝，回家守孝，嘉靖三十八年（1559），父亲去世，继续守孝，家居十余年，常到蕲州阳明书院讲学，直到隆庆二年（1568），才被重新起用，出任山东按察司副使、徐州兵备道，官至福建参政②。刘雪湖"游楚"时，顾问正在蕲州家中闲居。樊山王是荆王府一系的郡王，"竹淇"是朱载墀的表字，朱载墀（？～1597），别号昇甫，自号大隐山人，嘉靖三十六年（1557）被册封为樊山王，是第四任樊山王③。明中叶后，朝廷对藩王的控制十分严密，"出城省墓，请而后许，二王不得相见"④，这就是说，未经批准，樊山王不得擅自离开蕲州城，因此，只可能是刘雪湖到蕲州拜访樊山王。李时珍、顾问与刘雪湖相聚，也多半是在蕲州。这说明，隆

① 吴佐忻在《李时珍两首佚诗分析》（载于《医古文知识》1994 年第 3 期）、《李时珍两首佚诗写作日期及"原貌之像"考》（收入钱超尘、温长路：《李时珍研究集成》，中医古籍出版社，2003 年，第 1074 页）两文中，均说这处"己巳"应为"戊辰"，即 1568 年。吴佐忻可能是基于"《唐序》既然作于己巳年立春日，刘雪湖当于戊辰年冬天返乡"这样的思维，而以为唐汝辑笔误。其实不然，隆庆三年有两个立春日，一是正月甲寅（初十），一是十二月己未（二十一日）。《明穆宗实录》卷二八，隆庆三年正月甲寅条记载："立春，顺天府进香，上御皇极殿，受之文武百官行庆贺礼。"这月乙巳朔，甲寅为初十日，即 1569 年 1 月 26 日。《明穆宗实录》卷四十，隆庆三年十二月己未条记载："立春，顺天府进香，上御皇极殿，受之文武群臣行庆贺礼。"这月己亥朔，己未为二十一日，即 1570 年 1 月 26 日。刘雪湖"己巳冬返"，唐汝辑为其《梅谱》作序，当是己巳年第二个立春日，即隆庆三年十二月己未。

② 参见顾景星：《白茅堂集》卷四五《家传·日岩公传》；陈仕猛：《荆王府史话》，华夏文艺出版社，2020 年，第 193 页。

③ 参见陈仕猛：《荆王府史话》，华夏文艺出版社，2020 年，第 129 页。

④ 《明史》卷一二〇《诸王列传五》卷末"赞"。

庆元年秋以前，李时珍没有去楚王府任职。

3. 李时珍于隆庆二年（1568）左右赴任楚王府奉祠正，隆庆六年（1572）夏离任

上文已分析，隆庆元年（1567）秋，李时珍尚在蕲州。此时，李时珍年已五十，医学理论深厚，临床经验丰富。此前，他多次帮病人起死回生，"神医"的名头传进了荆王府。当王府医生束手无策时，李时珍被请进了荆王府，治好了荆王府家族成员多例怪病。据《本草纲目》卷六"灯花"条记载，富顺王有个孙子喜爱吃灯花，面黄肌瘦，李时珍诊断为"虫癖"，开了一剂杀虫治癖的药，做成小孩喜欢吃的丸子，王孙吞服后，怪病一下子就消除了。据《本草纲目》卷十三"延胡索"条记载，荆穆王妃胡氏吃了一点荞麦面后，胃痛得不得了，直痛到心窝里去了，王府医生用和胃理气的药，或消食化滞的药，让王妃服用，但药一入口就吐了，大便三日三夜不通，李时珍将三钱（古代一斤是十六两，一两是十钱，三钱为 9.375 克）延胡索，研成细末，用温酒调好，王妃喝下后，不吐，过一会儿，大便通了，胃也不痛了，心也不痛了。荆王世系并无荆穆王。李时珍在世时，荆王府先后有荆端王朱厚烇（1493～1553）、荆恭王朱翊钜（1534～1570）、荆敬王朱常泿（？～1576）、荆康王朱常泈（1562～1597）四任荆王，荆端王的王妃为孟氏、刘氏，荆恭王的王妃为胡氏，荆敬王的王妃为刘氏，荆康王的王妃为周氏。所谓"荆穆王妃胡氏"，当为"荆恭王妃胡氏"。胡氏嘉靖十五年（1536）三月生，嘉靖三十四年（1555）四月被册封为荆王妃，嘉靖四十三年（1564）五月卒[1]。李时珍帮胡妃治病，当在嘉靖三十四年与嘉靖四十三年之间。因荆王府家族成员宣扬，李时珍的大名传到了楚王府里。

隆庆元年时，在位的楚王乃恭王朱英㷿（1541～1571）[2]。英㷿为楚愍王朱显榕（1506～1545）[3]庶三子。显榕于嘉靖十五年（1536）袭封楚王，嘉靖二十四年（1545）正月十八，被世子英耀杀害[4]。英㷿于嘉靖三十年（1551）袭封楚王，隆庆元年时，已在位十七年[5]。英㷿身体较差，《明史》卷二二六《郭正域传》记载："楚恭王得废疾"；明末文学家沈德符《万历野获编》卷四《宗藩》"楚府前后遭变"条，甚至说传言英㷿"不男"，所谓"不男"，就是有生理缺陷，不能生育。英㷿先后有三个王妃。据《明世

---

① 参见陈仕猛：《荆王府史话》，华夏文艺出版社，2020 年，第 65、179 页。

② （明）王世贞：《弇山堂别集》卷三二《同姓诸王表》"楚昭王桢"条说，英㷿"寿三十一"。英㷿卒于隆庆五年（1571），推算当生于嘉靖二十年（1541）。

③ 《弇山堂别集》卷三二《同姓诸王表》"楚昭王桢"条说，显榕"寿四十"。显榕死于嘉靖二十四年（1545），推算当生于正德元年（1506）。

④ 《明史》卷一一六《诸王列传一》"楚王桢传"。

⑤ 关于英㷿袭封楚王时间，《明史》卷一〇一《诸王世表二》"楚王世表"、《弇山堂别集》卷三二《同姓诸王表》"楚昭王桢"条，均说是嘉靖三十年；但《明世宗实录》卷三六八，嘉靖二十九年十二月癸未条记载："册封……楚王显榕庶第三子英㷿为楚王。"

宗实录》卷四二一，嘉靖三十四年四月戊子条记载，知州李炯长女被封为楚王妃，这个"楚王"，就是英㷿。据《明世宗实录》卷五五一，嘉靖四十四年十月戊子条记载，楚王英㷿继室张氏被封为继妃，当是此前李妃已去世。《明史》卷一一六《诸王列传一》"楚王桢传"，说"恭王妃兄王如言"云云，可见英㷿的妃子中还有个王氏。吴伟业《绥寇纪略》卷八，提到了"恭王长女张郡主"，这个"张郡主"，或许是张妃所生。既然能生女儿，说明英㷿还是有生育能力的，可能是难生儿子。楚王府到处求医问药，于是，按照嘉靖四十四年朝廷"但有贤能，一体保举"的诏令，李时珍尽管只是秀才出身，但因医术精湛，于隆庆二年（1568）左右被保举为楚王府奉祠正。

李时珍是否如顾景星《李时珍传》所说，职务虽然是奉祠正，但管的却是良医所事，也须辨析[①]。奉祠所和良医所是王府长史司所辖的两个平行机构，奉祠掌祭祀乐舞，良医掌医[②]。按理，良医所是有良医正的，让奉祠正去管良医所的事务，可能性不是很大。也许是顾景星想当然，认为一代名医，就应该担任与医有关的机构的主官，他说李时珍后来任"太医院判"，大约也是这个缘故。情况可能是，奉祠正这个职务比较清闲，李时珍在楚王府的主要工作，则是充任王室成员的医生，其中最重要的任务，是为楚王英㷿诊病、治病。

英㷿能否生育，属于楚王府秘密事项，不得外泄，更何况李时珍医德高尚，因此，《本草纲目》中，无一字涉及楚王府医案。这样一来，就让后人寻觅李时珍在楚王府的行迹，增加了相当大的难度。

尽管有神医在侧，但素来体弱多病的英㷿，最终还是于隆庆五年（1571）八月初十薨逝[③]，年仅三十一岁[④]。过了一些时候，楚王府的宫人胡氏生了一对双胞胎儿子（华奎、华璧），说是英㷿的遗腹子[⑤]。朱华奎于万历六年（1578）封世子，万历八年（1580）袭封楚王；朱华璧于万历九年（1581）被封为宣化王[⑥]。

对于华奎、华璧的身世，楚王府仪宾（女婿）汪若泉曾提出质疑，但恭王妃坚称两人是恭王英㷿之子，风波得以平息[⑦]。万历三十一年（1603）四月，华奎袭封楚王已二十余年，楚王府宗室华越向朝廷举报："华奎与弟宣化王华璧皆非恭王子。华奎乃恭王妃兄王如言子，抱养宫中。华璧则王如綍家人王玉子也。"华越的妻子，正是

---

① 郎需才对李时珍兼管良医所的说法提出过质疑，见郎需才：《王吉民、陈存仁〈李时珍先生年谱〉评注》，《李时珍学术研究》，中医古籍出版社，1996年，第20页。

② 《明史》卷七五《职官志四》。

③ 《明穆宗实录》卷六十，隆庆五年八月己亥条。这月庚寅朔，己亥为初十日。

④ 《弇山堂别集》卷三二《同姓诸王表》"楚昭王桢"条。

⑤ 《明史》卷二二六《郭正域传》。

⑥ 据《明史》卷一〇一《诸王世表二》"楚王世表"，卷一一六《诸王列传一》"楚王桢传"。

⑦ 参见《明史》卷二二六《郭正域传》。

恭王英㷭妻兄王如言的女儿。礼部侍郎郭正域主张公开查实，首辅沈一贯则主张秘密调查，大批官员和楚府宗人卷入公案，朝廷上下纷纷扰扰，按照皇帝意图，判华趆诬告，降为庶人，关进凤阳大牢，郭正域罢职。楚府宗人不服气，劫持华奎进贡朝廷的贿金，被捕后接受审讯时，打死偏袒华奎的湖广巡抚赵可怀，宗人二人被处斩，四人被勒令自尽。这桩"伪楚王案"，先后闹了三年。后来，无人"敢言楚事"，而华奎、华璧是否英㷭亲生儿子，是否异姓假王，终究不明不白[①]。但无论如何，当年，楚王府向朝廷的报告中，是声称"恭王遗腹宫人胡氏孪生子"[②]的，朝廷当时认可，后来又赐了名。

可能是楚恭王妃看到恭王后继有人，李时珍功莫大焉，而李时珍正有阅读医学秘籍、观察稀见药物以便完善《本草纲目》的愿望，于是，经楚王府推荐，李时珍得以进入国家最高等级医院——太医院。按妇女怀孕生育周期推算，胡氏宫女为楚恭王生下遗腹子，不会迟于隆庆六年（1572）四月，大约是隆庆六年二月左右。

李时珍著有《奇经八脉考》，吴哲读后作《题〈奇经八脉考〉》，落款称"隆庆壬申中秋日道南吴哲拜题"[③]。"隆庆壬申"，即隆庆六年。吴哲曾任兵部职方司郎中（正五品），隆庆五年（1571）四月，升任河南布政使司右参议（从四品）；隆庆五年九月，调任山西布政使司右参议兼按察司金事；最迟于万历元年（1573）二月前，以山西右参议兼怀隆兵备道[④]。《大明会典》卷一二八《兵部十一·镇戍三·督抚兵备》记载："兼理兵备怀隆兵备一员，驻扎怀来，整饬南山等处。"怀来位于北京西北方向，为军事重地。据《明史》卷四十《地理志一》，元代时为怀来县，洪武三年（1370）废县，洪武三十年（1397）置怀来千户所，永乐十五年（1417）改为怀来左卫，永乐十六年（1418）改为怀来卫。怀来西南有土木堡，东南有榆林堡。或许是吴哲到北京公干，或许是李时珍到怀隆出差，或许是其他机缘，吴哲与李时珍相识了。隆庆六年中秋之前，两人应当交往了一段时间，不然，如果两人不大熟识，吴哲就不可能为李时珍著作写序。因此，笔者推测，大约隆庆六年夏，李时珍已离任楚王府奉祠正，而到了北京太医院。他在《本草纲目》卷十五"麻黄"条中记载："一锦衣夏月饮酒达旦，病水泄，数日不止，水谷直出……遂以小续命汤投之，一服而愈。"这或许是隆庆六年（1572）夏的医案。李时珍在太医院未授什么官职，但因为是原任楚王府奉祠正，所以人们仍以原职称他。

需要指出的是，李裕所说李时珍于万历六年（1578）初才离任楚王府奉祠正，是

---

①　参见《明史》卷一一六《诸王列传一》"楚王桢传"，卷二二六《郭正域传》。

②　《明史》卷二二六《郭正域传》。

③　柳长华：《李时珍医学全书》，中国中医药出版社，1999年，第1626页。

④　《明穆宗实录》卷五六，隆庆五年四月戊戌条；《明穆宗实录》卷六一，隆庆五年九月己巳条；《明神宗实录》卷十，万历元年二月戊寅条。

站不住脚的。其一，吴哲于隆庆六年中秋为李时珍《奇经八脉考》作序，以职务上的限制，吴哲不可能离开怀隆而远赴湖广武昌，再加上交通条件的限制，吴、李两人也不可能在武昌交集。其二，《本草纲目》"稿凡三易"，于万历六年定稿。卷十八"旋花"条记载："时珍自京师还，见北土车夫每载之，云暮归煎汤饮，可补损伤。"卷二三"阿芙蓉"条记载："京师售一粒金丹，云通治百病，皆方伎家之术耳。"如果按照李裕所说，李时珍于万历六年初才离开楚王府，后又到北京太医院，一年后辞职回蕲州，那他就根本没有时间余地修订《本草纲目》，特别是不可能将上述在京师所见所闻的药方写入《本草纲目》。其三，顾问也为李时珍《奇经八脉考》作了序，题为《〈奇经八脉考〉引》，落款称"明万历丁丑小暑日，同里日岩顾问顿首书"①。万历丁丑，即万历五年（1577）。情况只可能是，万历五年前，李时珍就已离开北京太医院、返回蕲州了，而离任楚王府奉祠正，更是在此之前了。

　　总而言之，李时珍赴任楚王府奉祠正，不早于隆庆元年（1567）秋，可能是隆庆二年（1568）左右；从楚王府离任、到太医院，大约是隆庆六年（1572）夏。隆庆六年五月，明穆宗崩逝，六月，明神宗即位。尽管次年才用"万历"年号，但万历皇帝已登极。因李时珍在太医院未任职，所以职场上以"原任楚王府奉祠正"对待。这样看来，《续文献通考》所说李时珍"官楚王府奉祠正"在"庆历间"，也就可以理解了。

---

① 柳长华：《李时珍医学全书》，中国中医药出版社，1999年，第1627页。

从"楚藩风波"窥探明世宗的理国策略

周红梅

（湖北省钟祥市博物馆）

内容摘要： 有明一代，湖广武昌楚王府，从洪武十四年（1381）朱桢就藩，至崇祯十六年（1643）华奎被害，终明之世，楚藩共历八代九王，享国262年，素有"宗藩之贤，楚为首称"的美誉。到明中期发生震动朝野"世子朱英燿弑父"的事件，史称"楚藩风波"，至此，楚藩走向了曲折之路。从明世宗果断处理楚藩事件，可看出他的理藩策略。

关 键 词： 楚王显榕　世子英燿　楚藩风波　嘉靖理藩

有明一代，楚王朱桢，为明太祖朱元璋第六个儿子，母昭敬太充妃胡氏，生于元至正二十四年（1364）三月初三日，出生时，攻克武昌的捷报刚好传来，朱元璋高兴地说："子长，以楚封之。"洪武三年（1370）六皇子朱桢被册封为"楚王"，洪武十四年（1381）就藩湖广武昌府，为明代第一任楚王。

从洪武十四年朱桢就藩，至崇祯十六年（1643）华奎被害，终明之世，楚藩共历八代九王，享国262年，素有"宗藩之贤，楚为首称"的美誉。因明末战乱，世人皆知末代楚王结局凄惨，而另一位结局悲惨的楚王却往往被人遗忘！他就是第六代楚愍王朱显榕。

楚愍王朱显榕，为楚端王长子，母亲为楚端王次妃。生于正德八年（1513），嘉靖元年（1522）册封为世子，六年（1527）受封长乐王，十五年（1536）嗣楚王位，时年23岁，为第六代楚王。按辈分来算应为明世宗的叔父，比明世宗还要小6岁。明世宗是正德二年（1507）八月初十日降生于安陆兴王府凤翔宫，即湖北钟祥兴王府。正德十六年（1521）四月二十二日以亲王的身份进京继承皇位，年号嘉靖，为朱明王朝第八代孙第十一位皇帝，与楚愍王朱显榕之间有宗室之亲，对其也有同理怜悯之心。

一、楚王朱显榕生前与明世宗君臣情谊

作为皇室宗亲，又同为分封到湖广之地的藩亲，楚王显榕不仅与明世宗关系较亲

近，而且其父兴献王与楚藩府关系甚好，早在兴王就藩之时，舟船行至武昌府时，楚王亲自出门相迎相送。

嘉靖十八年（1539）初，明世宗要南巡，特手谕楚王显榕来到承天府朝见，楚王显榕接到手谕当然高兴，便早早来到承天府恭候。作为皇室宗亲，又同为分封到湖广之地的藩亲，楚王显榕不仅有幸与明世宗相见，而且还得到盛情款待。如《兴都志》《承天府志》记载："三月十三日，楚王显榕来朝，朱厚熜说：'朕有事于显陵，烦王来朝，朕感悦，至意王其亮哉。'"①

从这段记载中反映出三个信息：一是嘉靖十八年（1539）三月，明世宗南巡是为了妥善安葬父母，特意从京来拜谒显陵。实际上，自嘉靖三年（1524）开始，到十七年（1538）十二月初四日，明世宗因母亲章圣皇太后在北京病故，在这期间，多次提出大臣们商议将父亲陵寝改迁至天寿山之事，一直遭到部分朝臣及母亲章圣皇太后的反对，才使明世宗有所顾忌，得以搁置。特别是工部尚书赵璜以三条理由不能迁：先皇体魄所安，不可轻犯，一也。山川灵秀所萃，不可轻泄，二也。国家根本所在，不可轻动，三也。就像高皇帝定鼎南京而不迁皇陵（皇陵在凤阳），文皇帝迁都北京而不迁孝陵（孝陵在南京）那样不迁显陵。同时也有大臣说："北迁南衬都一样，可如果将先帝棺椁启露于风尘，且路途遥远，恐有不敬。"于是，明世宗便派大臣赵俊先期到显陵察看，打开地宫，地宫渗水了，这个消息快速传至北京，明世宗非常痛心，深感不安！到底如何安葬母亲，这个问题一直困扰着嘉靖。于是，明世宗便有了南巡承天的想法；二是"烦王来朝"楚王显榕来承天府拜见明世宗，应该是得到明世宗的许可。因为从"靖难之役"之后，朱棣便颁布了一条"必须有圣旨才能入朝"的法令。因此，自明成祖朱棣统治时期起，绝大多数亲王都在"半幽禁"中度过，虽然他们的日子看起来很优厚，实际上局限了他们的生活；三是楚王显榕的到来，明世宗是非常喜悦的，而且有极深远的用意，说明了对楚王宗亲的看重，不是所有藩王都能来见明世宗的。同时，对长辈又给予了极高的敬意"劳烦来此，望能谅解"。

又如《兴都志》《弇山堂别集》记载："三月十八日，赐翊国公郭勋、楚王显榕等酒宴犒劳，于承天府如仪。并赐书谕王，遣官送王还国。"②"楚王显榕来朝宴劳加禄如仪。"③

从这两段文字记载中也反映了三层意思：一是明世宗赐酒宴犒劳翊国公郭勋和楚王显榕，证明这两人在明世宗的心里不是一般人。郭勋，是明初开国勋臣武定侯郭英

---

① （明）顾璘：《兴都志》卷三《典制三》，民国二十六年钟祥县志局重刊，第4页。（明）孙文龙：《承天府志》卷二，收录《日本藏中国罕见地方志丛刊》，书目文献出版社，1990年，第48页。

② （明）顾璘：《兴都志》卷三《典制三》，民国二十六年钟祥县志局重刊，第6页。（明）孙文龙：《承天府志》卷二，收录《日本藏中国罕见地方志丛刊》，书目文献出版社，1990年，第48页。

③ （明）王世贞：《弇山堂别集》卷六十六，三月丙戌，上海古籍出版社，2017年。

五世孙（第六世），于正德三年（1508）承袭武定侯爵位，历任提督三千营、两广总督、京师左军都督掌团营，主管四郊兴建之事，被授予太保兼太子太傅之衔，并经常代表明世宗行祭祀天地、祖宗之事。至嘉靖十八年（1539），由于他编撰《英烈传》为其先祖郭英射死陈友谅之功造势，影响了明世宗，争得了使郭英与徐达、常遇春等六王并列配享朱元璋太庙的殊荣，他自己亦被"进翊国公加太师"。郭氏家族，从郭英起，子孙三代多人与皇室联姻，本是权势显赫的勋臣国戚。至郭勋晋国公、加太师时，地位和权势达到了顶峰，成为权倾朝野、威福莫比的世家贵族，但后期也遭到弹劾受处。二是"赐书谕王"，这个"赐书"无论是典籍之书，还是告诫之书，不得而知，但是有一点可以确定，就是明世宗对楚王显榕敬爱有加"宴劳加禄"。嘉靖十三年（1534），其父端王荣㳦病故时，"子愍王显榕嗣，居丧哀痛，遇庆礼却贺。端王婿仪宾沈宝与显榕有隙，使人诬奏显榕左右呼显榕万岁，且诱显榕设水戏以习水军。世宗下其章，抚臣具言显榕居丧能守礼。宝坐诬，削为民"①。幸好明世宗明察秋毫，识破了沈宝的阴谋，朱显榕这才保住了王位；三是"遣官送王还国"不能在承天久留，当时的外藩经过"靖难之役""朱宸濠谋反案"，虽然基本没有势力太大的藩国，但是作为明世宗仍然忌讳亲王出藩。

楚藩到明朝中后期，已经屡次受到朝廷处置，比如：弘治十五年（1502）十一月十一日，孝宗皇帝将楚府辅国将军均锚所犯不法之事，致书告之皇弟兴王（明世宗的父亲）说："皇帝书与弟兴王，先该楚王奏辅国将军均锚淫乱不法等事，特命司礼监太监扶安、都察院左金都御史陈璠前去会同巡抚都御史阎仲宇等，勘得均锚淫烝父妾余氏，又奸骗寡嫂夫人杨氏、王氏是实。如此丑恶，灭绝伦理，玷污宗室，祖训具存，国法难容。已敕扶安等具启楚王，将均锚与余氏各令自尽，杨氏、王氏革去封号，其拨置情重人犯，俱从重发遣。今特令法司备录原勘招词，奉去一观，以昭示鉴戒于众宗室，庶各有所警也。专书以达，惟弟亮之。"②

从此信件中可以看出楚王府出现淫乱和不法之事，早在弘治年间，楚府宗亲辅国将军府也出现过这样事件。永安王府辅国将军朱均锚为人"强暴自恣"，屡屡截人钱财不说，还强迫杨氏、王氏两个寡嫂，与庶母余氏私通。楚王朱均钹得知之后，立马将朱均锚所作所为上奏朝廷。明孝宗派司礼监太监扶安、都御史陈璠查验核实之后，不禁大怒，直接下旨赐死朱均锚。此后，楚藩贤能的现象和对中后期几位楚王的治理能力存疑，应该说在楚王朱显榕这一代有所收敛，但还是发生了"世子朱英耀弑父"的事件，这对楚藩形象造成了十分恶劣的影响。

从嘉靖十八年十月二十七日事件来看，明世宗还是非常信任楚王显榕的，或者说

---

① （清）张廷玉：《明史·列传》卷四《诸王一》，中华书局，1974年，第3570页。

② （明）《恭穆献皇帝实录》卷二〇，弘治十五年（1502）十一月己丑（十一日）。

同为湖广藩镇，又与承天府相邻，明世宗默许楚王时常展祀显陵。

"先是，圣母梓宫南祔，有诏许亲王素服出迎致祭。楚王闻诏，欲先时出，以达属当职守，不听，令指挥陈恩等严为启闭，不得擅出，王以故怨之，劾奏以达'欺蔑亲王''打毁祭器'等语，诏捕以达等至京责讯，寻有是命。"①

明世宗母亲献皇后的梓宫南祔，走的运河至长江水路，而到了武昌府时，嘉靖特许楚王显榕素服出迎致祭，但又被当时的湖广按察司提督副使江以达，令指挥陈恩等严格管制，不得擅出，还打毁祭器，楚王显榕因而怨恨，劾奏江以达"欺蔑亲王"等，因而诏夺湖广按察司提督副使江以达职为民，降指挥陈恩、姚庚职各一级。足见明世宗对楚王显榕的信任。

二、"楚藩风波"世子朱英燿的弑父惨祸

对"楚藩风波"一事《明世宗实录》《明史》均有记载，并且非常详细。世子朱英燿，楚王朱显榕嫡长子，生母吴氏，嘉靖十六年（1537）十二月册封为楚世子。因谋杀父亲朱显榕，被朝廷处死。

在正史记录中，世子朱英燿和徐景荣、刘金、杨惠等奸邪小人混在一起"淫纵不法"。当时楚王宫人方三儿是个绝色美人，朱英燿不禁动了垂涎之意，让手下亲信吴么儿和内使陶元儿等人将方三儿骗到缉熙堂。世子把门一关，直接就把这位庶母给烝了。

说实话，仅凭这件事，朝廷足以废掉朱英燿的世子名号。但是朱显榕不忍心这么做，也未有废掉朱英燿的世子名号，只是将吴么儿和陶元儿二人杖毙，同时将方三儿幽禁于北院。然而，世子并未因此感激父王，只是"惧而生怨"。

嘉靖二十三年（1544）五月初五日端午节，朱显榕带着楚藩宗室在武昌墩子湖（今紫阳湖）观看龙舟竞赛。墩子湖位于武昌城南，在今紫阳公园内，水深约两米，是武昌九湖中最大的一个。千舟竞渡，曲水流觞，自然免不了有美女歌舞助兴，其中乐妇宋么儿姿色出众，世子朱英燿"见而悦之"。

一天朱英燿与母亲吴氏出宫探视外祖父吴鉴，亲信刘金提前将宋么儿安置于自己宅中，等世子探病结束后便邀请其来与之欢度春宵。之后，朱英燿偷偷将宋么儿接入缉熙堂别馆居住。宫墙之内岂有秘事，楚王很快获悉此事，大怒之下要治罪刘金"金遂诱英燿谋为逆"②。

嘉靖二十四年（1545）元宵节，整个武昌府依然沉浸在新春佳节的欢快气氛之中。

---

① （明）徐阶：《明世宗实录》卷二三〇，"中央研究院"校印，1962 年。（明）焦竑：《国朝献征录·宗室一》卷一《楚王传》。

② （清）张廷玉：《明史》卷一一六，中华书局，1974 年，第 3571 页。

此时的楚王府缉熙堂张灯结彩，世子朱英燿在此大摆筵宴，邀请父王显榕过来赏灯。"酒半，金等从座后出，以铜瓜击显榕脑，立毙。"①武冈王朱显槐闻声过来奔救，亦被乱梃所伤，并"禁武冈王于别室，令毋得出"②。楚王被打死后，朱英燿怒气未消，又命令谢六儿拿鞭子抽尸数次，才命人将其尸体扛入王宫装殓，又命令王府长史孙立，承奉张庆、王宪等人以"中风"暴薨伪讣告之镇守抚按三司各衙门。

楚王最忠心的随从朱贵抉门而出，向武昌巡抚等官告发此事。镇抚等官得到消息，不敢隐瞒，忙将此事上报朝廷。朱英燿派人截击信使，没有截获，于是急忙上疏奏辩，命令指挥甘玉海、王府仪宾李瑞、王府书办官李仁等人为其作伪证，并逼崇阳王朱显休等宗亲为保人，又向王府承奉副太监王宪馈赠金钱，让其以"中风"上报朝廷。然而，唯独通山王朱英炊不肯收受贿赂，属实向朝廷上奏，直书朱英燿弑逆之事③。

三、明世宗果断处置

大明开国近二百年，宗室中还从未发生过以子弑父的人伦惨祸。湖广三司不敢耽搁，即刻将此事上报朝廷。朱英燿自知罪孽深重，在拦截信使失败后，一面逼迫王府护卫指挥使甘玉海、仪宾李瑞为自己作伪证，一面又让本府宗室为自己做保人。

当时在封的楚藩宗室，按亲疏关系来分，一共有这几位，江夏王朱荣汉、东安王朱荣淑、永安王朱显梧、崇阳王朱显休、通山王朱英炊。其中除了通山王以外，其余诸位郡王全都愿意为朱英燿保奏。

明世宗在收到湖广三司以及楚世子的奏疏之后惊疑不定，恰在此时，通山王的密奏也送到了京师。明世宗勃然大怒，命司礼监太监温祥、驸马都尉邬景和、刑部左侍郎喻茂坚和锦衣卫都指挥使袁天章赶赴武昌，和当地镇巡等官共同调查清楚。

而在听说温祥等人到了以后，整个楚王府上下人心惶惶，对于武冈王的看守稍有松动，其"乘间出府"说出真相。世宗亲姐姐永福公主的驸马邬景和当即将此事整理之后向朝廷汇报。

经过廷议，明世宗说："朕不敢赦其，命公朱希忠祭告皇祖，斩之于市，焚弃其尸，不许收葬。"④最终世子朱英燿"斩之于市"，徐景荣等二十六人"凌迟处死"，宋么儿和方三儿"各杖一百"，王府右长史孙立、承奉正太监张庆、承奉副太监王宪"皆斩"，王府左长史马天祐"捕治革职"，东安等王"各夺禄米三之一"。武冈王、通山王

---

① （清）张廷玉：《明史》卷一一六，中华书局，1974年，第3571页。
② 《明世宗实录》卷三〇三，"中央研究院"校印，1962年，第5746～5750页。
③ 《明世宗实录》卷三〇三，"中央研究院"校印，1962年，第5746～5750页。
④ 《明世宗实录》卷三〇三，"中央研究院"校印，1962年，第5746～5750页。

"赐敕奖谕",各赐慰银五十两,彩叚四表里。

明世宗赐楚王朱显榕谥号"愍","愍"意为"在国逢难",可谓恰如其分。因楚愍王幼子朱英㷿年幼,由武冈王朱显槐暂摄王府之事,直到嘉靖二十九年(1550)才袭封楚王。

明世宗素来以"孝治治国",痛恨大逆不道之人。对于朝廷来说"以子弑父",属于十恶不赦的重罪,只要这一条事实成立,其他的前因后果其实都无所谓,明世宗也抛开"皇明祖训"中对于宗室的处理原则"虽有大罪亦不加刑",但这一次明世宗下旨将朱英燿斩首示众,并焚尸扬灰。楚王父子因一乐妇而先后殒命,言官也为此上疏要求朝廷引以为戒,严禁各地宗藩"私婚狎娼"。

"……近者英燿逆节,酿自妇人,殷鉴不远。宜申明私婚狎娼之禁,而严扶同勘结之律。奏报必稽其实,媵妾必核其数。岁登玉牒,必以其期。庶端本清源,乱阶可弭……"①

世子朱英燿被斩首焚尸,足见朝廷和明世宗严于治罪的决心,并以书谕告诫各王府,以儆效尤。

四、看待世子弑父的不同视角

身为嫡子,世子朱英燿为何会对父王如此恨之入骨呢?

沈德符在《万历野获编》中称:"朱英燿烝朱显榕宫人方三儿,惧为父所废,于是趁上元灯节时弑父,先用毒鸩,不果,遂用铜瓜击毙。但是其事端不仅于此。朱显榕暴虐于其国,内外俱不能堪,人已离心。而朱英燿有足疾,朱显榕又爱次子朱英㷿,于是屡次对朱英燿说'若苦足疾,何不弃名爵、学长生',于是朱英燿愈发愤怒,决意为冒顿之事。"②

李诩《戒庵老人漫笔》中记载:"……初世子病,王遣所爱宫人侍之,世子私焉,有娠。楚王怒,遂疏世子。及妃生幼子,阴有废立之意。一日往世子堂,见其容瘁,曰:'尔如此,何能继我?不如学修炼长生,将王位奏让与弟,弟不失位,尔不失身,两便也。'世子是时已蓄弑心矣。至今年正月十七日,宴三司,饮至三鼓,欢甚,出所有宝杯等,劝三司不醉不归。次夜三鼓被弑……时闻楚王贪酷已极,人无可奈何矣。天为楚民报仇,乃假手其子,身弑子灭,天定胜人之理也。"③

从明人李诩所著《戒庵老人漫笔》和沈德符《万历野获编》之中,也可读到不一

---

① 《明世宗实录》卷三〇四,"中央研究院"校印,1962年,第5756页。
② (明)沈德符:《万历野获编》卷四《宗藩·英燿弑逆之由》,中华书局,2004年,第124页。
③ (明)李诩:《戒庵老人漫笔》卷三《楚世子弑逆》。

样的视角。

其一,明人李诩的笔记《戒庵老人漫笔》卷三《楚世子弑逆》记载:楚世子英耀弑其父楚王是嘉靖二十四年正月十八日晚,而《明世宗实录》、《万历野获编》卷四《英耀弑逆之由》记载的时间是"嘉靖二十四年正月上元节",当然多种文献记载均不相同,笔者认为应该是"上元节"。

其二,《戒庵老人漫笔》卷三《楚世子弑逆》、《万历野获编》卷四《英耀弑逆之由》中均记载,先是愍王暴于其国,内外都苦不堪言,人已离心,而英耀有双足残疾,行走不便,再加上其父又偏爱次子朱英㷿,打算废长立幼,这也是逼得世子朱英耀弑父鞭尸的原因之一。

其三,《戒庵老人漫笔》中记载:"时闻楚王贪酷已极,人无可奈何矣。天为楚民报仇,乃假手其子,身弑子灭,天定胜人之理也。"楚愍王朱显榕在封国内"贪酷已极",国人对其多有不满,甚至认为这位楚王之死,是"天为楚民报仇",所以假手其子将其除去。换句话说东安王等之所以为世子作保,可能并不完全出于胁迫。

楚藩发展到楚王显榕时期,上至亲王、郡王,下至将军、仪宾,多有祸事。如嘉靖二十五年(1546)崇阳王显休、奉国将军荣缙、中尉英爝等人,抢夺仪宾刘贵的财物,并群击通山王,显休被罚俸一年、荣缙等被罚俸半年,英爝等也被处罚。

嘉靖二十八年(1549)四月,楚藩又发生一件惊天大事,崇阳王朱显休、奉国将军朱荣滔、镇国中尉朱显樺三人竟然联合起来,将奉国将军朱显栲击杀,这种萧墙之祸接二连三地出现在楚藩,堪称骇人听闻。明世宗的震怒可想而知,朱显休因为是主犯,所以被下旨赐死,朱荣滔和朱显樺等人虽未获死罪,但是被永远禁锢高墙[1]。

五、明世宗"整理宗藩"与治国理念

作为明代藩王,楚藩也是一个典型代表,其对地方社会的影响也颇具代表性,这在一定程度上反映了明代宗藩制度的落后性和不合理性。明王朝建立后,朱元璋对宗室采取了封藩制度。国初,分封其目的是"镇固边防,翼怀王室"。"靖难之役"后,由于分封制度与中央集权发生矛盾和冲突,诸藩实权逐渐被剥夺,藩禁严密,逐渐沦为明代社会的特权寄生阶层。一不能擅自出宫,宗室之间不得互相来往,于是造就他们只能吃喝享乐。二规定宗室子孙不得参加科举考试,不得从事经商贸易,这些子孙也就不学无术,只靠禄米生存,成为"弃物"和恶势力的代表,对地方社会和国家造成了诸多不利的影响。但也有不甘平庸者,他们不愿"徒拥虚名,坐糜厚禄",苦于"贤才不克自见,知勇无所设施"。在有限的空间和影响范围内,实现着他们自己的人

---

[1] 《明世宗实录》卷三四七"嘉靖二十八年四月丁未","中央研究院"校印,1962年。

生理想，或是在文化上有所建树，或是在科学事业上有所成就，或者在有限的范围内为地方人民办些实事。可谓是明代宗藩众生相贤、愚、恶具有。而贤者可用"忠、孝、贤、才"四个字来概括；愚者即"守愚无过"；而恶者可用"暴、逆、淫、祸"来概括。因此，明朝的宗藩制度对当时的政治、经济、文化、军事以及整个地方社会生活都有重大影响。

明世宗"整理宗藩"可以从三个层面来看：

一是到嘉靖时期，随着土地兼并的严重和财政入不敷出，特别是封藩制度和各诸藩王的存在，管理起来非常难，这些制度是祖先留下的，没有办法改变，只能局部进行调整，在嘉靖年间相对来说是一个转折点，如限革庄田，以遏制土地兼并狂潮；还比如他通过公正的审判，处罚一些不法的行为，以及表彰有所建树、以孝治国的宗亲，突出的是一个"稳"。

二是通过处理楚藩王这个事件，来约束有罪宗室。当然对宗室也有网开一面的情况，如嘉靖二十六年（1547）四月，通山王府辅国中尉打伤叔祖，被发往凤阳高墙监禁。"揆之祖训国法，俱属有违，本当重治，但念亲亲，姑从轻典。"这样更显示了他的睿智，处理事情张弛有度。明世宗的治国理政思想和整个社会的稳定发展，和他的能力不无关联。

三是明世宗崇尚孝道，以孝治天下，是融合社会和谐、稳定的另一个层面。"以孝治天下"伴随明世宗一生，也融入了他的治国理念。如陕西参议于湛以母亲年迈为由，请改任南方职务，言官纠其诡避，要求严惩，而明世宗没有采纳从严惩处的意见，为便宜他迎养母亲，就顺了这位孝子的意而改任江西；还有吏部侍郎董玘得到母亲去世的消息后，没有及时回去奔丧，明世宗知道后十分气愤，当即撤销了他的职务；另有新城知县吴瑗误听一后妈说子不孝，就命把这个儿子乱刀残害致死，这件事被都御史金清调查得知，并非不孝，当即上报朝廷。明世宗得知情况后，只是将这个知县廷杖一百发配边邑充军。连当时的文人就疑问："寸磔无罪人，竟不偿死，此是何法？"包括嘉靖十八年（1539），南巡承天，将相关事宜办妥之后，在承天府阳春门城楼上召见了承天百姓，并用方言发表了一段饱含深情的话语："说与故里从（众）百姓每（们），我的父母，昔在孝宗皇帝时，封国在这里，积许大的德行，生我承受天位。我今为父母来到这里，你每（们）也有旧老的，也有与我同后生的，但只是我全（却）没德行，父母都天上去了，这苦情你每（们）也见过么？我今事完回京，说与你每（们）众百姓，各要为子的尽孝道，为父的教训子孙，长者扶那幼的，幼的敬那长的，勤生理，做好人，你每（们）依我此言语，非我不能深文，以便那不知文理之人教他便省的你每（们）可记着。"[①] 同时，赐宴席予以父老从宗等144人，并赠送米、酒、肉，突显了

---

① 李权：《钟祥金石考》卷二，民国二十六年钟祥县志局重刊，第8页。

明世宗荣归故里美好愿景。

总之，明世宗对宗藩问题宽猛相济的处理手腕，突出一个"稳"字。稳定对当时整个社会的发展具有促进作用，正因为政治的稳定性，缓和了社会矛盾，促进农耕经济的发展和资本主义萌芽的进一步上升，以及"以孝治国"对儒家思想的一个表率作用，体现了嘉靖时期的改革，如整肃科举，以确保选举的良性发展；倡行三途并用（科举、岁贡与推荐），以激励士气；整顿学政，以强化学校的教育功能；打破重内轻外的观念，以激发地方官的进取之心；整饬言路，以实现对百官的有效监督；清除翰林院积弊，以提高内阁大学士的行政能力；裁革冗滥，以减轻财政负担；限革庄田，以遏制土地兼并；推行一条鞭法，以减轻民众负担；正视哈密问题，以解除边疆危机，等等，使明王朝进入了新的历史时期"自救时期"，最大限度地扫除明代百余年来的积弊。他的执政手段和治国理念在历史上引发了广泛争议，但我们能够窥见他治国的双重性，既是权威的强者，也在尝试着开明的治理方式。

明楚王及武昌府与鄂东南矿冶业的关系

陈树祥[1] 刘 振[2]

（1. 湖北理工学院长江中游矿冶文化与经济社会发展研究中心

2. 武汉大学长江文明考古研究院）

内容摘要：本文以考古视野介绍鄂东南的矿产资源分布状况，梳理了文献所记载明代武昌府辖区的矿产资源及采冶活动，结合鄂东南考古调查和发掘的明代采冶遗存，对其生产规模和产量进行了探析，提出了矿产业与武昌府和楚王存在密切关系、鄂东南矿冶业兴衰受到朝廷矿政影响等若干观点。

关 键 词：明代藩王制度 楚藩 武昌府 鄂东南矿冶业

明代武昌府管辖范围前后期有变化，一般指今天武汉市之江夏区、武昌区、洪山区、青山区，以及鄂州、黄石、咸宁市域。其范围广大，山水相连、湖泊众多，土地肥沃，矿产丰富，历来有"鱼米之乡"和"江南聚宝盆"之美称。这些优越的自然资源，为武昌府与八代楚王获得丰厚的赋税、积累财富创造了条件。本文以鄂东南矿产遗存的考古发现为依据，结合文献记载，试对明代楚王和武昌府与鄂东南矿冶业的关系等问题略作探析。

一、明武昌府辖地的矿产资源

明武昌府矿产资源主要分布于今鄂州和黄石市域，两地矿产资源同属长江中游鄂东南矿脉带。经勘探，鄂东南大中型矿床多集中分布于今鄂城—大幕山主干隆起带上，矿物类型由西北至东南呈现铁—铁铜—铜铁—铜—铜钼钨的有序分布，硫及硫铜矿的矿脉带呈弧形分布两侧，铅锌矿化带大致向北突出的弧形作不规则分布。除铅锌矿床外，各矿带矿体皆位于接触带上。已探明本地域金属等矿床（点）达700余处（图一），其中，大型铁、铜矿床5处（即鄂州程潮铁矿、大冶铁矿、大冶张福山铁矿、大冶灵乡铁矿、大冶铜绿山铜铁矿），中型铁、铜矿床17处，小型铁、铜矿床37处，且都伴

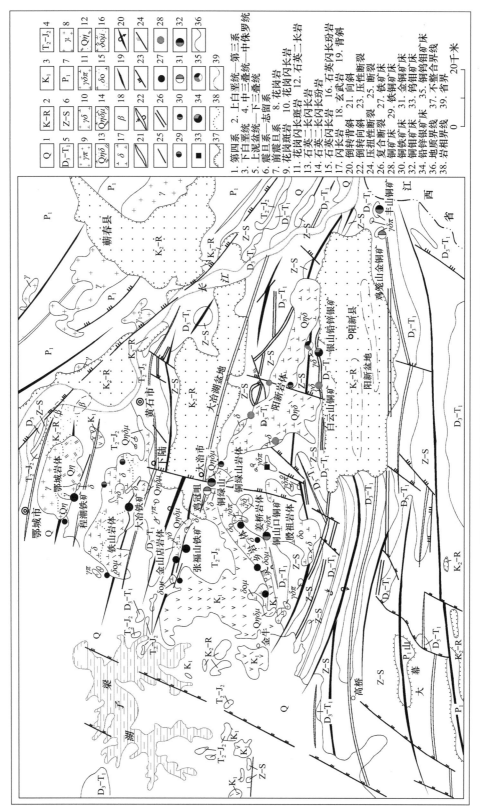

图一 鄂东南地质矿产分布略图（徐荣华先生提供）

1. 第四系 2. 上白垩统—第三系 3. 下白垩统 4. 中三叠统—中侏罗统 5. 上泥盆统—志留系 6. 震旦系—前震旦系 7. 花岗闪长斑岩 8. 花岗岩 9. 斑岩 10. 花岗闪长岩 11. 石英二长岩 12. 石英二长岩 13. 二长闪长岩 14. 闪长岩 15. 石英二长闪长岩 16. 石英闪长岩 17. 闪长岩 18. 玄武岩 19. 青斜 20. 花岗闪长岩 21. 同斜 22. 倒转背斜 23. 同斜 24. 压扭性断裂 25. 断裂 26. 铁矿床 27. 铁铜矿床 28. 铁矿床 29. 铜铁矿床 30. 铜矿床 31. 铜铁矿床 32. 铜钼铁矿床 33. 铜钼矿床 34. 铜钼矿床 35. 钨钼矿床 36. 铜钨钼矿床 37. 铅锌银界线 38. 岩相界线 39. 省界

生有金、银等金属矿床①。

著名大冶铜绿山矿区蕴藏 12 个铜铁矿体，有的埋藏浅，有的出露地表，氧化程度高，铜矿中的氧化物如孔雀石、铁矿石裸露地面或矿山断面，成为古人寻找铜矿脉指示物②。考古发掘研究表明，其采冶年代始于夏代，一直延续至现代③。矿山之下为河湖环绕，这种得天独厚的自然资源和环境，为明代武昌府在这里采冶和运输等提供了条件。

二、文献中记载明武昌府的矿产

明武昌府所辖的矿产资源与采冶活动及管理机构在文献中多有记载，李洋等学者对明代矿产资源文献进行了梳理④，兹分类摘要如下。

（一）铜矿

文献记载明代武昌府辖区的铜矿主要有两处。

1. 铜绿山

在今黄石大冶市城西南约 3 千米。（明）赵鼎撰《大冶县志》记载："在县西五里，骤雨过则有铜绿，如雪花如小豆，点缀石土之上，因名"，"古出铜之所"。《嘉靖湖广图经志书》记载："又县治西南，铜绿山亦古出铜之所。"⑤

2. 武昌

大概指今黄石境内大冶铁山、程潮铁矿一带出产之铜矿石。（明）宋应星《天工开物》记载："湖广武昌、江西广信皆饶铜穴。"⑥

（二）铁矿与管理机构

文献记载明代武昌府的铁矿与管理机构主要有三处。

---

① 薛迪康、葛宗侠、胡惠民等：《鄂东南铜金矿床成矿模式与找矿模型》，中国地质大学出版社，1997 年。余元昌、李刚、肖国荃等：《湖北省大冶县铜绿山接触交代铜铁矿床》，湖北省鄂东南地质大队，1985 年。陈树祥、陈晨、陈一鸣：《鄂东南铜矿采冶与早期国家演变问题初析》，《湖北理工学院学报（人文社会科学版）》2021 年第 4 期。

② 黄石市博物馆：《铜绿山古矿冶遗址》，文物出版社，1999 年。

③ 陈树祥：《大冶铜绿山古铜矿始采年代及相关问题研究》，《湖北理工学院学报（人文社会科学）》2014 年第 2 期。

④ 武汉大学历史学院、武汉大学长江文明考古研究院：《湖北省古代矿冶文物专项调查与课题研究工作报告》（内部资料），2022 年 11 月。

⑤ （明）薛纲纂修、吴廷举续修：《嘉靖湖广图经志书》卷二，明嘉靖元年刻本，第 256 页。

⑥ （明）宋应星：《天工开物》，明崇祯十一年刻本，第 173 页。

1. 团炉山

大概位于今大冶市城区西南 1 千米的红卫铁矿。明代文献中有四条记载：其一，《万历湖广总志》载："县西一里"；"铁，大冶团炉山出"①。其二，（明）赵鼎：《大冶县志》记载："古县治东，旧有铁务，今废。"其三，《嘉靖湖广图经志书》记载："铁，大冶县东团炉山出，旧有铁务，今废。"②其四，《明一统志》记载："铁，大冶县东团炉山出，旧有铁务，今废。"③

上述文献均以明代大冶县城为坐标，但团炉山出现东、西两个方位差异。其实，明代大冶城之东为大冶湖。因此，后三条文献所记团炉山方位不对，可能是传抄有误。

2. 安田炉

又名湖广铁冶、铁冶所，位于今黄石市黄石经济技术开发区金山街道一带。历史文献中两处相关记载：其一，（明）赵鼎编撰《大冶县志》记载："在县治东二十里。"其二，《康熙湖广武昌府志》记载："东二十里，地名安田炉，洪武初建设，旋罢。"④

3. 兴国冶

位于今黄石市阳新县。《明会典》载："洪武初置湖广铁冶，七年置江西南昌府进贤冶、临江府新喻冶、袁州府分宜冶、湖广兴国冶、蕲州黄梅冶。"⑤

（三）金矿

金井，位于今大冶市城西三千米即大冶湖西岸一带的"湖北三鑫金铜股份有限公司"采矿地。历史文献中有两处记载：其一，《嘉靖湖广图经志书》曰："在县西南五里，水泛没入湖，水涸坑窑如池，相传古淘金井也。"⑥其二，（明）赵鼎编撰《大冶县志》记载："在县治西南五里……相传古淘金井也。"

（四）银矿

1. 黄姑山

位于今黄石市阳新县城西北。《嘉靖湖广图经志书》曰："银，兴国州西黄姑山出。

---

① （明）徐学谟：《万历湖广总志》，明万历十九年刻本，卷第二，第 75 页，卷第十二，488 页。

② （明）薛纲纂修、吴廷举续修：《嘉靖湖广图经志书》卷二，明嘉靖元年刻本，第 262 页。

③ （明）李贤：《明一统志》卷六十，清文渊阁四库全书本。

④ （清）裴天锡修、罗人龙纂：《康熙湖广武昌府志》卷二，清康熙二十六年刻本，第 203 页。

⑤ （明）李东阳：《明会典》，四库全书本，第 2952 页。

⑥ （明）薛纲纂修、吴廷举续修：《嘉靖湖广图经志书》卷二，明嘉靖元年刻本，第 301 页。

旧有银场，今废。"①《万历湖广总志》曰："州西二里（银）"，"银，兴国黄姑山出"②。《明一统志》曰："银，兴国州西黄姑山出。旧有银场，今废。"③

2. 银山

位于今黄石市阳新县城东南。《明史·地理志五·湖广浙江》记载："兴国州……北有银山……旧俱产银元兴国路。"

（五）煤矿

仅见一处。清光绪六年的《大冶县志》记载："明嘉靖十九年（1540），章山，道士洑开采煤炭。"这也是本地区首次开采煤矿的记载。

此外，还有一些文献记载黄石、鄂州不明种类的矿产资源，诸如鄂州之南有矿岭，《万历湖广总志》记载：其"距县百四十里"④，而《湖广通志》对此条诠释曰："县南百四十里。"⑤黄石市阳新县有高鸡寨，《万历湖广总志》记载："高鸡寨凿矿。"⑥

综上所述，历史文献所记载的明代武昌府辖区的矿产资源主要为铜、铁、金、银等。铜绿山、铁山、银山等皆为古今大型铜铁银（铅）矿山，或许也是明代武昌府的重要的矿产基地。

三、考古发现明武昌府的矿冶遗存

（一）考古调查

新中国成立以来，文物工作者对湖北境内进行了三次文物普查，尤其是在鄂东南乃至全省进行了多次矿冶遗址专题调查，发现一些明代矿冶遗址，但与文献记载明代矿冶生产场点仍有较大差距，这可能与近现代经济建设、人民生产生活等对遗址的影响密切相关。就已发现的明武昌府辖区矿冶遗址而言，按矿冶类可分为冶铜、冶铁、冶铅三类。

1. 冶铜遗址

太郁水库冶炼遗址。位于阳新县排市镇下石村太郁水库东南部淹没区，面积约

---

① （明）薛纲纂修、吴廷举续修：《嘉靖湖广图经志书》卷二，明嘉靖元年刻本，第262页。

② （明）徐学谟：《万历湖广总志》，明万历十九年刻本，卷第二，第73页，卷第十二，第488页。

③ （明）李贤：《明一统志》卷六十，清文渊阁四库全书本。

④ （明）徐学谟：《万历湖广总志》卷第二，明万历十九年刻本，第59页。

⑤ （清）徐国相等修，宫梦仁、姚淳焘纂：《湖广通志》卷七，清康熙二十三年刻本，第401页。

⑥ （明）徐学谟：《万历湖广总志》，明万历十九年刻本，第2772页。

1万平方米。2019年笔者调查发现残鼓风冶炼竖炉16座，其中有15座炉子成群修筑于山坡底的溪流旁，多为3座一组，呈"一"字形分布（图二）。残炉口呈椭圆形或近心形。炉子的残口径在0.5～0.8米之间，炉壁呈红烧土硬块，内腔壁上皆胶结炼渣凝固层，青灰色，质较硬；炉内渣层少者两层，多者五层，每层厚0.03～0.05米，说明炉子冶炼了2～5次。有的炉壁下还暴露出金门，有的炉内放满未冶炼完的矿石。最南部的一座冶炼炉（编号L1）位于水库二层台面上（图三），经局部解剖，残口部呈椭圆形，炉缸斜弧，内腔壁面胶结着炼渣层，呈灰黑色，质地较硬。炉底面较平。残炉口南北长径0.9、东西短径0.45、炉壁厚0.2米。炉内堆积着烧土颗粒和小块炼渣，质地较致密。炉群现场散露较多炉渣，炉渣多数为大厚片和小砣块，外表呈黑灰色，表面多有气泡浅坑和滴瘤。现场还采集石英石，宋代残墓砖、酱釉罐和影青碗片，较多明代青花碗和杯残片、厚体灰砖[①]。

图二　太郁水库鼓风竖炉群

图三　太郁水库冶炼炉L1

2. 生铁熔铸遗址

徐王湾遗址，位于鄂州鄂城区汀祖镇洪山村三组（徐王湾）北部山坳，分布面积7344平方米，地面和断面暴露着大量冶炼炉渣、炉壁残块以及宋明时期陶瓷器残片、瓦片。采集炉壁残块2件，炉壁挂渣1件，炉渣5块，宋代瓷盏、釉陶罐、研磨盆、板瓦残片，明代青花瓷碗底等。炉渣经检测分析为高硅型生铁冶炼渣[②]。

3. 冶铅遗址

银山采冶遗址，位于阳新县兴国镇银山村，时代为宋明清，分布面积约2万平方米。古代采矿井巷已遭破坏，整个山体东麓遍布冶炼炉渣，多处炉渣堆积厚1～3米（图四）。炉渣中残留呈熔融状态的圆形金属颗粒，主要成分为铅，并含有砷、铜、锑

① 作者2009年矿冶遗址专题调查报告：《鄂东南地区古矿冶遗址调查与研究》，待发表。

② 湖北省文物考古研究所、鄂州市博物馆：《湖北省鄂州市冶炼遗址调查简报》，《江汉考古》2016年第3期。

等元素[①]。

4. 其他冶炼遗址

调查发现黄石市（含大冶、阳新）有130处，鄂州有6处[②]。这些遗址上只见堆积的炉渣，不见可断代年代的生活、生产等遗物，炉渣未遑做检测分析，因而遗址的冶炼矿物性质和年代尚不明。

（二）考古发掘

图四　银山采冶遗址冶炼铅渣堆积一隅

对明代矿冶遗址的考古发掘仅一例。2013～2017 年，笔者在大冶铜绿山四方塘遗址先后发掘出明代炉子五座及辅助遗迹，分别编号 L6、L8、L9、L10、L11（图五～图八）。炉子皆残存底部，平面皆呈窄长条形，形如"龙窑"，其中编号为 L8、L9、L10 东边底部皆遗存有一排或数个火门[③]，笔者认为这五座炉子的功能应是火法处理硫化铜矿石的焙烧炉[④]，这五座焙烧炉内和辅助遗迹出土少量火烧过的废矿石和数块磁铁矿，其中，L8 的原料坑（编号 H17）出土一块铜矿石（孔雀石），焙烧炉火法脱硫处理的铜矿石可能来源于铜绿山Ⅶ号矿体。

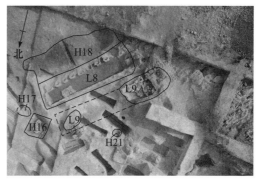

图五　四方塘遗址明代 L6（北—南）　　　图六　四方塘遗址明代 L8、L9 及辅助遗迹

---

①　李延祥、逄硕、程军等：《湖北阳新炼铅遗址群调查与初步研究》，《江汉考古》2021 年第 2 期。

②　国家文物局：《中国文物地图集·湖北分册》，西安地图出版社，2002 年。武汉大学历史学院、武汉大学长江文明考古研究院：《湖北省古代矿冶文物专项调查与课题研究工作报告》（内部资料），2022 年。

③　陈树祥、连红：《铜绿山考古印象》，文物出版社，2018 年。

④　陈树祥、王定兴、陈晨等：《大冶铜绿山四方塘遗址新见明代焙烧炉及相关问题研究》，《南方文物》2022 年第 5 期。

　　　　　图七　四方塘遗址明代 L10　　　　　　　　　图八　四方塘遗址明代 L11（东—西）

　　2019 年冬，我们在鄂州机场工程施工范围的杨叶镇吴小桥六朝古墓地也发掘出一座焙烧炉子（L1），其形制酷似铜绿山四方塘遗址 L8，该炉底面净长 12.6、宽 1.5 米，面积 18.9 平方米，该炉底比四方塘遗址 L8 稍长，但功能与时代应相同（图九）。

图九　鄂州吴小桥墓地 L1

四、鄂东南铜、铁的产量

　　铜绿山四方塘遗址一次发现五座明代焙烧炉，其与该遗址上发现的北宋时期三座焙烧炉相比①，其形制迥异。明代五座焙烧炉形制统一，规模较大，一排火门可自动吸纳氧气，显示炉子更加先进。

---

　　①　陈树祥、王定兴、陈晨等：《大冶铜绿山新见宋代炉（窑）之研究》，《湖北理工学院学报（人文社会科学版）》2022 年第 3 期。

其实，铜绿山四方塘遗址发现的明代五座焙烧炉之中，炉底较完整的有四座，炉底面积各异。根据炉底面积，我们推算出这四座焙烧炉一次处理硫化铜矿石量不尽相同，其中，L8 焙烧矿石量为 5.7 立方米，L9 焙烧矿石量为 8.43 立方米，L10 焙烧矿石量为 3.69 立方米，L11 焙烧矿石量为 9.54 立方米[①]。隋唐之前，铜绿山各矿体的氧化层铜矿石基本采尽，此后出产的矿石可能均采于破碎带的硫化铜铁矿石。根据网上检索资料，一立方米铜矿石重 8.92 吨，一立方米斑铜矿重 4.9～5.3 吨，一立方米的铁矿石重 4～5.3 吨。因此，我们推测每立方米硫化铜铁共生矿石重量大概为 4.5 吨。由此推算，L8 可一次焙烧硫化铜矿石达 25.65 吨、L9 为 37.93 吨、L10 为 16.6 吨、L11 达45.36 吨。李延祥先生根据宋代洪咨夔《大冶赋》、明代陆容《菽园杂记》记载，认为"硫化矿—冰铜—铜"工艺还原获得的粗铜的生产流程复杂，焙烧和冶炼周期长达 27天或更久[②]。笔者认为，四方塘遗址明代焙烧炉一次火法脱硫所需时间在 6～10 天。铜绿山尚未发现明代冶铜炉，无法推算当时冶铜量。幸运的是，笔者在阳新县太郁水库消落区调查时，发现明代 16 座冶铜炉，这些炉子炉缸口或为椭圆形或为心形，其形制和大小皆酷似铜绿山春秋战国鼓风竖炉。此前，在铜绿山 XI 号矿体冶炼遗址发掘出春秋鼓风竖炉 10 座[③]，显然，阳新太郁水库明代冶炼场的规模更大，冶炼出的铜更多。考古人员曾在铜绿山复原了两座春秋鼓风竖炉，并进行模拟冶铜实验。其中，2 号炉连续冶炼 10 小时 36 分，投入矿石和熔剂等物料共 1300 千克，木炭 600 千克，获铜 100 余千克[④]。若以本次实验炉出产的铜为标准，阳新县太郁水库冶炼场发现 16 座冶炼炉可分为五组，若五组每日用一座炉子同时冶炼，五座炉子一天可获铜 500 余千克，一月可获铜应在 1 万余千克。由此，可推算出这个冶铜场的年产铜量十分惊人！

关于明代铁冶机构及武昌府的钢铁产量问题，尚平等学者认为：明代铁矿产地分布于 246 个州县，湖北有 11 个[⑤]。而以明初黄石铁冶所规模较大，但存续时间较短，这与明朝中央政府对矿山资源及矿冶管理时开时禁政策相关。如《黄石文化简史》记载："明初洪武六年，全国置铁冶机构 13 所……其中，江西的进贤冶、湖广的黄梅冶和兴国冶年炼铁额位列前三，兴国冶（今阳新）的年产量达 1 148 785 斤……"《大明会典》也记载了洪武初年的铁课数字，即湖广布政司在兴国州设兴国冶，管理大冶和

① 陈树祥、王定兴、陈晨等：《大冶铜绿山四方塘遗址新见明代焙烧炉及相关问题研究》，《南方文物》2022 年第 5 期。

② 李延祥：《铜绿山、九华山古代炼铜炉渣研究》，《铜绿山古铜矿遗址考古发现与研究》（二），科学出版社，2014 年。

③ 黄石市博物馆：《铜绿山古矿冶遗址》，文物出版社，1999 年。

④ 中国社会科学院考古研究所铜绿山工作队：《湖北铜绿山古铜矿遗址再次发掘——东周炼铜炉的发掘和炼铜模拟实验》，《考古》1982 年第 1 期。

⑤ 尚平等：《黄石铁冶史略》，待出版。

阳新矿冶业。洪武初年兴国冶产铁为 6 752 927 斤，比洪武六年产铁高出五六倍。当时全国生铁征收量为 18 475 000 斤，兴国冶的占比数超过了全国的三分之一。当时，朱元璋的政权尚未占据北方[①]，所缴纳铁课都来自南方，说明兴国冶的铁冶规模十分惊人，可能达到了历史上的最高。

五、武昌府和楚王府与鄂东南矿产业的关系

鄂东南地区曾一度受明楚王府节制，其辖域的铜、铁生产规模较大，这不仅是明朝与湖广行省司的税收来源，更是明楚王府的主要财富来源。虽然历史文献未记载楚王府获取这里矿产资源财富之数额，但从第一代明楚王朱桢（1364～1424）在皇帝心中重要地位，可蠡窥楚王府依靠矿产资源获取财富的便利条件。朱桢为大明开国皇帝朱元璋第六子，六岁即洪武三年（1370）四月被授金册金宝而册封为楚王；洪武十四年（1381）四月就藩湖广武昌。明初，鄂东南矿业经济恢复很快，这可能为修筑武昌城等用度提供了主要财源，《明史》记载，江夏侯周德兴按王城的规模和形制，从洪武四年（1371）至洪武十四年（1381）监修武昌城，历时 10 年完成，这正好是朱桢册封楚王翌年至即藩之时间，其楚王府建造于武昌城中心，各级官衙围绕其旁，足见明楚王地位之尊威[②]。

朱桢在楚王之位时，曾一度为朱元璋在湖广的全权代表，拥有三护卫之军队，并有监督地方官员的权力。他曾奉皇帝之命，先后统兵征讨湖广、四川、广西、云贵等地的"蛮夷"，功勋卓著，其地位"既威且尊"，因而，获取辖区矿产财富应是唾手可得。建文帝削藩，引发"靖难之变"之后，朱桢在永乐皇帝朱棣之世，也表现出温文恭顺姿态，甚得其信任，并获任明皇室宗人府宗正。朱桢一世受封藩凡 55 年，于永乐二十二年（1424）"以疾薨"，享年 61 岁，谥号"昭"。朱桢陵寝位于武汉市江夏区龙泉山，其茔园规模宏大，而墓室规模比诸藩小，且墓葬偏离茔园中轴线，让人费解。考古发掘墓内出土随葬品 318 件，其中铅锡器 72 件、铜器 64 件、铁器 129 件、漆木器 6 件、瓷器 2 件、冠带和佩饰 7 件（套）、玉器 1 件、册宝志牌旌匣 11 件、丝绸和金丝线 10 件、另有果品 16 个，出土时多数随葬品残破或炭化，且多数为明器[③]，表现出十分节俭现象。笔者以为，这可能是楚昭王吸取湘献王阖家自焚教训[④]，担忧因违

---

①　黄启臣：《十四—十七世纪的中国钢铁业发展》，中州古籍出版社，1989 年。

②　吴红敬：《略论明清时期武昌城规划布局及启示》，《文物建筑》第 14 辑，科学出版社，2021 年。

③　湖北省文物考古研究所、武汉市文物考古研究所、武汉市江夏区博物馆：《武昌龙泉山明代楚昭王墓发掘简报》，《文物》2003 年第 2 期。

④　荆州博物馆：《湖北荆州明湘献王墓发掘简报》，《文物》2009 年第 4 期。

规厚葬而招致废藩之祸吧？自明楚昭王之后，历传庄、宪、康、靖、端、愍、恭等诸王，楚系藩王盘踞武昌达 263 年。第二代明楚王朱孟烷之世，《明史·卷四》记载楚王府"兵强国富"。朱孟烷以"小心敬慎，始终如一"敬皇事，但仍遭两次谗告，便采取应对措施，一是"上书请纳两护卫""借马助边"，打消皇帝的疑心；二是于正统九年（1444）封其四子朱季塎为大冶郡王，监管大冶丰富矿产资源。朱季塎无子废封，其管理和监督大冶矿产权可能收归楚王府。其实，明楚王享受极高的俸禄，朝廷规定由湖广行省每年供楚王府米粮 62 500 斤，钱钞 25 000 贯、布 2000 匹、绢 500 匹、纱 100 匹、罗 100 匹、锦 40 匹、盐 2000 斤、茶 1000 斤，每月还得供应 50 匹马的草料。封建社会，钱与粮是国家最主要财富，铸钱用料出自矿冶业，粮食则产于田地，矿业与田地既是产生钱粮的基础，也是产生财富的根本。楚王俸禄本来优渥甚厚，还时常获得皇帝赐田及巧夺民田，其数量让人惊叹。洪武、永乐两朝时期，楚藩获赐地颇多，《明太祖实录·卷七十四》记载："赐楚王，苏州府、吴江县田一百顷。"又据湖广地方县志记载，楚王在武昌府江夏县有田地 1886 顷 94 亩，崇阳县 36 顷 98 亩，通城县 22 顷 53 亩。此外，楚藩王还巧取豪夺了大量田地、水域及矿产。据学者研究，"楚王在江夏置有王庄、游猎场、养鱼濠；还在汉阳、汉川、黄陂、咸宁、嘉鱼、孝感、崇阳、应城等 10 个地方置王庄，占有大量田产。仅汉阳就有近十六万八千，由此可见明朝楚藩王兼并土地之疯狂"[1]。大冶学者余炳贤先生根据《大冶县志》大事记，认为大冶县城西至铜绿山一段大冶湖，是划归"大冶王朱季塎的皇家湖，是名天子湖，供其玩乐，蓄养水产"[2]。笔者认为，铜绿山三面环湖，出产的矿产须经大冶湖入长江而运至楚明王府或转运朝廷，朱季塎将这段大冶湖划为己有，主要目的是扼控铜绿山矿产水上运输线。明代大冶一带铜、铁、金等矿产资源及生产活动，在洪武年间表面上由湖广行省设立兴国冶管理，实际受控于明楚王，楚王所获财富积累之巨在明朝名扬天下，其与蜀王、秦王、周王并称"富甲天下的四大藩王"就不足为奇了。通过矿产业获得钱财，可能是历代明楚王修建龙泉诸茔园主要费用。明楚王到底积累了多少财富？从清代谷应泰在《明史纪事本末》记载中可见一斑："贼执楚王，尽取宫中积金百余万，辇载数百车不尽，楚人以是咸憾王之愚也。"文中记述了明崇祯十六年（1643），农民起义领袖张献忠的军队攻陷武昌城后，焚毁楚王府，将楚王朱华奎囚入笼中而沉于长江，朱姓宗亲尽投江溺水而亡，王府百万余金银财物皆为张献忠所掳等史事。至此，楚王府统治武昌府 260 多年历史结束。

---

① 网络文章：刘翔：《城中之城"楚王府"》，https://baijiahao.baidu.com/s?id=1691410210148891471，2021 年 2 月 12 日。

② 袁君扬、余炳贤：《大冶古今文化概览》，黄石内图字第 049 号，2005 年。

六、武昌府所辖矿产业衰落之原因

矿产业是历朝较为重要赋税来源，明朝对矿产业管理也十分严格。明朝将矿产业列入官营手工业系列，其管理机构变得十分庞杂：工部、内府、户部及都司都设有专门的管理机构，各地还有一些地方官府掌管的官营手工业。此外，朝廷还经常开启和关闭矿产业，防止因矿生乱和赋税流失。这些措施，严重制约了矿产业正常运转和持续发展。洪武十八年（1385）、二十八年（1395），由于朝廷内库存铁数量过多，两次废罢官营铁冶所。如《大冶县志》记载："明洪武七年（1374），县城东设铁冶所，称为'安田炉'，三起三落，洪武三十五年罢废。"明代铁冶业一度由官营转向民营为主，实行课税。这在《明太祖实录》（卷一七六、卷二四二）有所记载："诏罢各处铁冶，令民得自采炼，而岁输课税，每三十分取其二。"朝廷表面解除了开矿禁令，客观上采取轻税政策，为民营矿冶业发展提供了条件，但为了维护封建统治秩序，朝廷对封藩之地的民营矿业始终不放心，并采取许多限制的政策，如《明史·食货五》记载："太祖谓银场之弊，利于官者少，损于民者多，不可开……仁、宣仍世禁止，填番禺坑洞，罢嵩县白泥沟发矿。""隆庆初……南中诸矿山，亦勒石禁止。"（明）戴璟编著《嘉靖广东通志初稿》（卷三十）记载：嘉靖三十四年（1555），广东布政司规定铁矿场"每处只许一炉，多不过五十人……若有多聚炉丁及别省人称省者，即便拿获，钉解所在官司，从重治罪"。

其实，自宣德十年（1435）以后，官办金、银、铜、铁等矿业多数趋于衰落。诸如曾兴于宋代，名誉元代，居"湖北之冠"的兴国银矿，在明代中后期因受到朝廷限制而走向衰落。官营矿场衰落，不仅影响朝廷财政收入，而且影响藩王俸禄。至明代中期，朝廷重启矿业并让步于民营，实行课税政策。同时，朝廷裁销庞大的课税机构。《明史》记载："京城诸门及各府州县市集多有之，凡四百余所。其后以次裁并十之七。"明朝万历二十四年（1596），明神宗为了增加财政收入，朝廷派出大批宦官到各地充当矿监税监，乱征税费现象空前。如《明史·田大益传》"矿不必穴、而税不必商，民间邱陇阡陌皆矿也，官吏农工皆入税之人也"。陈奉与高淮、陈增等宦官是万历年间最骄横的矿税使。《明朝宦官》记载：万历二十七至二十九年（1599～1601），明神宗委御马监奉御太监陈奉为湖广矿税使、兼采兴国州矿洞丹砂，管理钱厂鼓铸之事。陈奉及爪牙在湖广为非作歹，敲诈纳索，天下萧然，生灵涂炭。在荆州时，激起当地数千商人反对；为搜求金银宝物，他发墓剖棺，逼辱妇女；并派爪牙胁迫谷城官员取出国库金子带走。在京山、钟祥、沙市等地不断课税增税，而以江夏搜刮最甚。湖广佥事冯应京上书弹劾他十大罪行，大学士沈一贯也揭发他贪赃行为；神宗不但不治他之罪，反将冯应京贬调边方，后又逮解入京。陈奉将冯应京被治罪的情况书于纸上，到处张贴。江夏人义愤而围攻其衙署，他逃匿于楚王府。义民怒捉其爪牙六人，投于江中。神宗接到御马监丞李道正疏谏其暴行，为平民愤，乃召他还京。陈奉离江夏时，带走两年在湖广搜刮的金银财宝万计①。铜绿山四方塘遗址明代焙烧炉、阳新太郁水库冶炼场以及前述文献记载的金井、团炉山铁矿、道仕袱煤矿等矿产业，应是明朝廷和地方纳税的对象。繁多而莫须有的矿冶苛税，如同杀鸡取卵，可能导致武昌府辖区矿冶业遭到重创而衰落。铜绿山四方塘遗址五座炉子延续时间在明代中期前后②，该遗址未见有明后期的矿冶遗存；阳新太郁水库铜矿冶炼场突然荒废，以及团炉山等矿产废弃的现象，可能与明代中后期暴征矿税密切相关。

　　总之，武昌府辖的鄂东南丰富的矿产资源，表面为朝廷掌控，实为明楚王与武昌府把持，富厚的矿产赋税，大概是明楚王积累巨大财富的主要来源，这为明楚王与蜀王、秦王、周王并列"富甲天下"之名奠定了坚实基础。若此说不误，那么，鄂东南矿产业可能为修筑明武昌城与武昌龙泉山楚王诸茔园的费用主要来源。

---

① 王春瑜、杜婉言：《明朝宦官》，商务印书馆，2016 年。

② 陈树祥、王定兴、陈晨等：《大冶铜绿山四方塘遗址新见明代焙烧炉及相关问题研究》，《南方文物》2022 年第 5 期。

明代楚藩与武昌城市景观变迁
——以紫阳湖为例[*]

刘文祥

（江汉大学人文学院）

内容摘要： 明代楚藩封建，促成了武昌城垣的南展东扩，今紫阳湖被圈入城中。自明中叶起，此湖一带开始成为城内重要风景游憩地，其在明代的建设，与楚藩有密切关联。万历时期，出于风水堪舆之说，在楚府承奉郭伦主持下，对该湖周边地区进行了一次大规模葺治。该湖本名墩子湖，今之湖名"紫阳"乃近代由"滋阳湖"讹变，"滋阳湖"则得名自"滋阳桥"。"滋阳桥"本名"嵫阳桥"，得名自郭伦之号。明代滋阳湖与长湖连为一体，亦称"东湖"或"歌笛湖"，为明代楚藩在城垣以内，宫城之外的一处重要游赏地和风景区，楚藩在滨湖地区的建设，对后世武昌城市景观和空间布局均产生了深远影响。

关键词： 紫阳湖　明楚藩　武昌　郭伦　城市景观

位在武昌旧城东南部的紫阳湖，是该城内历史上众多湖塘存留至今的唯二湖泊之一（另一为都司湖），也是明清以来武昌城内面积最大的城中湖。环湖现为紫阳公园，环境清幽，且周边保存有众多历史古迹和文物，具有重要的城市历史地理和文化价值。长期以来，关于紫阳湖名称的由来，以及其历史名称的演变、与周边毗连湖泊的关系，周边重要历史建筑和景观的建设沿革等问题，多有不尽准确之说或尚未厘清之处。本文意在考诸原始文献，将这一湖泊近数百年来在自然地理、湖泊名称与重要城市景观的演变脉络加以梳理，并探究明代楚藩的经营建设对武昌旧城东南部城市景观变迁的重要影响。

一

紫阳湖位于武昌旧城东南部，北抵张之洞路，东临首义路，西接紫湖村路，南连

---

* 本文系湖北省人文社科重点研究基地江汉大学城市研究中心开放性课题重点项目"湖北古代城市史研究"（项目编号：CSZX20211003）阶段性成果。

津水闸、石灰堰，现今面积约 30 万平方米。关于"紫阳"一名之来源，《武汉地名志》"紫阳湖"条目记述称该湖"每至夏日，满湖荷花呈紫色，'朝霞夕阳映紫荷'，有紫阳佳景，故名"①。这一说法至今被官方介绍和各类公开出版物所征引。然考诸史籍，不难发现"紫阳湖"一名，其形成时间颇为晚近。在明清时期的方志和各类史籍文献中，虽已有许多关于该湖广植莲花，蔚为一景的记载，但并未称湖名为"紫阳"。笔者所见文献中，最早出现"紫阳湖"一名者，是 1936 年发表于期刊《礼拜六》上的《紫阳湖畔的烈士祠》一文②。显然，这一颇为晚近方才出现的"紫阳"湖名，并非是这一湖泊的最初名称。

　　见诸明清史籍中的该湖名称有多种，其中最为常见者乃"墩子湖"。明万历《国朝献征录》中有"（嘉靖）二十三年五月五日，愍（王）于墩子湖召诸宗观竞渡"之记载，清代方志和史籍中，关于"墩子湖"的记载则更数见不鲜，如明末兵燹武昌城陷时，前礼部尚书、内阁大学士贺逢圣携家眷于此沉湖殉国一事，在清代诸多史籍中均有记载，其中多称此湖为"墩子湖"。对于这一湖名，清康熙《江夏县志》有明确解释，称"湖内有墩，随水消长，甚泛不没，甚涸不突，可资游玩"③，故而得名。在清末 1909 年由湖北陆军小学堂测绘的《湖北省城内外详图》中，我们便可清楚地看到这一位在湖心的"墩子"（参见图一。该图标注湖名为"莲花湖"）。直至民国时期，众多地图中标注的此湖名称，亦为"墩子湖"（参见图二～图五）。

　　除了"墩子湖"外，见诸史料的此湖另一常见名称为"滋阳湖"。前文提到的明末大学士贺逢圣投湖殉国一事，在清代一些史料记载中，也有以"滋阳湖"称呼此湖者，如清初吴梅村所著《绥寇纪略》，便称贺氏"北拜

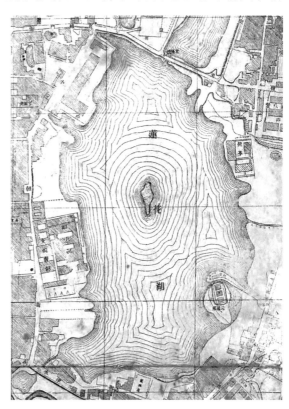

图一　1909 年《湖北省城内外详图》中的武昌墩子湖（莲花湖）

①　武汉市地名委员会：《武汉地名志》，武汉出版社，1990 年，第 587 页。

②　息堂：《紫阳湖畔的烈士祠》，《礼拜六》第 632 期，1936 年 3 月 21 日。

③　（清康熙）《江夏县志》卷四《山川》，上海辞书出版社图书馆藏康熙五十三年刻本，第 9 页。

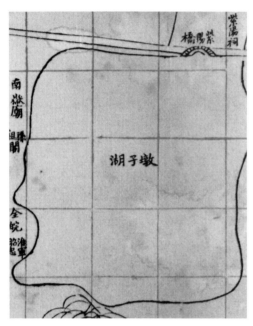

图二　晚清《武汉城镇合图》中的
武昌墩子湖

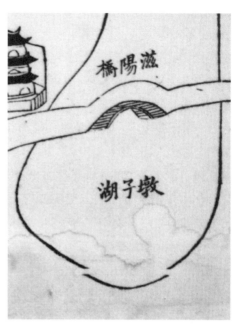

图三　1883 年《湖北省城内外街道总图》
中的武昌墩子湖

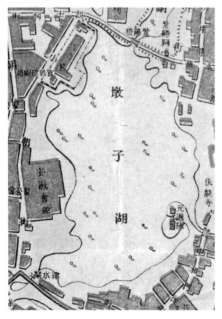

图四　1922 年《武汉三镇街市图》
中的武昌墩子湖

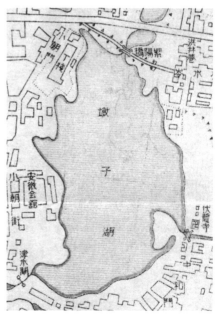

图五　1946 年《最新武汉市街详图》
中的武昌墩子湖

哭，自投滋阳湖"①。乾隆《江夏县志》明确记载"滋阳湖，一曰墩子湖……夏以荷胜，可资游赏"②。同治《江夏县志》亦从此说。显然，"滋阳"与"紫阳"谐音，"紫阳"当是晚近时由"滋阳"讹变而来。对于"滋阳"一名之意，《武汉地名志》解释为"有阳光雨露滋润之意"③，此说与将"紫阳"释为紫荷映阳一样，皆为望文生义之解，实于史无据。且从前述近代地图的标注中不难看出，这一带的"紫阳"之名，首先是用于指称湖中之桥的，"紫阳桥"一名，在晚清地图中即已出现，至民国时期，更已普遍标注。因此，首先是"滋阳桥"变为"紫阳桥"，然后才有"滋阳湖"变为"紫阳湖"，此方为这一地名在近代演变的基本脉络。

那么"滋阳桥"一名，又是因何得名呢？见诸史籍的"滋阳"一词，多指旧滋阳县，即今山东省济宁市兖州区。此县宋以前称瑕丘，北宋避孔子讳改为瑕县，金代又以"瑕"字寓意不佳，取城西郊嵫山之名，改名嵫阳县。至明成化七年（1471），"因其地多火灾，欲以水压之，故去山添水，改名滋阳"④，由是"滋阳县"一名一直沿用至1962年。这一远在山东的县名，看似与湖北武昌城内的一处湖泊风马牛不相及，然而考诸史料，我们却可以发现，二者之间竟确有关系。笔者最近在明代史料《宫省贤声录》中，便找到了关于这一问题相关史事的明确记载。

《宫省贤声录》刊刻于明万历十五年（1587），由时任楚王府右长史的高曰化编纂，主要内容皆围绕嘉隆万时期楚府的一位重要宦官——承奉郭伦其人。清代《四库提要》概括该书"因纪其前后乞休、挽留之事，凡启请文牒及时人称颂之作并录之"，并认为该书"体例猥杂，所言伦佐理之功，亦未可尽信"⑤。该书今有上海图书馆藏楚府刻本。对于这样一部聚焦宦官郭伦的"纪念文集"，《四库提要》的上述评价可称公允恰当。然而，此书对于今天学者研究明代中叶楚藩及武昌城相关历史而言，却具有较为独特和重要的史料价值。该书第二卷"文类"中，收录有一篇由浙江布政司左参政顾问撰写的《鼎建嵫阳桥碑记》。兹摘录其主要部分如下：

> 惟兹楚藩封枕鹄山之脊，萧墙左掖为墩子湖，北接山麓，南抵百雉之足，延袤可数里许。横亘其中，通东西往来者，谚曰"杨柳坝"，以丈计百五十有奇，坝上为桥。其雉门傍水、凤二眼，及湖腹墩子上，旧障以亭，为藩府形胜助。而嘉靖中，以宫变故，悉就圮坏。亭也颓毁，梁也淤塞，堤也陵夷而湫隘，墩也荒落而椒虚，两岸乔木无遗株。是后府中日多事，运脉如线。曩

---

① （清）吴梅村：《绥寇纪略》卷十，清文渊阁四库全书本。
② （清乾隆）《江夏县志》卷一《山川》，乾隆五十九年刻本，第19页。
③ 武汉市地名委员会：《武汉地名志》，武汉出版社，1990年，第587页。
④ （清）傅泽洪：《行水金鉴》卷八十五《济水》，清文渊阁四库全书本，第4页。
⑤ 《四库全书总目》卷六十四《史部·传记类存目六》，中华书局，1965年，第574页。

不佞过鄂城，修谒王宫，得览其胜，概则东偏寥寞，西偏哗嚣，如堪舆家所称"龙弗敌虎"法，将不繁于胤嗣者，是宜有兴作以挽之。而宫卿嵫阳郭公，实先王托孤臣也，功成名遂，乔然起高蹈之想。乃乞谢政，不许；乞为方外游，不许；乞归既廪，封还赍予，又不许。则慨然曰："是徂东者不下洿淖，病斯民将无上艰，似续虑吾国乎？"则捐橐中赀募工，取厉诹吉，赍土益阔。其堤崇之，捷以巨石，砥以方砌，夹以长杨，广四十尺，修尺四十倍于广。堤心为大桥，周遭三百余尺，水门阔巨，足容方轨。蹲鸥礧柱，上下辉映。井通王气也，作亭覆焉，崇方各十余尺余许。墩峙旧在湖心者，仍倍而大之，筑屋于上。八其楹，每楹尺数之皆至九九阳数也，高倍焉是后也。工始丙戌姆訾之月，逾年半，夏而落成焉。堤也蜿蜒，树也青葱，桥也言言，亭也规规而翼翼。府不耗一缗，庸不占一夫。夫民得免污湿，则至仁也；国得宜鑫斯，则至忠也。麾数千缗略无顾惜，意则至豪，举廉且义也。事竣而称曰"嵫阳桥"，不亦宜乎？嵫阳者，宫卿别号也。宫卿贯嵫阳，则号以志桑土。桥成而亦隶以嵫阳者，本所自也[1]。

上述文字，完整而详细地记述了明代万历前期葺治武昌墩子湖，特别是修筑湖中石桥的前后经过。根据这一记载可知，这次始于万历十四年（丙戌，1586），历时一年半方才完竣的大兴土木，表面上看是一系列市政建设和园林工程，但实际上是楚藩为改善风水而做的堪舆之术。武昌旧城东南部为明代新圈入城中之区域，本就僻在一隅，加之墩子湖和楚王府南北亘于城中，阻隔东西来往，导致旧城东南部长期荒疏寥落。这一"东偏寥寞，西偏哗嚣"的状况，在风水师眼中视为所谓"龙弗敌虎"，认为其"将不繁于胤嗣者"。而当时楚藩的现实情况也确实颇不平安顺遂：嘉靖中叶发生了楚世子逆案，即文中所称的"宫变"。因此，几番请辞而不获准的楚府承奉郭伦，决定出资并发起一系列工程，对位在王府东面的墩子湖开展一系列建设，以试图从风水上"有兴作以挽之"。这一系列工程，包括葺治湖中堤坝，培修湖中土墩并筑屋其上，修复宫门[2]旁的"水、风"二眼井上的井亭，以及重建堤心大桥等。在所有这些工程中，规模最大者为堤心大桥，该桥"周遭三百余尺，水门阔巨，足容方轨。蹲鸥礧柱，上下辉映"，是一座体量宏大、细节精美的桥梁。由于这一工程乃是由郭伦发起并捐资的，郭伦乃山东嵫阳县人，其故乡虽已在成化时被改名"滋阳"，但郭氏仍沿用故名为号，"以志桑土"，故此新桥乃以郭伦之号"嵫阳"，取名"嵫阳桥"。在清康熙《江夏县志》所附《行宫图》中，我们可以看到清初此桥的图像，画中石桥为单拱桥，桥面两侧装饰有走兽若干，造型及细节与前述万历建桥碑记中"水门阔巨，足容方轨。蹲

---

[1] （明）顾问：《鼎建嵫阳桥碑记》，《宫省贤声录》卷二，明万历楚府刻本。

[2] 按：即文中所称"雉门"，当指楚藩王城萧墙南门棂星门，位在今张之洞路复兴路交会口处。

鸥礧柱，上下辉映"的描述颇为契合，所反映的应仍是晚明时的旧貌（图六）。

图六　清康熙《江夏县志》所录《行宫图》局部

二

由此梳理明清时期滋阳湖名称演变的脉络，便已十分清晰了：此湖本因湖中有墩而名墩子湖，"滋阳湖"之名乃得自"滋阳桥"，而滋阳桥初名"嵫阳桥"，乃来自万历时楚府承奉郭伦之号。在清初的史料中，康熙《江夏县志》尚称"嵫阳桥""嵫阳湖"，至乾隆《江夏县志》时则已变为"滋阳桥""滋阳湖"，这一"嵫阳"变为"滋阳"的结果，与山东滋阳县在明代的地名变更相一致，这恰恰说明清初时人，是清楚了解是桥、是湖名为"滋阳"的原委的。而到了晚清以后，"滋阳桥"又逐渐变为"紫阳桥"，乃至民国后进一步出现了"紫阳湖"之名，则是近人不明所以的讹变了。

值得注意的是，从这篇《鼎建嵫阳桥碑记》中"楚藩封枕鹄山之脊，萧墙左掖为墩子湖，北接山麓，南抵百雉之足，延袤可数里许"这一记载来看，当时所称的"墩子湖"，并非仅指嵫阳桥以南部分（即今之紫阳湖），而是"北接山麓"，这显然是包括了在清代以后被称为"长湖"的桥北一半。从文中记述当时嵫阳桥所在的"杨柳坝"东西横亘湖中长达150多丈，以及时人将此坝南北水域皆视为整体的"墩子湖"而不另称坝北水域以他名的事实中，我们不难推测，明代这一水域较之清代势必更为宽广。在明代楚王有关武昌游赏的诗文中，常见一名为"东湖"的湖泊，如楚端王便作有多首记述在该湖泛舟游乐之诗：有《东湖泛舟》诗曰："骤雨连朝势若倾，东湖水涨泛舟轻。竿头新鲤樽中酒，援笔成诗快我情。"[1] 有《即事》诗曰："小艇泛东湖，油油春水绿。晴光照鸥鸟，潋滟薰人目。秧马走纷纭，鼓音乱村曲。田园非我事，为乐意已足。杯酒酹游鱼，得句谁与续？日斜未肯休，呼童秉明烛。"[2] 有《端阳泛舟东湖》诗曰："五日同舟列绮筵，湖中风景碧连天。飞凫相竞惟嫌后，酌蚁为欢每让先。"[3] 如此等等。从这些诗句的描述看，其所称之"东湖"，应即当时尚视为整体的长湖——墩子湖。其之所以名为"东湖"，乃是因为该湖位在楚府东面之故。这一湖泊虽不在楚藩王城萧墙之内，但因位在城中，毗邻萧墙，且水域面积广阔，岸线曲折，荷花遍植，风景优良，在明代事实上是楚王在武昌城内的一处重要的宫外游赏地。也正因如此，万历时期这次对该湖周边堤、桥、墩、井、亭、阁的修葺，由楚府宫卿出资，也便显得更加合情合理了。

至清代康乾时期方志中，关于这一带湖泊名称的称谓，逐渐开始发生变化。康熙《江夏县志》记载称："东湖，即墩子湖之坝，界以嶅阳桥，一名嶅阳湖。"又称："长湖，在王府口公衙门之后，湖形纡曲，岸地平衍。"[4] 则此处所称"东湖"和"嶅阳湖"，当仅指嶅阳桥周边水域。至乾隆《江夏县志》时，则称"东湖，在滋阳湖北，一曰歌笛湖，传楚王于此种芦，以其膜为笛簧也。今岸侧犹多芦"[5]。则此时的"东湖"，已变为整个长湖的名称，而其南面的墩子湖，则不再与之混称为"东湖"，而是径称墩子湖、滋阳湖了（康熙县志中又称"南湖"）。这种变化，可能是因清代以后，这一带水域面积较明代缩小，两湖已相对独立之故。

不过，从以上两志的相关记载中，都可以窥见康乾时期的编志者，对于此湖与明楚藩之间的密切关系尚且清楚知晓。这一关于城内"东湖"或"歌笛湖"的记载，虽然在同治《江夏县志》中仍被照抄，但至迟自光绪时起，"歌笛湖"一名便发生了地名搬家，变成了指称大朝街（今复兴路）以西的湖塘。这一地名搬家缘何发生，其具体原因尚不可确考。至民国初年，在武昌沙湖之滨营建"琴园"的浙江永嘉人任桐，则进一步误读了旧志中的这一记载，将此"东湖"与武昌城郊的大东湖（今东沙湖水系）混为一谈了，称"沙湖，旧名东湖，又名歌笛湖，方三十里，在武昌商埠东，明楚藩种芦取膜为笛簧处"[6]。这显系谬误。而由以上考证可知，无论是任氏《沙湖志》中所称的东湖、沙湖，还是武昌旧城内复兴路以西，水陆街以北的原"歌笛湖"（今已被填

---

① （明）朱荣㴊：《东湖泛舟》，《正心诗文集》卷二，明正德十四年楚府刻本。

② （明）朱荣㴊：《即事》，《正心诗文集》卷三，明正德十四年楚府刻本。

③ （明）朱荣㴊：《端阳泛舟东湖》，《正心诗文集》卷三，明正德十四年楚府刻本。

④ （清康熙）《江夏县志》卷四《山川》，上海辞书出版社图书馆藏康熙五十三年刻本，第9、10页。

⑤ （清乾隆）《江夏县志》卷一《山川》，乾隆五十九年刻本，第19、20页。

⑥ 任桐：《湖景·沙湖》，《沙湖志》，武汉方志馆藏民国油印本。

平），皆非这一地名最初所指，而"歌笛湖"一名，最初当为武昌长湖之别称。

此外值得一提的是，明代墩子湖滨湖一带最为宏伟的建筑群，同样与楚藩关系密切，即楚府宗庙。明初楚藩王城中，只"以王母昭敬太充妃庙在王宫之东，遂各以次祔享"①。直到正德八年（1513）时，楚藩方才依制在王城内营建宗庙，至正德十二年（1517）落成。其位置遵照明代宗庙建于宫城东南方向的礼制制度，"在宫城巽方二百武许"，建筑格局"外为都宫，为庙门；前为正殿，后为寝殿"②。根据这一描述可知，这组宗庙建筑群外有宫墙环绕（"都宫"），正南为庙门，其内有正殿、寝殿前后两座大殿。此处在清代改建为"万寿行宫"，又称"万寿宫"或"皇殿"，为每年地方文武百官"朝贺祝厘之所"。据前引雍正《湖广通志》"万寿宫图"可知，该建筑群大门前有影壁，门内有御河，其上设有三座石桥，宫门和前后两进大殿皆为重檐屋顶，不仅体现出皇家建筑的规格和气派，更与文献记载中的明楚藩宗庙建筑格局高度类似，很可能直接因袭了明代楚藩宗庙的建筑布局乃至建筑基址③。此处在辛亥革命武昌起义后，改为辛亥首义烈士祠，成为民国元年国庆节的武昌分会场，更在整个民国时期成为武昌城内一处重要的辛亥革命纪念场所，其于民国后期重建的大门牌坊，至今仍存。

除辛亥首义烈士祠外，紫阳湖周边地区还分布有许多武昌首义相关历史遗迹，包括工程营鸣枪发难处、起义门、楚望台军械库遗址等，这并非巧合，而是由明清以来武昌城市空间布局所决定的。明初因营建楚王府，武昌城垣于宋元旧城基础上，在蛇山以南部分向东、南两个方向进行了拓展，墩子湖和湖东部分地区因此被圈入城中。在明初朱元璋的制度设计中，亲王制度承袭自元代出镇亲王制度，突出军权，弱化对地方行政和司法的参与，藩王实际上是皇室派驻地方的军事统帅，在封国城市中驻扎有众多军队。这些军营相当部分，便被安置墩子湖以东新圈入城中的荒地上，从而形成了武昌城东南部成为军营区的城市空间布局。这一格局并未随着明朝的灭亡而改变，在清代同样得以延续。即使是清末编练新军时，这一区域依然成为相关军事设施和场域的重要分布地。可以说，紫阳湖作为一个城内风景游憩地，在近代得以增添辛亥革命史迹集中分布地的新意涵，同样与明代楚藩的分封和相关建设有着密切历史渊源。

三

综上所述，武昌紫阳湖本名墩子湖，其"紫阳"之名实与湖中紫荷之景无关，而是近代以后方由"滋阳湖"讹变。"滋阳湖"得名自"滋阳桥"，而"滋阳桥"则本

---

① （明）沈钟：《楚府宗庙记》，（明嘉靖）《湖广图经志书》卷一《司志·文》。
② （明）沈钟：《楚府宗庙记》，（明嘉靖）《湖广图经志书》卷一《司志·文》。
③ （清雍正）《湖广通志》卷二《舆图·万寿宫图》。

名"嶀阳桥",乃得名自万历时出资兴建此桥的楚府承奉——山东滋阳籍宦官郭伦之号"嶀阳"。明代此湖水域面积较清代更为广阔,嶀阳桥南北两侧尚被视为整体,又因位在楚王府东面而别称"东湖"。尽管历经数百年沧海桑田,当年的滋阳桥早已无存,桥北的长湖以及明清时期武昌城内其他众多湖泊均已被填消失,但紫阳湖这一旧城内面积最大的城中湖得以幸存,湖中荷香依旧,诚乃幸事。"紫阳"一名固可视为是一无伤大雅的"美丽的误会",而从城市历史研究与文脉挖掘角度出发,仍有必要厘清其历史源流。虽然这一系列本着风水堪舆目的而进行的建设工程,并不可能改变晚明楚藩宗室内的纷乱形势——事实上此后不久又接连发生了伪楚王案、楚宗劫杠案等一系列变乱——但这些建设工程,客观上促进了武昌城东南部以墩子湖为中心的城内风景游憩地的进一步发展。其在明代作为一处与楚藩关系密切的城市地理空间,在观照明代亲藩与封国城市之间的互动关系上,为我们提供了一个微观视角。除了对湖景本身的经略外,明代楚藩宗庙也建于此湖西岸,湖东则分布有众多军营,这些营建与布局,对后世武昌旧城东南部城市景观和城市文化都产生了持续至今的深远影响。

明代楚藩与武汉地方社会

彭 建 李笙清

（武汉博物馆）

内容摘要： 明洪武三年（1370），明太祖朱元璋封第六子朱桢为楚王，洪武十四年（1381）朱桢就藩武昌。与明朝相始终，楚藩一系世代盘踞武汉达 262 年之久，对明代武汉地区的军政、经济、艺术、文化等方面产生了深远影响，并遗留下江夏龙泉山楚王墓群及其丰厚的历史文化遗产。

关键词： 明代 楚藩 武汉地区 影响

1368 年朱元璋建立明朝后，实行分封制，通过分封皇子、建藩各地来拱卫皇室。洪武三年（1370），朱元璋第六子朱桢受封楚王，洪武十四年（1381）十七岁的朱桢就藩武昌。与明朝相始终，楚藩一系世代盘踞武汉达 262 年之久，对明代武汉地区社会产生了深远影响。本文试从明代楚藩与湖广军政的关系，对武汉地方经济、歌舞艺术的影响，以及楚藩陵寝文化等方面，对明代楚藩与武汉地方社会的影响进行浅析。

一、楚王府与明代湖广军政

武昌楚王府（位于今武昌区复兴路一带）是明初湖广政治军事中心，修筑于朱桢被封楚王的第二年，即洪武四年（1371），历时 9 年竣工。楚王府位于武昌城内高观山（今蛇山）南麓，坐北朝南，东西宽 2 里（编者注：1 里 = 500 米），南北长 4 里，占地 8 平方里，相当于明代半个武昌城。从传世的文献记载中可知，明代楚王府内遍筑宫殿、楼阁及水榭庭院，宫殿、宫室、堂库、宗庙等 800 余间。周围垒石为城，高二丈九尺，号称"王城"；开四门，正门称镇楚门，俗称公衙门（至今尚有地名曰"王府口"）。

以武昌楚王府为核心，朝廷三司、府、县督署分布周边，形成"楚宗藩奠厥中，镇抚总巡屏翰，诸司环布厥左右"的行政格式，再加上府学、县学、文庙、书院、府库、仓廒等，构成了武昌城的主要机构。

楚王在武昌的活动范围远非楚王府，早期整个武昌城及近城设施都以楚王的生活起居为中心。据《武汉通史》记载，楚王府前有歌笛湖，是楚王种芦取膜为笛簧之处，此湖亦因此而名。榛子园是因楚王种植引自湖南武冈的榛子而建。黄鹤楼旁所建武当宫，是楚王祭祀神灵祈求降福之地；洪山背后有"放鹰台"，是楚王出城游乐时放鹰之处；山川、社稷坛是供楚王春秋祭祀之备；南湖"老人桥"为楚王行猎路过时所架设；武胜门外有供楚王府厨膳专用的养鱼池，名"鲴鱼濠"；城东有一座楚王别墅"桃溪小隐"。今武昌有名的"广埠屯"，乃当年楚王府护军屯田自给之处及所建广埠仓之故地[①]。

洪武时期，藩王军政权力十分显赫。明代亲王仅低天子一等，高于公侯大臣，具有明朝廷在各地代表的身份。公侯大臣见亲王必须"伏而拜谒"。湖广布政使司及府县的行政、军事以及监察诸长官，每月定时于初一、十五至楚王府谒见楚王，汇报相关政务。明初亲王亦可以随时召见当地地方官员，过问地方军政。朱元璋授予藩王统领大军，甚至控驭宿将的大权。王府设有亲王护卫指挥使司，下辖三护卫，每卫置五千户。

雄踞长江中游的武昌是拱卫下游京师南京的战略要地，朱元璋尤其重视，据载，楚王朱桢的护卫兵甚至超过了燕王朱棣所统护卫5770人，达到了6500人。坐镇武昌统领护军的楚王朱桢，一方面有护卫京师、屏蔽皇室之责，一方面还肩负巩固明朝湖广乃至中国南部统治的重任。

朱桢"天资凝重，英睿夙成"，自洪武十四年（1381）就藩武昌起至建文帝即位为止的17年间，作为朱元璋在湖广地区化身，屡次被委以重任，参加重要军事行动。洪武年间，他多次统帅大军征伐南方，连信国公汤和、江夏侯周德兴等开国元勋都受他节制。在率军镇压湖广、四川、广西和贵州等南方各族人民反抗的军旅生涯中，朱桢展现出相当的军事才能，为明初南方疆域的稳定和统治立下了赫赫战功。据明《楚昭王碑》载："洪武中，屡奉命率师征铜鼓及安福古州叛蛮，宏谋睿略。"《太祖实录》亦记载，洪武十八年（1385）四月、七月、九月，南方少数民族"聚众为乱"，朱元璋命楚王朱桢，率同汤和、周德兴等进兵平乱。洪武三十年（1397）六月，朱桢偕其弟湘王朱柏领兵征剿贵州等地洞蛮，朱桢执行朱元璋"兵以安民"的政策，"不殄民、不轻杀"，并筑城铜鼓（今贵州东南锦屏县南），稳定西南边疆。

朱元璋死后，建文帝即位，采取削藩政策，裁撤限制诸藩的活动与权力。燕王朱棣发动靖难之役夺取皇位后，继续实行削藩政策，通过加强对诸弟侦讯，迁封、削减王府护卫、解除诸王军事指挥权等方式，削夺诸王兵权。自此，朱桢作为皇权在湖广地区以及南中国的代表宣告结束。

随着分封制的变异，失去用武之地的朱桢为明哲全身，完全收敛起昔日统领千军、

---

① 李怀军：《武汉通史·宋元明清卷》，武汉出版社，2006年。

横戈跃马的杀伐雄姿，后半生"旦夕自警，恭慎俭约，恒存省己"，并且楚王府中官属"皆出廷授，未尝外通宾客"，表现出一副"惓惓奉祖训，率礼度，留心典籍"的温文恭顺的姿态，此举也赢得了明成祖朱棣的信用，被称为"贤王"，由明皇室宗人府右宗人晋升宗正，成为朱氏皇族的大族长，名义上统管皇族事务。

朱桢之后，其子孙恪遵所嘱，以忠于朝廷为依归，使得武昌楚王藩封得到绵延，与明朝始终。楚王世系八代九王，世代盘踞武昌城 262 年，成为明代富甲天下、声势显赫的藩封之一。

二、明楚藩与武汉地方经济

明代藩王属"食禄而不治事、世袭罔替、禁绝四民之业"的特权阶层，经济生活来源主要由朝廷划拨，世代享有厚禄，对地方经济造成了严重影响。岁禄与赐田是朝廷对诸王进行供养的一种方式。按明制规定，亲王钱粮"由附近州县秋粮拨给"，宗藩因爵位的高低享受的禄米不同。明太祖朱元璋在《皇明祖训》中规定："户部议更定亲王岁给禄米万石，郡王两千石，镇国将军一千石，辅国将军八百石，奉国将军六百石，镇国中尉四百石，辅国中尉三百石，奉国中尉二百石，公主及驸马二千石，郡主及仪宾八百石，县主及仪宾六百石，郡君及仪宾四百石，县君及仪宾三百石，乡君及仪宾二百石，岁赐比始郡王减半支给。"[1] 楚藩的禄米由武昌、荆州、黄州、汉阳、承天、岳州、襄阳、长沙、衢州、靖州、郴州等地方百姓供给，成为影响湖广地区经济发展的重要负担。

武昌楚藩作为分封之大藩，明初时王府人口不多，主要为亲王、郡王和镇国将军。据《楚昭王碑》记载，楚昭王共有男十，女九，孙男二十五，曾孙男十六，女八，共计 87 人[2]。由于楚藩人口较少，再加上皇帝不时地恩赏，如洪武十四年（1381）朱元璋"诏楚王桢之国，赐银两万，黄金一千六百两，钞二十万锭，其护卫、宫军赐钞二千二百锭"。燕王朱棣即位之初，赐楚王"黄金百两，白金千两，彩币四十匹，锦十匹，纱罗各二十匹，钞五千锭"[3]。可以说，明初楚藩的经济状况相对宽裕，地方尚能负担楚藩的禄米，楚藩的生活得以保障，内部关系比较稳定，没有明显的宗室分化，也很少压榨百姓及干预武汉地区社会生产和经济活动，有时王府还开仓赈济灾民，安民济世。

明中后期，楚藩人口经过前期百余年大量繁衍，宗支连绵，楚藩人口迅速增

---

① （明）《皇明祖训》（影印本），书林书局，2005 年，第 12 页。

② 张高荣：《新编灵泉志》，武汉出版社，2006 年，第 310、311 页。

③ 黄惠贤、陈锋：《中国俸禄制度史》，武汉大学出版社，2005 年，第 400 页。

长。嘉靖朝著名文人王世贞在《皇明盛事述》中记载："湖广武昌府，亲王一位，在省永安等王等六位，镇、辅、奉国将军一百九十八位，中尉六百四位，郡、县主、君四百四十七，庶人四名。"①激增的人口加大了地方财政支出，增加了武汉地区人民的负担。嘉靖初年，户部尚书梁材在《会议王禄军粮及内府收纳疏》中，对比了洪武、嘉靖两朝的湖广宗室的宗禄数量："湖广初封楚府一王，岁支禄米一万石，今增郡王、镇、奉辅国等将军、中尉，郡、县等主、君并仪宾等至五百八十七员，共支岁禄米二十五万九千八百三十石。"指出人口的激增影响了财政开支，楚藩宗禄在湖广宗禄之中占较大比例②，影响了地方经济的发展，也使朝廷在武汉地区的经济压力愈发沉重。

"百姓税粮有限，而宗枝繁衍无穷。"随着宗室人口蔓延，楚藩经济拮据，加上宗室们失去了政治上发展的机会，又不准从事士农工商各业，内部出现了明显的两极分化；亲王们因分封时贵为帝子，禄赐丰厚，又霸占了大批庄田，积累的钱财富堪敌国；而人数较多的品级较低的中下层宗室捉襟见肘，除与同宗争利，还利用手中的特权，强取豪夺，占有地方平民的财物，对武汉地区的农户和商民进行盘剥。

明初洪武、永乐时期，楚藩因受明太祖、成祖器重，本已获赐庄田颇多。"赐楚王，苏州府，吴江县田一百顷。"另据湖广地方县志记载，楚王在武昌府江夏县有更名田 187 213 亩，孝感崇阳县 3698 亩，通城县 9381 亩③。此外，楚藩在汉阳府、承天府、德安府等地还有大量土地。"宗室日繁，徭赋日多"，庄田数量越多，税收越多，王府越富。"楚府昭王，太祖高皇帝爱子，田地最多，故富。"成为天下最富有的王府之一，然而楚藩兼并良田、开阔财源的贪欲并未得到满足，严重破坏了武汉地区农业经济生产。

明朝廷不鼓励亲王兼并土地，但各地藩王仍通过请赐、奏讨、夺买等形式兼并土地，"盖中叶以后，庄田侵夺民业，与国相终云"。由于百姓田地被王府兼办为庄田后，原来承担的国家赋税未能免除，导致这部分田地既要承担国赋又要缴纳王租，王府庄田的庄租远重于国税，"小民既入国储，复征庄课，一田两税，已不堪命"。王庄佃农负担相当沉重，而且有额外苛索，遇灾荒不行蠲免，"征收之时，比并苦楚，较官府之刑特甚，民不胜痛楚"④。而失地农民则饥寒交迫，人命危浅，朝不保夕。史籍中多有楚藩侵占民田的记载，《明史·食货志》中云："明时，草场颇多，占夺民业。而为民厉者，莫如皇庄及诸王、勋戚、中官庄田为甚。"楚藩王府庄田众多，但其中有不少通过夺买、霸占的民田。清初湖广总督郭琇在《华野疏稿》中记载："湖北江夏、咸宁、武昌、崇阳、通城、汉阳、汉川、竟陵、安陆、云梦、应城、孝感旧有楚租更名田地，

---

① （明）王世贞：《弇山别集》（第一册），中华书局，1985 年，第 6 页。

② 黄惠贤、陈锋：《中国俸禄制度史》，武汉大学出版社，2005 年，第 510 页。

③ 张建民：《湖北通史·明清卷》，华中师范大学出版社，1999 年，第 90 页。

④ 张建民：《湖北通史·明清卷》，华中师范大学出版社，1999 年，第 97 页。

系故明藩产，其地本皆瘠薄不堪，为民间不毛之土，拨给楚藩，不过供饲牧之需，曰鹅鸭田。"在灵泉山换地一事中，楚藩除赶走世居灵泉的樊、李、杜、张、沈、曾、邹、董八大家族外，还利用其特权"合占民产四百亩，以作鹅鸭田。合计占梁湖草场数百段，以为草料税"。

终明一世，富者田连阡陌，贫者无立锥之地。楚藩凭借王府庄田过着锦衣玉食的生活，而湖广百姓则生活在水深火热之中。

三、明楚王与武汉地方歌舞

武汉属湖北荆楚故地，深受楚风汉韵的浸润，唐宋以来歌舞艺术繁荣发达。进入明代，随着楚藩分封武昌，武汉地区的传统戏曲乐舞进入昌盛时期。

朱明王朝建立后，分封子孙于各地重要且富庶城镇就藩，湖北境内地理重要且富庶城镇，如武昌、江陵、襄阳、蕲春、钟祥等均设有亲王府，其下又封郡王府。据《续文献通考》记载，这些王府依明制，"亲王之国"按例钦赐词曲 1700 本、乐户 27户，且各地"藩邸"还设有"乐院"。"乐户""乐院"的俸饷均由官府供给，"乐户"则是地方亲王的音乐歌舞戏曲班子，由王府长史司管理，往往都有相当规模。

靖难之役后，燕王朱棣夺得帝位，深知分封之弊害，因此对各地藩王干政悬以厉禁。在此背景下，各地藩王为自保全身，大多寄情于词曲，沉迷于歌舞，从而推动了当地歌舞艺术水平。可以说，有明一代，武汉地区歌舞艺术的发展繁盛，楚王府起着重要作用。

相关资料显示，武昌楚王蓄养大批歌伎，沉迷于歌舞。楚王府专辟"御菜园"（今武昌水陆街一带）以蓄歌伎表演，明人张无疆在《青塚行代挽范卿》诗中云："楚宫台榭连云起，歌舞年年空选妓"，记载了楚王府歌舞兴盛的情景。此外，清人汤思孝在《过故楚宫》中记之："觅觅故藩遗迹，何处歌台舞衣？……御菜园中贮娇（原注：御菜园是楚藩蓄歌姬处）旧事，宣和有谁重说。"[①] 也追忆了昔日楚王府"歌台舞衣"的繁华景象。

除了武昌楚王府外，楚王各支族郡王府也是歌舞升平。历代楚王的子孙都受封为郡王和将军之衔，郡王名目虽有通城、汉阳、大冶、寿昌、崇阳、永安之类，却都是虚人其名，那里并非其封国，他们也都居于武昌城内。所居府邸建筑亦甚华丽，如崇阳王府在崇福山（清代称为霭园），是武昌城内的游乐胜地；又有永安王府，王府中的花园内有一座风格绮丽的御风亭，据清乾隆《江夏县志·古迹志》中载："御风亭，在县东，明永安王园内……教梨园女伎于此。"是当年永安王蓄养的歌姬们排练歌舞的场地。

---

① 周积明：《湖北文化史》，湖北教育出版社，2006 年，第 203 页。

明崇祯初年,时任九江兵备道的福建惠安人张正声客居武昌,适逢武昌永安王朱容析举行歌舞演出。张正声前往观看,感受到"永安王宫人作梨园之妙",管弦齐奏、歌舞喧嚣的盛景,写下了诗歌《永安王宫人梨园行》:"王家美女尽宫妆,束素含贝悦粉芳。清姿宝态倾群玉,极服奇彩焕七襄。已见神女洛中降,又会姮娥月窟翔。细舞迟声希一笑,由来天半有霓裳。妆成少妇想春闺,粉红黛绿不须借。有时径作武人身,吴王宫里能骑射。汉仪秦声君须识,纤袅历落摹不得。上将头上进贤冠,大夫腰间黄金色。钲鼓喧喧舞沧猗,羽林旗帜严如织。金莲著步乱中催,谁云腰细轻无力。静中一曲想阳春,马上琵琶更堪论。嘈嘈钿头挥玉指,双双娴华启朱唇。数声弦长知柱足,满座掩涕泪沾巾。"并在诗序中详细地记述了这次演出的情景:"……顷乃宫人三十余,振绣衣,被袿裳,形缤纷绮丽,曲悲惋清长;若白日之破乎青烟,若羽衣之翩而欲仙;丑教坊之漫靡,类毛女之生怜;响出听而跃鱼,影翱翔而堕鸢。王黄发长眉,集宴堂中,洞开洪门,恣人游赏。观者咸曰:茂矣艳矣!诸好备矣。余久客楚中,兼因重雨。王作梨园,大都以不炎不雨为期。天和景辉,凝阴豁除,又一快也。"

张正声在诗序中说,武昌永安王宫人表演歌舞的30余人,"形缤纷绮丽,曲悲惋清长"。永安王家乐演戏还"洞门洪开,恣人游赏",而且经常如此,说明了终明一世楚藩一直保持其蓄养家乐戏班习俗[①]。

明末,湖北地区陷入战火,各种艺术活动大受打击。明亡后,诸王府歌伎散落民间。如清初文学家顾景星在《白茅堂集》记载,明荆王府乐工周谅,明亡后为道士。另据清康熙《武昌府志》中记载,楚宫教坊南京乐籍蓝七娘,是一位色艺俱佳的杂技艺人,善秋千蹴鞠,明亡后,削发为尼。代表明代湖北地区的歌舞艺术水准的楚宫乐舞曲随着战乱及明祚覆亡,曲终人散。

四、明楚王墓与明代陵寝文化

藩王陵墓是明代陵寝制度的重要组成部分,明代湖北地区"宗藩棋布",太祖时期封有楚、湘、辽、郢四个藩系,仁宗时期封有襄、荆、梁三个藩系,宪宗封有兴藩,神宗封有惠藩等,可谓藩王墓众多,形成蔚为大观的明代藩王陵寝文化。此外,亲王下还封有郡王、将军、中尉等,到了明末宗藩人数不计其数,宗藩墓数量也十分可观[②]。

永乐二十二年(1424),楚王朱桢于武昌王府内去世,获谥号"昭",葬于生前选定的"寝山"——江夏灵泉山(今龙泉山),陵称昭园。自朱桢起,历代楚王全部在此

---

① 周积明:《湖北文化史》,湖北教育出版社,2006年,第205页。

② 张建民:《湖北通史·明清卷》,华中师范大学出版社,1999年,第66页。

修建茔园，相继建起了昭、庄、宪、康、靖、端、愍、恭、贺八代九王墓，并设置了陵卫及陵户，看护王陵，使得灵泉山成为山内不许百姓行走、山外不许车马践踏的庞大的王陵墓群禁地。

据《武汉市志·文物志》记载，龙泉山楚王墓群内共葬有历代楚王及其正妃、次妃和继妃墓葬 24 座。有单室墓、双室墓两种，砖石结构，平面呈长方形。现存石构件均系汉白玉雕，纹饰严整朴重。地下建筑为地宫。

其中楚昭王陵规模最大，是朱桢及其王妃——明定远侯王弼之女的合葬墓，坐北朝南，占地 10 万余平方米，筑有内外两重围墙，为明代特制的大块青砖蘸水磨光建筑，平面呈回字形。外墙五门，南为正门。由地上与地下建筑构成。现存地上建筑有碑亭、圆门、神道、金水桥、祾恩门、祾恩殿、东西配殿、内园后门、碑楼、祭台等，营建制度与北京明十三陵近似，只是规模较小，属典型的明代官式建筑。

1991 年，湖北省考古研究所、武汉市博物馆和江夏博物馆对昭王墓进行了抢救性发掘，出土了金册（铜质）、玉印、腰带等 100 余件文物。发掘报告显示，楚昭王墓为单室墓，而同期的辽简王墓、郢靖王墓和湘献王墓则为多室墓，昭王地宫面积明显小于辽、郢两王，但昭王陵园却远大于同时代始封亲王。因此，有研究者认为，楚昭王地宫面积小未必是为了缩减成本，很可能是在建墓时，由于工程难度的限制，使楚昭王地宫不能建造成大型多室墓；而且昭王墓采用利于防腐防潮的石灰糯米和木炭包裹，古人认为"夫妻双圹穿墙孔曰孝顺洞，通魂往来何愚也，皆损圹，夫圹仅容棺。空隙处须糯粥调石灰筑实为妙，曷尚虚文哉"。可见"过洞"的设置会"损圹"，更何况是结构复杂的多室墓，且墓圹刚好容纳棺木者"实为妙"，说明要保证墓葬的密封性，墓室面积不能过大，墓室结构也不能过于复杂，使用三合土包裹墓葬者，墓室结构都较为简单，而楚藩无夫妻同室合葬的情况可能也有此考虑[①]。

除了规模宏大的明楚王陵墓群外，楚亲王系子孙墓广泛分布于鄂境，亦反映了明代墓葬文化的特点。有研究人员通过对公布的相关发掘报告进行研究，发现楚亲王系等级差异主要体现在墓室的面积大小及用料上，郡王墓室面积明显小于楚昭王墓；而从景陵王与妃的同园并穴墓来看，郡王墓面积大于王妃墓。通城王朱英㷭墓墓室面积却略小于其妻墓，但墓室用料十分讲究，为其他墓葬所不及。

考古发掘的楚藩将军和中尉等级的墓葬，墓主生前主要活动于明正德到嘉靖这一段时期，由于时间相对集中，墓葬形制也没有显著变化，分为土坑墓和带墓道的砖室墓两大类。除土坑墓外，楚藩将军、中尉等级的墓葬也大多为券顶砖室墓，皆带有墓道和壁龛。这种带有墓道的砖室墓在墓葬结构上和藩王级别的墓葬保持一致，只是规

① 湖北省考古研究所、武汉市文物考古研究所、武汉市江夏区博物馆：《武昌龙泉山明代楚昭王墓发掘简报》，《文物》2003 年第 2 期。

格上有较大差异，且整体面积、墓葬用料明显低于郡王级别的墓葬[1]。

此外，湖北明宗藩墓葬中还有一类——碗墓，以 1985 年在武汉黄家湾发现的楚昭王朱桢五世孙镇国中尉朱显梣夫妻合葬墓为代表，其墓是将上万个碗上下扣合，并用石灰糯米进行黏合，上下共六层，每层内外叠放两圈，最终形成圆角长方形的墓葬。碗墓使用石灰糯米的混合物为黏合料，粘连度好。

五、结　语

明代武汉在全国地位显赫，分封于武昌的明代楚藩对武汉地区产生过重要影响，以楚王府为中心的武昌始终是明代湖广地区的政治中心，楚藩之于明代武汉军政、经济、社会、文化、艺术等方面施加的诸多影响，以及遗留下的丰富的藩王文化遗存，是武汉城市发展史的重要篇章。如今龙泉山明楚王墓群已是全国重点文物保护单位，回顾这段历史，厘清史实，方能更好地研究与保护、开发积淀下的武汉明楚藩文物遗产。

---

[1] 白瑶瑶:《明代湖北地区宗藩墓葬的墓室特点》,《大众考古》2021 年第 3 期。

《明实录》楚藩记载的文本内容及特点

喻俊虹

（武汉大学历史学院）

内容摘要：《明实录》记载了皇帝对楚藩的封赏、楚宗室生死嫁娶等人生大事、楚府动向、军事行动，以及楚宗室成员的违规、犯罪行为。总体而言，《明实录》对楚藩史料的选取，符合官方史学一以贯之的纂修定式，突出皇帝的主体地位。但不同朝代实录，对楚藩记载的内容侧重又不尽相同，反映出特有的时代特征。虽然《明实录》有关楚藩的记载不可避免地存在着个别史实讹误、叙事枯燥重复的问题，但其仍然是研究楚地史事的重要史料，对这些史料进行挖掘和利用，具有重大的学术意义。

关 键 词： 明实录　楚藩　文本记载

有明之初，明太祖朱元璋吸取元朝主弱臣强的灭亡教训，分封诸皇子为王，分茅胙土，以藩屏国家，拱卫皇权统治。其第六子朱桢被册封为楚王，就藩武昌。楚王一脉，历八代九王，直至崇祯十六年（1643）五月壬戌，张献忠攻陷武昌，沉楚定王朱华奎于江，楚王世系才由此中断。楚藩自分封起镇守武昌府二百六十余年，见证了明王朝的国运兴衰，同时也是明代宗藩乃至明王朝历史的缩影。学界对楚藩的研究，多从政治、经济、社会史等角度进行考察与审视[①]，如日本学者佐藤文俊《明代王府の研究》一书，从制度、婚姻、经济三方面对明代宗藩展开研究，其中书的第四章、第五章便对楚王府的经济状况及财政来源进行了详细的分析，有益于直观了解楚王宗室的财政状况及其对民众的剥削情况[②]。除此外，随着楚王府陵墓的考古发现及相关考古工

---

① 张建民：《明代两湖地区的宗藩与地方社会》，《江汉论坛》2002 年第 10 期。张大海：《明代湖广宗藩浅述》，《理论月刊》2008 年第 3 期。杜星：《略论明代湖广宗室对地方社会的影响》，华东师范大学 2010 年硕士学位论文。章旋：《明代湖广宗藩与地方社会》，西南大学 2011 年硕士学位论文。毕明君：《明代楚王与地方社会》，武汉大学 2011 年硕士学位论文。田宝中：《明代楚藩的经济状况与宗室斗争》，武汉大学 2019 年硕士学位论文。庞敏：《明代楚藩形象研究》，西南大学 2022 年硕士学位论文。

② 〔日〕佐藤文俊：《明代王府の研究》，（东京）研文出版，1999 年。

作的不断进行,学界对明代楚王府的考古研究及历史地理研究也日益多样化①。但从明代官方史书记载的文本着眼,探究楚藩记载所呈现的内容及特点,以及其记载背后所展现的时代特征的研究还不多见。本文拟以明代最具代表性的编年体官书《明实录》为中心,对楚藩记载的文本和特征进行考察。

一、《明实录》中楚藩记载的文本内容

《明实录》作为明代官修的编年体史书,是以皇帝为核心,以皇亲国戚为第一圈层,以文武官僚为第二圈层,以平民百姓为第三圈层,形成一个核心、三个圈层的结构,其在文本内容的取舍上亦是依据这个结构进行的②。那么,楚藩作为明代宗藩中的显宗,位处皇亲国戚的第一圈层结构,无疑在《明实录》的记载中占据重要地位。笔者对《明实录》中楚藩史料进行整理与考察,发现其主要包括以下几方面的内容:

其一,皇帝册封及赏赐楚藩的记载。《明实录》有关册封的记载,是指皇帝对楚府宗室成员进行封爵。楚王的册封无疑是记录的重点内容。《实录》完整记录了前两代楚王册封时的诏旨,内容极其详尽。如第二代楚王朱孟烷袭封亲王时,《明仁宗实录》便详录册封诏文及布告天下的诏书:

> (永乐二十二年十月)壬子……遣官持节,命……楚昭王世子孟烷袭封楚王……其册文曰:"朕惟君天下者,必封建王国,子孙世世相传,藩屏帝室,此古昔帝王不易之大法也。朕仰遵祖训,笃叙亲亲,兹以某亲某王薨逝,尔某其子某其孙特命袭封某王,尚恪勤忠孝,亲贤爱民,永为藩辅,钦哉无怠!"……诏天下曰:"命……楚昭王世子孟烷袭封楚王……于戏!惇叙彝伦,自家邦以达乎天下,巩固宗社,隆本支以传于万年,用弘仁厚之风,永协雍熙之化!布告天下,咸使闻知。"③

后世实录虽未继续将繁冗的诏书全文收录,但对历代楚王有则必录,且将册封的使者也予以记载。如正统五年(1440)四月,册封武陵王朱季埈为楚王时,《明英宗实录》

① 武汉市博物馆:《黄家湾明代楚王朱氏墓》,《江汉考古》1998年第4期。湖北省文物考古研究所、武汉市文物考古研究所、武汉市江夏区博物馆:《武昌龙泉山明代楚昭王墓发掘简报》,《文物》2003年第2期。刘永亮:《明代楚藩陵园的规制布局》,《大众考古》2021年第3期。白瑶瑶:《明代湖北地区宗藩墓葬的墓室特点》,《大众考古》2021年第3期。刘文祥、黎国亮:《明代武昌楚藩王城建筑礼制与布局复原初探》,《武汉学研究》2021年第2期。

② 谢贵安:《明实录研究》,湖北人民出版社,2003年,第370页。

③ 《明仁宗实录》卷五,永乐二十二年十月壬子,"中央研究院"历史语言研究所,1962年,第104~109页。

载："丁酉，遣建平伯高远为正使、给事中杨鼎为副使，持节封武陵王季墁为楚王，妃傅氏为楚王妃。"① 除了封王的记载，凡楚府宗室成员如楚王妃、楚世子、郡王、镇国将军、辅国将军、郡主、县主、仪宾等的册封，实录也会载录。

册封往往伴随着封赏，楚府宗室被封爵时，常会附带地赐以诰命、冠服、鞍马、仪从等物，如《明英宗实录》便记载了在封楚府夫人时，赐以诰命、冠服："（景泰五年四月）戊申，封楚府镇国将军季墅妻陈氏，季墥妻潘氏，季埒妻陈氏，辅国将军均镧妻陈氏，崇阳王季堞庶长子镇国将军均镦妻李氏，俱为夫人，赐诰命、冠服。"② 除了随封赏赐之外，《明实录》中常见的记载还有赐物与赐名。所赐物品包括良田、米石、黄金、白银、币、钞、织锦等，前三朝实录记载的赐物，主要以皇帝恩赏的形式赐予楚府，明中后期实录中的赐物，主要是因楚藩亲族家眷岁禄不继，赐物以养赡，而所赐之物以米石为主。赐名主要是指皇帝给楚府王爵之子赐名，所载多见于明中期实录，尤以《明孝宗实录》中出现最多，相关史料多达四十余条。除以上这些有关"赐"的内容外，还有赐宴、赐匾额、赐书奖谕等，在实录中分布较为零星。

其二，楚宗室成员生死嫁娶的记载。生死的记载内容包括宗室成员的出生、死亡以及与之相关的一系列礼仪与活动。出生的史料集中于《明太祖实录》之中，因第一代楚王所生之子乃是皇孙，该朝实录便记载了楚王朱桢各子的出生。后朝实录除《明太宗实录》有一则王子出生的记载外，均不见相关内容。死事记载包括宗室成员的死亡和祭祀礼仪活动。楚藩宗室成员的死亡不仅意味着皇室宗亲的逝去，还涉及楚藩统治阶层的更替，关系到楚地乃至国家的稳定，因此明代历朝实录中都有所记载。同时，楚藩地位的尊卑还会影响实录对其记载的内容详略。楚王、楚王妃、楚郡王、郡王妃的去世会被称为"薨"，还会另附小传，介绍其生平、谥号，如正统四年八月楚王孟烷薨逝，《明英宗实录》记载："壬寅，楚王孟烷薨。王，楚昭王嫡长子，母妃王氏。洪武十五年生，三十二年册为世子，永乐二十二年袭封楚王。至是薨，享年五十有八。讣闻，上辍视朝三日，遣官致祭，谥曰庄，命有司营葬。王性敏好学，小心敬慎，始终如一。"③ 所载甚详。而楚府镇国将军、镇国将军之夫人、郡主、县主、仪宾等的去世则被称为"卒"，一般不予附传，仅简述其死事祭葬情况。如楚府永安王朱孟炯第三子

---

① 《明英宗实录》卷六六，正统五年四月丁酉，"中央研究院"历史语言研究所，1962年，第1277页。

② 《明英宗实录》卷二四〇《废帝郕戾王附录第五十八》，景泰五年四月戊申，"中央研究院"历史语言研究所，1962年，第5236页。

③ 《明英宗实录》卷五八，正统四年八月壬寅，"中央研究院"历史语言研究所，1962年，第1123页。

镇国将军季𬯎去世时，实录只载录了“遣官赐祭，命有司营葬”的内容[①]。此外，《明实录》还记载了楚藩宗室子女的婚配，内容多为皇帝赐婚，如《明宣宗实录》卷四一便记载了宣宗为楚府镇国将军及县主指婚：“（宣德三年四月）甲寅，封岳阳悼惠王第二子季墀为镇国将军，选九溪卫千户乔成女为季墀夫人，选永定卫百户周英女为镇国将军季垟夫人，命通城王孟璨第二女为罗田县主，配宁远卫指挥郭瑛子成。”[②]

其三，楚府动向及军事行动的记载。受封藩王的动向关乎国家政治与军事安全，故实录对楚王、楚世子及郡王来朝、辞归的动向极为关注，但这些记载只见于《明太祖实录》及《明太宗实录》中。关于来朝，《明太祖实录》仅记载了楚王来朝的史料，共计三则；《明太宗实录》不仅有五则楚王来朝的史料，还记载了楚世子朱孟烷和第六子通山王朱孟爚来朝的内容，共计九则。辞归史料与来朝史料分布规律大致相同，《明太祖实录》仅记载了楚王的辞归，计六则；《明太宗实录》则分别记载了楚王和世子的辞归、还国，共 13 处记载。太祖、太宗两朝实录对楚藩来朝归国的频繁记载，反映出此时皇帝与藩王的联系较为紧密。洪熙元年（1425）六月，唐王朱琼烃欲赴京城参加明仁宗朱高炽的葬礼，被宣宗以天气炎热为辞制止，自此之后，“诸王欲来者皆止之”，后世实录便再无此类记载。《明实录》还记载了楚王府的军事行动，这些记载主要集中于《明太祖实录》，相关史料共有 10 条，详细描绘了楚王平定思州诸蛮族叛乱、剿捕洞蛮吴面儿、带兵征讨云南、率师征剿古州洞蛮等一系列藩屏帝室的活动。之后实录有关楚府军事行动的内容不再是楚王亲征叛乱，而是楚府通过调发护卫步兵、出马、捐银助军等方式间接参与朝廷军事征战，这些记载散见于《明宣宗实录》《明英宗实录》《明世宗实录》中，占比不多。

其四，对楚藩犯罪行为的记载，包括楚藩的经济犯罪行为及楚宗室内部的倾轧与斗争。这些史料在《明实录》中有着清晰的分布特征。世宗朝之前的实录中有关楚藩犯罪的记载，每朝最多不过三则，共计九则。《明太宗实录》中，仅出现一则史料，记载了楚王内使李贵等人在前往云南市马的过程中恣肆犯法，被执送京师，后经楚王朱桢求情，将李贵发还楚地，令其“自治之”。反映出永乐朝时期的藩王，拥有一定的司法自主权。《明宣宗实录》亦只有一条史料，记载了楚王朱孟烷奏其府中教授张登“禀性狠戾，学术荒疏，威仪不修，惟日纵酒，累月不出，间或一出，放肆傲慢，略无尊卑之分，不安教授之职，常出怨言”[③]，张登因此受到惩处，被降调广宁前屯卫仓副使的

① 《明英宗实录》卷十，宣德十年十月癸卯，“中央研究院”历史语言研究所，1962 年，第 190 页。

② 《明宣宗实录》卷四一，宣德三年四月甲寅，“中央研究院”历史语言研究所，1962 年，第 994 页。

③ 《明宣宗实录》卷七九，宣德六年五月丙寅，“中央研究院”历史语言研究所，1962 年，第 1822 页。

史事。《明英宗实录》中两则史料，皆是记载楚府仪宾凶恶无状、违法乱纪的行为。一则是湖广按察使孔文英揭露楚府仪宾葛隆受贿，要求朝廷严惩[①]；另一则是楚府通山王季㙉揭发镇国将军季塗故女汉川郡君仪宾方规"已戴罪革冠带，仍长恶不悛，夜潜入婺川郡君家伺隙为奸"，并"数逼将军为请复官，每言欲刺杀陈瑛"的罪恶行径[②]。《明宪宗实录》中两则史料与《明英宗实录》类似，反映了皇上对楚府王室成员之间违法乱纪的劝惩。《明孝宗实录》中三则史料，分别记载了弘治皇帝将荆王见潚、楚府辅国将军均锗及庶母余氏赐死的史事，这也是《明实录》中首次记载君王赐死湖北宗室贵族的史料。

从《明世宗实录》开始，记载楚府犯罪的史料大幅增加。其中《明世宗实录》15则史料，记载了楚府各类违法乱纪的事例，以及皇帝对该事件的处置结果。穆宗朝因过于短暂，该朝实录仅记载了崇阳王府奉国将军荣㳨妻封淑人郁氏通其表侄萧木，后被下狱论死一案。《明神宗实录》的相关史料则多达79条，为历朝实录之最，记载了神宗在位四十八年间，楚府上下各类犯罪事件，以及中央言官、地方官员乃至楚王宗室对楚府的讦发。其中楚府寄物案、伪楚王案、劫杠案三大案由于影响较大而受到浓墨重彩地记载。加之万历时期党争激烈，各方对此类事关国体的重大事件的处理办法分歧较大，他们对这些案件争辩的奏本都被记录在案，在《明神宗实录》中形成庞大的文本。

综上，《明实录》中有关楚藩的记载内容主要有如下几类：一是对楚王、楚世子、楚王妃及郡王、郡主、镇国将军、仪宾等的册封和赏赐，二是对楚宗室生死嫁娶等人生大事的记载，三是对楚府动向和军事行动的记载，四是对楚藩犯罪行为的记载。在《明实录》的叙述体系之下，楚藩史料内容的呈现既符合传统官方史学修撰的定式，又具有其独特之处。

二、《明实录》楚藩记载的特点

通过对《明实录》所载楚藩内容的细致梳理，再结合历朝实录中楚藩史料内容的差异性，我们能够发现《明实录》对楚藩记载具有如下特点。

其一，《明实录》对楚藩的记载，符合官方史学一以贯之的书写方式，在修纂中偏重突出皇帝的主体性地位，而非单纯的记载楚藩史事。

① 《明英宗实录》卷一四二，正统十一年六月戊申，"中央研究院"历史语言研究所，1962年，第2815页。

② 《明英宗实录》卷三六〇，天顺七年十二月丁酉，"中央研究院"历史语言研究所，1962年，第7158页。

　　在官方史学的叙述体系之下，无论王侯将相，还是平民百姓，甚至盗匪流寇，实录在叙述的时候，都会将皇帝放在至高无上、临视天下的位置，《明实录》对楚藩的记载亦是如此。例如，洪武十四年（1381），第一代楚王朱桢离京就藩武昌，《明太祖实录》如是记载这一史事："诏楚王桢之国，赐银二万两，黄金一千六百两，钞二十万锭。其护卫官军赐钞二千二百锭。"①用"诏楚王桢之国"六字便予以概括，并未悉录诏书全文，也未书明就藩地点，而是将记述的重点放在太祖朱元璋对楚王的赏赐上，以彰显帝王隆恩。永乐十四年（1416）冬，楚王朱桢来朝，朱棣大宴于华盖殿，并赐其从官宴于中右门，以示荣宠。十二月庚申，朱桢辞归还朝，实录记载朱棣"宴如初至"，还赏赐了诸多钱物，有"马百匹，鞍辔一副，钞三万锭，纻丝三百匹，纱罗各百匹，绢千匹，胡椒千斤，椰子千个，红白兜罗绵五十二条，及红撒哈剌狮子尾等物"②。将赏赐之物一一罗列，连朱棣赐下的一副鞍辔也备载其中，而朱桢来朝时，有无从藩地携带贡品进献，从实录中难以找到只言片语的描述。又如宣德年间，楚王选配湖广都指挥佥事鲁曾之女为武陵王季埌妃，发册之后，才知晓此女之前已经许配给了都指挥佥事穆肃之子，且已过聘。此等一女二嫁有辱宗藩的丑闻，实录对此也进行了记载：宣宗闻知此事后，"命行在礼部停武陵王季埌妃册礼"，并书谕楚王，言鲁曾"贪冒无耻""玷祖宗家法，贻外人之讥"，已令礼部停册礼，"宜为武陵王别娶"③。显然，记述的重点在宣宗对此事的态度与处理意见上。

　　即使皇帝对楚府发生的各类事件并未过多关注，甚至对大臣所上有关楚府的奏折不予批复，《明实录》也会将其记载，作为皇帝对该事件的处理结果。如万历一朝，神宗长期不理朝政，对国家和地方事务漠不关心，但《明神宗实录》中所记载的有关楚藩的各类奏折，都会记载神宗"不报""留中"的处理方式，以此提升皇帝的参与感。如万历三十一年（1603），礼科都给事中张问达奏报楚王与宗室讦发一事，神宗"不报"。"不报"二字，虽无任何指导意义，但使楚藩的记载与皇帝产生内在联结。可见，实录记载的重心始终围绕帝王展开，藩王宗亲的历史不过是作为皇权的延伸与扩展来进行处理。

　　其二，有明一代楚藩政治特权与地位的变化，会影响到《明实录》对楚藩的内容记载，致使各朝实录间的记载存在阶段性差异。

　　永乐以后，"明王朝不断削夺宗藩的权力，由革夺诸王的护卫军兵，到禁止他们进

---

　　① 《明太祖实录》卷一三五，洪武十四年二月丙寅，"中央研究院"历史语言研究所，1962年，第2146页。

　　② 《明太宗实录》卷一八三，永乐十四年十二月庚申，"中央研究院"历史语言研究所，1962年，第1969页。

　　③ 《明宣宗实录》卷九三，宣德七年七月戊午，"中央研究院"历史语言研究所，1962年，第2109页。

京朝觐天子，发展到二王不得相见，严禁宗室出城"①，随着一系列削藩政策的推行，藩王的政治特权与地位不断弱化。因此，楚王来朝辞归及军事行动的内容记载在各朝实录中分布存在阶段性差异。明朝初立之时，太祖希望通过分封诸王来巩固疆域、藩屏帝室，因此赋予了明代藩王极高的政治与军事权力。但当政权稳固之后，藩王所掌握的特殊政治、军事权力又成为威胁皇权的极不稳定因素，建文及之后的几代帝王开启了严厉的削藩政策。朝廷通过裁减王府护卫、削夺军事指挥权、制止诸王来京朝觐等方式，加强对藩王的监视、约束与控制。朝廷对藩王军事特权的裁抑，使得实录所载楚藩军事行动，从《明太祖实录》所载的直接参与军事征战过渡到《明宣宗实录》《明英宗实录》《明世宗实录》所载通过调发人力、物力等方式间接参与军事战争，再到之后实录此类记载的销声匿迹。朝廷对藩王政治动向的限制，又致使前两朝实录频繁出现记载楚王来朝还国的史料，而《明英宗实录》与《明宣宗实录》载录的内容皆是楚王来朝被制止，后期实录则不见提及。

　　明代中后期，宗室成员生存环境日益恶劣，这也影响到《明实录》对楚藩的内容记载。随着明中后期宗室人口数量的急剧增长，宗禄供给成为地方财政的沉重负担，中下层宗室成员的岁禄往往被拖欠，韩邦奇在《苑洛集》中便言："当今所最急者，宗室禄米不足也，边军粮料不足也。以宗室言之，国初宗室少，即今宗室多，盖有百倍于昔者，而粮额如故，故谓之曰少，诚无所处矣。"②再加上朝廷禁止宗室成员入仕为官及从事四民之业，严苛限制底层宗室子弟的谋生路径，以致宗室成员的贫困化日益加剧。这种局面，造成明中后期实录有关楚府宗室成员无力养赡亲族的记载逐步增多，这类史料在《明英宗实录》中出现 8 次，《明宪宗实录》中出现 6 次，《明孝宗实录》出现 13 次，《明武宗实录》出现 3 次，是楚府宗室成员日益贫困化现象在实录文本中的集中映射。同时，普通宗室成员的生存环境日益恶劣，也使得明朝中后期实录关于楚藩犯罪问题的记载显著增多。

　　其三，历朝实录对楚藩内容的记载，反映出一种由亲至疏，并逐步程式化的记载趋向。前几朝所记录的楚藩，由于与皇帝血脉相近，呈现出的形象还有些许生动，体现出皇室的人伦亲情，而后朝实录，由于血缘关系越疏远，记载的内容也趋于程式化，实录中体现的楚藩臣子属性也愈发增强。

　　太祖、太宗两朝实录对楚藩的记载，常能看到透露出血脉亲情的生动叙述。如《明太祖实录》载洪武十八年（1385）思州诸洞蛮夷叛乱，朱元璋下诏征虏将军信国公汤和等："楚王尚幼，未能练达军务，故遣都督刘宁来总宿卫之兵。军旅之事，卿自

---

①　雷炳炎：《明代宗藩犯罪问题研究》，中华书局，2014 年，第 49 页。

②　韩邦奇：《苑洛集》卷一九《见闻考随录二》，《景印文渊阁四库全书》，台湾商务印书馆，1983 年，第 1269 册，第 651 页。

裁决，然后启王知之。"①朱元璋此时的形象更接近一位关切孩子成长的父亲，而非高高在上的帝王。《明太宗实录》中的某些记载则更显生动。如第十九卷记载，永乐元年（1403）四月乙丑，赐书楚王桢："别来恒用思念。世子至，知安好，良以为慰。所奏府中欲修造，兄于贤弟岂有吝惜意？但天下初定，众心未安，劳困未苏，兼旱蝗相仍，民苦寒馁，安养休息，方在此时。故即位之初，首诏天下，不急之务悉停罢，今后宫为建文所焚，东宫亦皆折毁，而未敢兴造。贤弟幸体斯意，府中宫室损坏者，姑用护卫之人随时修葺，俟民安岁丰，然后量拨军民为之。"②不但开篇记以"恒用思念""良以为慰"这样的存念之语，而且还较大篇幅地记录了朱棣拒绝朱桢修葺王府请求的原因。又如《明太宗实录》卷一九五载："上喜受百匹，赐书报曰：'领贤弟厚意矣。夫畜马甚劳，百匹之外，余悉遣还，可分遗诸侄也。'"③"喜"字生动体现永乐帝对楚王献马之举的赞赏。"贤弟厚意"则彰显了宗室血脉之亲。这些载录于明代前期实录的内容，反映出这一时期皇帝与宗藩间的家人之情、亲亲之谊。

但随着世系传承及削藩的进行，楚藩与皇帝间的亲缘关系愈发疏远，实录对楚藩的描写与记录也愈发程式化，重点突出君臣之别，这从实录对楚王捐献财物的记载中便可窥知一二。如上文所述楚王进马之事，后朝实录也有记载，但已无主观情感的抒发以及血脉亲情的交流。《明世宗实录》卷三七四记载寿王、楚王等进银马助边一事："寿王祐耆、楚王英㷿各进银三千两，赵王厚煜进马十匹，银一千两，襄府管理府事阳山王厚颖进银二千两，益王厚烨吉王载坫、崇王载境各进银一千两助边。俱赐敕奖谕。"④直叙诸王所捐之物，最后以皇帝"赐敕奖谕"做结。《明神宗实录》卷四〇九载楚王出银助工："（万历三十三年五月）壬寅，楚王华奎奏进原助大工银一万九百三十六两。报闻。"⑤亦是平铺直叙楚王所捐之数，并附以"报闻"二字表达帝王的知情。上述两例记载，皆是平铺直叙、充满程式化的冰冷记载，所展现出的君主与亲王间的距离感也愈发加深，与前期永乐帝"喜受百匹"的充满感情色彩的记载形成鲜明对比。

---

① 《明太祖实录》卷一七五，洪武十八年九月戊子，"中央研究院"历史语言研究所，1962年，第2662页。

② 《明太宗实录》卷一九，永乐元年四月乙丑，"中央研究院"历史语言研究所，1962年，第344、345页。

③ 《明太宗实录》卷一九五，永乐十五年十二月甲午，"中央研究院"历史语言研究所，1962年，第2049页。

④ 《明世宗实录》卷三七四，嘉靖三十年六月丙辰，"中央研究院"历史语言研究所，1962年，第6677页。

⑤ 《明神宗实录》卷四〇九，万历三十三年五月壬寅，"中央研究院"历史语言研究所，1962年，第7643页。

其四，虽然《明实录》由大学士和翰林官员等编撰，审慎认真，但有关楚藩内容的记载仍存在错讹之处；在叙事上，也难以避免内容上的枯燥重复，连篇累牍。

《明实录》中有关楚藩记载的错讹之处主要出现于《明英宗实录》中，首先是有关封妃记载的错误与重复。《明英宗实录》卷一九载："（正统元年闰六月）丙寅，遣官持节册楚府典簿傅凤女为武陵王季堄妃，武昌府知事谢本女为黔阳王季坺妃，良医副王志学女为东安王季㙻妃，武昌护卫百户蔡瑢女为岳阳王季境妃。"①考实录所载，楚王孟烷第二子季坺与第三子季㙻于正统二年（1437）五月壬辰日才分别被封黔阳王与东安王，故《明英宗实录》"正统元年闰六月丙寅"条史料所载的封黔阳王妃与东安王妃的内容明显错误。而在《明英宗实录》的卷四三又出现了封武陵王季堄妃、岳阳王季境妃的记载："（正统三年六月）癸酉，命驸马都尉赵辉为正使，礼科给事中胡清为副使，持节册封……典簿傅凤女为楚府武陵王季堄妃，百户蔡瑢女为岳阳王季境妃。"②在《明英宗实录》卷一一五则又出现了封东安王季㙻妃的记载："（正统九年四月）辛卯，遣黔国公沐俨等为正使，给事中刘海等为副使，各持节册……良医副王志学女为东安王季㙻妃。"③两处的封妃记载中，被册封的季堄妃、季境妃与季㙻妃和《明英宗实录》卷一九所册封的三位郡王妃皆相同，并非前任郡王妃去世后又续娶继配。再结合《明英宗实录》卷一九所载册封黔阳王妃与东安王妃的错误，可以判断"正统元年闰六月丙寅"条的册封记载皆是存疑的，"正统三年六月癸酉"及"正统九年四月辛卯"条所载的册封时间应当才是准确的封妃时间。

除此外，《明英宗实录》有关楚王出战马济甘肃官军的相关记载也存在一些错误。《明英宗实录》卷三二、卷三五有以下记载：

> （正统二年七月甲午）致书楚王季坺、肃王瞻焰曰："近得甘肃总兵镇守官及巡按监察御史奏，今年甘肃官军骑操马匹因出哨及追剿虏贼死者甚多，已令兵部于北京太仆寺择堪用者遣人送去，然路远未能济急，闻王府中及肃府陕西平凉草场多马，可遣人驰驿往选给官军应用，仍以数目开示，即酬价直，非唯边军得济，以御外寇，而边境永宁，实亦叔祖盛德之助也。"④

① 《明英宗实录》卷一九，正统元年闰六月丙寅，"中央研究院"历史语言研究所，1962年，第369页。

② 《明英宗实录》卷四三，正统三年六月癸酉，"中央研究院"历史语言研究所，1962年，第842页。

③ 《明英宗实录》卷一一五，正统九年四月辛卯，"中央研究院"历史语言研究所，1962年，第2320、2321页。

④ 《明英宗实录》卷三二，正统二年七月甲午，"中央研究院"历史语言研究所，1962年，第628页。

（正统二年十月）辛未，楚王季堄、庆王楧、肃王瞻焰各出马助给甘肃官军。上以书致谢，仍以白金、文绮、纱罗、布钞等物酬之①。

上述两则史料中的"楚王季堄"乃是楚庄王朱孟烷的庶第二子。据《明史》记载："孟烷……正统四年薨。子宪王季埦嗣。事母邓妃至孝。英宗赐书奖谕。著《东平河间图赞》，为士林所诵。八年薨。弟康王季堄嗣。天顺六年薨。"②楚庄王孟烷于正统四年（1439）逝世后，其子朱季埦嗣位，于正统八年（1443）薨逝。季埦死后，无子国不传，因此其弟季堄才得称楚王。上述两则史料的时间在"正统二年"，此时的楚王应为楚庄王孟烷，而非楚王季堄。况"正统二年七月甲午"条史料最后言"实亦叔祖盛德之助也"，季堄乃是明英宗朱祁镇的叔父，而非叔祖，此"叔祖"应是指朱孟烷，故此两条史料中的"楚王季堄"乃是记载错误。

《明实录》有关楚藩的记载，不仅在记事的准确性上存在一些问题，在叙事上也存在着记载内容大同小异、枯燥重复的问题。例如《明英宗实录》中，有30条有关名封婚禄的史料，《明孝宗实录》更是有37条。这些史料内容大致为对楚府旁支（包括镇国将军及其夫人、县主并仪宾、郡君并仪宾、县君并仪宾、乡君并仪宾等）进行册封指婚，并赐诰命、冠服等物。其有固定的记载话语，如《明英宗实录》卷三二六载："（天顺五年三月）丁巳，赐楚府辅国将军均鎰夫人刘氏、均鏥夫人石氏、均鑢夫人梁氏诰命冠服。"③《明孝宗实录》卷一七六载："（弘治十四年七月甲子）赐……楚府南漳郡君并仪宾邢义、应城县君并仪宾李杰、苍溪县君并仪宾宋涝、鄢陵县君并仪宾刘寿、崇仁乡君并仪宾张镛、建昌乡君并仪宾李大凤、都昌乡君并仪宾尹翱诰命、冠服如制。"④这些记载连篇累牍，占据《明实录》楚藩记载的大量篇幅，且因关涉的大多是楚府旁系，大部分人名在实录中就只出现这一次，缺乏史料价值，并无多大意义。实录中皇帝对楚府郡王、镇国将军、辅国将军、奉国将军之子等的赐名记载也是同样问题，如《明孝宗实录》卷三五载："（弘治三年二月）壬寅，赐楚府奉国将军荣淙长子名曰显梼。"⑤朱显梼这一楚府旁系人物在《明实录》中也就只出现了这一次，即皇帝对其的赐名。《大明会典》规定，宗室生子，必须奏报朝廷，由皇帝赐名；其长后，又必须由

---

① 《明英宗实录》卷三五，正统二年十月辛未，"中央研究院"历史语言研究所，1962年，第683页。

② （清）张廷玉：《明史》卷一百十六《列传第四·诸王传一》，岳麓书社，1996年，第1879页。

③ 《明英宗实录》卷三二六，天顺五年三月丁巳，"中央研究院"历史语言研究所，1962年，第6729页。

④ 《明孝宗实录》卷一七六，弘治十四年七月甲子，"中央研究院"历史语言研究所，1962年，第3224页。

⑤ 《明孝宗实录》卷三五，弘治三年二月壬寅，"中央研究院"历史语言研究所，1962年，第762页。

朝廷择婚选配，赐给封号、诰命等项，不得擅自婚配①。《明实录》对楚藩册封、赐婚、赐名等连篇累牍的重复记载，是这一宗藩礼制的文本反映；但另一方面，大量相似内容的连续出现，也使得实录在对楚藩的记述上存在枯燥重复的缺陷。

三、结　语

《明实录》是以帝王为中心修撰的当朝国史，藩王作为皇室血脉、京师屏佑，获得了较多记载。楚藩为明代宗藩中的显宗，皇帝对其的册封及赏赐、楚府动向及军事行动、楚宗室生死嫁娶等人生大事，以及楚府成员的违规、犯罪行为，都在《明实录》中有所记载。总体而言，《明实录》对楚藩史料的选取，符合实录体史学一以贯之的纂修定式，即以帝王为中心展开叙事，强调其主体地位，突出皇帝对治下楚藩的赏赐、劝谕、奖赐、惩治等内容。但不同朝代实录，对楚藩记载的内容侧重又不尽相同，反映出特有的时代特征。从叙事方式上看，明朝前期的实录常会记录皇帝与藩王之间温情脉脉的君臣互动，生动地将皇帝对藩王的关心、思念、勉励记录下来，而随着血缘关系逐渐疏离，明朝中后期实录中再未出现体现明朝宗室人伦亲情的史事，记载的楚藩史料刻板冰冷、形式趋同。另一方面，《明实录》在记录楚藩史料的过程中，不可避免地存在一些史实的错讹，需要研究者去伪存真。在记载同一类史料的时候，也存在连篇累牍重复记载的问题，体现出明代官方史学僵化无味、循规蹈矩的一面。总体而言，《明实录》对楚藩的记载内容，仍然是研究楚地史事的重要史料来源，对这些史料进行挖掘、比对和分析，具有重大的学术意义。

---

① （明）申时行：《明会典》卷五十五，中华书局，1989年，第346～350页。

藩府有佳器
——明代淮王府用瓷研究

肖发标

（江西省文物考古研究院）

内容摘要： 明代淮王府遗址考古出土大批王府用瓷，釉色品种与定制款识都很多，对研究明代藩府用瓷具有重大考古价值。

关 键 词： 明藩　淮王府　用瓷

自 2012 年江西省文物考古研究所在全国率先对明代淮王府遗址进行考古发掘以来，各地对明代藩王府遗址的考古发掘项目不断推进。随着全国各地明代藩王府遗址及藩王墓葬考古出土瓷器数量的增加，大明王朝藩王用瓷的面貌逐渐清晰。在这一背景之下，古陶瓷学术界对明代藩王府用瓷越来越感兴趣，加入研究的学者越来越多，到 2021 年 10 月 18 日在景德镇中国陶瓷博物馆举办"王者之器——明代藩王用瓷特展暨国际学术研讨会"，集中展出包括荆王、楚王、郢靖王、梁庄王、淮王、赵王、德王、宁王、益王、蜀王、晋王、秦王、辽王、周王、吉王、鲁王、靖江王、黔国公 18 个亲王、郡王、异姓王的王府用瓷，共展出 341 件（套）文物藏品，其中 206 件（套）为标本[①]，标志着古陶瓷学术界对明代藩王用瓷的关注与研究达到了一个高潮。

作为第一个考古发掘明代藩王府——江西省鄱阳县明代淮王府遗址的考古领队，我认真参观、研究了"王者之器——明代藩王用瓷特展"上展出的王府用瓷藏品与标本，也认真听取了学术讨论会上各位学者的精彩发言，获益良多，进一步加深了对明代藩王用瓷的认识。因此，本文将以淮王府用瓷为例，谈谈自己对明代藩王用瓷的一些认识。

一、淮王府遗址简介

明代淮王府遗址位于江西省鄱阳县县城中心的鄱阳宾馆与文庙大成殿周边。遗址上面基本上都是近现代建筑与道路。发掘区位于县博物馆——文庙大成殿的东侧，南

---

① 郑泽婷：《王者之器：明代赵藩订制瓷器综合研究》，《美成在久》2022 年第 1 期，第 85～90 页。

面是幼儿园与鄱阳县中医院，北面是鄱阳宾馆，东面是五一中心学校（图一）。根据文献记载，明代正统元年（1436）淮靖王朱瞻墺从广东韶州（今韶关市）迁江西饶州（今鄱阳县），在饶州府府衙的基础上建造了淮王府。其子朱祈铨继位后，又扩建了永寿宫，内有蓬莱清隐、水涨平溪、小桥胜迹、翰墨林、芸香境、绿竹漪淇、群芳圃、香雪窝八景，此外还有钓鱼台、宝恩楼、克敬宫、双龙殿等建筑。淮王在饶州共传八代计九王，历时208年。明亡后，淮王府遭焚毁坍塌。

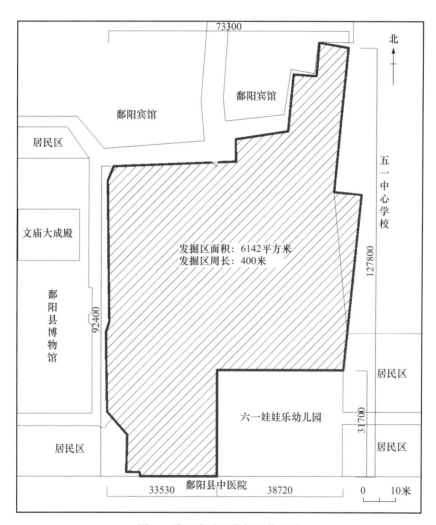

图一　淮王府遗址发掘区位置图

明代淮王府遗址在2011年5月第三次全国文物普查期间发现后，得到了及时保护。经国家文物局批准，2012年7月至2013年1月江西省文物考古研究所在鄱阳县博物馆的配合下对淮王府遗址进行了考古勘探与试掘。2013年10月至2014年7月，又进行了为期十个月的正式发掘。发掘区位于现在的饶州府文庙大成殿东侧，南北最长

120 米，东西最宽 80 米，占地面积 6142 平方米。两期共发掘了 3600 平方米。

从文献资料来看，发掘区位于明淮王府的东侧，王府存心殿与世子府之间的间隔地带（图二）。由于世子府是高台宫殿式建筑，在后世土地平整过程中遭破坏程度较大，仅发现一小段柱础加墙基（F11）和一小块铺地石（F7），但在世子府后院发现了由太湖石与汉白玉栏杆构建的园林景观遗迹。另外，发现了淮王府存心殿与世子府之

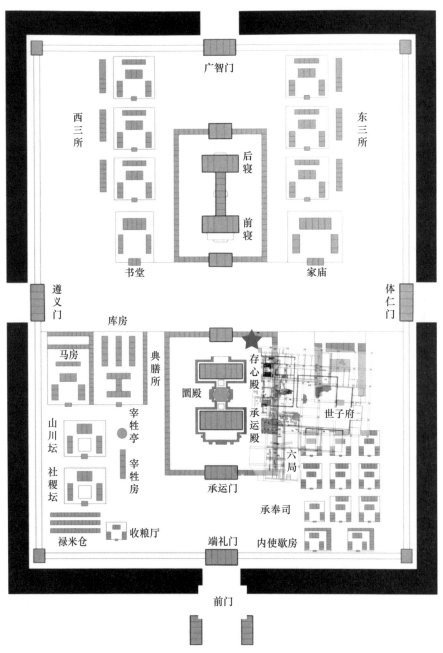

图二　发掘区在淮王府的位置示意图

间南北长约 70 米的宫墙（Q1）与墙外排水沟（G1），在宫墙的东南角还发现了一口水池（F20）；在发掘区西北角发现了从宫殿区通往世子府的台阶与露台遗迹（F12）。这些王府建筑遗迹的发现（图三），让我们对淮王府的建筑布局有了一个基本认识，其布局规制与《大明会典》所记载的弘治朝亲王府复原图基本相符。

图三　淮王府遗址遗迹分布图

　　明代淮王府遗址下有明早期饶州府府衙遗址、上有清代饶州府府学宫遗址，明清时期地方上规格最高的三大建筑遗址会聚一处，除了留下丰富的建筑遗迹外，出土遗物也是相当丰富。更由于淮王府地处明代饶州府府城，饶州府管辖着"瓷都"景德镇，近水楼台先得月，自然使得淮王府遗址堆积中遗留下大量明清时期的景德镇官窑和民窑瓷器精品。

二、淮王府遗址出土王府用瓷

　　淮王府遗址发掘出土的瓷器数量非常巨大，近三万件（片），瓷器的釉色品种繁多，从唐代的青瓷到宋元青白瓷，再到明清时期的青花瓷、彩绘瓷和颜色釉瓷，甚至还有民国与现代瓷器。其中数量最大的是明代中后期至清代中期的瓷器，虽然以民窑瓷器居多，但官窑瓷器也不少，可以说是近五年来出土景德镇明清官窑瓷器最多的一个遗址。

在这么多的瓷器里面，怎么找出属于淮王府的用瓷来呢?

首先，瓷器的时代必须是明代。因为淮王自明代正统元年（1436）从广东韶州迁到这里建立王府，一直到崇祯十七年（1644）明朝灭亡，一直生活在这儿。

其次，是明代景德镇御窑厂生产的官窑瓷器。因为在明代，官窑瓷器的使用是有严格的制度限制。比如龙凤纹就是官窑瓷器的最基本装饰，展现皇家贵胄的鲜明色彩。

最后，是有淮王府定烧款识的瓷器。这类瓷器因为有明确的王府定烧款识，毫无疑问就是淮王府的王府用瓷。

按照这三条原则，我们挑选出了一批淮王府用瓷。

（一）第一类

带有"淮府上用""府字""府"款识的红绿彩与五彩瓷器，这类瓷器非常明确是淮王府用瓷。

1. 嘉靖"淮府上用"款五彩龙纹碗

共发现5件，都是在碗心用红彩双行竖书"淮府上用"四字楷体款，其中四件残剩碗底，但款识较清晰（图四）。

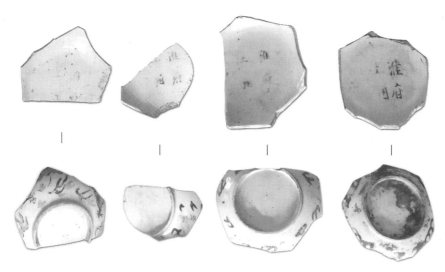

图四　嘉靖"淮府上用"款五彩龙纹碗残片

能复原的1件碗（G1：77），口径16.9、足径7.3、高6.8厘米。敞口，弧腹，圈足。内外壁均施白釉，釉水莹润、釉色白偏青，外壁施釉到足沿斜削处，釉底，露胎处胎质洁白细腻。外壁绘五彩双龙抢珠图案，两只五爪行龙张口吐舌，首尾环绕游走，两龙之间为火焰宝珠纹，均采用勾边填色法，脱彩严重，图案只隐约可见。碗心依稀可见"□府□用"双排四字楷书款，但已剥落得模糊不清（图五）。

图五　嘉靖"淮府上用"款五彩龙纹碗

2. 嘉靖"府"款五彩凤纹碟

共发现7件，但只有1件可以复原（F12④：16），口径12.1、底径6.9、高3.3厘米。釉上饰红彩装饰，内壁口沿下及碟心各绘双圈红彩弦纹，碟心用红彩楷书"府"字款；外壁口沿下、腹底各饰一圈红彩弦纹，两弦纹之间用红绿彩绘双凤朝阳，双凤张喙吐舌，逐阳而舞。红彩实笔绘制，发色浅淡，绿彩点缀其中。底足涩胎无釉（图六）。

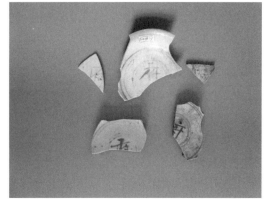

图六 A　嘉靖"府"款五彩凤纹碟　　　　图六 B　嘉靖"府"款五彩凤纹碟残片

3. 万历"府"款五彩双龙赶珠纹碗

发现2件。1件（T0105②：3），器残，已修复，口径12.8、足径5.2、高5.7厘米。内壁口沿下有一红彩"府"字楷书款，府字对面可能还有一字，与其组合成双字款，由于器残，不可知。既有可能是"府字"二字，也有可能是"淮府"二字。碗底心依稀可见红彩"山"形云纹。外壁用五彩绘双龙抢珠纹（图七）。另外还发现一小片碗口沿残片，也只见有一个"府"字。

4. 嘉靖"府字"款五彩龙纹碟

只发现一件（F12③：17），残剩碟底，底心下陷，矮圈足，足径7.4厘米。此器内外施白釉，釉质莹润，但足端露胎处粘砂较多。在碟的内底心可以看到双重的红彩双圈，在中心用红彩竖排楷书"府字"款，"府"字比较清晰，下面一字残缺不全，从笔画推测是"字"字。碟外底施釉，在中心有一红彩单圈，圈内无款。碟外壁残剩不多，只见一只红彩四爪龙脚与红彩描边、内填绿彩的海草（图八）。

 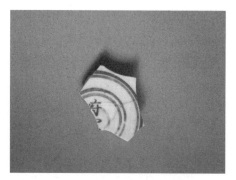

图七　万历"府"款五彩双龙赶珠纹碗　　　　图八　嘉靖"府字"款五彩龙纹碟残片

5. 嘉靖"□字"款五彩龙纹碟

1件（F12④：21），残，修复口径12.8、底径7.2、高3.1厘米。内壁红彩装饰，口沿下两圈弦纹，内壁、碟心转折处两圈弦纹，碟心红彩双圈，内书"□字"，上面一字不清，从残留的一笔来看，应是"府"字，与上一件互补，可以组成完整的"府字"二字款。外壁口沿下一圈弦纹，腹、足转折处一圈弦纹装饰，中间为主体纹饰，从残存纹饰上来看，为双龙抢珠纹样。该龙为四爪龙，龙嘴大张，龙舌长伸（图九）。

（二）第二类

淮王府的各个宫殿府第与楼堂馆所定烧瓷器，如"克敬宫""双龙殿""乾明府""葵轩堂""余庆堂""宝恩楼""碧峰馆""典膳所"等。带这种款识的瓷器，既有彩瓷，也有青花瓷，但装饰题材基本上都是龙、凤图案，具有皇家风范。

图九　嘉靖"□字"款五彩龙纹碟

1. 万历"克敬宫"款青花龙纹碗与盘

共发现4件，其中3件为盘底残片，只有T0606①：2能完整看到青花竖排"克敬宫"三字款，T0107③：19只残存"克敬"两字，而T0102②：5只见一"宫"字。这三件盘的内底青花图案都是双圈内绘五爪龙纹，青花发色艳丽、蓝色幽深，有万历时代的青花风格。还有1件（T0108①：29）是碗底残片，从其款识布局来看，应是青花双圈四字款，目前可见上面两字（克宫），下面两字推测是"宫用"，因此，有可能是"克敬宫用"四字款（图一〇）。碗内底心也是绘龙纹，但青花发色较淡雅，有分水现象，更具万历时代的青花风格。

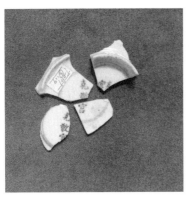

图一〇　万历"克敬宫"款青花龙纹碗与盘

2. 万历"双龙殿"款青花龙纹盘

共发现2件。其中H2：27这件足径7.4、残高0.7厘米。盘内青花双圈内见首尾相接、分置左右的两条五爪龙，围绕盘心的火珠进行争抢，属于双龙戏珠图案。青花发色艳丽、蓝色幽深，有万历时代的青花风格。盘外底在青花双圈内见青花竖排"双龙殿"三字款（图一一）。另一件因器残，只能辨认出"双龙"二字款。

图一一　万历"双龙殿"款青花龙纹盘残片

3. 万历"乾明府用"款青花团螭龙纹碗

1件（T0104③：2），碗内底在青花单圈内绘团螭龙纹，碗外足壁青花双弦纹，碗外底在青花双圈内楷书"乾明府用"四字款（图一二）。全器的青花发色淡雅，有分水现象，呈万历时代的青花风格。

图一二　万历"乾明府用"款青花团螭龙纹碗

4. 嘉靖"宝恩楼用"款青花凤纹盘

1件（T0101②：2），只残剩三角形残片，盘内底见一青花飞凤纹，盘外底见青花方框内楷书"宝恩楼用"四字款。青花发色艳丽、蓝色幽深，有嘉靖时代的青花风格（图一三）。

图一三　嘉靖"宝恩楼用"款青花凤纹盘

需要说明的是,《鄱阳县志》上记载淮王府有"钓鱼台、宝书楼"等"八景",但是遗址上并没有发现这"八景"的款识瓷器,反而发现了这件"宝恩楼"款识,因此,地方文献上的"宝书楼"很可能是记载有误。同样,下面要介绍的"崔峰岭""葵轩堂""余庆堂""碧峰馆"等,都有可能是淮王府内的"八景"建筑之一。

5. 嘉靖"崔峰岭"款五彩团龙纹碟

发现3件。1件(G4:2),器残,已修复,内外壁均用红彩装饰,红彩色泽深沉偏暗。内壁口沿及内壁、碟心转折处各绘两圈红彩弦纹,碟心为红彩单圈内楷书"崔"字款,已掉色;外壁以口沿、腹足转折处双圈弦纹为界,绘红彩团龙纹,纹饰残,仅见两条团龙,团龙形态各异,风格粗犷。碟底在红彩单圈内书"峰岭"横排双字楷书款,其中"岭"字脱色严重,容易误认为是"少"字(图一四A)。之所以我们敢说这是"峰岭"两字,是因为另外还发现有两片书"峰岭"款的红彩盘或碟底的残片(图一四B)可以佐证。

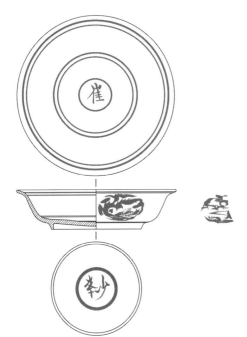

图一四 A 嘉靖"崔峰岭"款五彩团龙纹碟   图一四 B 嘉靖"峰岭"款红彩盘或碟底残片

6. 嘉靖"葵轩堂"款五彩龙纹碗

发现2件。1件(F12④:17),器残,已修复。碗内用红彩装饰,口沿下用红彩绘菱形条带纹,内壁、碗心交界处红彩双圈弦纹,碗心红彩双圈内书竖排"葵轩"二字款;外壁纹饰红彩为主、绿彩点缀,口沿下一圈红彩弦纹,腹底两圈红彩弦纹,上、下弦纹之间主体纹饰为五彩双龙戏珠图案。外底在红彩双圈内书一"堂"字楷书款,与碗内心的"葵轩"二字款组合为"葵轩堂"款（图一五）。还有一件残片，只见碗心的"葵轩"二字。

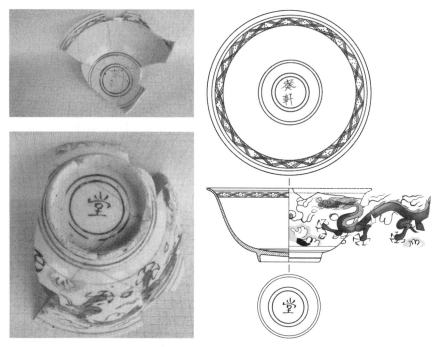

图一五　嘉靖"葵轩堂"款五彩龙纹碗

7. 嘉靖"余庆堂"款五彩龙纹盘

发现3件，均残剩盘底。1件（T0105③：25），只存盘心，矮圈足，足径9厘米。盘心红彩双圈，圈内主体纹饰为一条张牙舞爪飞舞的五爪正龙（身正头侧），龙身红彩勾出轮廓和龙鳞，内填绿彩，龙头残损不可见，龙四周有流云、太阳等辅助纹饰，流云均为深红勾边，内填浅红，太阳内填黄彩，整体色泽艳丽，极富张力。足底釉上红彩双圈内书"余□堂"三字款，字迹残损不全。另有一小片，底款保存有完整的"余庆堂"款（图一六）。

8. 万历"碧峰馆用"款青花龙纹碟

发现数量较多，共有11件，其中3件能修复。最完整的1件是G1：5，碟内壁口沿绘弦纹一周，腹部绘四只对称团螭纹，底心也绘一只团螭纹；外壁口沿下绘弦纹一周，腹部对称绘两只匍匐爬行状螭龙纹，两龙中间各绘一折枝花；圈足绘弦纹二周，外底青花楷书两横两纵"碧峰馆用"无圈四字款（图一七）。

另一件可修复器T0606②：2，大小、形制、款识等，都与G1：5一样，但有一点不同的是，这件碟的外壁青花图案不是行螭纹，而是与内壁一样的团螭纹（图一八）。

图一六　嘉靖"余庆堂"款五彩龙纹盘

图一七　万历"碧峰馆用"款青花龙纹碟

另外，从几件残器来看，这种"碧峰馆用"的青花瓷碟，除了字体写法有差异外，碟内底心的青花龙纹也有万历时期常见的苍龙纹（图一九）。

9. 万历"典膳所"款碗、碟

共发现4件，2件碗，2件碟。1件五彩龙纹碗（F12④：7），碗内心用红彩绘单

只四爪正面龙,碗外壁绘四爪行龙,纹饰残,均采用深红彩勾边,淡红彩填色,彩上刻划龙鳞的方式,纹饰精美细致,一丝不苟。碗底用红彩竖列楷书"典膳□"款(图二〇)。

在另一件盘的内心上看到红彩双圈内书"府"字,双圈外书"□□所"(图二一)。此外,在两件青花瓷盘碟的底部,一件可见青花双圈内书"典膳"二字,另一件只见书一个青花"典"字(图二二)。证明署"典膳所"款的瓷器,既有五彩瓷,也有青花瓷。

图一八　万历"碧峰馆用"款青花龙纹碟

图一九　万历"碧峰馆用"款青花龙纹碟残片

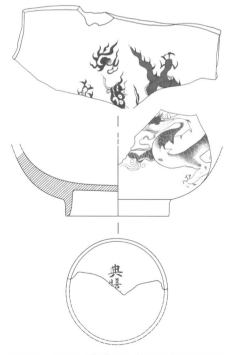

图二一　万历红彩"府""□□所"款盘残片

图二〇　万历"典膳□"款五彩龙纹碗残片　　　图二二　万历"典膳"款青花碗底残片

10. 万历"帅府公用"款青花碗底

发现一件器底残件，碗内心在青花双圈内绘松竹梅盆景图，碗底在青花双圈内竖书"帅府公用"两行四字楷书款（图二三）。

图二三　万历"帅府公用"款青花碗底残片

11. 万历"内府制造"款青花盏底

发现一件器底残件，在碗外壁用青花描绘人物山水图案，青花发色淡雅，呈万历时期的青花风格。盏底在青花双圈内竖书"内府制造"两行四字楷书款（图二四）。

12. 万历"□岗制用"款青花盘底

明万历，盘内心青花双圈内绘一团螭龙纹，盘底在青花双圈内竖书"□岗制用"两行四字楷书款（图二五）。

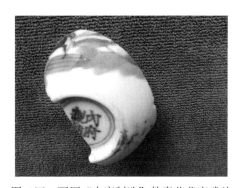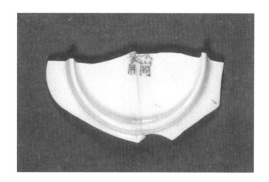

图二四　万历"内府制造"款青花盏底残片　　图二五　万历"□岗制用"款青花盘底残片

（三）第三类

带有姓氏名号的王府定烧瓷器。有"朱府""周衙""毛衙""李衙"等。

1. 万历"朱府"款青花海水翼龙纹碗

共发现5件，其中1件（G1：74）可以复原。碗内外皆绘青花龙纹装饰，碗内口沿下绘弦纹二周，碗心青花双圈内绘一条四爪正面团龙；外壁口沿下绘弦纹二周，腹部绘两条对称四爪带翼行龙纹，二龙之间绘"壬"字形云纹，下腹部绘海水纹，下界以弦纹二周。圈足上也绘弦纹二周，外底部中心青花双圈内书竖排"朱府"二字楷书款（图二六）。另外几件碗底残片上也可以看到相似的"朱府"款与青花龙纹。

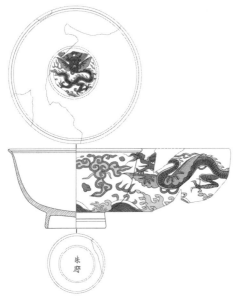

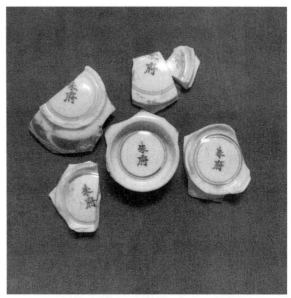

图二六 A　万历"朱府"款青花海水翼龙纹碗　　　　图二六 B　万历"朱府"款青花碗底残片

2. 嘉靖"宁"字款红彩双龙赶珠纹碟

共发现 3 件"宁"字款（上宀下月，为"宁"字繁体）。2 件书于碟心，1 件书于碟底。对这 3 件"宁"字款碟，我们怀疑是南昌宁王府定烧的瓷器。只因淮王在饶州府，占据地利之便，凡景德镇御器厂瓷器都要到饶州府拣选，使其有占用别的藩王府定烧瓷器之可能（图二七）。

3. 万历"张□"款红彩碟底

1 件（G1：83），残剩一小块碟底，内心用红彩在双圈内竖书"张□"二字款（图二八），第二个字按字形的起始笔画，推测是"府"或"字"，即很有可能是"张府"或"张字"。外底心红彩单圈内无款。

4. 嘉靖"余"款红绿彩鱼龙纹盘

有 3 件残片。左上角这件盘底残片，足径 8.3、残高 3.2 厘米。弧壁，圈足，底稍下塌。盘内口沿一周红彩锦带纹，内底红彩双圈内绘红绿彩水草鱼龙纹，外壁无饰，外底红彩双圈内书一"余"字款。右边两件，残剩盘底，圈足。盘内底红彩圆圈内书一个大"余"字（图二九）。

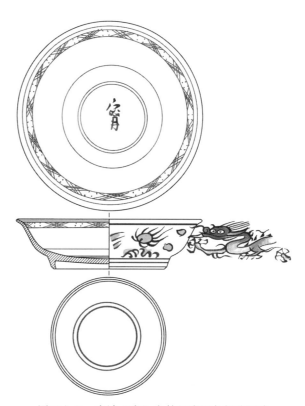

图二七 A　嘉靖"宁"字款碟底残片　　　图二七 B　嘉靖"宁"字款红彩双龙赶珠纹碟

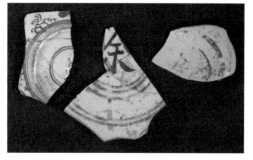

图二八　万历"张□"款红彩碟底残片　　　图二九　嘉靖"余"款红绿彩鱼龙纹盘残片

5. 万历"周衙"款青花螭龙纹盘

盘内口沿饰一周青花草叶纹装饰，内底青花双圈内书"周衙"二字，外壁绘青花螭龙纹。圈足底粘有大量窑渣（图三〇）。

6. 万历"毛衙"款青花盘底

发现 3 件盘底残片（图三一）。

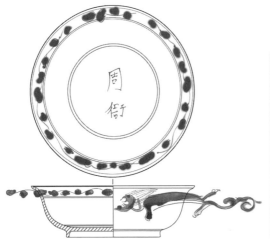

图三〇　万历"周衙"款青花螭龙纹盘

图三一　万历"毛衙"款青花盘底残片

7. 万历"大明宣德年制"加红彩"毛衙"款青花盘

发现 2 件，在盘内心青花双圈内竖书双行"大明宣德年制"六字楷书款的两侧加用红彩书写"毛衙"款的盘底（图三二）。

8. 万历"李衙"款青花盘

发现一件盘底残片（图三三）。

图三二　万历"大明宣德年制"加红彩"毛衙"
款青花盘残片

图三三　万历"李衙"款青花盘残片

9. 万历"□衙"款青花五彩折枝梅花纹碟

发现 1 件（T0108 西扩②：1），在碟内心青花双圈内书"□衙"款，圈外青花双狮绣带纹，碟内壁五彩如意绶带纹，外壁五彩折枝梅花等花草，外底青花双圈内空白无款（图三四）。

（四）第四类

带有吉语款的皇帝赏赐官窑瓷器，如"福""长命富贵""子孙世守""万寿无疆""德化长春"。

1. 万历"福"字款红彩碟底

发现 3 件，"福"字写法不一，有行草体、有楷体（图三五）。

2. 明早期草书"福"字款青花碗底、灯盏

在碗盏的内心青花双圈内草书一"福"字，写法多样。碗底露胎，有跳刀痕迹。

3. 嘉靖"子孙世守"款青花五彩鱼纹盘

盘内壁与内心在青花双圈内用五彩绘游鱼纹，在盘底青花双圈用青花双线方框内书"子孙世守"印章款（图三六）。

4. 隆庆"长命富贵"款青花灵芝寿桃纹碗

碗稍有变形。碗内青花绘折枝寿桃；口沿内、外各绘两行云纹，云头相对且交错排列，并以波折线相隔；外壁绘折枝灵芝和折枝寿桃相间排列，下腹近圈足处绘一周仰莲瓣纹，瓣内绘垂花或一竖直线；外底菱花形双线框内书"长命富贵"楷书款，四字呈十字形排列（图三七）。

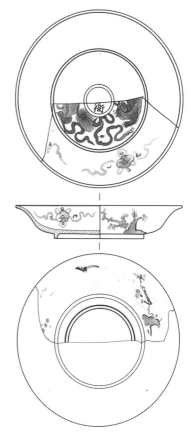

图三四 万历"□衙"款青花五彩折枝梅花纹碟

图三五 万历"福"字款红彩碟底残片

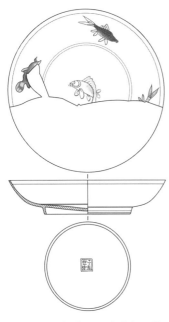

5. 万历"万寿无疆"款青花苍龙纹碗底

碗心是青花苍龙纹图案，碗底在青花双圈内书"万寿无疆"四字款。

6. "万历年制　德化长春"款青花"寿"字盘

在盘心青花双圈内书"寿"字，在盘底青花双圈内见"万历年制　德化长春"双重款。

（五）第五类

带有年号款的皇帝赏赐官窑瓷器。这些年号款瓷器，年号的字体书写端正，釉面光亮，青花或彩色发色纯正，尤其是几件黄釉碗、盘、杯，明显具有景德镇御器厂烧造官窑瓷器的特征。

1. "大明宣德年制"款白釉描金朵梅纹器盖

宝纽形圆器盖，外壁以金彩绘有一周朵梅纹，金彩脱落，纹饰不清晰。盖内中央以金彩书"大明宣德年制"款，款已剥落（图三八）。

图三七　隆庆"长命富贵"款青花灵芝寿桃纹碗

图三八　"大明宣德年制"款白釉描金朵梅纹器盖

2. "大明正德年制"款黄釉碗

1件（T0105③：2），口径18.8、足径7.5、高8厘米。碗内外施黄釉，素面无纹。碗外底施白釉，白中泛青，青花双圈内竖书双行"□□□德年制"楷书款。碗外壁粘有窑渣及黄釉碗残片（图三九）。黄釉色泽娇黄，釉面较光润。黄釉瓷是皇帝专用品，此碗明显是残次品，竟然出现在淮王府遗址，正好说明黄釉瓷器在当时多么被王府珍视。

3. "大明正德年制"款黄釉碗底残片

有3片是碗底，4片是口沿或腹部。都是素面，只在碗底可见青花双圈内有"大明正德年制"款，但残缺不全。

4. "大明嘉靖年制"款黄釉暗刻龙纹碗残片

1件，里外碗壁上都有暗刻龙纹，碗底只在青花双圈内残剩一个"嘉"字款。

5. "大明嘉靖年制"款黄釉盘

1件（T0106②：12），口径16.5厘米。盘内外施黄釉，釉面整体光润，素面无纹。外底施白釉，釉中泛青，青花双圈内竖书双行"大明嘉靖年制"六字楷书款（图四〇）。

图三九　"大明正德年制"款黄釉碗　　　　图四〇　"大明嘉靖年制"款黄釉盘

6. "大明嘉靖年制"款青花龙凤呈祥纹碗底

1件（T0104③：3），碗心青花龙凤纹，碗底青花双圈内书"大明嘉靖年制"竖书双行楷体款。

7. "大明隆庆年造""隆庆年制"款青花团螭龙碗盘

发现3件残片，2件在盘心青花单圈内绘团螭龙，盘底用青花书"大明隆庆年制（造）"竖书双行楷体款。还有一件在盘心青花双圈内给析枝花卉，盘底青花双圈内署"大明隆庆年造"款。

图四一　"大明万历年制"款
黄釉暗刻龙纹杯

8."大明万历年制"款黄釉暗刻龙纹杯

1件（G1：73），口径6.6、足径2.2、高3.9厘米。外壁一周刻有五爪双龙戏珠云龙纹样，下腹刻有海水波涛纹，再施以黄釉，杯内壁及外底为白釉，底青花单圈内竖书二行"大明万历年制"楷书款。黄釉釉色明亮（图四一）。

9."大明万历年制"款青花苍龙纹碗底

有十多件，一般在碗心青花双圈内绘苍龙纹，在碗底青花双圈内署"大明万历年制"两竖行楷体款。

10."大明万历年制"款青花五彩龙凤纹大盘

口径35、足径25.5、高7厘米。内外口沿青花双弦纹，内底绘青花龙凤纹，外壁绘青花花卉纹，但图案都不完整，应还需加彩完成装饰再复烧，此大盘还是半成品。外底青花双圈内竖书双行"大明万历年制"六字楷书款。

11."大明万历年制"款青花五彩苍龙纹碗底

残片，在碗心青花双圈内绘青花五彩苍龙纹，碗底青花双圈内署"大明万历年制"双行六字楷体款。

12."大明万历年制"款青花五彩仙人驾鹤纹碗

1件（G1：16），口径16.9、足径7、高7.3厘米。碗内心青花双圈内绘云龙纹，口沿一周花草纹；外壁口沿一周卷草纹，腹部绘有仙人驾鹤纹饰，下部绘波涛纹，圈足外壁绘一周忍冬纹，器底有青花双圈"大明万历年制"竖书双行楷书款。青花发色较深沉灰暗，五彩部分脱落（图四二）。

13."万历年制　纯思堂用"款青花苍龙纹盘

残片，"纯思堂用"四字残缺不全，难辨。

14."万历年制　德化长春"款青花海水鱼藻纹碗

口径12.5、足径4.2、高6.3厘米。碗内外皆

图四二　"大明万历年制"款
青花五彩仙人驾鹤纹碗

绘青花纹饰，青花发色艳丽，蓝中泛紫，内壁口沿绘弦纹二周，底部绘背向双鱼纹，四周海水纹围绕，外围界以弦纹二周；外壁口沿绘弦纹二周，腹部绘四条对称鱼纹，并绘水草纹穿插其中，下腹部绘海水纹一周，下界以弦纹一周，与圈足连接处绘弦纹一周。圈足绘弦纹二周，外底部绘弦纹一周，底心双行竖排书"德化长春"四字篆书单线方圈款，并四周书"万历年制"四字篆书款（图四三）。

图四三　"万历年制　德化长春"款青花海水鱼藻纹碗

（六）第六类

赏赐御窑瓷器。这部分赏赐御窑瓷器，虽然没有正式的皇帝年号款，但从其造型、釉色、装饰，特别是多有龙、凤、孔雀之类的瑞兽祥禽纹饰，还有很多民间禁止使用的高贵颜色釉瓷器。

1. 明宣德祭红釉碗底

圈足，外壁施祭红釉，色泽鲜红莹亮；内壁及外底施白釉，釉面莹润。胎白质坚，圈足底部留有一周明显火石红痕。

2. 明正统霁蓝釉暗刻云龙纹碟

1件（T0108 ① : 23），侈口，弧腹，圈足。外壁暗刻云龙纹饰，再施以霁蓝釉至圈足，内部及外底施白釉，外底青花单圈无款，单圈痕迹不清晰。霁蓝釉颜色深沉，釉面光润柔滑。从"灯草口"沿的"白釉"，圈足端留白整齐，宝石蓝釉莹润，肥腴，平滑；但青花书"双圈款"好似未上釉前就被擦抹过；最主要是暗刻云龙纹时隐时现等特征，判断其时代为正统（图四四）。

图四四　明正统霁蓝釉暗刻云龙纹碟

3. 明正统霁蓝釉深腹带盖罐

1件（T0102②：6），口径28、通高27厘米。子母口，带盖。深腹，壁斜直下收，整体呈瓜状。外部无釉，有土浸，内部则施满霁蓝釉，发色深蓝，釉面光泽莹润。此器物外面应还配有金属外套，形似"电饭煲"内胆（图四五）。

图四五　明正统霁蓝釉深腹带盖罐

4. 明正德瓜皮绿釉暗刻龙纹碗

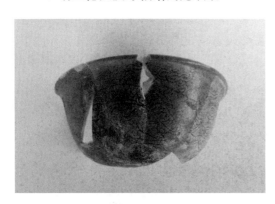

图四六　明正德瓜皮绿釉暗刻龙纹碗

1件（G1：83），残剩碗壁，缺底。侈口，碗外壁刻五爪云龙纹，施瓜皮绿釉，内壁白釉无饰。绿釉部分磨损，白釉莹润光滑（图四六）。

5. 明嘉靖红绿彩双龙赶珠纹碗

1件（F12③：11），口径14.6、足径5.2、高6厘米。碗内口沿绘一周红彩复线锦地带纹，内底两组双线弦纹中加一圈单线弦纹，外壁一周以红彩绘有五爪双龙戏珠纹饰，下腹配有绿彩海水波涛纹；外壁近足端绘两道弦纹，足沿一道弦纹；外底红彩双圈内书红彩字款，残缺不详。碗胎体较白细，釉面莹润，彩稍有脱落，圈足底粘有少量窑渣。

6. 明嘉靖红彩团龙纹碟

1件（G4：17），口径12.4、足径10.5、高3.5厘米。碟内口沿处一周红彩锦地纹装饰带，内底红彩双圈弦纹以内部分残缺不知；外壁上下单线弦纹间绘红彩团龙纹，与一组海水云气纹相间。胎体较白，釉面白润。红彩鲜亮，保存较完好。底足粘有窑渣。

7. 明嘉靖青花寿山福海云龙纹大盘

口径 82.5、底径 60、高 14 厘米。敞口，弧腹，圈足。大盘内部青花纹饰共分四层。内壁一周海水波涛纹之中，相间有八个圆形开光，隶书"福"字；内底最外一圈绘四组云龙纹；向内一圈绘云肩纹，云肩纹内绘海水波涛纹，最内心一圈篆书"寿"字。盘外壁为青花五爪双龙赶珠纹（图四七）。大盘整体纹饰层次丰富，题材吉祥如意，大气磅礴。通体施白釉，釉色偏青，底部为沙底，无釉无款。

图四七　明嘉靖青花寿山福海云龙纹大盘

8. 明万历内黄外绿釉碗

1 件（F12 ④：9），残剩三分之一。碗内及外底施黄釉，外壁施绿釉（图四八）。均为低温釉，胎釉结合度不高。碗口沿及碗腹上部有流釉现象，可以看出有可能是在黄釉上再浇一层绿釉，二次烧成。之所以要再加一层绿釉，估计是因为使用等级上的规定所致。

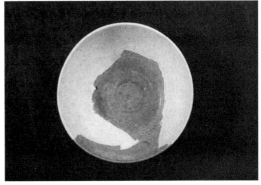

图四八　明万历内黄外绿釉碗

9. 明万历孔雀蓝釉碟、碗、炉

碟1件（F12④：23），碟内外均施孔雀绿釉，釉面不均匀且有磨损，有缩釉现象。碗底2件，腹片4件，香炉等杂件5件。

10. 明万历酱地填白云凤纹罐

1件（T0108①：1），碎成了四片，直口，丰肩，弧腹，圈足。外壁酱釉为地，肩部以白釉填饰一周如意云头纹，腹部以白釉填饰云凤纹。酱釉釉面莹润光亮，内部施满白釉，白釉白中透青。

11. 明万历酱地填白花卉纹盘

1件（G1：18），口径19.8厘米。菱花口，弧腹，浅圈足。胎白质坚，通体施酱釉，内底以白釉绘花卉纹饰。盘底粘有大量窑渣。

12. 明万历五彩龙穿牡丹纹出戟花觚

1件（T0104④：1），足残。口径23.1、高47.3厘米。大喇叭口，长颈，圆鼓腹，足斜壁外撇，颈、腹、足部两侧出戟。口沿内部绘一周五彩牡丹纹，外壁口部绘一周五彩龙穿花纹饰，颈部绘两组双龙戏珠纹，腹部绘两五彩盘龙纹与牡丹纹相间、足部残缺不详（图四九）。

图四九　明万历五彩龙穿牡丹纹出戟花觚

13. 明万历黄地绿彩暗刻海水龙纹碗

1件（G1：79），口径11.1、足径4.9、高6厘米。外壁施黄釉为地，以绿彩釉填充暗刻五爪海水云龙纹饰，外口沿及圈足外壁刻一周双弦纹。外底青花双圈内残缺，款识不知。碗内壁及外底均施白釉，釉面光润，釉色白中闪青，彩釉颜色鲜亮（图五〇）。

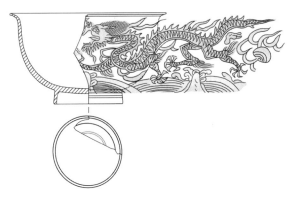

图五〇　明万历黄地绿彩暗刻海水龙纹碗

14. 明万历紫地绿彩暗刻团龙纹盘

1件（T0106③：5），口径14、足径8.5、高2.7厘米。外壁施酱紫釉为地，以绿彩釉填绘刻划的四组团龙纹；足外壁两道弦纹。盘内及外底施白釉，釉色泛青，釉面光润。

三、明代淮王府用瓷研究

通过对以上60多件淮王府使用瓷器标本，再结合景德镇中国陶瓷博物馆在2021年10月展出的全国各地其他明代藩王用瓷，我们可以得到出如下研究结论：

（1）明代藩王用瓷，凭借其皇家贵胄的高贵身份，瓷器的质量、釉色品种、花纹装饰、款识题记等，都显示其具有仅次于宫廷御用瓷器的王府风范。最明显的标志就是瓷器装饰以龙凤纹最为普遍，这既是"王者之器"的基本特征，也可映射出藩王用瓷受到御器的影响[1]。对于官样青花瓷器与黄、紫、红、绿、青、蓝等釉色瓷器，在明早期是有严格的使用规定。《明英宗实录》记载正统三年十二月，"都察院出榜，禁江西瓷器窑场烧造官样青花白地瓷器于各处货卖，及馈赠官员之家。违者正犯处死，全家谪戍口外"[2]。正统十二年十二月甲戌"禁江西饶州府私造黄、紫、红、绿、青、蓝、白底青花等瓷器。命都察院榜谕其处，有敢仍冒前者，首犯凌迟处死，籍其家赀，丁

---

① 郑泽婷：《王者之器——明代赵藩订制瓷器综合研究》，《美成在久》2022年第1期，第85～90页。

② 《明英宗实录》卷四九"正统三年十二月丙寅"条。黄彰健校注：《明实录》（附校勘记），中华书局，2016年。

男充军边卫。知而不以告者,连坐"①。虽然到明中期,红绿彩等瓷器开始为一般百姓所能拥有,但仍主要流行于上流社会,要到明晚期,才作为商品瓷开始广泛流布于国内外市场。

（2）淮王府因地处饶州府府城,与景德镇御器厂近在咫尺,而且景德镇御器厂生产的御用瓷器进贡朝廷之前,都要到饶州府府城接受朝廷命官的拣选,这个特殊的地理优势,使得淮王府遗址出土的瓷器与全国其他藩王府遗址出土的瓷器相比,更多黄釉、黄釉绿彩、红绿彩、五彩之类的御用瓷品种。特别是淮王府遗址出土的明永乐釉里红香炉、黄釉暗刻云龙纹杯、黄地绿彩暗刻海水龙纹碗、高47.3厘米的五彩龙穿牡丹纹出戟花觚、直径达82.5厘米的青花寿山福海云龙纹大盘等精品瓷器,有的可以与北京故宫收藏的明朝御用瓷器相媲美,有的甚至还是独一无二的。至于在淮王府遗址中出现带"宁"字款的疑似南昌宁王府订烧瓷器、"大明正德年制"款黄釉碗上粘有窑渣与瓷片、"彩一"款的青花瓷片,以及其他稍有变形的官窑瓷器,无不说明淮王府用瓷更有地利之便。

（3）淮王府订制瓷器的时代大多是明代嘉靖以后的。这与全国其他各地藩王府订制瓷器的时代差不多。《明史·食货六·烧造》载:洪熙元年（1425）九月"己亥命行在工部于磁州造赵王之国各坛祭器"。"宣宗始遣中官张善之饶州,造奉先殿几筵龙凤文白瓷祭器,磁州为赵府祭器。"②都表明早在洪熙、宣德时期,朝廷就曾为赵王府定烧磁州窑瓷器。通过赵府订制瓷可知,明中期以后发生了巨大的转变,赵王府开始自行到景德镇订购瓷器,其他王府的用瓷来源模式应该也是如此③。但淮王府订制瓷器的各个宫殿府第与楼堂馆所比其他藩王府更多,特别是有些带有"张府""余""周衙""毛衙""李衙"等异姓名号的定烧瓷出现在淮王府遗址,令人费解,但为研究明代藩王府的定烧瓷器问题提供了更多资料。

（4）淮王府遗址出土的大批官窑瓷器,并不完全是其定烧或靠地利之便抢占而来的,更多是皇帝赏赐的。给藩王丰厚的赏赐是明代历朝传统,赏赐的名目有宗室继位之赏、有功之赏、之国之赏、来朝之赏、亲王诞辰之赏、节日之赏,等等,甚至宗室王献诗都会受到重赏。赏赐品中很多都是瓷器,有的赏赐瓷器上甚至直书"赏赐"二字④。

（5）从淮王府用瓷可以看出,红彩等中国传统彩色瓷器,比青花瓷器更受王府青

---

① 《明英宗实录》卷一六一"正统十二年十二月甲戌"条。黄彰健校注:《明实录》(附校勘记),中华书局,2016年。

② （清）张廷玉:《明史》卷八十二《食货志》,中华书局,1980年,第1998页。

③ 郑泽婷:《王者之器——明代赵藩订制瓷器综合研究》,《美成在久》2022年第1期,第85~90页。

④ 丁鹏勃:《明藩王墓出土瓷器研究》,《中国历史文物》2008年第1期,第60页。

昧，具有更高贵的身份象征。这从"淮府上用""府""府字"等明确其身份地位的瓷器都是用红彩署款，而一般宫殿府第与楼堂馆所则用青花署款可以看出。令人费解的是"朱府"竟然也是用青花署款。从目前发现的"上用"款，除了"淮府上用""辛丑上用"与"上用"款是用红彩署款外，其他地方的藩王府"上用"款都是用青花署款，如"晋府上用""吉府上用""沈府上用"等（图五一）。有没有可能淮王凭借其靠近景德镇御器厂之地利，僭越规制，定制了与皇家同样彩色的款识？

图五一　各地藩王府用瓷款识

总之，淮王府遗址是目前明代藩王府遗址中出土瓷器数量最多、品种最多、款式最多的王府遗址，对研究明代藩王府专用瓷器与明清景德镇官窑瓷器面貌等都具有很高的历史与艺术价值。也正因此，明代淮王府遗址考古发掘成果曾在2013年入选了2012年度"全国十大考古新发现"初选名单。

两方明代辽藩王妃墓志略考

李 莉 陈 程

（荆州博物馆）

内容摘要：明辽惠王妃张氏墓志及明王妃曹氏墓志是研究明代辽藩的重要资料。结合文献资料对辽惠王妃张氏墓志初步考证，明确墓主身份及相关人物信息。对已发表的明王妃曹氏墓志进一步分析，明确了曹氏身份为辽简王二子第二代辽王朱贵烚之妻。这两方墓志均为明代辽藩王妃墓志，为我们认识和研究明代辽藩谱系及相关历史提供了重要的实物资料。

关键词：明代 辽藩 惠王妃 明王妃 墓志

近期整理资料发现荆州博物馆藏一方明代辽惠王妃张氏墓志。该墓志应为早期被发现后收藏于馆内。另外明王妃曹氏墓志在 1986 年 9 月出土，由荆州博物馆和江陵县文物局组织考古发掘，该墓志出土时腐损严重，仅有部分信息保存，相关资料已发表于《江汉考古》[①]。但是墓主王妃曹氏身份问题是值得探究的问题。这两方墓志均为明代辽藩王妃墓志，为我们认识和研究明代辽藩谱系及相关历史提供了重要的实物资料。本文试对这两方墓志内容进行初步考释。

一、辽惠王妃张氏墓志

辽惠王妃张氏墓志，由盖与志底组成，灰白石质，盖及志高、宽均为 55 厘米，盖篆书阴刻有"御制辽惠王妃张氏圹志铭"。志文楷书，竖 17 行，满行 22 字，部分文字由于志石腐损而脱落。盖与志四周有双线边框，绘有祥云纹（图一、图二）。录文如下：

> 御制辽惠王妃张氏圹志铭
>
> 辽惠王妃张氏，乃南城兵马指挥，张晟□长女，景泰五」年五月十一日生，以成化十六年九月十六日」册封为妃，所生子二人：长曰宠涭，袭封辽王；次子曰宠瀼，」封为光泽王；女三人：长女闽县郡主；第二女开建

---

① 参考院文清、严峰、陈官涛：《江陵八岭山明王妃墓清理简报》，《江汉考古》1988 年第 4 期。

郡」主：第三女建阳郡主。正德四年二月初三日以疾薨，」享年五十五岁。讣闻，」上赐祭命有司营葬如制。」太皇太后、皇太后、」皇后、淳安长公主等各赐祭。为以正德四年十一月初二日」葬于 八 岭 山之原，□□□□，」妃 □□□□，」宗 □□□，」贵 富 兼备，」兹以令终，夫复何憾焉！爰述其概，纳诸幽」圹，用垂不朽云。」

（注：志文中"」"表转行，"□"表不可识别文字，"字"为根据文意推测文字）

图一　辽惠王妃墓志志盖　　　　　　　图二　辽惠王妃墓志志底

这方"辽惠王妃张氏"墓志，简单记录了王妃张氏的生平、所生子女情况、生卒年及葬地等。墓志中所记张氏为辽惠王妃，这里的"辽惠王"为辽藩第五代辽王朱恩䤈。第四代辽王辽靖王朱豪壏的嫡长子朱恩鏋先故，其嫡二子朱恩䤈袭封为第五代辽王。"（靖王朱豪壏）嫡二子惠王恩䤈，以成化十六年（1480）自申泽王嗣，在位十六年，以弘治八年（1495）薨，寿四十四"[1]，史称辽惠王。墓志中张氏为辽惠王妃的记载与文献记载是一致的。《明宪宗实录》载："（成化十六年九月）丙申，遣西宁侯宋礼，武安侯郑英，武平伯陈能，崇信伯费淮为正使；尚宝司司丞胡恭，中书舍人黎世荣，刑部郎中顾佐，户部员外郎陈达为副使，持节册封辽世子恩䤈为辽王，进世子妃张氏为辽王妃。"[2]

关于辽惠王妃张氏所生子女情况，墓志所载"生子二人：长曰宠浸，袭封辽王；次子曰宠瀼，封为光泽王"，这与《明实录》所载辽惠王子嗣情况是相符合的。《明宪

① （明）王世贞撰，魏连科点校：《弇山堂别集》，中华书局，2006 年，第 573 页。

② "中央研究院"历史语言研究所校印：《明宪宗实录》卷二○七，国立北平图书馆红格钞本影印，1962 年，第 3610 页。

宗实录》载:"辽王嫡长子宠㳉为辽世子,第二子宠㶳为光泽王。"①《明孝宗实录》记载:"弘治三年(1490)十二月戊申朔,赐辽府王嫡第三子名曰宠㴔。"②辽惠王一共生三子,分别是长子宠㳉封恭王,后来晋封为辽王;次子宠㶳封光泽王;三子宠㴔封友王。因"宠㴔夭"③,关于其文献记载不多,辽惠王第三子宠㴔在墓志中未被提及,这也不排除宠㴔为惠王侧妃所生的可能。

其中关于辽藩光泽王宠㶳,史料记载较为详细。惠王次子,"光泽王宠㶳,恭王、友王饮食、服御、珍玩、文绣与王共,凡事必咨王,王博文而谨德。世宗制燕弁以居赐群臣,冠名忠静。王疏请并赐诸宗冠,世宗制冠名保和。王所以积书万卷,世宗赐堂名曰博文,王自构楼其中,名楼曰慎独"④。史料集中记载有两点:一是光泽王宠㶳藏书、刻书。明代藩府兴起刻书藏书之风,辽府光泽王宠㶳是辽藩众多郡王中非常有才能的人,此人极为热爱刻书与藏书。为了藏书他建立了专门的藏书场所博文堂,"辽府光泽王宠㶳,奏自构藏书之堂,用藏颁赐《圣学心法》等书,请赐名扁,诏赐名博文"⑤。博文堂作为藏书机构为当时学者所称颂。明代湖北史学家、文学家童承叙为光泽王宠㶳作《博文堂箴》云:"博文堂者孝宗敬皇帝所命额辽光泽王储书所也。今王图史琴瑟充乎其时,规矩准绳周乎其身,精华稷郁饭乎其口,礼乐教化治乎其国,是其文也博矣。"⑥明代诗文家毛宪曾参观过光泽王"博文堂",并写下《光泽王博文堂》:"华堂耸奇观,诗书分两橱。高揭博文榜,天命垂章程……此道日由之,乾坤无变更。"⑦这对光泽王宠㶳博文堂给予高度评价。二是光泽王宠㶳凑制保和冠服。嘉靖七年(1528)二月,世宗为自己制作燕弁冠服作为"燕居之服",又为文武官员制定忠静冠服,并编写《忠静冠服图说》颁赐。光泽王朱宠因而奏请"圣制燕弁、忠静冠服,中外臣工受赐得服者,咸以为荣,乞并赐宗亲官属,使之因服思义,虽在幽独,不忘敬戒"⑧。明世宗批准"光泽王所请,足见谨德慎

① "中央研究院"历史语言研究所校印:《明宪宗实录》卷二九一,国立北平图书馆红格钞本影印,1962年,第4926页。

② "中央研究院"历史语言研究所校印:《明孝宗实录》卷四六,国立北平图书馆红格钞本影印,1962年,第919页。

③ (明)何乔远:《名山藏》(1~8册),北京大学出版社,1993年,第2081、2082页。

④ (明)何乔远:《名山藏》(1~8册),北京大学出版社,1993年,第2081、2082页。

⑤ "中央研究院"历史语言研究所校印:《明孝宗实录》卷二〇四,国立北平图书馆红格钞本影印,1962年,第3802页。

⑥ 四库未收书辑刊编纂委员会:《四库未收书辑刊》(第五辑),《内方先生集》卷八,北京出版社,第349页。

⑦ (明)毛宪:《光泽王博文堂》,收入《古庵毛先生文集》卷九,明嘉靖四十一年毛诉刻本。

⑧ "中央研究院"历史语言研究所校印:《明世宗实录》卷九三,国立北平图书馆红格钞本影印,1962年,第2060、2061页。

独至意,待朕别为定制颁行"①。光泽王凑制保和冠服适应了世宗对国家的礼仪制度改革,这恰好为明代宫廷典制史改革亲王服饰礼仪制度提供了一个契机。

墓志中惠王妃张氏生女三人:长女闽县郡主、次女开建郡主、三女建阳郡主。关于长女闽县郡主,《明孝宗实录》载:"(弘治元年九月)壬午,赐辽府闽县郡主并仪宾陕杰……诰命冠服如制。"②可知,其长女弘治元年(1488)九月受封闽县郡主,并配仪宾陕杰。次女开建郡主文献并无明确记载。关于其三女建阳郡主,文献亦有相关记载。"建阳郡主,辽惠王第三女也,弘治十八年(1505)下嫁葛楠。"③"葛楠,在城人,湖广监利县主薄葛富子,时随父任,以才貌辽府选为仪宾"④,后"诰封中奉大夫二品秩,岁俸禄八百石。《葛氏谱》楠字廷用,弘治间尚辽惠王女,建阳郡主,性孝友,既为仪宾,迎母色养,本族创祠修谱,皆赖其力,遂家于荆州"⑤。

辽惠王妃张氏于景泰五年(1454)五月十一日生,以成化十六年(1480)九月十六日册封为妃,于正德四年(1509)二月初三日以疾薨,享年五十五岁,正德四年(1509)十一月初二日葬于荆州八岭山。明朝按照规定"赐祭命有司营葬",太皇太后、皇太后、皇后、淳安长公主等各赐祭。墓志所记载王妃张氏生平、子女、生卒年及葬地等信息是补充文献记载关于辽藩谱系的重要资料。

二、明王妃墓曹氏墓志

明王妃曹氏墓位于荆州城西北约10千米的八宝茶场周家湾村⑥。该墓葬早期虽被盗扰,但墓葬形制保存较为完整,规模不大,出土遗物包括墓志铭1盒、金簪1件、瓷罐1件、陶质房屋模型2件。从墓葬出土情况来看,墓主虽贵为王妃,但墓葬葬具及随葬品较为简单。该墓出土的曹氏墓志由两块灰质白石扣合而成,外套两条铁箍。志

---

① "中央研究院"历史语言研究所校印:《明世宗实录》卷九三,国立北平图书馆红格钞本影印,1962年,第2060、2061页。

② "中央研究院"历史语言研究所校印:《明孝宗实录》卷十八,国立北平图书馆红格钞本影印,1962年,第436页。

③ (清)胡文铨修,周广业纂:《广德州志》(50卷)卷四十《烈女志》,清乾隆五十九年刊本。

④ (明)李得中等:(万历)《广德州志》卷五《人物志·藩戚》,《北京大学图书馆藏稀见方志丛刊》第157册,国家图书馆出版社,2013年,第465页。

⑤ (清)胡有诚修,丁宝书纂:《中国地方志辑成》,《安徽府县志辑》,(光绪)《广德州志》卷三十四,江苏古籍出版社,1998年,第482页。

⑥ 《江陵八岭山明王妃墓清理简报》所称:"明王妃墓位于江陵县城荆州(城)西南10公里的八宝茶场周家湾村",其中墓葬在荆州城的西南10千米,方向及距离有误。据考证核实,该明王妃墓应该在荆州城西北约12千米的八岭山八宝茶场周家湾村。这与目前考古发现的基本结论,即荆州历代辽王及王妃墓均葬于八岭山是一致的。

盖阴刻有"王妃曹氏墓志",文字保存粗糙、很浅;墓志石腐蚀严重,大部分铭文已无法辨认,仅残存有"……癸未年七月二十九……洪熙元年二月十六日……正统二年五月初一日、王妃正统四年随夫守……成化六年十一月初……"等文字。整理者认为墓主人王妃曹氏出生之年应该为癸未年(明成祖永乐元年,即1403年)七月二十九日,成化六年(1470)十一月初为墓主人的下葬时间①。

该墓志仅存的少量文字是确定王妃曹氏身份的重要信息。墓志志盖为"王妃曹氏墓志",结合已有的考古发掘成果和文献资料,明代荆州"三藩"中,首先可以排除明王妃墓曹氏为"湘藩"及"惠藩"王妃的可能。从湘献王朱柏墓出土的谥册,可以确定湘献王朱柏王妃为"吴氏"②。朱柏最后的结局是被诬谋反,"无以自明,阖宫焚死"③,朱柏年仅28岁,仅有唯一的王妃吴氏,无侧妃或继妃,更无子嗣。因此"王妃曹氏"不可能与"湘藩"有关。而根据《明史》记载,明神宗册六子朱常润是在万历二十九年(1601)册封为惠王,之后成婚,时间与曹氏墓志所载时间不相符。那么,这位明王妃墓曹氏只能是"辽王妃"。关于这一点,有研究同样认为曹氏墓应是"明辽王王妃墓"④,但并没有对其身份作进一步分析。

在明代只有亲王及郡王之妻可封为王妃,郡王以下包括镇国将军、辅国将军、奉国将军、镇国中尉、辅国中尉、奉国中尉之妻均称为夫人。结合曹氏记录其生卒年时间,这位"明王妃墓曹氏"应当为明代早中期辽藩亲、郡王妃中的一位。综合《明史》诸王世系及《明实录》等文献,考证辽藩诸亲、郡王及封王妃情况。我们认为,"明王妃墓曹氏"应该是辽简王二子朱贵焰之妻。

辽简王第二子朱贵焰,洪武三十年(1397)十二月初十日生,永乐二年(1404)四月甲戌被封为长阳郡王。永乐二十二年(1424)五月,辽简王去世,十月"辽简王世子贵焰袭封辽王"⑤,成为第二代辽王。文献记载,朱贵焰进封辽王后,所为之事,伤天害理,罪恶累累。关于朱贵焰罪行多见于文献记载。如《明英宗实录》载辽王贵焰"先是王与江陵、泸溪二郡主乱,又通千户曹广等妻女数十余人,非理奸死者十余人,杖死长史杜述,擅笞荆州知府刘永,择强壮三百余人强买货物,侵占办课湖港,强网学舍池鱼,每年假以进贡于夷陵等州、江陵等县,夺军柑橘,起州县人夫递送,逼死者三十人,克减军粮,侵占房屋,买民马不偿直,肆采猎,践田禾诸恶"⑥。《明宣宗实

---

① 参考院文清、严峰、陈官涛:《江陵八岭山明王妃墓清理简报》,《江汉考古》1988年第4期。

② 彭浩、王明钦、丁家元:《湖北荆州明湘献王墓发掘简报》,《文物》2009年第4期。

③ (清)张廷玉:《明史》第十二册,中华书局,第3581页。

④ 荆州博物馆:《荆楚文物》(第一辑),科学出版社,2013年,第150页。

⑤ 李国祥:《明实录类纂·宗藩贵戚卷》,武汉出版社,1995年,第364页。

⑥ "中央研究院"历史语言研究所校印:《明英宗实录》卷五三,国立北平图书馆红格钞本影印,1962年,第1020页。

录》记载，宣德九年（1434）五月，"辽王贵烚不友诸弟，衡阳王贵熑母谢氏，言贵烚违礼背义，遣书让之"[①]。辽王贵烚可谓罪恶滔天，更有甚者，"起人夫逼死者三十人，以军人许俊赐仪宾刘亨为奴，以许俊妻赐仪宾周英璧与之奸，其他罪不可胜纪"[②]。总之，辽王贵烚有"公报私仇、恶意诬陷，不友爱诸弟，私杀朝廷命官、为害乡里，淫秽无状、黩乱人伦"四大罪状[③]。最后引得众怒人怨，被百官交章弹劾，于明英宗正统四年（1439）三月被"削去王爵降为庶人，令尔归守辽简王坟茔，岁给禄米一千石，米钞中半兼支，尔宜闭门念咎以绝外交，改过迁善以谢"[④]。

结合明王妃墓曹氏墓志记录的相关时间（表一），曹氏墓志所载曹氏"正统四年（1439）随夫守……"，这与朱贵烚正统四年被废，后"守辽简王坟茔"的时间和历史信息相符合。《明宣宗实录》载："甲辰，命应城伯孙杰行，在礼科都给事中梁盛，为正副使，持节册荆州右卫正千户曹广姊为辽王妃。"[⑤]王妃曹氏身份为荆州右卫正千户曹广之姊，在朱贵烚由长阳王封为辽王，后于宣德二年（1427）晋封为辽王妃。这也符合墓志所载王妃曹氏相关时间信息。因此，这位明王妃墓曹氏当为朱贵烚之妃。

表一　明王妃墓曹氏墓志记载时间及内容（据发掘简报墓志志文整理）

墓志记载时间	对应帝王年号及时间	事件内容
癸未年七月二十九	明成祖永乐元年（1403）	出生年
洪熙元年二月十六日	明仁宗洪熙元年（1425）	
正统二年五月初一日	明英宗正统二年（1437）	
正统四年	明英宗正统四年（1439）	随夫守……
成化六年十一月初	明宪宗成化六年（1470）	卒年

朱贵烚被贬为庶人后，曹氏虽然随夫守辽简王坟茔，但朝廷考虑其生计问题，仍"赐庶人贵烚妻曹氏食米六百石，米钞兼支"[⑥]。在朱贵烚被废至死后，曹氏生活变得窘迫，正统十三年（1448）明朝廷"命给辽庶人贵烚妻子岁禄如故，先是庶人以罪谪守

---

① "中央研究院"历史语言研究所校印：《明宣宗实录》卷一一〇，国立北平图书馆红格钞本影印，1962年，第2478页。

② （明）沈德符撰，杨万里校点：《万历野获编》（上），上海古籍出版社，2012年，第102、103页。

③ 邹时雨：《明代辽藩研究》，长江大学2012年硕士学位论文，第19、20页。

④ "中央研究院"历史语言研究所校印：《明英宗实录》卷五三，国立北平图书馆红格钞本影印，1962年，第1021、1022页。

⑤ "中央研究院"历史语言研究所校印：《明宣宗实录》卷二六，国立北平图书馆红格钞本影印，1962年，第682页。

⑥ "中央研究院"历史语言研究所校印：《明宪宗实录》卷四九，国立北平图书馆红格钞本影印，1962年，第1007页。

辽简王墓,至是房屋家财尽毁于火,庶人因以愤死,岁禄住支,其妻曹氏奏称家属众多,衣食窘迫,故有是命"[①]。从墓志对"明王妃墓曹氏"称呼,说明虽贵焟被贬为庶人,其妻子曹氏在死后,仍以王妃之礼下葬于荆州八岭山。

三、结　语

明代藩王除世系之亲王外,各子均封为郡王,每一个郡王则成一支系,郡王之下又封有镇国将军、辅国将军、奉国将军、镇国中尉、辅国中尉、奉国中尉以及王子王孙,加上王妃夫人及郡主、县主、郡君、县君、乡君等,形成一个庞大的群体。

谱系问题是研究明代藩王发展历史的基础性问题。全面揭示辽藩谱系是一个难度较大的课题,既要对文献进行梳理,又需新的考古发现作为支撑,同时有赖于对已有资料的完善和整合。以湖北早期分封藩王为例来说,明太祖朱元璋的儿子被封分至湖北的有四位:即六子楚昭王朱桢、十二子湘献王朱柏、十五子辽简王朱植、二十四子郢靖王朱栋。其中湘献王朱柏"阖宫焚死"、郢藩因无子封除,均无后代。楚藩传八世九王,辽藩传七世八王,此两支后代世系庞大。特别是明楚藩从明初至明末,对研究湖北明代藩王史可提供一套较为完整的资料。楚藩、辽藩是明代早期湖北藩封的两大藩系,藩王支系庞杂,历代藩王的王后王妃墓葬不计其数,这些王后王妃墓志是厘清藩王谱系问题重要依据,值得我们关注和重视。

文献资料是基础,考古发掘墓志作为实物资料则是文献资料的补充。目前,考古发现正式公布的明代湖北藩王墓葬墓志保存情况不好,数量不多。其中湖北两大藩系——楚藩、辽藩相关女性墓葬所出墓志,包括王妃墓志、郡主墓志、县主墓志、郡君墓志等,也当是我们进行藩系研究的重要实物资料。

---

① "中央研究院"历史语言研究所校印:《明英宗实录》卷一六五,国立北平图书馆红格钞本影印,1962年,第3194、3195页。

嘉靖皇帝登基的历史背景

周红梅

（湖北省钟祥市博物馆）

内容摘要： 本文从三个方面阐释了嘉靖皇帝登基的历史背景：一是武宗无子驾崩，朝廷秘定皇位继承人；二是其父生前为嘉靖皇帝即位奠定了基础；三是官僚集团权力的运作和重组。

关 键 词： 武宗驾崩　嘉靖登基　官僚集团

嘉靖皇帝朱厚熜，是明朝第十一位皇帝，是明显陵的墓主兴献王朱祐杬的次子（长子朱厚熙出生五天即夭折）。朱厚熜于正德二年（1507）八月初十出生于当时的湖广安陆州兴王府，也就是今天的湖北钟祥兴王府。正德十六年（1521）四月二十二日，因堂兄武宗皇帝驾崩，没有子嗣继承皇位，朱厚熜以"承天旨意"遵奉祖训"兄终弟及"进京继承皇帝之位，次年改年号"嘉靖"。很多人有疑问，为什么"皇冠"花落兴献王世子朱厚熜头上？

一、帝王之孙：武宗无子驾崩，朝廷秘定皇位继承人

正德十六年（1521）三月十四日，明朝廷发生了一件震动朝野的大事，这件大事改变了明朝中后期的皇室统治，那就是年仅 31 岁的明武宗朱厚照驾崩，他既没有儿子，也没有兄弟继承皇位。怎么办？面对复杂多变的国家形势，如何保证皇位更迭时期的稳定，不仅是当时朝廷所面临的问题，也值得我们今天来探究。

首先，根据《皇明祖训》关于皇位继承的两条具体规定：第一条是"朕惟帝王之子居嫡长者必正储位，其诸子当封以王爵，分茅胙土，以藩屏国家"。这条也就是后世所说的嫡长制原则，朱厚照没有留下子嗣，显然不用考虑这条。第二条是"凡朝廷无皇子，必兄终弟及，须立嫡母所生者。庶母所生，虽长不得立"。这是杨廷和拥立朱厚熜为帝的重要根据，然而现代普遍只关注到了"兄终弟及"这句话，而很少注意到后面还有一句"须立嫡母所生者"。事实上，这个"兄终弟及"是有个前提条件的，那就是必须是嫡母所生，而朱厚熜是旁系，既不是嫡也不是庶。再看看，时任内阁首辅杨

廷和根据《皇明祖训》明确的皇位继承的原则，并以武宗皇帝的口吻撰写了一份遗诏，内容为："朕疾弥留，储嗣未建，朕皇考亲弟兴献王长子厚熜年已长成，贤明仁孝，伦序当立，已遵奉祖训兄终弟及之文，告于宗庙，请于慈寿皇太后，即日遣官迎取来京，嗣皇帝位，奉祀宗庙。"①

紧接着，张太后也降下懿旨，内容为："天位不可久虚，嗣君已至行殿，内外文武百官可即日上笺劝进。"②

于是，朝廷派定国公徐光祚、寿宁侯张鹤龄、驸马都尉崔元等人，将朱厚熜从安陆迎接到北京。虽然朱厚熜是按照"兄终弟及"的祖训，且因"贤明仁孝，伦序当立"而继承了皇位，但他毕竟是亲王之子，所以，在他登基之时，朝中安排的礼仪是以"太子"的身份由东华门入居文华殿。可朱厚熜并不接受这种方案，他对王府老臣长史袁宗皋说："遗诏以我嗣皇帝位，非皇子也。"③双方互不妥协，最后，由皇太后调停，朱厚熜才从大明门进入，随后在奉天殿即位。这为朱厚熜执政后，长达三年之久的"大礼议"之争埋下了伏笔。

其次，将宪宗皇帝的子嗣作一个分析：孝宗仅武宗一个儿子，而武宗无子。所以，继承人只能从嘉靖皇帝的祖父宪宗皇帝的子嗣中产生。宪宗有 14 个儿子，其中有 6 个儿子在正德十六年（武宗驾崩时，即 1521 年）仍然健在，并且他们都有儿子延续，为什么没有选中他们呢？就算武宗皇帝死后不可以将皇位传给长辈，在堂兄辈里找一个年长的或者贤能的，也是有很多人选的。所以，兴王世子朱厚熜并不是唯一的人选。

再者，将宪宗皇帝健在的儿子当中最近的两位亲王——兴王朱祐杬（宪宗第四子）与益王朱祐槟（宪宗第六子）作一个推算：兴王朱祐杬生于成化十二年（1476），益王朱祐槟生于（江西）成化十五年（1479），兴王比益王大三岁。而益王的长子朱厚烨生于弘治十一年（1498），当时 23 岁，兴王的世子朱厚熜生于正德二年（1507），当时虚岁 15 岁，实岁还不到 14 岁，朱厚熜比益王世子朱厚烨小九岁。如果将皇位传给一个比朱厚熜还大九岁的益王世子不是更稳妥吗？并且益王朱祐槟是武宗皇帝驾崩时，宪宗皇帝儿子中活着的年龄最长的一个皇子，但是武宗母亲张太后和首辅大臣杨廷和都没选中益王世子，而是选择了兴王世子朱厚熜。

以上体现了三个问题：一是遵奉祖训"兄终弟及""伦序当立"，表明了朱厚熜为宪宗皇帝之孙的正统性，并且为旁系之中最近的一支；二是任人唯贤，不仅兴王府早有贤名在外，而且兴献王世子朱厚熜"贤明仁孝"；三是兴王已经病故，没有什么外部势力，再加上朱厚熜年龄尚小，好调教，好掌控。可武宗母亲张太后和首辅大臣杨廷

---

① （明）徐阶：《明世宗实录》卷二一九，"中央研究院"校印，1962 年，第 4495、4496 页。

② （明）徐阶：《明世宗实录》卷一，"中央研究院"校印，1962 年，第 2 页。

③ 沈志华：《明通鉴》，改革出版社，1994 年，第 1511 页。

和万万没想到，越是聪明睿智的孩子越是有自己的思想，是不受控制的。反过来，如果朱厚熜是一个唯命是从的孩子，那么他不一定能担得起一个国君的重任，能治理好国家。

所以，恰恰是这些现象，引发了嘉靖初年政治事件"大礼议"之争。通过"大礼议"长期的争论，得出的结论绝不是简单的"礼仪"之争，而是一次政治斗争，它是武宗生前拒绝立嗣所导致的必然结果，也是武宗生前不按礼法办事必然要付出的代价。

二、朱明皇胄：其父生前为嘉靖即位奠定了基础

嘉靖皇帝的父亲兴王朱祐杬，也就是明显陵的墓主，是明宪宗朱见深的第四子，明孝宗朱祐樘的异母弟，明武宗朱厚照的皇叔，成化二十三年（1487），12岁时与三个皇子同时册封，为兴王。弘治七年（1494），18岁时，兴王携王妃蒋氏就藩湖广安陆州，也就是到他的藩国封地古郢中。

为什么兴王朱祐杬选择安陆古郢中为藩国？因为古郢中地处汉水中游，是一个土地肥沃、资源非常丰富的地区。而古郢中曾经是楚国的陪都，有文字记载的历史达2700多年，文化底蕴深厚。明朝早期，又有朱元璋的第二十三子郢王和仁宗皇帝的第九子梁王曾经封藩于此，并有府邸、庄田在古郢中，是兴王两次要求才改封到这里。之前，孝宗皇帝命建兴王府邸于河南卫辉，也就是今天的河南汲县，可兴王以卫辉"土瘠而民贫，且河水为患"请求改封，孝宗皇帝同意了兴王的要求，将兴王封国又改封到湖广安陆州，准备将王府建于德安府，也就是今天的湖北安陆市，但是兴王又以"郢、梁二王有故邸、田地在湖广安陆古郢中"为由，再一次请求孝宗皇帝将王府改建于安陆古郢中，且封赏也优厚于其他王弟，如《兴都志》记载："弘治四年（1491）九月壬寅，敬皇帝命建藩府于卫辉。初，梁庄王有故邸、田地在湖广安陆州，帝以卫辉土瘠而民贫，且河岁为患，加之土瘠则民益以困，上书请改藩国于安陆。十月己酉，敬皇帝准许。"[①]这足以说明兴王朱祐杬与皇兄孝宗皇帝的关系非常亲近。

兴王到藩国后，谨慎严明，勤于政务，潜心诗书，多次受皇兄孝宗的嘉奖，可谓是隆治一国。正德十四年（1519）六月，兴王朱祐杬病故，执掌藩国26年。他在26年里做了很多利国利民的事，比如弘治、武宗两朝均有土匪、义军起义，兴王多次向国家捐钱捐粮，参与镇压义军、帮助剿匪的军事行动；还为藩国增修城池，推行教化，鼓励农耕，赈灾救民，等等，再加上武宗生前与皇叔兴王关系很好，国家或者皇族只要有大事，都会以书信告之、请教兴王，这些在《睿宗实录》中均有记载。这些都为皇室和朝中大臣统一战线、选定其世子朱厚熜为国君奠定了丰实的基础。

---

① （明）顾璘：《兴都志·典制·肇封以来总纪》卷一，民国二十六年版，第4、5页。

还有一点就是兴王对嘉靖的教育也很成功，正德十四年（1519）兴王病故以后，朱厚熜以唯一的继承人身份，妥善处理藩国大小事务，将王府管理得井然有序。在《睿宗实录》中详细记载了兴王对嘉靖的启蒙教育、文化教育，儒家思想以及治国之道都有涉及，这些不仅有专职的老师讲述，而且兴王还会亲自教导，特别是以孝为先、鼓励农耕、重视文教等方面，均为嘉靖打下了深厚的治学基础和治国理念，对嘉靖执政后的影响很深。

三、内外臣服：官僚集团权力的运作和重组

武宗朝，重用昔日东宫太监刘瑾及其党羽，时称"八虎"。刘瑾等一干人挟势弄权，贪污受贿，滥用厂卫，钳制言路。朝廷众臣唯唯诺诺，生怕遭祸，敢怒不敢言。刘瑾及其党羽伏诛后，武宗皇帝不思反省，依然荒唐嬉戏，转而又宠幸武臣江彬及权臣钱宁等人，又巡游宣府（今河北宣化）、塞北、江南等地，纵容手下，大肆掳掠，甚至自封"威武大将军、镇国公朱寿"，视国家礼法为儿戏。武宗皇帝的作为，不但失了皇帝应负的责任，也引发财政穷困、宗室叛变及民乱四起的危机。武宗皇帝病危期间，朝廷已经是内忧外患，尤其是江彬及其党羽，拥兵自重，尾大不掉，以致北京城内人心惶惶，到处流传着江彬将叛乱的谣言。因此，内阁以杨廷和为首的朝廷众臣和皇室一致认为，首先要稳定局势。

武宗皇帝一死，以杨廷和为首的内阁暂时掌控了政权，但立刻面临了极不稳定的政治局面。在新旧交替、皇位虚悬的敏感时期，任何突发事件都有可能发生。当务之急，首先，是要确定皇位继承人选，安定人心，阻止外藩觊觎皇位，再度叛变；其次，加强北京城九门与皇城的防卫，预防叛变的可能性；再其次，联合宦官，一举清除江彬、钱宁等人，直接消除政变的隐患。当然，这个过程是得到了武宗皇帝的母亲张太后的支持，没有她的懿旨很多事是办不成的，所以确定皇位继承人，既是国事，也是皇家之事。此时，内阁权势迅速扩大，让原本政府首脑六部权力大为缩减，造成官僚权力中枢转移。甚至在决定嗣君人选时，杨廷和与皇太后唯恐泄漏消息，竟违反廷议的常规，不让六部官员参与其事，引发了内阁与六部之间的紧张关系，似乎都在抢夺"立新君之功"。因明朝的皇位继承制度，是以嫡长亲疏的血缘为基础，武宗在位时，便有人猜测朱厚熜是最有可能的皇位继承人选。尤其当兴王病故时，皇太后便以皇帝名义，加恩兴藩，辍朝三日，派遣使臣主持丧礼，允许朱厚熜暂管王府，给禄米三千石，远超过其他藩王，恩典不可谓不重。武宗病重时，朝廷又应兴王妃蒋氏的请求，特别破例，准许朱厚熜提前世袭兴王爵位，无须等到三年除服之时。朝廷优待兴藩的举动，让人纷纷推测朝廷是为了提高朱厚熜的政治地位，让他日后能以藩王身份获得皇位候选人的资格。所以，武宗无子病故，嘉靖继承大统让官僚集团权力的成功转移，

并让皇室宗亲和朝廷内外"归心"。

　　总之，武宗无子驾崩实为一个客观因素，此机缘让这顶"皇冠"花落兴王之子朱厚熜头上，这是"承天而继"，是历史的大笔选择了他，赋予了他"天子"命运，这一轨迹不仅改变了明朝的继承帝系，也改变了明王朝的国运。事实证明，嘉靖执政时期推动了社会的发展，特别是前期的改革为明王朝的统治得到稳固奠定了百年基础，成为政治转换的枢纽，从而使帝制社会的政治呈波浪式继续前进。

园林与集会：明嘉靖间辽府的
人际交往与城市文化[*]

谢宁静

（华中农业大学马克思主义学院）

内容摘要：园林是明中叶以后盛行的休闲设施，象征着城市经济和文化的繁华。在湖广荆州府，其代表性园林的营筑者是辽王朱宪㸅。嘉靖时期，受江南筑园之风的影响，辽王对质素的王府进行了大规模的改造，他营筑园林，举办宴乐和艺文集会，深入城市文化并积极交游。王室宫廷掀起的文艺之风和集会活动促进了城市文化的繁荣。辽王追求时尚和举办艺文集会是王府势力超越朝廷藩禁限制的有力证明，亦是明中叶后王府与地方社会深层互动的表现。

关 键 词：嘉靖时期　辽王朱宪㸅　园林　时尚　荆州

一、引　　言

学界已有的研究大多认为，长期拥有政治和经济特权的藩王，是大土地和商业资本的所有者，对社会经济的负面影响甚大[①]。近年来，一些从社会史、艺术史等角度出发的研究使我们对藩王有了新的认识。如柯律格认为，"20世纪彻底独立的中国史学传统极大低估了明代藩王们所扮演的角色"，王岗亦点出王府在促进藩城商贸和地方

---

* 本研究为中央高校基本科研业务费专项基金项目"明代长江流域王府研究"（项目号2662021MYQD006）。

① 顾诚：《明代的宗室》，《明清史国际学术讨论会论文集》，天津人民出版社，1982年，第89页。其他参见王毓铨：《明代的王府庄田》，《莱芜集》，中华书局，1983年，第110～241页。王春瑜：《"弃物"论——谈明代宗藩》，《学术月刊》1988年第4期，第65～70页。赵毅：《明代宗室的商业活动及其社会影响》，《中国史研究》1989年第1期，第49～54页。张德信：《明代宗室人口俸禄及其对社会经济的影响》，《东岳论丛》1988年第1期，第77～82页。雷炳炎：《明代宗藩经济犯罪述论》，《暨南史学》2009年第6辑，第257～267页。

文化繁荣方面有所贡献①。张艺曦曾讨论过明中晚期江西宗室与士人社集的现象，他注意到江西宗室与士人共同主持诗社，一些社集地点多在宗室王府内②。不少学者也通过个案研究发掘出个别宗室在文学艺术方面的成就，但对于王府营筑园林的现象则鲜见讨论③。

藩封于湖广荆州府的辽藩，首王为朱植（1371～1424），永乐二年（1404）从辽东移藩至荆州，历经贵烚、贵㷆、豪壏等王，至隆庆二年（1568）末王朱宪㸅（1539～1568 在位）因罪除国。嘉靖时期，辽王朱宪㸅积极从商，王府财富和权势走向顶峰，与之伴随的便是沙市市镇经济走向繁荣的历史过程④。本文将从探讨辽府营筑园林这一现象出发，思考王府活动与城市文化的关联。

二、辽王朱宪㸅的园林营筑与时尚追求

从明初辽藩移荆到嘉靖时期，辽王府经历了比较大的变化。永乐二年（1404）辽藩首王朱植（1371～1424）自辽东徙荆，新建王府，据嘉靖《荆州府志》载：

> 永乐二年，辽简王迁国抵荆，见湘府残毁，乃即城外东南旧都督府少加修饬居之。历肃王、靖王皆仍其旧。成化十五年灾，惠王始请建府第，有今宫殿，门庑规制皆质素焉⑤。

辽王朱植移荆后并没有就湘府废基建造，而是另择旧都督府改造为辽王府。王府的简素可从实录记载得知一二，宣德四年（1429），二代辽王贵烚奏称："本府正门自前未建迎送，诏敕表笺俱于偏门出入，揆礼未安，请向南置门。又宫殿外房舍、墙垣

---

① 〔英〕柯律格著，黄晓鹃译：《藩屏：明代中国的皇家艺术与权力》，河南大学出版社，2016年，第18页。王岗著，秦国帅译：《明代藩王与道教：王朝精英的制度化护教》，上海古籍出版社，2019年，第40页。吕双：《王府势力下的特殊宗教空间：明代山西王府香火院中的利益互动》，《史林》2018年第3期，第82～91页。

② 张艺曦：《明中晚期江西宗室与士人社集》，《故宫文物月刊》2019年第439期，第36页。

③ 苏德荣：《明代宗室文化及其社会影响》，《河南师范大学学报（社会科学版）》1996年第4期，第21～24页。都樾：《明代宗室的文化成就及其影响》，《学术论坛》1997年第3期，第88～93页。赵春婷：《五本明代藩王琴谱的内在关系对明代琴学的影响》，《音乐研究》2006年第3期，第29～40页。陈清慧：《明代藩府刻书研究》，国家图书馆出版社，2013年。

④ 参见拙文谢宁静：《从嘉靖时期万寿宝塔的捐建看辽藩与沙市市镇经济》，《中国社会历史评论》2020年第2期，第141～153页。

⑤ （明嘉靖）《荆州府志》卷五《藩封志·府第》，湖北人民出版社，2014年，第228、229页。

多因雨坏,亦请修治。"[①]此时距离朱植来荆二十余年,辽府门前一直未建迎送诏敕表笺之门,当知辽府规制不如一般亲王府邸。半个多世纪间,历代辽王都居于旧都督府改造的王宫之内。直至成化十五年(1479),由于旧府受灾,辽惠王恩鐥重建王府。"有今宫殿,门庑规制皆质素焉"之语透露出,新建辽府仍然比较简素。

嘉靖时期,在辽府的带领下,辽藩积极发展王府庄田,参与商业贸易。辽王宪㸁在位期间创盖不少离宫别殿,并对辽府内部进行了大规模的改造。明人钱希言曾在万历时游历荆州,并留下《辽邸记闻》一篇,该文记道:

> 世庙时辽邸最盛,宫室苑囿,声伎狗马之乐,甲于诸藩……辽王好营宫室,置亭院二十余区,以美人、钟鼓充之。其名有西楼、西宫、曲密华房、太乙竹宫;有月榭、红房、花坞、药圃、雪溪、冰室、莺坞、虎圈;又有塔桥、龙口、西畴、草湖、藥珠洞、宫人斜诸处。绵延包络,参差蔽亏,琪花瑶树,异兽文禽,靡不毕致[②]。

王府占地和宫内建筑有所定制,但府中园林艺术却可自由设计。通过辽王的营筑,遍布奇花异树、珍奇异兽,曲径通幽的辽府成为荆州府引人入胜的王宫园林。西楼、月榭属于亭台楼阁,用于游憩。曲密、华房,据顺治《江陵志余》载:"曲密华房,故辽王曲宴之地。"[③]至于"西宫",据徐学谟《荆州上元曲十首》中"试听玉壶沉漏水,西宫隐隐出鸾箫"之句[④],可知为宴乐之所。花坞或是园林绿化之处,至于莺坞、虎圈应是饲养珍奇异兽的场所。太乙竹宫、藥珠洞、药圃,结合辽王奉道来看,是其修道之所。此外亦有"宫人斜",是埋葬辽府宫人之处。《辽邸记闻》载:"沙桥门外宫人斜,即群姬埋香处。"

除却亲王府邸园林的筑造,辽王亦建造离宫别苑。顺治《江陵志余》载,"子城之西亦有西湖,则故辽邸别墅也","成趣园,在子城外西北,辽邸西园也"[⑤]。御史郜光先《严究拨置奸徒警戒亲藩以杜后患疏》中又载:

① 《明宣宗实录》卷五十二,"宣德四年三月乙卯"条,"中央研究院"历史语言研究所,1962年,第1246页。

② (明)钱希言:《辽邸纪闻》,《中国野史集成续编》第17册,巴蜀书社,2000年,第796页。

③ (清顺治)《江陵志余》不分卷《志宫室》,《中国地方志集成·湖北府县志辑》第30册,江苏古籍出版社,2001年,第442页。

④ (明)徐学谟:《荆州上元曲十首》,《徐氏海隅集·诗编》卷二十二《七言绝句》,《四库全书存目丛书·集部》第124册,齐鲁书社,1997年,第373页。徐于嘉靖三十九年(1560)知荆州,为辽王座上宾。

⑤ (清顺治)《江陵志余》不分卷《志水泉》,《中国地方志集成·湖北府县志辑》第30册,江苏古籍出版社,2001年,第408、443页。

> 自正宫外擅立别宫，东曰"双莲"，西曰"芳华"，又西曰"裕昆"……
> 复以乐妇陈五儿等僭称名号，分掌三宫印信……而又盖有红房百十间，则以
> 官身乐妇李元女等八十余人住焉①。

这些离宫别苑由乐妇掌管宫事。从"三宫印信""红房百十间""乐妇八十余人"等语可知规模不小。乐户为户籍的一种，王府乐户群体承应除雅乐之外的王府礼、俗用乐，涵盖王府多种礼制仪式和日常娱乐场合②。乐户皆有所长，善器乐、舞蹈、戏曲等多种表演。据方志载，辽府中还有苏州房、听莺亭等处。苏州房为乐妇排演歌舞和起居之所。据顺治《江陵志余》载："又有苏州房，则贮歌舞处。"③听莺亭则是在辽府之内，"听莺亭……亦辽邸内院之亭"④。这些音乐歌舞为园林增添了不少吸引力。除却辽府，他如益阳王府在致富后亦有营筑：

> 拱极楼，在府东南，益阳郡邸楼也。址高二丈许，遗础宛然，闲居命驾，
> 实可凭衿。袁小修目曰"爽台"。台前即王宫，七楹，高三丈余，深九丈，窊
> 窞响答，盛暑亦凉。
>
> 绿花馆，在益阳郡邸东……馆前有修月堂，奇花烂漫，四时不绝⑤。

嘉靖时期，成功致富的辽府和个别郡王府出现了营建园林、追求时尚之举。这种现象在明中叶以后十分普遍，沈德符《万历野获编》云："嘉靖末年，海内宴安，士大夫富厚者，以治园亭，教歌舞之隙，间及古玩。"⑥尤其是在市镇经济发达的江南，巫仁恕在研究明中叶以后江南城市的消费问题时指出，明中叶以后的江南住宅逐渐走向奢华，竞筑园林的风气弥漫于缙绅士大夫之间，像王世贞与倪元璐都有铸园之癖。园林是明清江南地区一种盛行的休闲设施⑦。晚明的园林宴游是当时自江南掀起的新时尚。辽王建造的"苏州房"并非随意取名，应是效仿江南的结果。辽府和益阳王府的这些行为显示出其雄厚的财力和追逐社会潮流的品位，并随之带动本地艺文集会。

---

① （明）郜光先：《严究拨置奸徒警戒亲藩以杜后患疏》，张卤：《皇明嘉隆疏钞》卷三，《原国立北平图书馆甲库善本丛书》第211册，国家图书馆出版社，2013年，第136页。

② 张咏春：《明代王府用乐考》，《音乐研究》2018年第2期，第69页。

③ （清顺治）《江陵志余》不分卷《志宫室》，《中国地方志集成·湖北府县志辑》第30册，江苏古籍出版社，2001年，第442页。

④ （清光绪）《荆州府志》卷七《地理志七·古迹》，《中国地方志集成·湖北府县志辑》第36册，江苏古籍出版社，2001年，第82页。

⑤ （清顺治）《江陵志余》不分卷《志宫室》，《中国地方志集成·湖北府县志辑》第30册，江苏古籍出版社，2001年，第438~440页。

⑥ （明）沈德符：《万历野获编》卷二十六《玩具·好事家》，中华书局，1959年，第654页。

⑦ 巫仁恕：《优游坊厢：明清江南城市的休闲消费与空间变迁》，中华书局，2017年，第141页。

三、王府艺文集会与辽藩的交游

辽王朱宪㸂长于文墨，"博学能诗"，在府中开设味秘草堂，"藏书亦富"[1]。著有《味秘草堂集》《种莲文略》二卷《种莲岁稿》六卷[2]。还有《庚申稿》若干卷[3]。其中，《种莲文略》《种莲岁稿》见存于世，内有大量诗文。

辽王文才风流，不少士子慕名而来。如嘉靖三十三年（1554），东吴梁秀才游学至荆，专程拜谒辽王[4]。荆州知府徐学谟在《刻庚申稿序》中极力称赞道：

> 今海内诸侯王事悉从检括，而诸侯王中称有文者，莫如某王，王之著述，流传京师。凡缙绅学士先生慕王之为人而不得见者，甚于饥渴。某幸以守郡之故，来江陵，获侍王于翰墨间[5]。

除了赋诗作文，辽王朱宪㸂还擅长词曲制作，"尤嗜宫商，其自制小词、艳曲、杂剧、传奇，最称独步"，创有《春风卜调》《唾窗绒》《误归期》《玉阑千金儿》《弄丸记》，"皆极婉丽才情"，被废后还编撰《卖花声》诸词数百阕，"流传江表"[6]。

随着明中后期社会经济的发展与城市的繁荣，文人诗社集会等活动大兴。这些社集的场所，不少就是选择在园林之中。晚明士大夫兴建园林除供休闲之外，亦为地方权贵、文人学士访寻题诗、切磋技艺之所。朱丽霞指出，"广造园林的同时，亦广招文人墨客，园林为文学和社交提供了可靠的背景"[7]。

辽王正是在其精心营筑的园林中，举办诗文盛会，吸引四方文人雅集荆州：

---

① （清顺治）《江陵志余》不分卷《志宫室》，《中国地方志集成·湖北府县志辑》第30册，江苏古籍出版社，2001年，第436页。

② （明）朱宪㸂《种莲岁稿》《种莲文略》存于世，见《原国立北平图书馆甲库善本丛书》第693册，国家图书馆出版社，2013年。其《味秘草堂集》不存于世，在其文集中有收录自序。见朱宪㸂：《味秘草堂卷自序》，《种莲文略》卷下《序》，第597页。

③ （明）陈田：《明诗纪事》甲签卷二上《辽庶人宪㸂》，《续修四库全书》第1710册，上海古籍出版社，1995年，第263页。

④ （明）朱宪㸂：《东吴梁秀才游学谒予》，《种莲岁稿》卷四《甲寅年下》，《原国立北平图书馆甲库善本丛书》第693册，国家图书馆出版社，2013年，第535页。

⑤ （明）徐学谟：《刻庚申稿序》，《徐氏海隅集·文编》卷五《序》，《四库全书存目丛书·集部》第124册，齐鲁书社，1997年，第441页。

⑥ （明）钱希言：《辽邸纪闻》，《中国野史集成续编》第17册，巴蜀书社，2000年，第796页。

⑦ 朱丽霞：《园林宴游与文学的生态变迁——以明清之际云间几社的文学活动为例》，《文艺理论研究》2007年第4期，第90页。

　　于是四方之墨卿、赋客、博徒、酒人、黄冠、羽服、骥子、鱼文之流，
无不鳞集其座上矣……是时秦中孙一元、信州宋登春、吾吴顾圣之诸君，凡
数十辈皆为王门珠履，与故荆守徐宗伯公倡和上元诸曲①。

　　孙一元、宋登春、顾圣之，为明中叶以后非常有名的布衣诗人。孙一元（1484～
1520），字太初，自号太白山人，善诗，"有超逸才"，四处出游，死后李梦阳（1473～
1530）为之作传，名声大振②。顾季狂，名圣之，为吴人，客于不少王府，"年四十始称
诗，游燕、赵、齐、鲁间，客诸王邸中，死于闽"③。

　　宋登春（约1517～1584在世），字应元，终生未仕，自号鹅池生，所著有《宋布
衣集》。宋登春在画界享有盛名，被朱谋垔写入其《画史会要》④。宋登春死后，徐学谟
为其作《鹅池生传》，记载了他和辽王交往的细节：

　　鹅池生者，姓宋氏，名登春，字应元，赵郡新河人。生壮岁颒发即衰白，
因自号海翁，人业以海翁称之。晚居江陵之天鹅池，更号鹅池生……转江陵。
登王粲楼，读其赋，感昔贤流寓地，有终焉之志始。生数年前尝至江陵，居
城西开元观。故辽王奇其诗，召谒便殿。语不合，一夕遁去。数年复来，生
老矣。乃依其兄子宋鲸耕天鹅池之石田，岁获菽十斛⑤。

　　宋登春先后游历山东、山西、四川，最后长居江陵。他以诗得名，辽王曾召其
入府，二人随性而交。宋登春最早与辽王的接触时间不明，但至迟在嘉靖三十四年
（1555），辽王已同他唱和⑥。宋登春行为怪诞，性格狂傲，颇能诗文，得辽王赏识。在
徐学谟来荆任知府后，又得徐为其于城中置办住宅，宋登春遂从沙市天鹅池搬入城中
居住。如此则与辽王、徐学谟等往来更为方便。

　　辽王与宋登春这类布衣诗人交情甚厚，其中缘由应与明中后期山人群体的性质不
无关系。嘉靖万历年间，山人群体令人瞩目，孙一元、顾季狂、宋登春这类山人盛行

---

　　① （明）钱希言：《辽邸纪闻》，《中国野史集成续编》第17册，巴蜀书社，2000年，第796页。

　　② （明）李梦阳：《太白山人孙一元传》，（明）焦竑：《国朝献征录》卷一一五《艺苑》，《明代
传记丛刊》第109册，（台北）明文书局，1991年，第790页。

　　③ （明）钱谦益：《列朝诗集》丁集卷九《顾山人圣少》，《四库禁毁书丛刊·集部》第96册，
北京出版社，2000年，第396页。

　　④ （明）朱谋垔：《画史会要》卷四《明》，《景印文渊阁四库全书·子部》第122册，台湾商务
印书馆，1986年，第534页。

　　⑤ （明）徐学谟：《鹅池生传》，《徐氏海隅集·文编》卷二十二，《四库全书存目丛书·集部》
第124册，齐鲁书社，1997年，第575、576页。

　　⑥ （明）朱宪㸓：《与海翁和韵》《题扇赠海翁》《和韵题扇面》《和海翁见赠韵》，《种莲岁稿》
卷四《甲寅年下》，国家图书馆出版社，2013年，第547页。

于世，与他们的标签"山人"之意味相反，他们绝非是隐逸于山中之人，而是游走于达官贵人之府邸，对政治内幕了解颇多，"他们主要的活动是受雇于达官贵人，从事公移草拟、诗词创作等，间或涉足政治领域"①。

徐学谟在嘉靖三十九年至四十二年（1560～1563）间任荆州府知府②。在荆期间，徐与辽王朱宪㷿、山人宋登春成为好友，互相唱和。徐曾作《荆州上元曲十首》，流传甚广，中有：

> 雕盘翠幕总繁华，谁似朱城帝子家。云舟屏中辉紫电，珊瑚树底发流
> 霞……
> 千花骑拥白云桥，月淡烟霏湿绛绡。试听玉壶沉漏水，西宫隐隐出鸾箫。
> 银甕高浮琥珀光，画楼深锁内家妆。升平一曲君王醉，衮袖轻扶上玉床。
> 满城车马夜喧阗，不独王家乐事偏。竿影月中高七尺，今年尽道是丰年③。

"雕盘翠幕""珊瑚树底"足见王府繁华。"千花骑拥白云桥"即记辽王率领众人出游之事。"西宫"正是辽王营建的宫室之一。辽王凭借其个人才情与诸多名士、山人长期诗文往还，甚至与其中才华卓著者结下深厚情谊。徐诗中"西宫隐隐出鸾箫""满城车马夜喧阗，不独王家乐事偏"等语勾勒出众人吟诗作曲、互相唱和的人文艺术氛围。

嘉靖四十四年（1565），在辽王的五十岁寿宴上，宾客云集，李开先有致语：

> 嘉靖乙丑二月十九日乃辽国主诞期，说者任良来自数千里外，拜恩中麓
> 野人致语以寿之："仰惟辽王殿下，贵为上国，名溢中华，手不停披于六经之
> 文，耳不乐闻乎五音之奏。时或跨骞城郊，烹雌林薮，幕天席地，畅饮忘归。
> 不迩声妓，喜接文人。所著诗有《荆乐纪词》，有《莲漪渔唱》，自号'种莲
> 子'及'西湖渔父'，而赐号则'清微忠教真人'。……通国称寿者不计其数，
> 而中麓以远且野人先为之致语，有如是夫。"④

李开先（1502～1568），号中麓，嘉靖八年（1529）进士，授户部云南司主事后，官至提督四夷馆太常寺少卿。后因得罪夏言罢官居家二十年。其人不肯趋炎附

---

① 牛建强：《明代山人群的生成所透射出的社会意义》，《史学月刊》1994年第2期，第36页。

② （明万历）《荆州府志》卷二《建官表第三·国朝知府》，《中国方志丛书·华中地方》第1302册，成文出版社有限公司，2017年，第220页。

③ （明）徐学谟：《荆州上元曲十首》，《徐氏海隅集·诗编》卷二十二《七言绝句》，《四库全书存目丛书·集部》第124册，齐鲁书社，1997年，第373页。此处诗歌为节选。

④ （明）李开先：《寿辽国主四十岁致语》，《李中麓闲居集》卷十二《杂文》，《续修四库全书·集部》第1341册，上海古籍出版社，1995年，第373、374页。

势，最后闲居终老。其在戏曲、诗文坛颇负盛名①。李开先还是北方著名的藏书之家。辽王与其书信往还，在其笔下，辽王寿宴上人声鼎沸，众人幕天席地，足见王府交游之盛。

这种雅集不独于辽亲王府中，在郡藩益阳王府中，日渐致富的镇国将军朱致槸为其子延请本地明儒成仁卿、孙兆孺，及常流连于辽府的宋应元、顾季狂等名士为师，研读学问："琢磨问学，斧藻明微。漱芳润于六经，咀风骚于七略。"②成仁卿，"公安邑庠生，以诗文出入公卿间"③，孙兆孺，"以古学世其家，而又生质颖异甚。七岁能赋诗，十四试异等，补博士弟子，声称蔚然"④。

风气的改变提升了辽藩宗室子弟的文学素养。到朱致槸之孙奉国将军朱术垶时期（1530～1598），朱术垶著述丰富，热爱交游，主导的本地雅集十分热闹：

> 君诗名成四方，贵胜年少，并共宗咏，宾客日数十人猥积，胥加沾接，竟日美供……而亲重偏至者，为华容孙兆孺。兆孺去，则荆州守上郡郝茂甫、夷陵守嘉定殷无美、博士于越、方道舆、豫章程孟孺、钱塘徐子裁、福清林景昭、吴门邵子俊……所著有《发僧白业》六卷，《续集》四卷，《竹素园玄草》三卷，《枕上得》四卷，《萧齐净稿》四卷，《古风》一卷，《近稿》三卷，汇而名之《曲部尚书全稿》……皆可传也⑤。

晚明文学繁荣的另一重要因素，即伴随经济的发展，旅游之风得以盛行，不仅远游名山大林，而且园林宴游和文士雅集成为新时尚⑥。明中叶后，士大夫们热衷于各种艺文集会，成为城市人群交游的重要内容。才华横溢的辽王追求江南时尚，营建华美园林，举办艺文集会，吸引外来文人墨客来荆游历。辽府成为荆州社集和文学之风的主要推动者，影响着城市风气的变化。

① （明）殷士儋：《翰林院提督四夷馆太常少卿李开先墓志铭》，（明）焦竑：《国朝献征录》卷七〇《太常寺·南京太常寺》，《明代传记丛刊》第112册，（台北）明文书局，1991年，第520、521页。

② （明）李维祯：《辽辅国将军朱楚棠公神道碑》，《大泌山房集》卷一〇九《碑》，《国立北平图书馆甲库善本丛书》第817册，国家图书馆出版社，2013年，第2309、2310页。

③ （明）李春熙：《道听录》卷二《成仁卿》，《北京图书馆古籍珍本丛刊·子部·杂家类》第64册，书目文献出版社，1988年，第425页。

④ （明）陆可教：《云梦山人孙兆孺墓志铭》，《陆学士先生遗稿》卷十二《志铭碣表》，《四库禁毁书丛刊·集部》第160册，北京出版社，2000年，第455页。

⑤ （明）李维祯：《辽府奉国将军桂亭公墓志铭》，《大泌山房集》卷一〇九《墓志》，《国立北平图书馆甲库善本丛书》第817册，国家图书馆出版社，2013年，第1642页。

⑥ 朱丽霞：《园林宴游与文学的生态变迁——以明清之际云间几社的文学活动为例》，《文艺理论研究》2007年第4期，第88页。

四、余 论

诚如张艺曦所言，过去讨论文学复古运动较多着眼在往下扩展成员，而较少注意到同时也往上扩展到地方上的宗室王府[①]。在明中叶以后市镇经济的繁荣浪潮中，荆州辽王朱宪㸅追求时尚，将原本质素的王府改造成引人入胜的特色园林，举行繁荣的艺文盛会，与文人墨客、士绅、山人积极交游，他们在王府园林中的相互唱酬和各种宴会有助于促成本地文化的繁荣，正如项阳所指出的那样"明代的王府提升了府衙所在城市成为各地的区域文化中心的地位"[②]。辽王追求时尚和举办集会是王府势力超越朝廷藩禁限制的有力证明，亦是明中叶后王府与地方社会深层互动的重要表现。

---

① 张艺曦：《明中晚期江西宗室与士人社集》，《故宫文物月刊》2019 年第 439 期，第 35 页。
② 项阳：《关注明代王府音乐文化》，《音乐研究》2008 年第 2 期，第 47 页。

湖北明代考古的发现与研究

院文清[1]　吴怡蓉[2]

（1. 湖北省博物馆　2. 武汉市东湖新技术开发区龙泉街道办事处）

内容摘要： 湖北地区的自然环境优越、经济文化繁荣，又地处中原，政治军事地位非常的重要，成为明朝时期封王建藩最多的地区之一。在湖北的武昌、荆州、钟祥、襄阳、安陆、蕲春等地都曾经有明代封王建藩的历史。自 20 世纪 50 年代始，湖北地区明代的考古遗迹屡有发现，从平民墓、居士墓、贵族墓各具特色；武当山宗教遗址气势恢宏；唐崖土司城内涵丰富。湖北还是发掘明代朱氏宗藩墓最多的地区。梁庄王墓出土文物多且精美，郢靖王墓出土瓷器价值颇高，楚昭王墓宗教特色突出。

关 键 词： 湖北明代考古　朱氏宗藩　宗教

一、湖北明代的政治、经济、文化、宗教及宗藩概况

1. 湖北明代行政区域及建制格局

明太祖朱元璋于公元 1368 年建立明王朝，洪武元年是明朝纪年的肇始。而朱元璋对湖北的实际控制早在明朝正式建立之前。元至正二十四年（1364），朱元璋击败陈友谅，据略荆湘，随即设立湖广行中书省，辖区范围大致为今湖北、湖南。洪武九年（1376），改湖广行中书省为湖广布政使司，辖区地域包括湖北、湖南，设立有十三府、四个直隶州及湘鄂西少数民族聚集区的军民指挥使司、宣慰使司等。其中属今湖北的有武昌、汉阳、黄州、德安、荆州、襄阳六府，安陆、沔阳二州，鄂西设有施州卫军民指挥使司。在洪武时期虽有频繁的变动，但终究基本保持了原有的状况。明成化十二年（1476），又在鄂西北设立郧阳府。明嘉靖十年（1531），改嘉靖出生地即龙飞地安陆州（今钟祥）为承天府。自此之后，就形成了现今湖北行政区划范围及建制的基本格局。明代时期的武昌、荆州、襄阳和承天府都是当时的重镇，在湖北乃至在全国都是占有极其重要的地位。

2. 明代湖北的经济、文化及宗教

地处长江中游的两湖地区，历来就有"鱼米之乡"之美誉。农耕与渔捞经济十分

发达。"湖广熟，天下足"的谚语足以印证了这里的富足。湖北山水秀美，土地肥沃，物产富饶。张居正在《荆门州题记》中记有："余闻长老言，始荆门隶荆州时，人物殷富，蓄积盈囷，食山泽之利，民之老死不睹市廛。"明代时期经济繁荣，且是人杰地灵，文化兴盛，俊才辈出。入仕的名臣有石首的杨溥、袁宗皋，嘉鱼吴廷举、李承勋，江陵张居正，京山李维桢，江夏熊廷弼，应山杨涟等。而民间的俊杰更是数不胜数，公安派的袁宗道、袁宏道、袁中道兄弟，竟陵派钟惺、谭元春等都在中国文学史上留下有浓墨重彩的印记，更有蕲春的李时珍被称为一代医圣。应该说这些名臣俊杰的不断涌出，是明代时期湖北社会经济、文化教育兴旺发展的重要体现。同时也为湖北留下了丰富的明代历史文化资源。

宗教文化是中国传统文化的有机组成部分。儒家文化、道教文化、佛教文化是中国宗教文化的三大主体。儒、释、道的互补和合一，熔铸了具有中国特色的宗教文化体系。这一体系对中国的文化与艺术都具有深刻的影响力。湖北历史上曾经寺庙林立，僧人云集，信众广泛。道教在明代得到皇家尊崇而兴盛一时。众多造型典雅庄重、铸造精良的佛教、道教造像，既是珍贵的宗教艺术品，也是宗教文化繁荣的历史见证。湖北明代的宗教文化也是相当发达且具有影响力的。鄂东黄梅是佛教禅宗圣地，自唐代以来，香火延绵不断。明代时期，湖北地区佛寺丛林遍布，香客盈门，香火鼎盛，信众广泛。鄂西武当山是道教名山，明初曾得到永乐崇奉，盛极一时。湖北被列为全国重点文物保护单位的宗教遗存就有当阳玉泉寺、襄阳广德寺多宝佛塔和十堰武当山等。

3. 湖北明代朱氏宗藩状况

明代实行封藩制，《明史》卷一一六《列传第四·诸王》载："明制，皇子封亲王……亲王嫡长子，年及十岁，则授金册金宝，立为王世子，长孙立为世孙，冠服视一品。诸子年十岁，则授涂金银册银宝，封为郡王。嫡长子为郡王世子，嫡长孙则授长孙，冠服视二品。诸子授镇国将军，孙辅国将军，曾孙奉国将军，四世孙镇国中尉，五世孙辅国中尉，六世以下皆奉国中尉。"朱元璋实行封藩制，其本意是在于由其子孙分封为藩王，分别镇守各处要地，安抚百姓，震慑四方，其实质是利用血缘关系来维系大明皇室统治。便赋予了各藩王相应的政治和军事权力。制度规定了藩王的服饰、车马、旗号、王府及陵寝等方面的礼仪待遇，低天子一等。亲王都设有护卫指挥使司，配备三护卫的军队。除王府直辖护卫兵外，藩王被授以监督地方武装的权力。明代封藩制对于当时的社会政治、经济、文化具有十分重要的影响。

明朝时期，为了加强统治，往往选择重要城邑和土壤肥沃、经济发达的地方，分封藩王。湖北地区的自然环境优越、经济文化繁荣，又是地处中原，政治军事地位非常的重要，成为明朝时期封王建藩最多的地区之一。在湖北的武昌、荆州、钟祥（明安陆州）、襄阳、安陆（明德安府）、蕲春等地都曾经有明代封王建藩的历史。

明代历史上曾经有五位皇帝，即太祖高皇帝朱元璋、仁宗朱高炽、宪宗朱见深、世宗朱厚熜和神宗朱翊均有封其子到湖北为藩王，或移封到湖北为藩王。世宗皇帝朱厚熜还追封其早夭的亡兄为王。

（1）明太祖朱元璋时期

明太祖朱元璋是明朝的开国皇帝，年号洪武。朱元璋共有二十六个儿子，长子朱标立为皇太子，幼子朱楠夭折无封外，其他二十四个儿子皆被分封为亲王。其中有四个儿子被册封和后移藩在湖北为王。分封在湖北为王的三个儿子是楚昭王朱桢、湘献王朱柏、郢靖王朱栋。移藩在湖北为王的是辽简王朱植。

①楚昭王朱桢是朱元璋第六子。朱桢生于公元1364年三月。洪武三年（1370）四月，六岁的朱桢被授金册金宝册封为楚王。洪武十四年（1381）四月就藩湖广武昌。王府建造在武昌城的蛇山脚下。

据文献记载，"洪武三年夏四月乙丑，册封诸皇子为王。乃以四月七日封第二子樉为秦王，第三子棡为晋王，第四子棣为燕王，第五子橚为吴王，第六子桢为楚王，第七子榑为齐王，第八子梓为潭王，第九子杞为赵王，第十子檀为鲁王，从孙守谦为靖江王，皆授以册宝，设置相传"[①]；"洪武三年秋七月丁亥朔。诏建诸王府。工部尚书张允言：诸王宫城，宜各因其国择地，请秦用陕西台治，晋用太原新城，燕用元旧内殿，楚用武昌灵竹寺基，齐用青州益都县治，潭用潭州玄纱观基，靖江用独秀峰前。上可其奏，命以明年次第营之"。可以知道楚王府就建在武昌的灵竹寺旧址之上。

朱桢生前一度是朱元璋在湖广的全权代表，地方文武皆俯首听命。他曾奉朝廷之命，统兵征讨湖广、四川、广西、云贵等地的"蛮族"，表现得"既威且尊"。

永乐皇帝朱棣时期，朱桢的态度温文恭顺，盛得信任，曾任明皇室宗人府宗正。被誉称："王素性乐善，秉德奉法，可为贤王。"

楚昭王朱桢死于永乐二十二年（1424）。谥号"昭"。陵寝就在武汉市江夏区龙泉山。龙泉山位于武汉市东南约20千米处。楚昭陵规模宏大，四周垣墙及墓冢较完整，门楼、碑亭、拜台、石桥、甬道、石栏等也还尚存。

楚藩王系共传八世九王。其序为楚昭王、楚庄王、楚宪王、楚康王、楚靖王、楚端王、楚愍王、楚恭王、楚（末）王。除楚（末）王是被张献忠部下俘获后沉于长江而亡。楚昭王其后的庄、宪、康、靖、端、愍、恭诸王，也皆在龙泉山修建陵寝入葬。各陵寝的规模都很大，建有碑亭、茔城、大殿、配殿、祭台等建筑物，明亡后遭毁坏，荒芜残破。

②湘献王朱柏是朱元璋第十二子。出生于洪武四年（1371）。洪武十一年（1378），七岁时受封为湘王。洪武十八年（1385），十四岁就藩江陵即今荆州。朱柏自幼聪颖，

---

① 朱守谦为朱元璋的大哥朱兴隆之孙，皇侄朱文正之子。《明实录》卷五十一《太祖实录》。

且英勇威猛，曾奉朱元璋诏命，作为副元帅随楚昭王朱桢出征，率兵征伐南方"古州蛮叛"，立下战功。建文元年（1399），朱柏遭诬陷"谋反"，因惧怕降罪削藩而毁英名，遂与王妃吴氏一同自焚而亡。建文帝追谥曰"戾"，无子封除。后永乐皇帝朱棣时改谥为"献"，葬湘献王衣冠冢于江陵太晖观旁。

③辽简王朱植是朱元璋第十五子。洪武十一年（1378）封卫王。洪武二十五年（1392）改封辽王，就藩广宁州（今辽宁北镇市）。永乐皇帝朱棣于永乐二年（1404）下诏，将朱植徙藩荆州。永乐二十二年（1424）病逝，获谥号"简"。洪熙元年（1425）下葬江陵八岭山。

继辽简王朱植之后，辽藩王系在荆州传袭了七世八王。其序为辽王、辽肃王、辽靖王、辽惠王、辽恭王、辽庄王、废王。最后的一位辽王是因罪而废除王位。这些辽王的陵寝也大都在江陵八岭山。

④郢靖王朱栋是明太祖朱元璋第二十四子，生于洪武二十一年（1388），洪武二十四年（1391）册封为郢王，永乐六年（1408）就藩安陆州（今湖北钟祥市），卒于永乐十二年（1414），享年二十七岁，谥号曰"靖"，永乐十三年（1415）与王妃氏合葬于城东二十里清平村宝鹤山。郢王一系因无子而封除。

（2）明仁宗朱高炽时期

明仁宗朱高炽是明代的第四位皇帝，年号洪熙。分封在湖北的有三个儿子。他们是襄宪王朱瞻墡、荆宪王朱瞻堈、梁庄王朱瞻垍。

①襄宪王朱瞻墡是仁宗朱高炽第五子。永乐二十二年（1424）封。宣德四年（1429）就藩长沙。正统元年（1436）移藩襄阳。陵寝在襄樊谷城。传八世九王。其序为襄宪王、襄定王、襄简王、襄怀王、襄康王、襄庄王、襄靖王、襄忠王、襄（末）王。陵寝分别是在谷城、南漳、襄阳等地。

②荆宪王朱瞻堈是仁宗朱高炽第六子。永乐二十二年（1424）封。宣德四年（1429）就藩江西建昌（今江西南城县）。正统十年（1445）移藩蕲州（今蕲春）。十世十一王。陵寝在蕲春。仅荆敬王陵有明确资料。其序为荆宪王、荆靖王、荆王（废）、荆和王、荆端王、荆庄王（追封）、荆恭王、荆敬王、荆康王、荆定王、荆王。其墓葬也都在蕲春。

③梁庄王朱瞻垍是仁宗朱高炽第九子。永乐二十二年（1424）封王。宣德四年（1429）就藩安陆州（今钟祥）。正统六年（1441）卒。陵寝在钟祥。梁庄王墓位于钟祥市长滩镇大洪村。是朱瞻垍及其妃子魏氏的合葬墓。梁庄王的正妃纪氏"早夭"。宣德八年（1433），梁庄王二十二岁时，二十岁的魏氏被册封为梁王妃。他们仅共同生活了八年，梁庄王便"以疾薨"。魏氏悲痛欲绝，"欲随王逝"。皇帝为此降旨安抚，要她存留下来，抚养梁庄王的两名幼女。朱瞻土自下葬时，只将墓门封堵而没有封墙和回填土。相隔十年后，王妃魏氏过世，再将原先封堵墓门打开，将王妃与梁庄王合葬。

梁王一系，因无子而除封。

（3）明宪宗朱见深时期

明宪宗朱见深是明代的第九位皇帝，年号成化。分封三个儿子在湖北。分别是兴献王朱祐杬、岐惠王朱祐棆、寿定王朱祐楮。

①兴献王朱祐杬是明宪宗朱见深第四子。成化二十三年（1487）封河南卫县。弘治四年（1491）改封安陆。弘治七年（1494）就藩安陆州（今钟祥）。正德十四年（1519）卒。陵寝在钟祥。正德十六年（1521），世子朱厚熜入嗣帝位，即明世宗嘉靖皇帝。兴献王朱祐杬的陵寝后升格为皇陵——显陵。显陵位于湖北省钟祥市城北7.5千米的松林山。显陵俗称"皇陵"，占地面积约六百亩，是明世宗嘉靖皇帝的生父朱祐杬和生母蒋氏的合葬墓，始建于正德十五年（1520），建成于嘉靖十九年（1540），其建筑规模和祭扫制度与其他的明朝皇陵相同。显陵是我国明代帝陵中最大的单体陵墓，面积183.13公顷。显陵分内外二城，内城为紫禁城，呈"8"字形。外城周长3600米，神道总长1360米，有石像生12对。显陵还特有一陵两冢的构造，两座宝城由瑶台相连，南宝城为兴王的旧墓室，后宝城为兴王与蒋氏的新地宫。显陵的一陵两冢的构造在历代帝陵中是绝无仅有的。2000年，明显陵被列入了世界文化遗产名录。

②岐惠王朱祐棆是明宪宗朱见深第五子。成化二十三年（1487）封。弘治八年（1495）就藩德安府（今安陆市）。弘治十四年（1501）卒。无子。还葬北京。明初之制，皇子就藩，无嗣，死后葬藩府所在。英宗以后，皇子就藩，无嗣，死后归葬京城。也并不能说没有与岐惠王朱祐棆具有亲缘关系的人，死后就葬于藩府所在德安。

③寿定王朱祐楮是明宪宗朱见深第九子。弘治四年（1491）封。弘治十一年（1498）就藩四川保宁府（今阆中）。正德元年（1506）移藩德安府（今安陆市）。嘉靖二十四年（1545）卒。无子。还葬北京。尽管寿定王朱祐楮没有葬于封地，但在其就藩的三十九年间，也极有可能一些与寿定王朱祐楮具有亲缘关系的人，死后是葬于封地德安。

（4）明世宗皇帝朱厚熜时期

世宗朱厚熜是明代的第十一位皇帝，年号嘉靖。分封一个儿子在湖北。即景恭王朱载圳。世宗皇帝朱厚熜还追封其亡兄朱厚熙为岳怀王。

①景恭王朱载圳是世宗朱厚熜第四子。嘉靖十八年（1539）封。嘉靖四十年（1561）就藩德安府（今安陆市）。嘉靖四十四年（1565）卒。无子。还葬北京。

②岳怀王朱厚熙是明嘉靖皇帝朱厚熜之兄。出生五天即夭折。嘉靖三年（1524）嘉靖皇帝念其同出，追封为王，御敕谥"怀"。在钟祥建有陵墓，陵园规模也合规制。陵园建筑现已荒废，而墓冢尚在。

（5）明神宗皇帝朱翊钧时期

神宗朱翊钧是明代的第十四位皇帝，年号万历。分封有一个儿子在湖北。即惠王朱常润。惠王朱常润是神宗朱翊均第六子。万历二十九年（1601）封王。天启七年（1627）就藩荆州。崇祯十五年（1642）逃离封地，不知所终。

明代，被分封在湖北境内的宗藩有十三个藩王系，受封就藩的朱氏帝王子孙中，亲王有四十五个，郡王五十个。加之郡主、镇国将军、辅国将军、奉国将军等王府宗室的体系十分庞大。这些被分封就藩的亲王、郡王，在封地皆建有王府。亲王还拥有护卫军队，享有相当大面积的赐田，并负责监督地方官员，对当地社会的政治、经济产生过重大的影响。他们死后大多修建陵寝埋葬在封地。历史上这些王府、王陵依制而建，规模宏大，气势显赫。但由于历史更替和自然损毁等原因，王府及陵园由盛而衰。经明末易代之际的扫荡，一些王府、王陵被毁，日渐衰落，地面建筑几乎损毁殆尽，有的仅存残垣断壁，还有许多连遗迹都难寻觅。又经 20 世纪 50 年代到 70 年代的大规模农田基本建设的破坏，埋葬他们的陵园又多遭到严重的破坏。历经数次的人为破坏和自然损害，如今湖北地区的明代诸藩王陵园中，除显陵、荆敬王陵和楚藩诸王陵部分建筑尚存，其余的陵墓大多已湮没于荒园田野之中。

二、湖北明代考古调查与发掘

自 20 世纪 50 年代开始，湖北明代的文物考古调查与发掘工作就已经展开。最早见诸报道的湖北明代考古资料是陈上岷的《湖北广济县发现明墓一座》，原载于《文物参考资料》1956 年第 5 期。自此之后，湖北明代考古就陆陆续续开始有了许多重要的发现。尤以发掘的明代藩王及宗裔的墓葬，在全国是最多的地区之一，出土的明代文物在数量、品质和等级上都是令人瞩目的。

1. 明荆瑞王次妃刘氏墓

最初的重要发现是在 1955 年冬至 1956 年春，由湖北省文物管理委员会清理的蕲春刘娘井明荆瑞王次妃刘氏墓，出土了一批精美的金银器[①]。

明荆瑞王次妃刘氏墓位于蕲春县黄土乡刘娘井村东南约 80 米处，处于安阳山南岳。1955 年冬季，当地农民在兴修农田水利时发现。1956 年 2 月，湖北省文物管理委员会派夏盾、徐松俊前往进行了清理。

墓葬有椭圆形封土，厚 0.6～1.1 米。墓圹为长方形土坑，墓葬方向为 84°。墓室的底部及四壁用三合土垒筑，在四壁内纵横铺两层石板，墓室极其坚固，平面呈长方形，长 5.1、宽 2.8 米。墓室内置木棺，棺长 2.3 米，高 70～80 厘米。在棺东头有石质方形买地券，惜其上文字脱落。墓室上有用砖瓦铺砌的凸脊斜檐的墓顶。在墓顶上填铺有

---

① 小屯：《刘娘井明墓的清理》，《文物参考资料》1958 年第 5 期。

厚 0.4～1.1 米的白石灰、碎石片。

在墓前 2.1 米处，发现有石质墓志。墓志置于用砖砌成的方形小台墩上。墓志长 54、宽 49、厚 8 厘米。正面周边雕刻有双凤朝阳图案。志面上铭刻竖列楷书文字 16 行："荆瑞王次妃刘氏 / 妃乃蕲州卫左所千户刘胜下舍人刘宪经次女 / 母陈氏弘治九年九月初七日午时生嘉靖三 / 十八年四月十一日奉 / 勅封为荆瑞王次妃嘉靖三十九年八月二十五日 / 以疾薨享年六十五岁生子一人载墭 / 册封荆庄王女一人封为崇明郡主下嫁仪宾沈一 / □□□□二人嫡长曰翊钜 / 册封为荆王次曰翊镨册封为德安王 / 上闻请给祭葬如制嘉靖三十九年十一月二十七 / 日辰时葬于蕲州安平上乡太原里浒□下堡 / 安阳山之原呜呼 / 妃之生也 / 敕谕曰惟尔逮事　荆瑞王敬慎年久乃生贤子以 / 及贤孙嗣封王兹已命　夫复何憾爰述其 / 概纳诸幽圹用垂不朽云"。

出土的圹志铭文表明墓主人是明荆瑞王朱厚烇次妃刘氏。其子载墭为荆庄王，其嫡长孙翊钜亦册封为荆王。其身份相当显赫。

随葬品放置在棺内。器类主要有金器、银器、铜器等。以金银器为多，器形有凤形和花形金簪、金佩挂件、金凤冠、镶宝石金戒指、阿弥陀佛金钱、银钱、银杯、银盒等，造型也都非常之精美。

2. 1963～1976 年发现的四座明代墓葬

1963 年 11 月在湖北新洲徐古公社第六大队的刘世二村东南约 500 米的一个岗地的边缘，发现有三座明墓。三座墓葬的棺木外围皆以坚硬厚实的石灰封筑，三座墓都有墓志铭。墓志铭记载三座墓之间有紧密的亲缘关系，表明这里是一处官宦家族墓地。在居中位置的一座墓中，尸体及绵绸服饰被褥都保存较好，其尸体可能经过药物处理，出土时尸体及随葬织物有极浓的药物气味，尸体为干尸，故称"尸腊"。墓主人黄氏，生于嘉靖元年（1522），其夫丘岳曾任礼部右侍郎、工科左司谏、礼部都谏等职。黄氏在嘉靖二十四年（1545）卒于京师。隆庆三年（1569）葬于黄冈县北沙河西山之阳。黄氏墓东侧埋葬的是其长子丘一麟，身份为太学士。西边一墓是其次子丘一凤之妻郭氏，死后三年与黄氏同日葬在位于沙河之西山的"长福山"，时属"黄冈县五上乡"。三座墓中出土有铜镜 2 件、银簪 2 件、金饰片 3 件、带盖小白瓷罐 5 件[1]。

1976 年 9 月，潜江农民在刁市镇祁湾村兴修农田水利工程中发现明墓一座。文物部门派员清理，发现随葬文物有玉手镯、带钩、玉佩及金簪等[2]。

3. 张懋夫妇合葬墓

1982 年在湖北广济（今武穴市）发现发掘了张懋夫妇合葬墓，这也是一次非常

---

① 程欣人：《湖北新洲县发现明代尸腊》，《考古》1964 年第 7 期。

② 潜江市博物馆：《潜江刁市祈湾村明墓清理简记》，《江汉考古》1995 年第 2 期。

重要的考古发现①。在湖北广济县（今武穴市）县城西北约 2 千米有一处名为"挂玉山嘴"的地方，当时这里是广济县红旗公社下官大队的砖瓦厂，砖瓦厂取土施工中发现有"明故义宰木斋孺人何氏夫妇之墓"墓碑及墓葬。湖北省博物馆、黄冈地区博物馆、广济县文化馆联合组成考古队，对墓葬进行发掘清理。

　　墓碑后有封土堆。墓葬封土直径约 3 米，高 1.5 米。封土下是一个用糯米浆、石灰和沙子等材料混合灌浆浇注成的密封严密的墓体，墓体平面呈梯形，墓体顶面微微弧拱，顶面及四边皆为平直面。两具棺木平行并列，被包裹在"三合土"的墓体中间。木棺平面为长方形，横断面为梯形，皆髹红漆，保存基本完好。两具棺略有大小之差别，大棺头部挡板外浮雕有云纹。大棺内装殓是的张懋，小棺内装殓的为何氏。在墓碑与墓体之间有墓志铭一合。外刻"明故义宰张公何孺人夫妇之墓"，内刻"明故义宰张公夫妇墓志铭"。墓志铭阴刻竖列楷书 22 行共 456 字。墓主张懋"楚之广济邑人……生于正统丁巳十一月初一日，殁于正德已卯四月二十六日，享年享寿八十有四。孺人生于正统戊午四月十五日，殁于正德丙子八月十一日，享寿七十有九。生男三人……今择正德庚辰十有二月十八日夫妇将合葬于杨排湖秀才山嘴处……"张懋，字本森，号木斋。在《刊水张氏宗谱》和康熙《丁未广济县志》都有其记载。张懋喜与名辈交游，曾游历山东教书。明弘治六年（1493），山东大旱，张懋将学俸捐出以救济饥民，被弘治皇帝敕封为"义宰"，其"敕封义宰"匾额至日寇侵华时被毁。张懋亦为时代的"仁人志士"。

　　张懋棺内衣被及尸体得以保存。下葬时身穿七层衣服，腰部横扎腰带一条，身挂丝绦一根。头枕枕头，戴有帽及披风，发髻插银簪。脚缠裹脚布，穿有鞋袜。脚下有青花瓷碗 2 件。右手握钱囊、手帕。尸体下垫有褥子，褥子下铺垫厚为 4.5～7 厘米的灯芯草。在尸体周边还塞装有丝绸服饰 9 件。覆盖在尸体上的是两件印刷而成的纸质佛教随葬品，一件较大者为《佛顶尊胜除业真言灭恶趣王普觉佛会劝持南谟阿弥陀佛离苦得乐法被之图》，较小者为《弥陀种子曼荼罗》。再其上覆盖的是一件织锦棉被。何氏尸体及衣服大多已经腐朽，下葬时，身穿有金黄色云凤纹刺绣衣服，头插银簪 2 件。在其脚部还发现有青瓷碗 2 件。

　　在该墓出土的随葬品中，文物价值最为重要的是《佛顶尊胜除业真言灭恶趣王普觉佛会劝持南谟阿弥陀佛离苦得乐法被之图》（后文简称为《法被图》）和《弥陀种子曼荼罗》。《法被图》长 1.6、宽 0.77 米。纸质，印刷品。外框饰有二方连续的蔓枝莲花纹，内框饰有六瓣莲花和三股金刚杵相间连续图案。主体内容是由佛教密宗藏式塔、蓝扎体梵文咒语、汉字净土宗咒语、众圣来迎图和千眼图所组成。这是一幅藏传佛教密宗与汉传佛教唯心净土宗相得益彰的佛教文物。《弥陀种子曼荼罗》也是用梵文、汉

---

① 　湖北省文物考古研究所:《张懋夫妇合葬墓》，科学出版社，2007 年。

文及莲花图案组成的佛教文物。墓主人以佛教文物覆盖其尸体之上，是以求往生西方极乐世界，也表明了张懋生前既是"尊儒"书生，也是"崇佛"的信众。

4. 20世纪80年代末90年代初发掘的明代墓葬

1983年至1984年，湖北省博物馆、孝感地区博物馆、安陆市博物馆对安陆蒋家山古墓群进行发掘，共发掘古墓225座，其中明清时期墓志15座。皆为长方形土坑墓。随葬器物为瓷罐、碗①。

1983年，为了配合农田基本建设，抢救性发掘了新宁郡主墓②。出土文物共13件，其中金圈3件、金耳环2件、金针1件、金簪花1件、霁蓝高足瓷碗1件、银碗盖1件、刻花绿釉陶罐3件和墓志铭1合。新宁郡主，梁庄王朱瞻垍之长女。史料记载："新宁郡主墓，在石门山，与仪宾陈宾合葬。郡主，梁庄王长女也。""成化庚子（1480）二月初五日，新宁郡主薨于正寝，距正统戊午（1438）六月六日之生，享春秋四十有三。讣闻，朝廷遣官致祭造坟，以成化壬寅（1482）正月初四举厝于京山县辨顿里石门之原。钦惟仁宗昭皇帝第九子梁庄王，无子而有郡主，登载玉牒，封与新宁，孝敬之懿，出于天性。庄王蚤（通早）逝，奉嫡母妃魏、生母夫人张甚谨。及笄，妙选仪宾舒城陈大宾。大宾，前湖广都司讳震之孙，今安丘尹文伟之子，配德克称。郡主谦抑能忘起贵，不越矩度……其待夫族恭而有礼，训子女严而有方，御侍恕而有恩。尝闻国宾言及外间百姓：有生无一自存、死无以为敛者，恻然兴念，辄劝大宾赒恤之心。仁厚类此。子四人，琪、琳、环、璧，女三人，娶适皆名族。"文中"石门山"和"京山县辨顿里石门"，即今钟祥市长滩镇柳门口村。

1985年，在汉川马口镇松林村罗家嘴湾发现清理一座石椁木棺墓。发现有墓志，墓主为"明处士李右川……万历庚辰年四月十八日老终于寝"。在墓主骨架的头部、腹部发现有水银数粒③。

1985年和1993年，武汉市博物馆在黄家湾发现楚藩宗亲墓，为两座夫妻异穴同茔合葬墓，一座墓墓主是楚昭王朱桢五世孙镇国中尉朱显枎及妻恭人赵氏。另一座墓墓主是朱显枎次子辅国中尉朱英㭪及其妻宜人袁氏。朱显枎及妻恭人赵氏墓的墓葬是竖穴土坑碗棺墓，即用数千件粗青瓷碗砌筑棺室。这种墓葬形制较为特别。朱英㭪及其妻宜人袁氏墓为土坑木棺墓。墓中出土有墓志和买地券，下葬年代和墓主身份明确。随葬品有金器、银器、玉器、瓷器和铜器等④。

---

① 孝感地区博物馆、安陆市博物馆：《安陆蒋家山古墓发掘简报》，《江汉考古》1990年第2期。

② 资料来源钟祥博物馆。

③ 汉川县文化馆：《汉川马口明代石椁墓》，《江汉考古》1985年第4期。

④ 武汉市博物馆：《黄家湾明代楚王朱氏墓》，《江汉考古》1998年第4期。

1986 年，蕲春县西河驿石粉厂在扩建工程中，发现墓葬，县文物管理所对墓葬进行了发掘。发现是一座同穴三棺合葬墓，棺外围用石灰糯米浆浇筑为一个整体。出土墓志记载墓主为明荆王宗亲①。

1986 年 9 月由省、地县组成的大沙铁路阳新工段考古队在阳新枫林镇发掘凤凰头明代墓葬四座，为一处家族墓地②。

1986 年 9 月，荆州地区博物馆、江陵县文物局在江陵八岭山发现清理明辽王王妃墓一座。当地农民在山坡上耕地时发现墓室的券顶。荆州地区博物馆和江陵县文物局组织文物考古人员联合对该墓进行了抢救性发掘和清理。这座墓为单砖室结构，用长方形素面灰砖砌室和券顶。墓室的南壁、北壁和西壁各嵌有一个壁龛。南、北壁龛内分别陈放陶制房屋模型，西壁龛内陈放暗花祥云纹白瓷罐一件。发现有墓志铭，用楷书阴刻有"王妃曹氏墓志"。为成化六年（1470）下葬，随葬器物有陶楼、白瓷罐、金簪等③。

1987 年，荆州地区博物馆、江陵县文物局对明辽简王墓进行了清理。辽简王墓位于湖北荆州江陵八岭山，历史上曾经几次被盗。20 世纪 50 年代末期，当地农民挖开墓室，掏取金银器。荆州文物部门曾收缴墓中的部分金银器。1987 年，荆州博物馆对辽简王墓进行了清理，发现墓室系砖石结构，呈"亚"字形。墓室均为拱形顶，墙裙为磨砖对缝，工艺精细，室内地面铺有陶质方砖。前室安有大型石门，门上为九排九行石制门钉，前室与中室、中室与后室之间装有两道木门。墓道长 17 米，墓室门前立有墓志铭④。

1987 年 11 月，京山县博物馆在京山孙桥发现清理明墓一座。为砖室墓，并列双室。随葬有两块墓志，纪年为"大明弘治十五年""大明正德四年"。随葬有瓷罐、碗⑤。

1988 年在襄樊宜城詹营村曹家楼遗址的发掘中发现明墓十座。皆为土坑木棺墓，部分墓中有买地券和少量粗瓷器，器形有罐、碗等⑥。

1990 年 4 月，京山县博物馆在京山县南郊水泥厂发掘明代墓葬三座和一个随葬坑。

① 蕲春县博物馆：《蕲春县西河驿石粉厂明墓清理简报》，《江汉考古》1992 年第 1 期。

② 大沙铁路阳新工段考古队：《阳新枫林镇两处宋、明墓葬发掘简报》，《江汉考古》1991 年第 2 期。

③ 荆州地区博物馆、江陵县文物局：《江陵八岭山明王妃墓清理简报》，《江汉考古》1988 年第 4 期。

④ 荆州地区博物馆：《江陵八岭山明代辽简王墓发掘简报》，《考古》1995 年第 8 期。

⑤ 京山县博物馆：《京山孙桥明墓清理简报》，《江汉考古》1989 年第 3 期。

⑥ 武汉大学历史系、襄樊地区博物馆、宜城博物馆：《宜城詹营村明墓清理简报》，《江汉考古》1988 年第 1 期。

在随葬坑中出土有两件堆塑人物魂瓶[1]。

1990 年,在襄樊市襄阳古城南约 700 米的郑家山发掘一处古墓群,发掘墓葬 54 座,其中墓地墓葬 35 座[2]。

5. 明楚昭王墓

1990 年 12 月至 1991 年元月,由湖北省文物考古研究所主持,武汉市博物馆、武昌县博物馆联合对明楚昭王墓进行了发掘[3]。

楚昭王朱桢洪武三年(1370)封为楚王。洪武十四年(1381)就藩武昌,永乐二十二年(1424)"以疾薨",谥号"昭"。墓志铭载:"葬于国之东南灵泉山",即今武汉市江夏区的龙泉山。明楚藩王系共传八世九王。楚昭王其后的庄、宪、康、靖、端、愍、恭等诸王,也皆在龙泉山修建陵寝入葬。2001 年,武昌龙泉山明楚王墓群被列为全国重点文物保护单位。楚昭王陵规模宏大,四周垣墙及墓冢较完整,门楼、碑亭、拜台、石桥、甬道、石栏等也还尚存。明楚昭王墓的墓葬形制是长方形土坑竖穴砖室墓。墓室上有封土,高 4~8 米。长方形斜坡墓道,墓圹长 16、宽 9.8 米。在墓室外用糯米浆搅拌石灰、沙土填筑包裹,再加填有一层木炭。墓室是由砖石砌筑而成,为单室,长方形,券顶。长 13.84、宽 5.78、高 4.78 米。墓室方向 137°。墓门为位于南壁,左、中、右三座石门并列,皆由石质的门楣、立颊、门槛和双扇门扉组成。门扉内开,中门略大。墓室内长方形,东壁、西壁和北壁设有壁龛。壁龛内放置有鎏金铅锡器、铜器、铁器和木质的箱、匣。木质器已朽,仅存部分金属质配件。鎏金铅锡皆为明器,器形有执壶、瓶、罐、坛、爵、杯、碟、锅、托盏、灯等。铜器器形有炉、火盆、熨斗、镜、剪等。铁器器形有剪、炉、锁及杂件等。在壁龛的正中位置立有灵牌。灵牌为石座陶牌,长方体座,盝顶。牌弧顶扁体,正面阴刻涂朱符字,背面刻龙纹。

墓室中部设置有石供桌。供桌上安放有"五供",正中置铜香炉,左右对称放置烛台、双耳花瓶。烛台为铜胎鎏金,上插木质红蜡。双耳花瓶长颈、圆腹,铜质鎏金,鎏金多脱落。瓶中插有鎏金铜质的莲花和荷叶。在"五供"后放置有浮雕云龙纹鎏金谥宝盒、阴刻涂朱云龙纹石匣和一件小香盒。小香盒圆形,夹纻胎,髹红漆。盒内装有香料。浮雕云龙纹鎏金谥宝盒内装有鎏金木胎谥宝,龟纽,阳刻篆文为"楚昭王宝",出土时有丝绸包裹。

云龙纹石匣内装有一件鎏金浮雕云龙纹木盒,出土时盒上盖有龙纹丝绸。打开盖后,发现盒内自上而下放置的是木胎漆圆盒、绸布包袱、两件绢匹包裹、谥册、封册。

---

① 京山县博物馆:《湖北省京山南郊明墓清理简报》,《江汉考古》1992 年第 4 期。

② 襄樊市博物馆:《襄樊市郑家山古墓清理简报》,《江汉考古》1993 年第 2 期。

③ 湖北省文物考古研究所、武汉市文物考古研究所、武汉市江夏区博物馆:《武昌龙泉山明代楚昭王墓发掘简报》,《文物》2003 年第 2 期。

木胎漆圆盒内装有玉璧和小石饼。谥册为铜质鎏金,长方形,两版对合,册内面上阴刻楷书130字,出土时有丝绸包裹。封册亦为铜胎鎏金,长方形,两版对合,册内面上阴刻楷书190字,出土时用丝绸包裹。可以看到,石供桌上放置的谥宝盒内的谥宝,石匣中木盒里的封册和谥册,都是楚昭王最为重要的物件。

在供桌前,立有"大明楚王圹志",圹志正面边框中及题额两侧方框中阴刻有祥云纹和九条飞舞在云中的腾龙。志文为竖列13行阴刻楷书,307字。纹饰文字皆以朱砂涂红。

在圹志的东侧地面,放置有戴盖圆形瓷坛一件。白釉泛青,敛口,深腹外鼓,平底。出土时坛内积满液体,内有豆青瓷碗一件,木匕、木箸各一件,还有核桃、板栗、枣、白果、荔枝等果品。

在供桌后正中位置置有棺床。棺床上置棺椁,棺椁腐朽垮塌。在墓室中还发现有金镶木腰带、铜半镜、串饰及荷叶状的木旌顶等。

楚昭王墓陵园规模大,而墓室小,是一座单室墓,这在当时的亲王墓葬中是唯一一例。随葬的器物在同时期的亲王墓中也是少的,而随葬的鎏金封册、灵牌、铜半镜、金镶木腰带和荷叶状的木旌顶也见于其他同时期亲王墓。尤其是金镶木腰带与其亲王身份不符。

墓室小,随葬器物少,墓室内的设置特别。在墓室中放置有东、南、西、北、中五方灵牌(符篆)。在宝床前设有石案和铜质的一件香炉、两件烛、两件瓶组成的五供。值得重视的是,石案的形制恰与武当山金顶金殿中的铜案形制极其相似。可以看出,楚昭王墓墓室内的设置,有可能是模仿了武当山金顶金殿中的布局设置。从墓葬设置可以看出楚昭王墓有明显的道教色彩。推断其薄葬的原因与其信仰道教有关。道教信奉和追求的是"羽化升天",而非厚葬。楚昭王生前可能就是道教的信士,即信奉道教的俗家信众。

6. 20 世纪 90 年代发掘的明代墓葬

1993 年,石首市在修公路工程中发现并发掘了明代正统年间礼部尚书兼武英殿大学士杨溥墓。发现有墓志一盒。墓棺用糯米石灰浆灌注包裹,非常坚固。棺内仅有其身穿衣物保存较好,还有一个小囊中装有他已经脱落的牙齿,没有其他随葬品[①]。

1993 年,湖北省文物考古所、浠水县博物馆为配合京九铁路建设,在浠水县胡弄村发现并清理了一座明代的母、夫、妻三人并穴的砖室墓。出土有墓志,记墓主"先考连峰汪公行八府君、先祖妣汪母易老孺人、先妣懿德周老孺人之墓"[②]。

---

① 荆州地区博物馆、石首市博物馆:《湖北石首市杨溥墓》,《江汉考古》1997年第3期。

② 湖北省文物考古研究所、浠水县博物馆:《浠水县胡弄村墓群发掘简报》,《江汉考古》1997年第1期。

1994 年，武汉市博物馆、蔡甸区博物馆在武汉市蔡甸区索河镇石马村发掘了一座土坑异穴夫妻合葬墓。墓中出土青花瓷罐和青花瓷碗。该墓地面有石人、石马、石羊等，相传是"兵部尚书戴鑫墓"，但墓地没有墓碑，也没有发现有墓志[①]。

1995 年，于修建公路的工程中，在秭归县茅坪镇中坝子村狮子包发现明代墓葬一座。文物部门对墓葬进行了清理，出土文物有陶楼、瓷碗、金耳环、银簪等[②]。

1997 年 12 月，因墓被盗未遂，荆州博物馆对湘献王墓进行了抢救性的科学考古发掘，发现了大批珍贵文物[③]。

1998 年，为配合京珠高速公路建设，武汉市文博单位在江夏区流芳岭寺王村抢救性发掘一座带有陵园、祭台的规模较大的砖室墓。陵园东西长 58、南北宽 65 米。陵园内发现有较多的琉璃建筑构件。残存砖石混筑的陵园墙基。在陵园内发现有东西并列的砖石墓。墓穴长 11.6 米，墓室南端有八字形墓道。墓室砖筑拱券，长 9.5 米。墓室内有巨大的石质棺床。墓葬早期被盗，也未发现有文字资料，但从墓葬茔园地面的琉璃构件和墓葬规模来观察，应该是一座楚藩宗亲中略低于亲王级别，相当于郡王及王妃的墓葬[④]。

1998 年，为配合京珠高速公路建设，在孝感市孝昌县小河镇顺水村石板地发掘两座单室墓和三座双室墓。随葬器物有釉陶罐、瓷碗等[⑤]。

1998 年，湖北省文物考古研究所在大悟县张家湾遗址发掘中清理明代墓葬三座。其中 M1 为石椁墓[⑥]。

7. 梁庄王墓

2001 年，湖北省文物考古研究所对梁庄王墓进行了发掘[⑦]。梁庄王墓是明仁宗朱高炽第九子朱瞻垍及其妃子魏氏的合葬墓。朱瞻垍生于永乐九年（1411）六月十七日。永乐二十二年（1424）十月册为梁王，宣德四年（1429）八月就藩安陆州（今钟祥）。

---

①　武汉市博物馆、蔡甸区博物馆：《蔡甸区索河明墓发掘简报》，《江汉考古》1998 年第 3 期。

②　宜昌博物馆、秭归县屈原纪念馆：《三峡库区狮子包明墓清理简报》，《江汉考古》1997 年第 2 期。

③　荆州博物馆：《湖北荆州明湘献王墓发掘简报》，《文物》2009 年第 4 期。

④　武汉市文物考古研究所、武汉市江夏区博物馆、江夏区流芳岭文化馆：《武汉市江夏区流芳岭明墓发掘简报》，《江汉考古》2000 年第 3 期。

⑤　湖北省文物考古研究所：《湖北孝昌石板地明墓发掘简报》，《江汉考古》2003 年第 4 期。

⑥　湖北省文物考古研究所、大悟县博物馆：《大悟张家湾遗址发掘简报》，《江汉考古》2000 年第 3 期。

⑦　湖北省文物考古研究所、荆门市博物馆、钟祥市博物馆：《湖北钟祥明代梁庄王墓发掘简报》，《文物》2003 年第 5 期。湖北省文物考古研究所、钟祥市博物馆：《梁庄王墓》，文物出版社，2007 年。

梁庄王的正妃纪氏在就藩前已"早夭"。宣德八年（1433）时，魏氏被册封为梁王妃。八年后的正统六年（1441），梁庄王朱瞻垍便"以疾薨"。魏氏悲痛欲绝，"欲随王逝"。皇帝为此降旨安抚，要她抚养梁庄王的两名幼女。相隔十年后的景泰二年（1451），王妃魏氏去世，再将原先封堵墓门打开，将王妃与梁庄王合葬。

梁庄王墓原筑有内外茔园、园内地面建筑和地宫，历经沧桑，园内地面建筑荡然无存，惟遍地散布的残砖碎瓦表明它们曾经有过的辉煌。内外茔园长方形，南北向。现存外园东西宽 250 米，内园东西宽 55 米。内、外茔垣基址的解剖证明，外垣宽 1.3 米，是石皮土心墙，即以大小不等的自然石块垒成内外两堵墙，再用土充填其间，并培土作护坡；内垣宽 1 米，是砖皮石心墙，以砖砌内外两堵墙，其间充填小石块。

墓葬构筑在内茔园里的一座小山坡上，南北向，平面呈"中"字形，属崖洞砖室墓，墓室南端有斜坡墓道。墓室是从墓道北端的垂直壁面向北凿岩掘进，形成隧洞，再在洞内用砖砌成墓室，黏合料是石灰。墓室分为前室和后室，横前室，双穹隆顶。墓室内空全长 15.4、最宽 7.88、高 5.3 米。门洞为六层砖券，封门墙厚达 1 米。在门洞上有墙嵌石质墓志两合，东西并列，分别是《梁庄王墓志》和《大明梁庄王妃圹志文》。

墓室墙体厚近 1 米，以六层砖砌成，地砖则只平铺一层。前室门为石质，但只有东扇门，西扇门已佚，门后的前室地砖面有一个长方形凹坑，是用来支垫"自来石"，后室门为漆木质，已朽。后室设有壁龛、棺床和灯台：室中砌两座长方形棺床，中央用石条砌成的一座是为王的棺木；其西侧以砖接砌的略小的一则系妃的棺床。甬道两侧各有一个砖砌灯台，东、西、北壁各辟一个壁龛。

墓内随葬品十分丰富，共出土随葬品 5100 余件，种类有金、银、玉、瓷、陶、铜、铁、铅锡、漆木、骨角器等。其中，铜、铁、铅锡器主要出自前室，金、银、玉、珠宝器主要出自后室。

梁庄王生活的时代是在永乐、宣德、正统年间，正是明代经济国力最为强盛的时期，墓中随葬的金、银、玉器和珠饰珠宝种类繁多，制作精美，保存完好，出土时仍璀璨生辉，雍容华贵，令人惊叹不已。随葬出土的金银珠宝，无论从数量上，还是质量上来看，仅次于明代皇陵定陵。这在已发掘的明代亲王墓中实属罕见。

8. 21 世纪初发掘的明代墓葬

2001 年至 2002 年，武汉市文物考古研究所在武汉市江夏区流芳镇二妃山发掘了一处明代楚藩王室宗亲墓地。其中发现有景陵王王妃贲氏的木质封册[①]。

2002 年，为配合孝襄高速公路建设，在随州市何店干堰洼，清理明代墓葬四座，

---

　　① 　武汉市文物考古研究所：《武汉出土文物精选》，武汉出版社，2008 年。

出土有陶瓷器^①。

在第二次全国文物普查、第三次全国文物普查工作中，襄阳文物部门对襄王墓葬进行了调查，基本弄清了布局及保存状况。墓葬都已经在早期被盗，保存较差。蕲春文物部门对荆王墓葬也进行了调查，对于诸王墓葬的位置有了基本准确的定位^②。

9. 郢靖王墓

郢靖王墓位于湖北省钟祥市九里回族乡三叉河村四组皇城湾。该墓先后遭遇十次盗炸未遂。经国家文物局批准，2005 年至 2006 年初，湖北省文物局组织湖北省文物考古研究所、荆门市文物考古研究所、钟祥市博物馆联合组成考古队，对墓葬进行了发掘^③。

该墓是郢靖王朱栋与王妃的合葬墓，有其独特的葬制、葬俗。在墓门前发现了墓志铭及巨大的堵门石。墓志铭一合，碑铭外用上下两道扁铁箍住。碑盖为"郢靖王墓"四个篆字，四周有平雕纹饰，上为"龙凤"并列纹，左右下为"龙"纹。碑首出现龙凤并列纹饰，应与墓中郢靖王同王妃合葬的特殊状况有关。墓志云："王，讳栋，太祖高皇帝第二十三子也，母惠妃刘氏。生于洪武戊辰五月十七日，辛未四月十三日册封为郢王，永乐六年特命之国，十二年十一月一日王疾逝，享年二十七。妃郭氏，营国威襄公郭英之女。皇帝念其骨肉之亲，不胜痛悼，辍视朝十有五日，诏有司治丧葬如礼，赐谥曰'靖'，遣使驰祭。以永乐十三年四月初六日葬于宝鹤山之原。呜呼！王以宗室至亲，享有禄位，作藩作屏，胡天啬其年，而一旦遽至大故，深可惜哉，爰述其概，用垂不朽焉。"碑铭所载内容与史料记载相同。

郢靖王墓的墓室为先凿岩坑，后用石、砖砌筑而成，地宫为砖石建构，地宫上堆封土。地宫内分前室、中室、东耳室、西耳室、后室。墓内随葬品较为丰富。据初步统计，随葬品有金、银、玉、宝石、铜、铁、铅锡、瓷、陶、漆木等数百件。后室有棺床，棺床四角部雕成须弥座式。棺木已朽，但从随葬品的放置可以分辨位置，郢靖王棺木位于东边，王妃郭氏的棺木位于西边。王妃的棺木位置处随葬有较多的金器。在郢靖王棺木和王妃棺木前端棺床下方，分别放置有青花龙纹梅瓶和青花四爱图梅瓶。郢靖王为青花龙纹梅瓶，王妃为青花四爱图梅瓶。或许是"恤典加厚"的缘故，王妃的随葬品明显多于郢靖王。

10. 其他明代墓葬

武汉市文物考古研究所在湖北省体育中心建设、富世康工业园建设工程中，先后

---

① 随州市博物馆：《随州市何店镇干堰洼宋明墓葬发掘简报》，《江汉考古》2005 年第 3 期。

② 襄樊市考古队、谷城县博物馆、南漳县博物馆：《明襄阳王墓调查》，《江汉考古》1999 年第 4 期。

③ 湖北省文物考古研究所、荆门市博物馆、钟祥市博物馆：《郢靖王墓》，文物出版社，2016 年。

发现并发掘楚潘宗亲墓，出土有一些精美的文物。2007年秋冬季，武汉市文物考古研究所为配合基本建设，在武汉市东湖高新技术开发区流芳境内的楚潘王室宗亲家族墓地进行了发掘。共发掘有朱桢族裔郡王、镇国将军、辅国将军、奉国将军及以下33座墓葬，多为同茔异室夫妻合葬墓，墓葬形制分为土坑墓和砖室墓。出土各类文物310多件。其中一座为楚昭王朱桢第六子崇阳靖简王朱孟炜庶出第六子镇国将军朱季㙦与夫人的合葬墓，墓葬的下葬时间是成化七年（1471）。墓葬形制为同茔异穴砖室墓。墓出土文物27件，蓝釉描金鸡心执壶、蓝釉三足香炉、天顺年款青花龙纹碗尤其珍贵[1]。

特别要提到的是，在三峡工程文物保护的考古调查和考古发掘中，发现有较多的明代时期的文化遗存。在三峡地区湖北库区所发掘的遗址中，较为普遍地存在有明代时期的遗存，但大多资料较零星，而比较集中的重要资料主要有秭归官庄坪遗址、秭归庙坪遗址、秭归卜庄河遗址、巴东罗坪的车口遗址、巴东泰山庙遗址、巴东旧县坪遗址、巴东李家湾遗址、巴东吴家坝遗址、巴东楠木园遗址等处。

在秭归官庄坪遗址所发现的明代文化遗迹主要有房屋、灰坑、灰沟和墓葬。墓葬中有瓮棺一座。葬具是用一件黄釉陶罐与两件青花瓷碗组合而成。其余墓葬皆为砖室墓，有单室墓和双室并列的合葬墓。其中M28石构件雕刻得非常精美。随葬器物以瓷器为主，器形主要有青花瓷碗、盏、杯、罐等。在房屋、灰坑灰沟中出土的遗物器类有陶器、铜器和瓷器。铜器器形有镜、勺、锥、箭镞、簪等；陶器器形以罐、瓦、滴水等；瓷器以青花瓷为多，青瓷次之，黑、白等杂色瓷较少，器形主要有碗、盘、碟、杯、钵、罐等[2]。

在秭归庙坪遗址明代遗存的主要发现是一处灰坑和20座墓葬。墓葬形制有土坑墓和砖室墓之分别。土坑墓多有壁龛，砖室墓多单室为主，亦有三室并列的一夫一妻一妾的合葬墓。墓葬随葬品多以瓷碗、瓷碟、瓷罐、买地契砖组合，在少部分墓中还随葬有陶楼。其中瓷器以青花瓷为主。买地契砖皆为方形或长方形，背面用朱红色绘八卦及符图案，正面朱书楷体契文，大多保存较差。契文中可以明确纪年的有"嘉靖四年""大明嘉靖二十三年""嘉靖四十五年""万历十三年"等[3]。

在秭归卜庄河遗址的D区、E区、G区发现有明代文化遗存。D区发现墓葬2座，一为土坑墓，一为岩坑墓。E区发现有房屋6间，土坑墓葬2座。G区发现土坑石椁木棺墓3座，土坑石室墓1座[4]。

在巴东罗坪的车口、泰山庙遗址发现的明代文化遗存主要有建筑遗迹、灰坑石沟

---

① 武汉市文物考古研究所资料。武汉博物馆：《武汉博物馆》，文物出版社，2012年。

② 国务院三峡工程建设委员会办公室、国家文物局：《秭归官庄坪》，科学出版社，2005年。

③ 国务院三峡工程建设委员会办公室、国家文物局：《秭归庙坪》，科学出版社，2003年。

④ 国务院三峡工程建设委员会办公室、国家文物局：《秭归卜庄河》，科学出版社，2008年。

等。出土遗物以瓷器为主，陶器次之。瓷器多为青瓷和青花瓷。青瓷的器形主要有罐、瓮、壶、瓶、钵、盂等，青花瓷器形主要是碗、盘、碟、盏、杯等。陶器器形有灯、壶、瓦、瓦当、滴水等[①]。

在巴东旧县坪遗址发现有 16 座明代墓葬。墓葬形制可分为单室砖室墓、双室砖室墓、石室墓、石砌护墙土坑墓、土坑墓等多种形制，而这些墓葬形制与平原地区有较大区别，具有三峡地区的地方特点。出土遗物有金器、银器、铜器、铁器、瓷器、釉陶器、陶器等。瓷器以民窑青花瓷为多[②]。

在巴东李家湾遗址的发掘中，发现明代窑址和墓葬。窑址的形状是椭圆形馒头窑[③]。

在巴东楠木园遗址发现明代墓葬、灰坑和窑址[④]。

在巴东吴家坝（南区）2006 年度的发掘中，发现有明代的灰沟 2 条，出土遗物以明代民窑瓷器为主，青花瓷较多，其中梵文青花瓷器最为重要[⑤]。

2005 年冬至 2006 年春，为配合南水北调中线工程对遇真宫保护方案的制定，湖北省文物考古研究所对遇真宫遗址进行了大规模的发掘。对武当山遇真宫遗址考古发掘面积达 9000 平方米，并对重点部位进行了解剖。遇真宫宫墙内的西宫区域经过清理发掘，已经比较完整地揭示出西宫的建筑遗迹概貌：房址、水井、道路、排水沟……并出土了一批珍贵文物。出土遗物包括铜器、石器、陶器、铁器在内的 110 多件珍贵文物中，既有生活用的钱币、茶具、砚台等，也有铜鎏金真武大帝、铜灵官像、陶神像等，还有大量的建筑构件[⑥]。

2011 年，湖北省文物考古研究所对唐崖土司城、容美土司城进行了较大规模的发掘。唐崖土司城成为世界文化遗产[⑦]。

2020 年至 2022 年，湖北省文物考古研究院对武当山五龙宫进行了大规模的发掘，取得了重大成果[⑧]。可以称之为宗教考古和古建筑考古的重大成果，也应被称为明代考古的重大发现。

从以上所罗列的考古资料来看，湖北明代考古发现是以墓葬为主，大规模的遗址发掘仅有武当山遇真宫、五龙宫、唐崖土司城、容美土司城等处，而其他明代遗址的

---

① 国务院三峡工程建设委员会办公室、国家文物局：《巴东罗坪》，科学出版社，2006 年。

② 国务院三峡工程建设委员会办公室、国家文物局：《巴东旧县坪》，科学出版社，2010 年。

③ 国务院三峡工程建设委员会办公室、国家文物局：《巴东楠木园》，科学出版社，2003 年。

④ 国务院三峡工程建设委员会办公室、国家文物局：《巴东李家湾》，科学出版社，2009 年。

⑤ 荆州博物馆：《巴东吴家坝（南区）2006 年发掘报告》，《湖北库区考古报告集》，科学出版社，2010 年。

⑥ 湖北省文物考古研究所资料。

⑦ 湖北省文物考古研究所资料。

⑧ 湖北省文物考古研究所资料。

考古发现多在三峡地区,遗迹主要有房屋基址、灰坑、窑址等,但这些考古发现的资料都较为零星。

湖北明代时期的文物遗存,无论是地上文物还是地下文物都有很多很重要的发现。湖北现有的三处世界文化遗产武当山、明显陵、唐崖土司城,都是以明代历史文化为背景。全国历史文化名城荆州、武汉、襄樊、钟祥等都是与明代的历史文化相联系。荆州古城墙、襄阳古城墙、襄阳王府绿影壁、钟祥明显陵、江夏明楚王墓园、蕲春李时珍墓都是全国重点文物保护单位。明代著名的以内阁首辅杨溥、张居正、名医李时珍等为代表的大批勋臣名家,在湖北都留下有许多重要的史迹,一些勋臣名人的逸闻轶事仍在当地流传。湖北地区的明代帝王、名臣俊杰都有较高的知名度和社会影响力。历史上的诸藩的王府、王陵依制而建,规模宏大,气势显赫。湖北丰富的明代的文物遗产资源,为湖北明代的文物保护和考古工作提供了较为坚实的基础。

明代藩府诗集的史料价值：
以《沈国勉学书院集》为例*

吕　双

（西安电子科技大学人文学院）

内容摘要： 明代藩府本以其多且精的特点，在明代刻书业中占有特殊地位，但学界关注多集中于藩府刻书数量及版本等的探究，对藩府刻书中藩府著述的史料价值尚少关注。现存于国家图书馆的《沈国勉学书院集》是由晚明沈定王朱珵尧组织刊刻，收录了包括其在内前后四代藩王的诗作。该诗集所收录诗文在展现藩王清新诗风的同时，为历时性了解明代中期到晚期地方藩王心态、王府生活以及文化交流网络提供资料，是进一步讨论明代朝廷在地方藩禁政策实际施行情况，甚至反思明代宗室在晚明文化浪潮中角色的重要史料。

关 键 词： 明代藩王　沈藩　《沈国勉学书院集》　社交网络

近年来，明代宗室在文化，尤其是刻书上取得的成就越来越引起学者的重视[①]。藩府刻书以其数量庞大、版本精良、内容宏富，在明代刻书甚至明代文化中占有着重要地位。叶德辉曾赞言"大抵诸藩优游文史，黼黻太平。修学好古，则河间比肩；巾箱写经，则衡阳接席"[②]。因而在藩府刻书中也含有大量著述。创作者上至亲王，如楚庄

---

* 本文为国家社会科学基金后期资助暨优秀博士论文项目《明代分封制下山西宗室的权势网络研究》的阶段性成果，项目编号 21FZSB058；本文亦受中央高校基本业务费资助，项目编号 XJS220807。

① 对于明代藩府的刻书成果，见陈清慧：《明代藩府刻书研究》，国家图书馆出版社，2013年；Jérôme Kerlouégan, "Printing for Prestige? Publishing and Publications by Ming Princes", *East Asian Publishing and Society* 1, no. 1 (2011), pp.39-73; Jérôme Kerlouégan, "Printing for Prestige? Publishing and Publications by Ming Princes Part 2", *East Asian Publishing and Society* 1, no. 2 (2011), pp.105-144; Jérôme Kerlouégan, "Printing for Prestige? Publishing and Publications by Ming Princes Part 3", *East Asian Publishing and Society* 2, no. 1 (2012), pp.3-75; Jérôme Kerlouégan, "Printing for Prestige? Publishing and Publications by Ming Princes Part 4: Appendices", *East Asian Publishing and Society* 2, no. 2 (2012), pp.109-198.

② （清）叶德辉：《书林清话》卷五，上海古籍出版社，2008年，第90页。

王朱孟烷有《勤有堂诗集》、楚宪王朱季坲有《毓秀轩集》、楚端王朱荣㵆有《正心诗集》、秦简王朱诚泳有《小鸣稿》、宁献王朱权有《宫词》、唐恭王朱弥钳有《秋江词》和《谦光堂集》等①，下到没有爵位的庶人宗室。这些藩府著述从内容上使得藩府刻书带有明显不同于其他明代刻书的特色。不过遗憾的是，目前可见的藩府著述较为有限，而学界的相关研究也多限于文学和艺术上的探讨，其史料价值尚未受到重视。北京中国国家图书馆所藏由沈藩的沈定王朱珵尧所辑《沈国勉学书院集》即是一部未受重视，却具有不可忽视史料价值的宗藩诗集。

沈藩的第一位受封藩王简王朱模是明太祖的第二十三子，他原本封地为沈阳，在明太宗朱棣迁徙边塞藩王的过程中于永乐六年（1408）被改迁到山西东南的腹内地区潞州②。到沈定王朱珵尧继承沈王爵，已是沈藩的第七代藩王。朱珵尧于嘉靖三十七年（1558）封世子，万历十二年（1584）袭封③。在他所编辑的《沈国勉学书院集》中，除他自己所撰写的《修业堂稿》两卷（内含诗127首，赋5篇）外，另有沈安王朱诠鉌（1483年封）的《凝斋稿》一卷（诗59首）、沈宪王朱胤栘（1501～1549）的《保和斋稿》五卷（诗422首）以及沈宣王朱恬烆（1552年封）的《绿筠轩稿》四卷（诗210首，赋5篇），合共十二卷④。

嘉靖初年，沈王府在继承上出现了问题。嘉靖六年（1527）第四代沈王恭王朱诠鉦薨逝，当时不仅他的儿子朱勋泄，甚至朱勋泄的两个儿子均已先卒，是以最后由其从侄朱胤栘嗣封，即沈宪王。沈宪王本为沈藩灵川王朱勋溜的嫡长子，嘉靖五年（1526）袭灵川王爵，但因沈恭王绝嗣，朱胤栘授命于嘉靖九年（1530）负责管理沈府事，并在嘉靖十年（1531）嗣封沈王爵。在他继承爵位后，追谥其祖父朱诠鉌为安王，父亲为惠王⑤。也就是说，沈定王朱珵尧所辑的《沈国勉学书院集》中涉及的沈藩四代藩王诗作正为由灵川郡王府嗣封沈王爵的这一支所作。沈安王受封于成化年间，到沈定王袭封时期，诗集所涉四代藩王的时间跨度已有百年，所录诗歌创作时期从明中期

---

① 陈清慧：《明代藩府刻书研究》，国家图书馆出版社，2013年，第33～49页。

② 由于藩王已失去了朱元璋所设计的守卫边塞的重任，为了便于管理，朱棣将边塞一带的诸多藩王改封到了内地。一并被改封的藩王还包括封地大宁的宁王朱权，改封南昌府，封地广宁的辽王，后改封湖广荆州府，谷王原封地宣府，被改封长沙府。《明史·志十七·地理二》卷四十一，中华书局，1974年，第966页；《明史·列传六·诸王三》卷一一八，第3606页。

③ 《明史·表第三·诸王世表三》卷一〇二，第2782页。

④ （明）朱珵尧：《沈国勉学书院集》，勉学书院刻崇祯元年版，现存于中国国家图书馆，后文注释提及均为此版本，不一一注明。

⑤ 恭王前三代分别为简王、康王、庄王，第一代灵川王为庄王庶二子，即后追谥安王诠鉌。见（清）张廷玉：《明史·表第三·诸王世表三》卷一〇二，中华书局，1974年，第2781～2783、2794、2795页。

一直持续到明晚期。

《沈国勉学书院集》善本现藏于北京中国国家图书馆。不过这一版本并非沈定王所辑诗集的最初版本，乃崇祯年间沈王府的再版①。该版本中既有山西都察院右副都御使朱孟震于万历十九年（1591）为诗集所撰的序，另有提督山西学政布政使司右参政吴时亮于崇祯元年（1628）、山西左布政使兼按察使司副使王所用于崇祯三年（1630）为再版所书的两篇序②。在该诗集的序言中三位山西高官皆称颂了四代沈王的诗作，并论及四代沈王对沈藩诗文的传承。诚如按察副使王所用所言："即以诗论，安庙浚其源，宪庙汇其流，宣庙决其澜，定庙扬其波。"③沈定王朱埏尧也在诗集的题辞中提到，在各代沈王的努力下，沈藩先后获得皇帝的敕赐奖谕"忠义"、"忠勤"和"好学敦伦"。而他编辑刻印诗集，既为更好地呈现之前诸王的传承，亦为形成引导子孙的榜样：

> 矧我祖考荷累朝惇睦之恩，列圣经纬之化，启我藩艺文之盛。奕世睿章，
> 斐然在笥。顾未遑汇集成篇，用垂不朽，是则后人之责也。不肖尧以德昧叨
> 承茅土，深惟前修无能继述于万一，仅将故藏手泽缮录，共得诗若干篇，刻
> 于敕赐勉学书院，以阐先世业祥之长，俾世世子孙景式无斁。行将上尘乙览，
> 副存太史，虽不足与天禄之书颉颃后先，然亦庶几昭我明文治之隆，以备国
> 风之一什云④。

沈定王在高度赞扬沈宪王、沈宣王对于沈藩文化繁荣所起引领作用的同时，也言明了他重新编辑诗稿的目的，即为了能让这种风气为后世子孙所传承。正如李康杰（Jérôme Kerlouégan）所指出的，宗室刻书的首要动机是希望通过这种方式维持或加强其支系的文化名望，并达到教育子孙的目的⑤。这使得藩王刻书的保存与流传都受到了较大的限制，也令《沈国勉学书院集》的存世尤显珍贵。

关于明代藩王的诗文，学者们就文学角度而言，已有不少研究⑥。但《沈国勉学书

---

①　根据张秀民《中国印刷史》中记载，该诗集的第一个版本应在万历十九年。不过崇祯时期再版时沈定王已薨逝。《明实录》载，天启二年（1622）"以沈王埏尧久薨，命世子效镛暂管府事"。见张秀民：《中国印刷史》，浙江古籍出版社，2006 年，第 303 页；《明熹宗实录》卷二十五，天启二年八月乙亥条，第 1261 页。

②　第三篇序尾记"崇祯上章敦祥岁"，为太岁纪年法，即崇祯庚午年，也就是崇祯三年。

③　《沈国勉学书院集》王序，第 5a 页。

④　《沈国勉学书院集》题辞，第 2b-3b 页。

⑤　Jérôme Kerlouégan, "Printing for Prestige? Part 3", p.56.

⑥　周榆华：《近 30 年来明代藩府与文学研究述略》，《南昌高专学报》2012 年第 1 期。叶舟：《朱诚泳的藩王身份与其杂文风格的关系》，《文学界（理论版）》2010 年第 7 期。张晓彭：《明代宗藩诗人及其诗歌述论》，《南都学坛》2016 年第 5 期。宗立东：《论明代宗室三个阶层的诗歌创作》，《北方论丛》2017 年第 1 期。

院集》的特别之处更在于其在呈现明代藩王诗歌创作清新淡雅诗风的同时，由于所收录的诗歌创作是从明中期一直持续到晚期，因此更可历时性地观察时局变化下沈藩藩王心态、生活环境、交友网络的改变。可以说，这一诗集为探究明中期以后地方藩王生活、藩王与士人群体的互动，甚至藩王与朝廷的关系提供了重要史料。下文将初步就该诗集对藩王心态及其在社交群体上的变化这两方面的展现略作呈现。

　　首先是藩王心态上的转变。在 12 卷的合集中，第一卷为沈安王朱诠鉌的《凝斋稿》。沈安王的诗作虽仅有一卷，但此卷所表现的宗室性格非常典型。明太祖驾崩后，朝廷为了限制地方藩王的势力，先后制定了一系列的政策控制他们在地方的行动。这一系列政策被称为"藩禁政策"。藩禁政策极大缩小了宗室的活动范围，并严禁宗室从事四民业，宗室被"禁锢"于一城之中，只能坐食其禄[①]。因此，在沈安王的诗文中，藩禁政策下的宗室虽不愁衣食，可却时常流露出一种寂寞之情。"门掩书斋奈寂寥，伤秋况值雨萧萧。竹枝那解愁人意，顾向南窗弄晚飙。"[②] 即使是面对新春之景，从诗句中也可见沈安王的心情亦是百无聊赖的。"柳荫无意听鹃啼，啼得春光又早归。"[③] 而藩禁政策的施行也使得他空有志向，毫无发挥之处。"独抱鱼龙志，难逢际遇时。"[④] 在《春日有怀远客》中，他又写道，"小圃辛夷渐发芽，禁城残留欲飞花"[⑤]。他以园中辛夷花为寄托，透过"禁城"与"飞花"所形成的反差，在表现对友人思怀的同时也表达着自己身困于藩城中的无奈。

　　可值得注意的是，沈宪王作为沈藩由郡王承继亲王爵的转折性人物，且嗣位于嘉靖年间[⑥]，他的诗文在前后期呈现出了非常明显的转变。在沈宪王朱胤栘早期的诗歌中，也常常表露出同沈安王相似的情绪，甚至还更有一种对无处遣怀的抱怨。他有诗句言，"孤吟无限意，怀抱与谁论"[⑦]。可府内一旦有宾客来临，这种消极的情绪便会随之消失。

　　　　客到饶佳兴，开筵一款留。池塘经雨足，花竹满庭幽。
　　　　鲜鲤金盘荐，春醪碧瓮浮。人生贵行乐，莫待鬓毛秋[⑧]。

---

　　① 《宗藩后》，（明）谢肇淛：《五杂俎》卷十五，《续修四库全书》子部第 1130 册，上海古籍出版社，1995 年，第 641 页。（明）张萱：《西园见闻录》卷四十七，《明代传记丛刊》第 120 册，（台北）明文书局，1991 年，第 494 页。

　　② 《秋意》，《沈国勉学书院集》卷一，第 3b 页。

　　③ 《春兴》，《沈国勉学书院集》卷一，第 4b 页。

　　④ 《春日写怀》，《沈国勉学书院集》卷一，第 1a-b 页。

　　⑤ 《春日有怀远客》，《沈国勉学书院集》卷一，第 2b 页。

　　⑥ 明武宗绝嗣，其叔父之子朱厚熜以外藩入继大统，改年号为嘉靖。

　　⑦ 《不寐》，《沈国勉学书院集》卷二，第 7a 页。

　　⑧ 《宾至》，《沈国勉学书院集》卷二，第 12a 页。

这种变化的对比非常明显，宾客的到来不仅使得院内的风景没有孤寂时的厌倦感，池水、花竹都恰到好处，就连食、酒也变得颇有滋味。于是这一宴一直持续到夜晚仍然不舍结束，"倾倒兴非浅，留连情自真。坐催银烛上，共待月华新"①。在他的诗文中甚至还有直接表现他留客心情的："倾倒兴非浅，留连情自真。坐催银烛上，共待月华新。"② 不过由于仍受藩禁的限制，这样的相聚在这一阶段也非易事，所以他也有"回看十年事，聚散几何人"的感慨③。

沈安王和沈宪王早期的诗作所表现的王府生活和藩王心情都表明，嘉靖之前王府及府中花园乃是王府的私人领域。受藩禁政策的制约，困于王府内的藩王较少有机会与人在府内言欢。不过从沈宪王后期的诗作来看，他在承继王爵之后，无论是与同藩宗室，还是地方官员、地方士人精英的交往都在明显增多。而诸如上述表达寂寥情绪的诗歌在沈宪王后期的创作中也明显减少，取而代之的是他为出游、宴饮活动所作诗文。甚至还有对时事，尤其是对边塞状况的讨论与关心。这一转变正发生在由藩王出身的明世宗朱厚熜在位期间，至少在一定程度上反映出嘉靖时期地方对宗室的言论及行动自由的约束相较之前有了较大的改善。王府花园也在逐渐成为藩王同士人精英交流互动的重要场所。

因此，伴随着藩王心态转变更重要的变化是其社交群体也发生着明显转变。从沈安王的《凝斋稿》来看，他的创作主要以写景抒情诗为主，偶有表达怀友的诗歌。更值得注意的是这些怀友诗歌多未书明所感怀之人的姓名，而是以"远客""道友""秦中诗人"指代。这与他在位时期朝廷对于地方宗室交往群体的介怀不无关系。明中叶，朝廷对地方藩王的社交活动颇为警惕，且十分严格地限制着王府内的宴饮活动。景泰三年（1452），沈康王朱佶焞父子就因与潞州知州等官酒饮而受到斥责，朝廷因此著令"请自天下诸王今除时节及遇万寿圣节等项，可以酒食赐守土文武官员，余日不许置酒食饮会，自启衅端"④。之后成化间又有监察御史张进禄、潞州知州孙珂、判官冯徽等因在王府私宴而遭贬谪，充边卫军⑤。朝廷一而再地禁令虽表明王府内私下的交流很可能一直都在进行，但从沈安王明显对所交往人有意避谈的状态而言，无疑也反映了朝廷对此的介怀。

从沈安王《凝斋稿》的诗歌题目里，大致能判断身份的仅有刘教授、长子县尹、牛仪宾、蔚左史以及五台山僧人明晓五人⑥。这些人正是藩王在有限活动空间中最容易

① 《留客》，《沈国勉学书院集》卷二，第 12a 页。

② 《留客》，《沈国勉学书院集》卷二，第 12a 页。

③ 《留客》，《沈国勉学书院集》卷二，第 12a 页。

④ 《明英宗实录》卷二一四，景泰三年三月辛丑条，第 4605、4606 页。

⑤ 《明宪宗实录》卷九十五，成化七年九月壬申条，第 1815 页。

⑥ 《沈国勉学书院集》卷一，第 3a、4a、4b、6b、9a、9b、10a 页。

发生关系的群体——王府府官、地方官、宗室姻亲及僧道。可即便是涉及这些人的诗歌，沈安王的诗作也都是怀思诗，未见有互动更直接的唱和诗出现。由此可见，就沈安王诗文所涉及交往人员的数量、身份以及诗文形式，在朝廷的严格监督下，成化到正德时期王府同士人的交往即便有，也多为私下。但这样的情况到沈宪王后期出现了明显的转变。

沈宪王的诗歌共 5 卷，426 首，所提到人数达 60 多。这不仅表明他的交友群较沈安王时期明显扩大了，并且就沈宪王前后期诗文的内容与反映的心境对比都表明，无论是同宗室、同姻亲、还是同职官，朝廷在这一时期就交往层面对宗室的限制显然在逐渐放宽。宴饮诗的增多即是最重要的标志之一。从沈宪王的诗歌中，我们看到，亲王宴请地方官已不再局限于时节、万寿圣节或是藩王寿辰[①]。在春日，沈宪王会邀知府等举行迎春宴，秋日为了赏菊会于菊圃中办集宴，府中的家宴也常有进行，碰到职官离开潞安府也会摆送别宴[②]。席间诗歌唱酬无疑是交流感情的重要活动。更有与士人宴饮时的唱酬诗被编为《清秋倡和》《清和联唱》等稿[③]。

嘉靖二十三年（1544）山西按察使金事陈崇庆因调度官兵预防虏患经过潞安府，朝见沈宪王。沈宪王于便殿中设宴款待。席间沈宪王以文相邀，于是陈崇庆先作五言诗一章，宪王随之和诗，如此往复二人先后写就十数篇。次日，宪王又再次设宴邀约，二人又再作六言、七言绝句、律诗等文体，合编为《清秋倡和稿》[④]。郡人进士李新芳听闻沈宪王多次宴请陈崇庆，并不拘身份与其唱和后，大为赞赏：

> 盖王以四海为家，大夫亦有东西南北风。故每见必款，留与语天下事，暨诸古圣贤，退止酒数行，感时言志，抚景兴怀，更唱迭和，金锵玉鸣。逮其道谊谐协，况味流通，天机飞动，感应如响，造化神奇，皆为之用。鲁未移刻，遂成卷帙，亦一时同游之盛也。愚闻而喜曰："大夫江之南，王河之北，而遭遇如平生欢境内，亦因以安，王之德昭矣，大夫之情著矣。"[⑤]

此时的沈宪王已全然不见之前的寂寥情绪，与士大夫畅舒己怀、以诗文相交。虽然陈崇庆是因公事到访潞安而与沈宪王结识，可二人间已明显不仅限于礼仪性的朝拜交流，

---

①　景泰三年的禁令详见《明英宗实录》卷二一四，景泰三年三月乙巳条，第 4606 页。

②　此类诗颇多，此处仅举几例。《沈国勉学书院集》，《迎春宴集同贾太守诸君》，卷三，第 1a 页。《春日宴游用唐韵答公太守》，卷四，第 7b 页。《秋日菊圃宴集得香字》，卷二，第 23b 页。《宴别可庵正郎兼忆近泉宪副未获同会时二子为姻亲诗意言及》，卷四，第 4a 页。

③　陈崇庆：《清秋倡和引》，《沈国勉学书院集》卷六之后，第 5a 页。《清秋倡和引》与《清秋倡和序》均被附于《沈国勉学书院集》卷六之后。

④　陈崇庆：《清秋倡和引》，《沈国勉学书院集》卷六之后，第 3b-4a 页。

⑤　李新芳：《清秋倡和序》，《沈国勉学书院集》卷六之后，第 1a-1b 页。

而是交友性质的私下欢宴。

根据沈宪王的诗作，与他往来密切的职官除上文提及的山西按察使佥事陈崇庆外，还有副都御使苏祐、按察副使宋圭、副都御使黄洪毗、按察使高叔嗣、按察副使提督学政廖希颜、潞安知府公跻奎等。这其中不少人的诗文为时人称道，如苏祐字允吉，又字舜泽，濮州人，曾以副都御使巡抚山西，后又以兵部左侍郎总督宣大，《列朝诗集》评其诗"丽豪伉浪，奔放自喜"。亦有鲁藩宗室朱观㷩赞其诗"格不高而气逸，调不古而情真"①。又如高叔嗣，字子业，祥符人，曾出为山西参政，其诗"初受知于李梦阳，然摆脱窠臼，自抒情性"②。他也是晚明文学复古运动的重要倡导者。这些士大夫在山西任职或途经潞安时受到沈宪王的礼遇，与其相识相交。虽然沈宪王的行动范围受到藩禁限制，但从《保和斋集》所收录的大量赠诗来看，显然沈宪王同他们的交流并没有局限在封国的狭小区域内，而是延伸到封国之外。仅沈宪王写给御史苏祐的赠诗就多达 11 首③。也就是说，这些士大夫即便是离开潞安府，仍然与沈宪王保持着诗文往来。

事实上，在沈安王之后三代沈王的诗作中，藩王与王府官和僧道相关的诗歌已不突出。统计《沈国勉学书院集》第二至十二卷沈宪王、沈宣王、沈定王所写诗歌中，有提及其交往人群的共 317 首，下表按宗人、姻亲、王府官、地方士人、职官、僧道、山人等不同身份进行分类：

三代沈王诗文所涉人群统计表④

藩王	宗人	姻亲	王府官	地方士人	职官	僧道	山人	身份不详
宪王	12 首	26 首	5 首	6 首	82 首	10 首	0 首	8 首
宣王	15 首	21 首	0 首	1 首	30 首	9 首	11 首	26 首
定王	7 首	7 首	1 首	6 首	16 首	3 首	1 首	14 首

---

① （清）钱谦益：《列朝诗集小传》丁集上，上海古籍出版社，1988 年，第 389 页。

② （清）陈田：《明诗纪事》，《明代传记丛刊》第 14 册，（台北）明文书局，1991 年，第 17 页。

③ 《沈国勉学书院集》沈宪王的赠诗分别名为：《寄苏舜泽侍御》，卷二，第 4b 页；《答苏舜泽侍御见寄》，卷二，第 16b 页；《岁暮对雪答苏舜泽见怀》《再别舜泽》，卷三，第 4b 页；《秋日怀苏舜泽侍御》卷三，第 9a 页；《得苏舜泽大参书赋此寄怀》，卷五，第 7b 页；《得苏舜泽都宪书》，卷五，第 10a-b 页；《寄怀苏舜泽》，卷五，第 12b 页；《怀苏舜泽中丞》，卷五，第 13b 页；《寄苏舜泽都宪寓怀》，卷五，第 15a 页；《春日赋苏舜泽都宪》，卷五，第 20a 页。而在苏祐的诗集中亦可见与沈宪王的诗文交流，如诗《奉和沈王》、《对雪简上沈王》，见（明）苏祐：《榖原诗集》卷四，《四库全书存目丛书》，齐鲁书社，1997 年，第 417、418 页。

④ 由于在诗文中人名多以姓氏加官职或字号的形式初现，根据《明代传记丛刊》《明人室名别称字号索引》以及方志等资料仍有许多人物难以核对其真实姓名与籍贯，因此加设不详一类。也就是说不详这一栏或属地方士人或为职官，仍可体现与职官交流的密切，并不影响结论。周骏富：《明代传记丛刊索引》，（台北）明文书局，1991 年；杨廷福、杨同甫：《明人室名别称字号索引》，上海古籍出版社，2002 年。

由上可见，自嘉靖时期，职官逐渐成为藩王最重要的文化交流群体，宗藩内部的宗室与姻亲其次，藩王与王府官、僧道在诗文上的交流并不突出。另外大部分提及王府官的诗歌，多为王府官致仕时藩王所写的赠诗。换言之，嘉靖之后职官已成为藩王文学交流最为重要的群体①。这些途经或任职于潞安府府城的官员是沈王及宗室文人情怀最直接的倾诉者与交流者。而不难想象，凭借着藩王在地方的地位和财力，一旦他们对文学表现出喜好，其乐与士人为交的声名势必会迅速得到传扬，从而形成一定的向心力。

以往对于明代宗室的研究成果明确指出，相关研究在史料上面临着较大的局限性。明代朝廷对待宗室的态度与政策使得士人甚至历史学家对这一群体往往带有歧视，这致使他们在地方社会的书写中对宗室的活动疏于记录②。因此，在学者深入探讨明代宗室问题时在史料的搜集上往往捉襟见肘。此外，虽然宗室在文学艺术上的贡献早已受到关注，但就现有对明代藩王诗文的研究成果而言，这支封地位于山西东南潞安府的宗藩也未得到应有的重视。

《明史》记沈藩能诗者颇多，有沁水王朱珵埌、德平王朱允梃、清源王朱幼圻，辅国将军朱勋涟，从子朱允杉、朱允柠、朱允析，镇国将军朱恬烷与子朱珵圻等，因此"时称沈藩多才焉"③。沈定王编《沈国勉学书院集》在丰富了沈藩诗文创作资料的同时，通过不同时期沈王的诗文，一定程度反映出嘉靖时期是地方藩王心态、社会交往圈转变的重要时期。藩王与士人群体的交往开始从私人空间逐渐变得公开，并有了较为密切的诗文互动。这些与藩王积极互动的士人中亦不乏晚明复古运动的倡导者，而沈宪王及之后两位藩王的诗文也明显受到复古运动的影响。因此，该诗集既是进一步讨论嘉靖后地方藩禁政策实际施行状况的重要史料，亦可为反思明代宗室在晚明文化浪潮中的地位提供线索。

---

① 笔者根据宪王朱胤栘、宣王朱恬焌、定王朱珵尧诗中所提人物，并核对《明代传记丛刊》《明人室名别称字号索引》及地方方志等资料，按照宗人、姻亲、府官、郡中名士、职官、僧道五类对这些人进行区分统计。

② Wang Richard G, *The Ming Prince and Daoism*, p.xxv; Craig Clunas, *Screen of Kings*, p.10.

③ 《明史·列传六·诸王三》卷一一八，第 3606、3607 页。

明代藩王墓所见铜镜探微

孙黎生

（武汉博物馆）

内容摘要： 明代皇室实行皇子分封建藩制，除被立为太子储君的皇子外，其余皇子被册封为亲王，成年后辟藩府于外省，子孙繁衍，世代驻锡。遍布中西部省份的明藩墓中，随葬铜镜因为墓主生前生活方式、地方文化、民间风俗信仰等原因，存在不同的放置方式，体现风格迥异的丧葬文化。

关 键 词： 明藩王　墓葬　随葬物　铜镜

铜镜是古代人民日常的照面工具，上至皇室，下至普通百姓，都要使用铜镜，阶层的区别与使用者身份的不同，也赋予铜镜镜背纹饰的差异，体现不同阶层的审美情趣和消费能力。在古代，铜镜除了照面使用，也可作为随葬器，与其他明器、祭器、实用器等一起埋藏在地下，继续在黄泉世界为墓主人服务，这更能反映古人对铜镜的依赖。人们赋予铜镜的这种随葬性，从铜镜产生时期就已经开始，一直贯穿于整个传统社会，尤其是明代藩王墓中的随葬铜镜或许更能反映当时铜镜在丧葬礼仪中扮演的角色。

明代实行皇子分封建藩制，除储君外的皇帝诸子年长后依制封亲王并辟藩府于外省，而后世代驻锡。各地驻扎藩子孙后裔多即生于封地、葬于封地，时代因之，因而明代的藩王及王族成员墓葬遍及多省。其中亲王陵墓的规模最大，相应地，历史、文物价值也最高。根据刘毅先生统计，"明代两京以外应该有亲王等级的陵墓接近280座"[1]。而亲王驻藩后诸子受封的郡王、镇国将军、辅国将军、奉国将军、镇国中尉、辅国中尉、奉国中尉以及女性受封的郡主、县主、郡君、县君、乡君等墓葬更是难以统计且绝大多数已经被破坏殆尽或湮没无闻。目前所见的一些考古发掘简报显示，在一些明代藩王墓葬中常见铜镜出土。这些铜镜有的被安放在墓主人头部两侧，有的被放置于葬棺之上，有的位于玄宫旁边的配室（耳室），也有因陵墓被盗扰或自然因素造成的铜镜位置的移动等现象。这些铜镜扮演着实用器或者祭器的角色，继续为墓主人服务。笔者将通过一些考古简报和文献资料，对所见明代藩王墓中随葬铜镜情况进行初步分析，通过探讨一些关于明藩墓中铜镜的问题，讨论其在墓葬中蕴含的文化意义。

---

[1]　刘毅：《明代藩王陵墓的考古学研究》，科学出版社，2021年，第36页。

一、若干考古活动中所见明藩墓中铜镜

2007 年 11 月至 2008 年 6 月发掘的成都凤凰山明蜀王妃墓,墓主疑似一世蜀王朱椿的妃子[①]。该墓中铜镜出土于棺室,但并没有说明铜镜在棺室中的具体位置。同在蜀地的明蜀怀王墓中也出土一件铜镜,也未注明铜镜墓中的具体位置[②]。

根据《河南荥阳明代周懿王墓发掘简报》[③]显示,周懿王墓被盗掘严重,但仍有一些器物出土。该墓室淤土严重,在墓室底部器物中,有两面铜镜,其中一面为双鱼镜,一面为素面镜,两面铜镜的原放置的具体位置不得而知。

1970 年春至 1971 年初发掘于山东邹县境内的明鲁荒王朱檀的墓中发现一枚铜镜,铜镜位于后室,放在纱布妆具袋中,浮雕海涛龙纹,镜铭"洪武元年五月日造",纽穿线带,保存较好[④]。

湖北钟祥明代梁庄王墓中出土铜镜一面,与其他七件铜器位于墓中后室的壁龛中[⑤]。

武昌龙泉山明楚昭王墓出土铜镜三面,分为带柄镜和半镜两种。其中带柄镜位于棺室北龛,铜半镜与棺内随葬金镶木腰带、串饰等放置在一起[⑥]。半镜位于墓主腰间,只存整镜的三分之一强,推测系有意为之。

湖北钟祥郢靖王朱栋墓出土海涛龙纹镜一枚。后室西壁龛有一枚素面铜镜[⑦],与众多铅锡铜器放置在一起,可视为明器。后室东壁龛出土一些锡、铜、铁明器,还有三件大小不等的漆箱漆匣,内装郢靖王生前的一些珍玩和文具[⑧]。两面铜镜一面是海涛龙纹镜,一面是素面镜[⑨],两镜没有与箱匣外的明器放在一起,疑似也被放置在此龛中。

---

① 成都文物考古研究所、金牛区文物管理所:《成都凤凰山明蜀王妃墓》,《成都考古发现 2008》,科学出版社,2010 年,第 493 页。

② 成都文物考古研究所:《成都市三圣乡明蜀"怀王"墓》,《成都考古发现 2005》,科学出版社,2007 年,第 396 页。

③ 孙凯、许鹤立、刘其山:《河南荥阳明代周懿王墓发掘简报》,《华夏考古》2019 年第 2 期。

④ 山东省博物馆:《发掘明朱檀墓纪实》,《文物》1972 年第 5 期,第 31 页。

⑤ 湖北省文物考古研究所、荆门市博物馆、钟祥市博物馆:《湖北钟祥明代梁庄王墓发掘简报》,《文物》2003 年第 5 期,第 18 页。

⑥ 湖北省文物考古研究所、武汉市文物考古研究所、武汉市江夏区博物馆:《武昌龙泉山明代楚昭王墓发掘简报》,《文物》2003 年第 2 期,第 9、12 页。

⑦ 湖北省文物考古研究所、荆门市博物馆、钟祥市博物馆:《郢靖王墓》,文物出版社,2016 年,第 149 页。

⑧ 湖北省文物考古研究所、荆门市博物馆、钟祥市博物馆:《郢靖王墓》,文物出版社,2016 年,第 189 页。

⑨ 湖北省文物考古研究所、荆门市博物馆、钟祥市博物馆:《郢靖王墓》,文物出版社,2016 年,第 193 页。

从一起存放的器物判断，这两面铜镜应该是郢靖王生前用镜。

武汉洪山区曾发掘明楚昭王朱桢五世孙镇国中尉朱显栻，妻恭人赵氏"同茔异穴"夫妻合葬墓。其中在朱显栻与其妻墓中发现铜镜，铜镜几近二分之一，系人为凿开。两半镜分别放置在朱显栻头部左侧，妻赵氏头部右侧，镜面向上[①]。根据分析，可能是因为明代尚左，所谓男左女右，或许即是男尊女卑的习俗。根据圹志，朱显栻与其妻下葬时间相差三十六年，但两半铜镜仍可合为一面。

湖北蕲春荆端王朱厚烇次妃刘氏墓中发现一枚铜镜，铜镜与其他金属陪葬器一起置于棺内[②]。

河南上蔡县邵店乡金井吴村发掘的明顺阳王朱有烜墓中，位于墓后室西北角放置木匣，木匣已腐朽严重，内装包括一面铜镜[③]在内的金、银、铜、玉等随葬器物百件。

1971年发掘的河南南阳明溵水郡主墓中，出土龙凤纹铜镜一面[④]，但关于该墓资料未见发表，铜镜的放置的具体位置不详。不过从随同出土的44件金器（簪、钗、戒指、扣子、冥钱和小饰件）来看，这面铜镜可能作为女性梳妆用品而被入土埋葬的。

1964年发掘的江西南城一座明益藩罗川王族墓中，出土一面铜镜，该镜圆纽，素面，直径14.5厘米。纽上有"任"字印记。背面阳文铭文为"万历己丑年任小轩铸造"[⑤]。相关研究中并没有记录标明铜镜在墓葬中的位置。根据墓中出土随葬清单记录，墓主下葬时间为万历二十一年（1593）六月。

1982年江西南城发掘清理了明代益定王朱由木及其元妃黄氏、次妃王氏的合葬墓，朱由木棺室部分被盗，皇妃棺室严重被盗，仅王妃棺室保存完好。在朱由木剩余的随葬器物中，有铜镜两面，其中出自棺底圆形腰坑中的一面直径15.8厘米，为仿汉博局镜。另一面直径9.5厘米，圆纽，高镜缘，饰一周凸弦纹。王氏墓中出土一面铜镜，直径15.8厘米，圆形平纽，纽铭为"龙家自造"，素面[⑥]。

1972年1月，江西省考古工作者在南城县红湖公社红岭大队外源村北发掘了明代益王朱祐槟夫妇合葬墓。根据发掘报告，朱妻墓彭氏棺棺盖已坍塌，盖上放置一素面铜镜，铜镜直径15.6厘米，圆纽[⑦]。根据文献记载，朱祐槟卒于嘉靖十八年（1539）。

1979年12月至1980年3月，江西省文物工作队在江西南城县岳口公社游家巷大

①　武汉市博物馆：《黄家湾明代楚王朱氏墓》，《江汉考古》1998年第4期，第34、36页。

②　小屯：《刘娘井明墓的清理》，《文物》1958年第5期，第56页。

③　彭爱杰：《驻马店上蔡明顺阳王朱有烜发掘简报》，《中原文物》2022年第4期，第22页。

④　刘霞：《南阳明故溵水郡主墓》，《东南文化》2004年第5期，第14页。

⑤　薛尧：《江西南城明墓出土文物》，《考古》1965年第6期，第319、320页。

⑥　许智范、李放、刘诗中等：《江西南城明益定王朱由木墓发掘简报》，《文物》1983年第2期，第57、58页。

⑦　陈文华：《江西南城明益王朱祐槟墓发掘报告》，《文物》1973年第3期，第37页。

队发掘了明代藩王益宣王朱翊鈏和李、孙二妃的合葬墓。根据发掘资料，在朱翊鈏墓中，死者的头部随葬旒冕、玛瑙冠、木梳、铜镜、瓷盘、玉佩、纸扇等物。李氏墓中，死者的头部竖放一面铜镜，右侧有一把折纸扇，左侧有玉圭、玉佩、玉扣花、玉戒指和凤冠等。孙氏棺内还有纸扇、铜镜、木枕、瓷盘以及凤冠、玉佩、玉带、玉圭和大量金饰件等。朱翊鈏墓中铜镜为"任"字纽镜，镜背有"益府"二字，直径19厘米；孙氏墓中两面铜镜一为仿汉四蒂叶纹铜镜，直径19.7厘米，一为仿唐海兽葡萄纹铜镜，13.8厘米；李氏墓为素面大铜镜，直径36厘米[①]，体积大，较为少见。据《明史》记载，朱翊鈏号潢南，自称潢南道人，卒于万历三十一年（1603）。

1958年发掘江西南城明益庄王朱厚烨夫妇合葬墓，其中朱厚烨棺内随葬品中仅有玉带、金钱、金钗、瓷盘、铜镜等物[②]，发掘记录没有记录铜镜在棺内的具体位置。根据圹志，朱厚烨于嘉靖三十六年（1557）三月十七日下葬。

南昌新建宁献王朱权墓中出土两面铜镜，根据发掘记录，两面铜镜一大一小。大的位于棺内死者头前，直径18.2厘米，背面有芦雁浮雕，并有一人被衣席地而坐，抬首遥望，一童子侍立其后；小的出于壁龛内，直径5.7厘米，素面无纹饰[③]。

甘肃兰州一明藩王等级墓中，在主室券顶中间，有丁字形铁钩子三个，钩长50厘米。两钩之间相距2.5米，正中一钩悬挂铜镜一面，其他二钩所挂器物业已腐朽无存[④]。

卒于永乐七年（1409）的蜀悼庄世子朱悦爖墓中，墓主棺床四角和前面正中部位的地面上各有一面铜镜，斜立于石镜台上，正照着棺床[⑤]。

二、明藩墓中铜镜摆放位置研究

从以上目前所见一些明藩王墓中铜镜摆放位置的差异可以看出，随葬铜镜大致呈三种摆放形式。

第一种是铜镜放置于棺室、后室或是侧部的壁龛中，如上举明鲁荒王朱檀墓、湖北钟祥明代梁庄王墓、武昌明楚昭王墓带柄镜、湖北钟祥郢靖王朱栋墓、河南上蔡明顺阳王朱有炟墓等。除去盗扰因素影响，这些铜镜和他金属器放置在一起，可以判断为墓主人的生前普通的生活用具和私人财产。

---

① 刘林、余家栋、许智范：《江西南城明益王朱翊鈏夫妇合葬墓》，《文物》1982年第8期，第17、20、21、24页。

② 江西省文物管理委员会：《江西南城明益庄王墓出土文物》，《文物》1959年第1期，第48页。

③ 陈文华：《江西新建明朱权墓发掘》，《考古》1962年第4期，第204页。

④ 甘肃省博物馆：《兰州市上西园明墓清理简报》，《考古》1960年第3期，第42页。

⑤ 刘毅：《明代藩王陵墓的考古学研究》，科学出版社，2021年，第475页。

　　第二种是随墓主人入葬于棺内的铜镜。如武昌明楚昭王墓铜半镜与棺内随葬金镶木腰带、串饰等放置在一起，半镜位于墓主腰间。湖北蕲春荆端王朱厚烇次妃刘氏墓中铜镜置于棺内。江西南城益宣王朱翊鈏和李、孙二妃的合葬墓中，朱氏头部竖放一面铜镜，其妻李氏棺内放置铜镜，其妃孙氏棺内放有铜镜。南昌新建宁献王朱权墓大小两面铜镜，大的位于棺内墓主头前。以上这些铜镜均作为墓主的私人财产被贴身放置在棺内墓主人的头部或身旁。

　　第三种是铜镜被精心安放在墓中指定位置，被赋予一些特殊意义。武昌龙泉山明楚昭王墓出土三面铜镜中的一面为半镜，位于墓主人腰间位置，此半镜系人有意为之。同为楚藩系的位于武汉洪山区镇国中尉朱显杖合葬墓中，铜镜被人为凿断为几近二分之一，分别放置在朱显杖头部左侧，妻赵氏头部右侧。根据目前有限的明藩王墓考古资料，断镜随葬只在楚藩墓中出现以上两个实例，虽然我们还不能断定以后明藩王墓考古中是否还会出现此种葬镜习俗，但楚藩墓中断镜而葬应该可以看作是本藩基于对传统文化或民间传说的独特认识而采用了破镜随葬的形式。铜镜随葬，由来已久，在先秦两汉墓葬常可见到出土的随葬铜镜，但古代祭祀、葬仪中用破镜的传说却可追溯至远古。《汉书·郊祀志》云："古昔天子，尝以春祠黄帝，用一枭、破镜。"[1] 宋元学者马端临在其《文献通考》中也证明的古时的做法："武帝时，有人言，古者天子以春解祠，祠黄帝，用一枭、破镜。"[2] 根据颜师古注疏，文献中提到的破镜并非是铜镜，而是古代传说中的一种禽兽，"孟康曰：'破镜，兽名，食父。皇帝欲绝其类，使百吏祠皆用之。破镜如貙而眼。'"[3] 但破镜一词却流传下来，后来破镜文化却被演绎出广为古人尽知的悲欢离合故事，据《太平广记·气义》记载：

　　　　陈太子舍人徐德言之妻，后主叔宝之妹，封乐昌公主，才色冠绝。德言为太子舍人，方属时乱，恐不相保，谓其妻曰："以君之才容，国亡必入权豪之家，斯永绝矣。傥情缘未断，犹冀相见，宜有以信之。"乃破一镜，各执其半。约曰："他日必以正月望卖于都市，我当在，即以是日访之。"及陈亡，其妻果入越公杨素之家，宠嬖殊厚。德言流离辛苦，仅能至京。遂以正月望访于都市。有苍头卖半镜者，大高其价，人皆笑之。德言直引至其居，予食，具言其故，出半镜以合之。乃题诗曰："镜与人俱去，镜归人不归。无复嫦娥影，空留明月辉。"陈氏得诗，涕泣不食。素知之，怆然改容。即召德言，还其妻，仍厚遗之。闻者无不感叹[4]。

①（汉）班固：《汉书》，中华书局，1969年，第1218页。

②（元）马端临：《文献通考》卷一百三，中华书局，1986年，第938页。

③（汉）班固：《汉书》，中华书局，1969年，第1219页。

④（宋）李昉等：《太平广记》卷一六六，中华书局，1961年，第1212页。

　　这就是历史上著名的"破镜重圆"故事。后人常以"破镜重圆"来赞美男女间离别后历经艰辛再聚的爱情，表达古人对美好爱情能够天长地久、永不分离的美好愿望。古代文学作品中也出现对有情人破镜重圆的情感表达，如"从军古云乐，获罪祷应难。毋望明珠复，夫求破镜完"[①]。据文献记载，古时墓中也有随葬破镜多事例，如《太平广记》（卷三九〇）记载："周显得乙卯岁，伪连水军使秦进崇修城，发一古冢。棺椁皆腐，得古钱破铜镜数枚。"[②]南宋文学家岳珂的史料随笔《桯史》中也记载有"庆元元年五月，大雨颓其巅，古冢出焉。初仅数甃流下，其上有刻如瑞草，旁着字曰：'晋永宁元年五月造'……有铜带数銙，鬃合，余者一片傅木，如铁。有半镜"[③]的历史事件。结合这些文献资料，我们再看楚藩墓中的这两个破镜随葬的例子，原本完好的圆镜被人为断开一半或三分之一强后，分别放置于藩王与其妻的头部（朱显栻合葬墓）或身旁（楚昭王墓），似在重新演绎历史上徐德言夫妻"破镜重圆"的美好感情，只不过楚藩把故事的舞台搬到了地下，表达了他们与伴侣在黄泉世界中继续和谐夫妻情感的来世愿望。戏剧性的一幕是，镇国中尉朱显栻夫妻合葬墓中的两面半镜在出土后的青铜器修复项目中，修复老师把两面半镜合二为一，人为地圆了朱氏夫妻的团聚愿望。但基于该墓墓葬原境，我们对修复后合二为一的铜镜又做分拆处理，使之回到原始破镜的状态，因为这样更能贴近原始的丧葬礼仪，表达墓主人最初的关切，反映楚藩对墓葬破镜文化的认知与理解。

　　还有一些明藩王墓中的随葬铜镜表达出一种特别的宗教意义。江西南城明代益定王朱由木合葬墓中，虽然朱由木棺室部分被盗，但在朱由木自棺底中部圆形腰坑中仍发现一面直径 15.8 厘米的仿汉博局镜。关于墓葬中腰坑的功能，一些学者曾进行专门探讨，崔世平、李海群认为，唐宋以来的墓葬腰坑与道教有关，"在将棺椁放置在棺床上之前，丧家会请道士主持醮仪，以祈求墓穴和棺椁稳固安全，防止恶鬼袭扰墓主"[④]。在唐五代宋墓腰坑中也有的会放置神怪俑，"神怪俑等器物在仪式中可能作为道教法物使用，而在仪式结束后被放入腰坑"。所以我们可以认为，明藩益定王朱由木棺下腰坑中的放置的铜镜应被视为有着辟邪的作用，以保护墓主人不受地下鬼怪的侵害。

　　江西南城明代益王朱祐槟夫妇合葬墓中，朱妻墓彭氏棺盖上置一素面铜镜，也应该被认为有祛魅的功用。更为典型的是蜀藩蜀悼庄世子朱悦燫墓中，墓主棺床四角和前面正中部位的地面上各有一面铜镜，斜立于石镜台上，正照着棺床。这一别致的铜镜布置，更加显示葬家对铜镜在墓葬中重要作用的关注，也从一个侧面反映明代时期

---

① （元）陶宗仪：《南村辍耕录》，齐鲁书社，2007 年，第 293 页。

② （宋）李昉等：《太平广记》卷三九〇，中华书局，1961 年，第 3122 页。

③ （宋）岳珂：《桯史》，中华书局，1981 年，第 11 页。

④ 崔世平、李海群：《唐五代墓葬中的腰坑略论》，《江汉考古》2011 年第 1 期，第 99 页。

民间对铜镜神化般的认识。在明代冯梦龙的小说《情史·情私》中有一个故事，说是一道士持一锦囊，"内有古镜。谓乔（人名）曰：'子之用心，诚通神明。吾有此纯阳古镜，藏之久矣，今以奉赠，此镜一触至阴之气，留影不散……'"①。虽然铜镜在小说中具有"留影不散"的神化功能，但多多少少反映了明代民间对铜镜神化般的敬畏，在墓葬中放置铜镜以达到葬家美好期许的目的。另一个值得关注的是，小说中持有神奇铜镜的人是道士身份，这说明在明代的民间社会，道教信仰不仅普遍，大众还对道家宣扬铜镜神奇功能深信不疑。如在江西南城明藩王益宣王朱翊鈏和李、孙二妃的合葬墓中，在李氏墓里，死者的头部竖放一面铜镜。我们很难想象这面竖放的铜镜是给死者梳妆照面用的，唯一可信的解释是如冯梦龙小说里提到的那样，铜镜具有"留影不散"的功能，葬家希望墓主李氏灵魂不散，继续在地下世界生活自如。南昌新建宁献王朱权墓中出土两面铜镜，一大一小，大的出于棺内死者头前。同样，这面镜子也不是给墓主朱权在黄泉世界照面用的。宁献王朱权是明太祖第十七子，卒于明正统十三年（1448），朱权是位资深的道教信奉者，自号臞仙，在他的一些诗词中常有充满对道家神仙的膜拜之情，"阊阖云深锁建章，瞳昽旭日射神光。紫宸肃肃开黄道，万岁声声拜玉皇"，"楼阁崔巍起碧霄，微闻仙乐奏箫韶。天风吹落宫人耳，知是彤庭正早朝"，"蒸入琴书润，黏来几榻寒。小斋非岭上，弘景坐相看"②等诗句无不反映朱权对道教的痴迷。与明代亲王、郡王一般在去世时以常服为敛服不同，这位虔诚信奉道教的宁献王敛服也比较特殊，他发插金簪，头戴漆制道冠，腰系玉带，胸部还有两顶道冠，"身穿金线云纹道袍"③。宁献王俨然一副道士着装进入地下。很显然，这位对道教笃信不移的宁献王头部位置放置的铜镜也应具有某种神秘的道教仪轨，表达了墓主人对这种宗教的态度。诚如道教文献《云笈七签·金丹部》中所言，"铸镜杀一切魑魅，十方神仙，以此为无价珠，乃如意神珠也"④。铜镜在道教中的功用不言而喻。另一个特别的例子出现在甘肃兰州一明藩王等级墓中，在主室券顶中间，有丁字形铁钩子三个，钩长 50 厘米。两钩之间相距 2.5 米，正中一钩悬挂铜镜一面，其他二钩所挂器物业已腐朽无存。此墓中，铜镜高悬于券顶中间，辟邪祛害，镇墓守神的作用不言自明，虽然无法判断墓主人是否为道教信徒，但这种葬镜方式反映了葬家对铜镜宗教意义的重视，已再明显不过。

---

① （明）冯梦龙：《情史类略》，岳麓书社，1984 年，第 88 页。
② 罗莹：《明代宗藩的宗教信仰研究》，西南大学 2014 年硕士学位论文，第 53 页。
③ 刘毅：《明代藩王陵墓的考古学研究》，科学出版社，2021 年，第 212 页。
④ （宋）张君房：《云笈七签》。

三、明藩王墓中铜镜问题讨论

表一 明藩王随葬铜镜概表

墓主	位置	随葬铜镜方位	铜镜品类	卒年
顺阳王朱有烜	河南上蔡	墓室西北角	不详	1415 年
周懿王朱子埏	河南荥阳	墓室	1. 双鱼纹镜 2. 素面镜	1485 年
淅水郡主	河南南阳	墓室	龙凤纹镜	1492 年
鲁荒王朱檀	山东邹县	墓室	龙纹镜铭文"洪武元年五月日造"	1389 年
梁庄王朱瞻垍	湖北钟祥	后室壁龛	素面镜	1441 年
楚昭王朱桢	湖北武汉武昌	棺室北龛；棺内半镜	素面镜	1424 年
郢靖王朱栋	湖北钟祥	后室西壁龛；后室东壁龛	1. 素面镜 2. 素面镜 3. 海涛龙纹镜铭文"洪武六年五月日造"	1414 年
镇国中尉朱显栻 （合葬墓）	湖北武汉洪山	棺内	仿唐瑞兽葡萄镜	1532 年
荆端王朱厚烇 次妃刘氏	湖北蕲春	墓室	素面镜	1560 年
益藩罗川王族	江西南城	墓室	纽上有"任"字印记，背面铭文"万历己丑年任小轩铸造"	不详
益定王朱由木 （合葬墓）	江西南城	朱氏棺底腰坑；另一面不详	1. 仿汉博局镜 2. 素面镜，纽铭"龙家自造"	1634 年
益端王朱祐槟 （合葬墓）	江西南城	朱妻棺盖	重圈弦纹镜	1539 年
益庄王朱厚烨 （合葬墓）	江西南城	夫妇、妃棺内	1. 素面镜 2. "假充李镜，真乃猪狗，李"铭文镜	1556 年
益藩郡王	江西南城	墓室	素面镜，纽上有"任"字铭，素面有铭文"万历己丑年任小轩铸造"	不详
益宣王朱翊鈏 （合葬墓）	江西南城	朱氏头部；妻李氏头部竖放；妃孙氏棺内	1. 素面镜，铭文"任，益府" 2. 素面卷缘镜 3. 鎏金海兽葡萄纹镜 4. 仿汉画像镜	1603 年
益藩罗川瑞懿王	江西南城	墓室	素面镜，纽上有"任"字铭，素面有铭文"万历己丑年任小轩铸造"	不详

续表

墓主	位置	随葬铜镜方位	铜镜品类	卒年
宁献王朱权	江西新建	朱氏头部	1. 山溪秋隐图镜 2. 素面镜	1448 年
宁康王朱觐钧	江西新建		双鱼纹镜	1497 年
明藩王等级墓	甘肃兰州	主室券顶悬挂	不详	不详
蜀悼庄世子 朱悦燫	四川成都	棺床四角；主棺前面地上	不详	1409 年
一世蜀王妃	四川成都	棺室	素面镜	不详
蜀怀王	四川成都	墓室	连弧纹镜	1471 年

除去在明末农民战争中被毁坏、盗掘的明藩王墓外，上面这份统计概表暗示我们了一些值得关注的问题。

首先是从南北地理位置来，北方明藩王墓中随葬铜镜较少，南方明藩墓中随葬铜镜的情况较为普遍，有的南方明藩墓中随葬铜镜多达五面，如蜀悼庄世子朱悦燫墓。我们先观察湖广楚藩墓的情况，以楚昭王、楚镇国中尉朱显梽楚藩墓为代表的随葬镜呈现人为断镜随葬特点，这种表达夫妻特殊情感的铜镜随葬方式目前以楚藩墓为主，在其他的明藩墓中还没有发现。从南方地区明藩墓随葬铜镜情况来看，以江西地区明藩墓居多，所见江西益藩、宁藩墓中几乎都有铜镜随葬，并且铜镜的放置方式也颇为讲究，有的铜镜放置在墓主的头部，有的铜镜甚至竖放对着墓主头部，如在江西南城明藩王益宣王朱翊鈏妻李氏墓；有的铜镜放置在棺内同其他随身器一起放在墓主身旁；有的铜镜放置于墓棺盖之上。这是江西明藩墓随葬铜镜有别于其他地区最为普遍而显著的特点。从历史上看，这和江西地区的宗教文化有着莫大关系。明代江西是道教盛行地，龙虎山是历代天师活动居住地，也是道教徒活动的中心。由于明代皇帝普遍信奉道教，以至于天师府"张真人"每年赴京朝贺，其待遇高于曲阜的"衍圣公"[①]。身着道士服帽入葬的宁王朱权不仅潜心修道，还著有《洞天秘典》《太清玉册》《净明奥论》等道教文献[②]。

与道教有着千丝万缕联系的方术文化在江西也很流行。明代江西地窄人稠，外出经商或从事各种手工业，以及堪舆、星相、医卜诸行当，成了江西人通常的谋生手段，更有方士成为皇室的座上宾，如方士万祺先因善星命擢为鸿胪寺序班，继因在导致英宗复辟的"夺门之变"中指明了"天意"而升迁，成化时已官至礼部左侍郎，其他还

---

① 陈刚俊、彭英：《行走在正统与异端之间——略论明代江西的方术文化》，《宜春学院学报》2010 年第 5 期，第 74、75 页。

② 陈刚俊、彭英：《行走在正统与异端之间——略论明代江西的方术文化》，《宜春学院学报》2010 年第 5 期，第 76 页。

有李孜省、邵元节等以方术取悦于上而登堂，成化年间的李孜省方术得宠，为左通政，俨然是吏部尚书，"缙绅进退多出其口"①。邵元节自嘉靖三年（1524）被召入京后，专司祷祀，极受明世宗崇信。及逝，嘉靖帝遣宦官锦衣护丧回山，葬用伯爵礼谥文康荣靖②。文献记载中以方士身份游走于江西士大夫中间的还有丰城熊山人、魏山人，以及勘定明长陵的江西地理术士廖均卿等，至于在江西民间社会从事风水堪舆、祈福祛祸、占卜问吉的一般道士和方士预计不可胜数。方术文化的流行正是江西明藩墓中多铜镜现象的滋生土壤，毕竟在道教文献中，铜镜具有"杀一切魑魅"的法力，地位显赫的地方驻藩生前深受道教和方术文化影响，死后在下葬时使用铜镜作为随葬品也就成为葬家自然而颇为讲究的选择。

其次，历史上"以镜正衣冠，以古知兴替，以人明得失"的古训在明代尤为重视，明太祖朱元璋对此训深有体会，他多次以铜镜来喻君王知察明理的重要性。他曾对侍臣说："人君一心，当谨嗜好，不为物诱，则如明镜止水，可以鉴照万物。一为物诱，则如镜之受垢，水之有滓，昏翳汩浊，岂能照物？"③"卿等皆时之俊乂，与朕康济天下，虽有小善，朕必录之，若有不善，勿吝速改。人能改过迁善，如镜之去垢，光辉日增。不然，则终身蒙蔽，罪恶日积，灾咎斯至矣。可不戒哉？"④明太祖以镜去垢则明的道理，告诫臣僚要去恶洁身。"朕常命寺人发库藏中古镜十余，以鉴容貌，多失真。召冶工数人而问之，莫能答。最后一人言曰：'锻炼不至，范模不正，故镜体偏邪，照人失真。'朕闻之，惕然感悟。夫镜，一物耳，略有偏邪，乃不可鉴形。人君主宰天下，辨别邪正，一察是非，皆原于心。心有不正，百度乖矣。正心之功，其可忽乎！"明太祖也宣示要以明镜照人失真与否为喻，来提醒自己作为帝王"主宰天下"要"辨别邪正，一察是非"⑤。

再者，从明藩随葬铜镜类型来看，前期与后期还是有区别的。一方面，铜镜种类（以镜背纹饰异同判断）的变化与不同时期人们的审美差异有关，另一方面也与明代中央政府的政策变化有关。在湖北钟祥郢靖王朱栋墓中随葬一面海涛铭文镜，直径12.3、厚0.72厘米，镜纽左侧竖框内篆书"洪武六年（1373）五月日造"。无独有偶，山东邹县明鲁荒王朱檀墓中出土一面纹饰几乎一致的铜镜，区别在于铭文内容为"洪武元年（1368）五月日造"。武汉博物馆藏有一面同类明海涛龙纹镜，铭文为"洪武二十二年

---

①　陈刚俊、彭英：《行走在正统与异端之间——略论明代江西的方术文化》，《宜春学院学报》2010年第5期，第73页。

②　陈刚俊、彭英：《行走在正统与异端之间——略论明代江西的方术文化》，《宜春学院学报》2010年第5期。

③　（明）朱元璋：《明太祖宝训》，中国友谊出版公司，2023年。

④　（明）朱元璋：《明太祖宝训》，中国友谊出版公司，2023年。

⑤　（明）朱元璋：《明太祖宝训》，中国友谊出版公司，2023年。

（1389）正月日造"。作为明太祖第十子，第二十四子，朱檀和朱栋墓中的铜镜应该是明早期中央政府统一铸造颁赏赐给藩王的一类官方制式铜镜。根据明初的规定，皇帝之子、孙，以及其宗室成员，不论身份高低，死后都由国家负责丧葬，其中亲王、郡王，以及王妃、公主等人不但由皇帝"赐祭葬"、由官府负责造坟，而且一应葬仪用品和明器等物亦皆由工部制造送用。这也是为什么明初一些藩王墓中会出现镜类一致的铜镜的原因。

明中后期，藩王墓中随葬铜镜呈现多样化、个性化趋势，除了延续下来的素面镜外，在藩王墓中出现双鱼纹镜、龙凤纹镜、仿汉博局纹镜、仿汉画像镜、重圈弦纹镜、仿唐海兽葡萄纹镜等品类繁多的铜镜种类。发掘的江西南城明益藩罗川王族墓出土一面铜镜纽上有"任"字印记，背面阳文铭文为"万历己丑年（1589）任小轩铸造"。此"任小轩镜"与益藩罗川瑞懿王墓中的素面镜，纽上有"任"字铭，素面上有"万历己丑年任小轩铸造"的铜镜铭文一致，可以认为这是江西南城益藩向当时一位名为"任小轩"铸镜师定制的一批王府自用镜，如益宣王朱翊鈏合葬墓中出土一面素镜，镜纽有一"任"字铭，素面部分有"益府"二字铭文，说明此镜为益藩王府所独有。益定王朱由木合葬墓中一面纽铭"龙家自造"素面镜，益庄王朱厚烨合葬墓中的一面"假充李镜，真乃猪狗，李"铭文镜应当属于带有广告标语属性的一类铜镜，说明在明代中后期，藩王用镜可以自己定制或者从市场采购，而不仅再由中央颁赐。文献记载也说明了一点，明代各分封藩王在驻锡之地继续繁衍分封，人数逐渐增加，丧葬耗费巨大，给中央财政增加沉重负担，成化五年（1469）六月礼部上奏："宗室本支蕃衍，每有丧礼，所用谥宝册、铭旌、明器俱下工部委所司制造，累月不成。比成，遣官赍送或已不及葬期，虚糜工料，有孤恩典"，建议采纳右佥都御史李侃"凡亲王、郡王谥宝册仍下工部所司促办，付掌行丧礼等官赍去；其明器宜令工部具例品式，下所在有司就彼制造给用"[1]的建议，一减少虚耗浪费，并节省道路供亿之费，减轻对民间的烦扰[2]。嘉靖四十四年（1565）又规定"郡王、将军、中尉，郡县主君，坟价一概免给"；郡王及郡主等"合用冥器、丧仪等项，行该省照依递减事例，给银自造"；"镇国将军以下及主君仪宾，例有冠服、房屋、坟价，俱皆停给，以备补禄不足之数"[3]。万历十年（1582）议准："郡王初封系帝孙者，身后坟价照例全给，其余郡王量给一半；开圹合葬者免给，世子坟价与郡王同，将军以下一概停免费。"[4]至此，朝廷明令完全不再负担中底层宗室的丧葬费用。明代中后期中央关于地方藩王丧葬政策的变化，是导致明藩

① "中央研究院"历史语言研究所：《明宪宗实录》，1962年，第1351、1352页。
② 刘毅：《明代藩王陵墓的考古学研究》，科学出版社，2021年，第26页。
③ 刘毅：《明代藩王陵墓的考古学研究》，科学出版社，2021年。
④ 刘毅：《明代藩王陵墓的考古学研究》，科学出版社，2021年。

墓中随葬铜镜出现多样化、个性化的重要原因。中底层藩属在生活中有了更多铜镜器具种类的选择，具体呈现给我们的是所见墓中随葬铜镜种类的丰富多样。

四、结　语

铜镜作为古人日常照面的工具，与生活形影不离，人们在奔赴黄泉世界携带铜镜随葬，历代有之，也较为常见。到明代，藩王墓中的随葬铜镜最能传达古人对铜镜在幽冥世界发挥如何作用的认知，展示铜镜在彼时丧葬仪式中扮演怎样的角色。明藩随葬铜镜种类的变化在暗示人们审美艺术转变的同时，也包含着时代政治影响、民间信仰、社会风俗等不同侧面，让我们对古代历史有了更为细微的认识。

明代湖广地区的藩王与书院[*]

战蓓蓓 陈 铖

（湖南大学岳麓书院）

内容摘要： 中国古代的书院作为文化教育机构，主要有讲学、藏书、刻书和祭祀这四种功能。明代特有的宗藩书院，其建设主体为宗藩中的亲王与郡王，他们是皇室在地方上的代表。相较于其他书院，宗藩书院更侧重于藏书和刻书，讲学活动相对较少，主要服务于宗室子弟。宗藩书院的这三个功能都与地方社会有着紧密的联系。例如，修建宗藩书院的目的之一便是为了存放御赐的书籍。这些藏书不仅为宗室子弟提供了读书治学的环境，还丰富了封国当地的文化资源。

此外，地方书院也是宗藩参与地方文化活动的场所。无论是宗藩支持地方书院的重建并为其捐赠财物，还是将地方书院改为道观等其他用途，这些行为都符合当时的历史背景，即弘治到正德年间书院复兴的热潮和嘉靖年间毁禁书院的风气。这体现了宗藩作为皇室的藩屏，是皇权意志在地方上的体现。书院也为宗藩与文人之间的交往提供了实体互动的场所。

湖广地区文化气息浓郁，不仅有著名的四大书院之一的岳麓书院，还有多所宗藩所建的书院。本文以吉藩、楚藩和岷藩为例，从文人与宗藩围绕书院的交往中，窥见宗藩与地方关系网络的互动，并描绘明中期文人交际网络的一角。

关 键 词： 明代宗藩 书院 地方 文人 互动

宗藩书院是藩禁政策和明代书院复兴浪潮结合的产物。受藩禁政策影响，诸位藩王在政治、军事等方面被剥夺了相应的权力和待遇，处在朝廷的密切监视之下，与地方的关系也十分紧张。此外，诸位藩王不仅有优厚的经济待遇，还能获得优越的文化资源，譬如他们能够收藏丰富的书籍，接受良好的文化教育，这为诸王投身书院建设提供了经济基础与文化氛围。明代书院的发展与前朝相比，进入了成熟的繁荣时期，不仅数量远超前代唐宋书院的总和，地域分布更广，书院与讲学结合，出现平民化、政治化、社团化倾向特征。从时间上看，正德年间书院复兴热潮出现，嘉靖、万历、

---

* 基金项目：湖南省社会科学基金项目 "唐至明公主婚礼研究"（项目编号：18YBA070）。湖南省科技创新计划资助项目（项目编号：2022WZ1038）《国际视野下湖湘文化数字资源基础设施建设》。

天启年间遭遇禁毁。

明代就藩湖广地区的亲王共有 19 位，楚王、潭王、湘王、辽王、岷王、谷王、郢王、襄王、荆王、梁王、吉王、兴王、岐王、雍王、寿王、荣王、景王、惠王和桂王。其中潭王、湘王、谷王、郢王、岐王、雍王、寿王、景王，一代国除。

其中岷府、楚藩和吉藩各建有书院。将其详细情况列表一以示：

表一　湖广地区宗藩书院一览表

书院名	原文	出处
正心书院	庚辰赐楚王，书院额曰正心，从其请也	《明武宗实录》卷四十一　正德三年八月
崇正书院	戊辰赐南渭王彦滨，书院额曰崇正	《明世宗实录》卷八十五　嘉靖七年二月
崇本书院	己亥赐楚王荣㳆，书院名额崇本，从王请也	《明世宗实录》卷一百五　嘉靖八年九月
纯心书院	赐楚王英㷿敕约束宗室，仍赐书院名曰纯心。以《四书》《五经集注》各一部赐之，俱从所请也	《明世宗实录》卷三百八十六　嘉靖三十一年六月
乐善书院	赐岷王定燿，书院额名乐善，从其请也	《明世宗实录》卷五百三十六　嘉靖四十三年七月
崇德书院	赐吉王翊镇，书院额曰崇德	《明世宗实录》卷五百五十八　嘉靖四十五年五月
遵训书院	赐广济王定燨，书院名遵训，从王请也	《明穆宗实录》卷三十六　隆庆三年八月
崇德书院	赐楚王叶奎，书院额名崇德	《明神宗实录》卷四百四十八　万历三十六年七月
旸谷书院	旸谷书院府治后寿山庙巷吉府建，有池有台，今废	《长沙府志》20 卷胜迹志　清康熙二十四年刻本

一、吉　藩

第一代吉王朱见浚 [①]，成化十三年（1477）年就藩长沙，嘉靖六年（1527）薨。从吉简王成化十三年（1477）年就藩长沙，到崇祯十六年（1643）末代吉王朱慈煃入粤，共计 167 年。期间先后有吉简王、吉悼王、吉定王、吉端王、吉庄王、吉宣王、吉宪王，历代吉王与道、府、县官共处一城，使长沙城染上浓重的藩府色彩。长沙城的多半为王府范围，内有宫殿、祠庙、书院，外有王府官署十数个。如今长沙的中心城区中有一条巷子叫作藩城堤巷，是明代吉府建设长沙城的痕迹。

史料可查，吉藩有两所书院，一是崇德书院；二是旸谷书院。崇德书院在《明实录》中有记载且得到了赐名："嘉靖四十五年，赐吉王翊镇，书院额曰崇德。"[②]《长沙府

---

① 朱见浚，英宗第七子，天顺元年（1457）被封为吉王，成化十三年（1477）年就藩长沙，嘉靖六年（1527）薨，溢曰简。崇祯十六年（1643），张献忠攻入湖南，末代吉王朱慈煃被迫流走广东，明亡后客死缅甸。

② 《明世宗实录》卷五百五十八，嘉靖四十五年五月己亥，"中央研究院"历史语言研究所，1962 年，第 6967 页。

志》记载："旸谷书院府治后寿山庙巷吉府建有池有台今废。"①

宗藩书院的功能之一是刻书。吉藩崇德书院的刻书代表作《二十家子书》，为其王府官谢汝韶所编辑。谢汝韶字其盛，福建长乐人。万历三年（1575），谢汝韶任吉王府长史。万历六年（1578）谢汝韶进呈素日心血累积所编《二十家子书》二十八卷，吉宣王朱翊銮"览而异之"，"命工刊梓，以广其传"。《二十家子书》版心上镌"崇德书院"四字。2022年四川省文物考古研究院公布遗址最新考古发掘成果"钦赐崇德书院"铜印（图一），这枚古府书院印是研究明代文化教育的珍贵实物史料。

图一　崇德书院印③

《明史》中没有谢汝韶的传记，他的事迹为崇祯十四年刻本《长乐县志》简略提及，较为详细地记录在其子谢肇淛的作品《小草斋文集》中②，其卷二十七有《先考奉政大夫吉府左长史天池府君行状》（以下简称《行状》）。陈荐夫的《水明楼集》中有《吉府长史谢公传》一文，介绍了谢汝韶的事迹④。

谢汝韶，字其盛，号天池，长乐人。嘉靖三十七年（1558）举人。初授钱塘教谕，后迁武义、安仁县令。在承天府（今湖北钟祥）做同知时，因做官耿直公正，得罪当地大族，忤上，左迁吉藩左相⑤。随着朝廷推行藩禁政策，永乐后王府文官制度成落败之势⑥。明中期后，王府文官迁转不得出府，仕途受阻，致使士人皆不愿出任王府文官⑦。"迁公吉府左相。迁，左迁也。然公宦楚久，既与王两相贤，故王必欲得公，而

---

① （清）苏佳嗣修、谭绍瑊纂：《长沙府志》胜迹志，清康熙二十四年刻本，第18a页。

② 谢肇淛（1567～1624），字在杭，福建省福州长乐人，号武林、小草斋主人，晚号山水劳人，明代著名学者、博物学家、诗人。其诗清朗圆润，为当时闽派作家代表。

③ 四川彭山江口明末战场遗址抢救性考古发掘取得重要成果"钦赐崇德书院"铜印，表面鎏金，长方形引台，龟形印纽，印面篆书"钦赐崇德书院"六字，印台长13.9厘米，宽4.16厘米，重1245克。

④ 陈荐夫（1560～1611），名邦藻，又字幼孺，号冰鉴，以字行。闽县人。夫与谢肇淛、邓原岳、安国贤、曹学佺、徐火勃称"闽中七子"。

⑤ （清）夏允彝：《长乐县志》卷七《人物志》，崇祯十四年刻本，第19b页。

⑥ 田宗莹：《明代王府文官制度研究》，延安大学2021年硕士学位论文，第94页。

⑦ 田宗莹：《明代王府文官制度研究》，延安大学2021年硕士学位论文，第91页。

公亦不艰曳其祠"①。《吉府长史谢公传》中称谢汝韶左迁吉藩左相,因为谢汝韶在湖广做官多年和吉王相识,并且吉王赏识谢汝韶的才干。这段话从侧面验证了王府官地位低。谢汝韶见赏于吉王,在政事和学术上尽心竭力辅佐吉王。"既于疏上六事,王欢甚,间进博士弟子员,诵说经史大义,或因事讽喻,以勉固王。王又益欢甚。"② 万历六年(1578),张居正以父丧归,经过南阳与襄阳时,唐王与襄王出郊进见③。谢汝韶劝说吉王以常礼对待,宗藩争先恐后给张居正送礼,只有吉藩不至。《长乐县志》称谢汝韶因此挂冠归家,《行状》称谢汝韶移病请归。《吉府长史谢公传》中称谢汝韶与"观察某"交恶。此人想裁撤王府左相官职,为了保全大局,谢汝韶自行请归。此处虽未说明"观察某"具体是谁,从能够主持官职改革,到《长乐县志》提及张居正,应是张居正。谢汝韶万历三年(1575)任吉府长史,八年辞归。时间不长,但吉王对谢汝韶颇为意气相投。《行状》记载:"王故贤哲,恨与府君相见晚。意气投合无间,府君亦矢心承弼。"谢汝韶请归时,吉王多次挽留。谢临行前,进献一篇千字左右的文章,主要从严宫闹、教储贰、择辅导和肃朝仪四方面进言。再谈无法报答吉王知遇之恩万分之一。吉王看完之后,"为泣数行下,曰:天乎! 何夺吾相之遽也!"谢汝韶其子的记载虽然可能会言过其实,有为父彰光夸大事实的嫌疑,不过能从中看出谢汝韶与吉王的深厚情谊。谢汝韶仕途不顺,遭到降职左迁。但他任王府官获得了吉宣王朱翊銮的赏识和认可。于是谢汝韶有机会主持刻书,这也是他作为一名儒者实现自我价值的途径。《二十家子书》作为载体,保留和传播了谢汝韶与吉王的相知相得。

刻书是宗藩在地方上文化资本的表现形式。书院则是藩府重要的刻书场所。吉宣王朱翊銮命王府长史谢汝韶编辑《二十家子书》,并于吉藩崇德书院刊刻。《二十家子书》遂成为吉藩刻书的代表作,亦是明代藩王刻书中的精品,其价值为当今文献学和版本学研究所重。吉宣王与谢汝韶,也因《二十家子书》留名。

相对于其刊刻《二十家子书》的传世,吉藩书院本身如今荡然无存,并且留下来的史料也并不算多,我们仅能透过文人所作有关吉藩书院的诗歌,一窥明代宗藩书院的风貌。如黄学谦(字又谦,长沙人,天启贡生,曾任兴平知县)以吉藩书院"八卦楼""夏云亭""秋桂轩""凝冬亭"为对象做《吉藩书院四景》。

八　卦　楼

绀宇天高十二楼,羲皇坐下小浮邱。交加槛影花间昼,零乱松风竹外秋。

眼底乾坤清啸响,胸中龙马赤文收。烟笼高阁开藜照,一卷元经手自雠。

① (明)陈荐夫:《水明楼集》14卷,万历刻本,第4a页。

② (明)陈荐夫:《水明楼集》14卷,万历刻本,第4a页。

③ (明)沈德符:《万历野获编·卷四宗藩·亲王迎谒》,中华书局,1959年,第106页。

夏 云 亭

界逼清凉物外幽，奇光片片水光浮。池边载马人同简，濠上观鱼我亦周。
笑倒玉山移枕簟，却勾明月到沧州。深怀此日倾河朔，帘卷香云拂玉钩。

秋 桂 轩

江天森森正高旻，桂影平吞月一轮。波晃朱轩云气白，湿含仙蕊露华匀。
槎回尚带银光色，香满疑分兔苑春。倒屣八公方外客，淮南秋与小山邻。

凝 冬 亭

冉冉流霜星忽移，梅花开早菊花迟。幽亭叠石凝空翠，古树敲冰耐晚枝。
九孔钟声和夜酒，三更檀火伴新诗。东平自有千秋乐，寒逐风光春又随①。

　　虽不知此处吉藩书院指的是崇德书院还是旸谷书院，黄学谦的这四首诗是为数不
多留存下来的史料。黄学谦借对书院景物的描写，表达了对吉王的礼贤下士的敬佩，
如"倒屣""东平"等词。同时"九孔钟声和夜酒"又描绘了吉府夜宴的情形。同时代
的地方文人文士昂，亦参加了一次吉府夜宴，并作诗记录。文士昂（1585～1648），字
台仙，攸县人，明天启进士，曾任华阳县令、云南布政使等职。此诗描绘了吉藩的宴
会：丝竹悦耳，佳肴美馔，觥筹交错，宾朋满座，宾主尽欢。表达了作者对吉王的赞
美之情。

吉 藩 夜 宴

开筵乐奏动流霞，殿上珠明映绛纱。天子周京分宝玉，亲王南国宴皇华。
龙珍香起麋窝美，琥珀光生鹊尾斜。感激帝臣无寸报，愿将乐善表长沙②。

　　除了宗藩自建书院之外，地方书院也是宗藩参与地方文化活动的场地。宗藩与地
方围绕书院进行的互动主要体现形式是宗藩为地方书院捐赠钱物、以书院为题撰写
诗歌以及占据书院土地。吉藩曾给湖南的岳麓书院捐木材和教材。岳麓书院坐落于
长沙岳麓山下，始建于北宋开宝九年（976），元至正二十八年（1368）惨遭兵毁。明
初，岳麓书院并未修复，"列屋颓垣，隐然荒榛野莽间，其址与食田皆为僧卒势家之所
据"③。这与明代书院发展的历史背景合拍。明初，奉行"治国以教化为先，教化以学

---

① （清）吴兆熙、冒沅修，张先抡纂：《善化县志》卷二十九，清光绪三年刻本，第36b页。
② （清）刘采邦、张延珂等：《长沙县志》卷三十五，清同治十年刻本，第33a页。
③ （明）杨茂元：《重修岳麓书院记》，（明）吴道行、（清）赵宁等修纂，邓洪波、谢丰等校
点：《岳麓书院志》，岳麓书社，2012年，第108页。

校为本”[①]，官学兴盛，书院沉寂。在明代提倡科举的大背景下，实行八股取士政策，并将科举与官学紧密结合。书院逐渐走向衰落。至明中期，官学衰落与科举的腐败使士人丧失信心，遂向往书院教学，并亲身参与书院建设。在这一背景下，岳麓书院开始重建。据乾隆《湖南通志》载：周辛甫，江西人。从燕王靖难，以功封都指挥佥事。后随谷王之长沙，实授卫指挥佥事，遂居宁乡。子义官志高，捐修岳麓书院西讲堂。周辛甫父子捐修岳麓书院是明代最早的记录。成化五年（1469），长沙知府钱澍再次兴复书院，未几而毁[②]。弘治初年，陈钢、杨茂元、王瑫等相继修复书院。李东阳还写下《重修岳麓书院记》记录此事。陈钢（1432～1496），字坚远，应天人（一作四明人），弘治中以黔阳知县迁长沙府通判。陈钢受命监修吉王府，工成后，吉王赐金帛给陈钢，陈钢不受，请吉王将旧殿所用材料捐给岳麓书院，用以岳麓书院的修缮，王许之。吉王府对岳麓书院的重建除了物质材料上的支持，还在岳麓书院刻《先圣图》及《尚书》。《明史》记载吉简王朱见浚，“刻有《先圣图》及《尚书》于岳麓书院，以教授学生”。地方志记载吉简王“乐游岳麓书院，访古哲贤遗迹，命工梓先圣图及《尚书》”[③]。吉简王朱见浚在岳麓书院刻书，并将其捐给岳麓书院，供师生使用。岳麓书院作为全国闻名的书院，具有一定的文化资本，在长沙乃至全国都有一定的影响力。吉简王朱见浚作为就藩长沙的藩王，和岳麓书院开展刻书等文化活动，是书院与藩王将文化资本转化为社会影响力。岳麓书院发挥了其刻书功能，也为藩王和地方互动提供了场所。如吉简王朱见浚与谢廷柱同游岳麓书院[④]：

吉府殿下置酒岳麓书院命游

官渡蹙细浪，书堂罥垂萝。稍于城市隔，便觉岚气多。
钜儒留遗迹，瞻礼得屡过。寂闻庭户间，风范真不磨。
贤王爱敬客，芳筵出岩阿。竹色映飞辇，泉声杂清歌。
二疏恋幽阻，两相凌嵯峨。树底扪翠壁，冈头见沧波。
追随良已幸，感慨将谓何。

谢廷柱时任湖广按察司佥事。从题目中得知，此诗是作于吉王与谢廷柱游览岳麓书院时。此诗描写了岳麓书院的地理位置位于湘江西岸“官渡细浪”“城市隔”，且风景独好，风范不磨。强调了“贤王”“敬客”，表明了对吉王的赞誉之情尊敬之义，也表达了作者的谦卑态度。贤王与敬客的关系，如同这交相辉映的景色，互相添彩。

---

① （清）张廷玉：《明史》卷六十九《选举志一》，中华书局，1974年，第1686页。

② （明）徐一鸣：《长沙府志》卷四，明嘉靖刻本，第47a页。

③ （明）徐学谟：《湖广总志》卷第八，明万历十九年刻本，第18b页。

④ 福建长乐人，字邦用，号双湖。谢士元子。弘治十二年进士，除大理评事，迁湖广按察司佥事，正德十二年（1517）致仕。有《双湖集》。

　　吉藩与长沙本地另一所书院城南书院的关联，则反映了宗藩与地方书院互动的另一面。因为儒家和佛教、道教的角力，书院和佛寺、道观有时候会互相转换[①]。藩王的个人信仰使得藩王也参与其中，加之其皇室宗亲的身份和经济实力的影响，藩王会因为个人信仰而对地方书院进行改变，此种改变往往是破坏性的。长沙城南书院在府城南门外妙高峰处。南宋时张浚[②]所建。南轩张栻名以十景曰：纳湖、丽泽堂、书楼、蒙轩、卷云亭、月榭、琮琤谷、听雨舫、采菱舟、高埠，与晦庵先生互有题咏。年久废颓，僧家建寺于上。明正德二年（1507），参议吴世忠、学道陈凤梧请复旧观，寻归于藩府。嘉靖四十二年（1563），推官翟台建厅堂五间，于高峰寺后，万历六年（1578）复废[③]。城南书院在明代经历了从寺庙复建为书院，继而归于藩府，后又复建为书院的变迁。此处"归于藩府"不知是如何"归"，是城南书院属于吉藩的管辖？还是单指城南书院的地归藩府？这些暂时没有确切答案，嘉靖元年（1522）刻本《湖广图经志书》未提及"归于藩府"，清康熙二十六年（1687）《长沙府岳麓志》出现了"寻归藩府"的说法。清乾隆二十二年（1757）刻本的《湖南通志》和清光绪十一年（1885）刻本《湖南通志》都有提及。明代的地方志未提及"归于藩府"是地方志编撰期间此事未发生呢？还是方志为尊者讳，不方便提及宗藩所行之事呢？还是清代方志提及此事是附会虚构？嘉靖十二年（1533）刻本的《长沙府志》和万历十九年（1591）的《湖广总志》中提及正德二年（1507）吴世忠请复后，"寻为僧寺所据"[④]。据各版本志书记载，正德二年吴世忠请复后，城南书院一直没有成功重建，直到嘉靖四十二年推官翟台建厅堂五间。那么能确定的是城南书院被"据"，发生在正德二年（1507）到嘉靖四十二年（1563）间。但是为僧寺所据还是为藩府所据，是不确定的。有以下几种可能，第一种情况，正德二年吴世忠请复后，城南书院被僧寺所据，直到嘉靖四十二年推官翟台建厅堂五间。第二种情况，正德二年吴世忠请复后，城南书院被僧寺所据。后又归于藩府，直到嘉靖四十二年推官翟台建厅堂五间。第三种情况，正德二年吴世忠请复后，书院荒芜，此地归于藩府，在藩府支持下僧寺建立发展起来，嘉靖四十二年推官翟台在高峰寺后建厅堂五间。万历十九年刻本的地方志为避讳而记载为"寻为僧寺所据"。本文倾向第三种情况，加之明代有三次禁毁书院的浪潮，分别在嘉靖十七年（1538）、万历七年（1579）和天启初年。由此观之，城南书院"归于藩府"极有可能是因为禁毁书院的浪潮。

　　宗藩作为皇室在地方上的代表，有着极高的身份地位和优越的经济特权，并且有

---

　　①　王岗著，秦国帅译：《明代藩王与道教——王朝精英的制度化护教》，上海古籍出版社，2019年，第142页。

　　②　张浚（1097～1164），字德远，号紫岩居士，进士出身。在南宋四任右相首辅。

　　③　（清）陈宏谋修，范咸、欧阳正焕纂：《湖南通志》卷四十四，清乾隆二十二年刻本，第5a页。

　　④　（明）徐学谟：《湖广总志》卷三十四《学校》，明万历十九年刻本，第2a页。

着亲王犯罪由皇帝审问判决的法律特权。宗藩是皇室的藩屏,是皇权意志在地方上的体现。宗藩极有可能为了迎合皇帝喜好,响应皇帝的举措,将地方书院改为其他用途。藩禁政策下宗藩的身份日渐尴尬,虽有身份并无实权。所以宗藩迎合皇帝,是为了获得赞赏和认可以此来加强自身的身份认知。也从侧面反映了地方书院的发展受到皇权的影响,而宗藩在其中起着纽带作用。无论是吉藩在弘治年间支持岳麓书院重建并为其捐赠财物还是在正德二年(1507)到嘉靖四十二年(1563)间占据城南书院。两种行为都符合其历史背景潮流。弘治到正德初年是书院复兴的浪潮,而嘉靖年间禁毁书院。这进一步说明了宗藩是皇室的藩屏,是皇权意志在地方上的体现。

二、楚　藩

洪武十四年(1381)第一代楚王朱桢(1364~1424)就藩武昌,崇祯七年(1634)末代楚王朱华奎(1571~1643)被张献忠溺毙,楚藩共存262年。在镇守武昌两百六十余年的时间里,楚藩历经八世九王,繁衍了大量宗室,在明代历史上产生了深远影响。

楚藩共四所书院得赐额名,分别是正德三年(1508)的正心书院、嘉靖八年(1529)的崇本书院、嘉靖三十一年(1552)的纯心书院和万历三十六年(1608)的崇德书院。

书院记是中国古代文体的一种,以"记"为载体,以叙事为主,兼有叙述和议论。书院记除了记录书院本身外,还褒扬办学者和阐发教育思想。书院记记录了丰富的历史信息,如书院的历史沿革、教育思想,并且扩大了书院的影响。通过文人为宗藩书院撰写书院记,可以观察其往来互动的痕迹。

吴世忠为楚藩正心书院作《正心书院记》[①]。记中开篇点出正心书院乃楚世子好学不倦治心修身之地。接着描述了书院的组成和布局,中堂五楹,有几案书史、笔砚,堂前为门。堂后为燕室,东西厢在燕室两旁,藏书之处。书院内还有聚芳园,园中有八景可供赏玩。之后叙述了正心书院赐名揭额的过程,"三司具官皆礼贺以落其成"。三司礼贺印证了宗藩书院是宗藩的文化资本,通过皇帝赐书院匾额在地方上强调自身的宗室身份。最后是吴世忠对楚世子的赞叹,称其贵不其骄、富不期多,若是治心为务,他日大成睿学,可为宗室之光[②]。楚藩正心书院建于正德三年(1508),吴世忠时任湖广参议,承担发展文教地方官的重要职责,故其在湖广期间颇为积极地修复书院。弘治十八年(1505),吴世忠修复岳麓书院大成殿,置学田一百亩,以供岳麓书院学子

---

① 吴世忠,字懋贞,江西金溪人。明弘治三年进士。授官兵科给事中。再迁吏科左给事中,擢湖广参议,坐事降山东佥事。

② (明)薛纲纂修,吴廷举续修:《湖广图经志书》卷一,明嘉靖元年刻本,第31a页。

学习①。正德二年（1507），吴世忠修复长沙府妙高峰处的城南书院②和醴陵县的东莱书院③。正德四年（1509），吴世忠毁岳麓山上的道林寺，以其木石建书院④。吴世忠作为地方官积极推动地方书院建设，正心书院作为宗藩书院，地方官为宗藩书院作记，不仅扩大了宗藩书院的影响力，也有利于引导地方文气好学之风。

三、岷　府

朱楩于洪武二十四年（1391）被封为岷王，洪武二十八年（1395）就藩云南府，永乐二十二年（1424）移国于湖广武冈州。至崇祯十六年（1643）国除，岷府世袭 14 代，历时 253 年。南渭王共传四代，分别是荣顺王朱音㙉（景泰四年 1453～弘治五年 1492）；怀简王朱膺鉫（正德十二年卒 1517，追封）；安和王朱彦滨（嘉靖三年 1524～嘉靖二十二年 1543）；庄顺王朱誉榔（嘉靖二十六年 1547～嘉靖三十九年 1560）。

《明实录》中对于南渭王府书院赐额的叙事是："赐南渭王彦滨书院，额曰崇正。"在《永州府志》中的叙事更为详细。

> 皇帝敕谕南渭王府管理府事镇国将军誉枞：近该湖广抚按官题称尔奉藩尽礼，睦族有恩，人无间于父兄宗党之言，德有合于恭俭慈良之懿，乞要奖励，以风励诸藩。该部复议相应，兹特奖励，以为宗藩之劝，尔尚益笃善行，永保令名，钦哉，故谕⑤。

这段话把皇帝敕谕，放在前面，以示权威性。令人寻味的是，皇帝提及因为湖广抚按官的称赞，而对南渭王府进行奖励。

> 府第内有崇正书院，嘉靖七年安和王奏赐。嘉靖七年三月二十日，皇帝书复南渭王：得尔奏，本府营建书院一所，奉藏颁赐之书，欲乞额名，以垂永久，朕甚嘉之。书院与做崇正，专此以复，惟王亮之。

这段史料进一步说明了宗藩书院的修建理由是"奉藏颁赐之书"。再之后是时任湖广副使林士元作的《崇正书院记》。

> 伏遇我皇上嗣登大宝，援臣于庶位，俾承祖武，敦行苹而具迹，分宝玉

---

① （明）徐一鸣：《长沙府志》卷四，明嘉靖刻本，第 46a 页。
② （明）徐学谟：《湖广总志》卷三十四《学校》，明万历十九年刻本，第 2a 页。
③ （明）徐一鸣：《长沙府志》卷四，明嘉靖刻本，第 35a 页。
④ （清）吴兆熙、冒沅修，张先抡纂：《善化县志》卷二十九，清光绪三年刻本，第 15a 页。
⑤ （明）史朝富：《永州府志》卷八，明隆庆五年刻本，第 6a 页。

以展亲。抑念臣废学于荒野，时赐训典，俾学聚问思，以窥道原。臣谨辟阳
和之阴，治书院一所，永言宝藏之，惟帝赐以嘉名。帝曰：俞，崇正哉！王
拜手稽首曰：吁，钦哉！敢不夙夜惟正之承。

记中开篇叙述南渭王请嘉靖帝为书院赐名，并点出修建书院的原因即报答嘉靖帝
的亲亲之意，念及自身学识荒废，于是建书院庋藏御赐书籍，专心治学。而后写嘉靖
帝为书院赐名"崇正"。林士元从《鲁颂·駉之篇》解读"崇正"的含义，认为崇正是
指"心无为以守至正"，要遵守父父子子、兄兄弟弟的人伦纲常。与吴世忠所作《正
心书院记》中大加赞赏之态不同，林士元对崇正的阐释教化意味浓厚，直接表达了地
方官对王府的态度是希望其安分守礼，间接透露了地方官所代表的朝廷态度，即优待
与教化。其中原因可能是经历了朱宸濠叛乱后，藩禁政策收紧，宗藩地位尴尬。加上
嘉靖帝以藩王即位，需要强调自身的正统地位和合法性。《正心书院记》与《崇正书院
记》都是地方官为宗藩书院所作的记，不仅记录了宗藩书院建设的原因和其中的景观，
也传递了朝廷的态度。

崇正书院得赐额名一事被详尽地记录在隆庆五年（1571）刻本的《永州府志》中，
进一步说明了宗藩借助皇帝给书院赐名来增加自身的文化资本以及在地方上的影响力。
方志是社会与文化资本的争夺场所。此事能被详尽记录，一是明代方志会保留宗藩相
关，事件发生在嘉靖七年（1528），方志编纂于隆庆五年（1571）。二是说明皇帝赐名
赐书在永州当地是一件大事。

四、结　　语

宗藩受到藩禁政策的限制，政治权力被剥夺，参政的途径被堵塞，甚至亲王对王
府文官没有任命权和司法权。藩禁政策限制诸王直接干涉地方事务，禁止宗室与官员
交通亲王。这些政策在实施过程中也得到了贯彻。诸王不仅被禁止奔丧赴京、朝觐。
靖难之后，宗藩在地方上的活动也受到限制，禁止出城行香和游览、外地市物，出城
省墓，也要请而后许。如荆王瞻堈欲诣京朝见，英宗以道远复书止之[①]。仅从各种条例
文件来看，宗藩似乎被禁锢于一府之内，与地方并没有互动往来。然而宗藩居住于地
方，又有法律特权和经济优待，他们并非被圈禁和与世隔绝。虽政治活动受限，但宗
藩有不少饱学之士转向文化活动，成为明代文化活动中特殊的群体。转向文化活动是
其实现自我价值的途径，而宗藩书院是宗藩文化活动的重要场地。这些活动主要包括
藏书刻书、举办宴会等。宗藩借由地方书院也与当地文人或者地方官员产生联系。宗

---

① 《明英宗实录》卷一百六十五，正统十三年四月丙寅，"中央研究院"历史语言研究所，1962
年，第3195页。

藩并不是封闭的群体，他们也参与了明中期文人交际网络的形成，并在其中有着自己的位置，但碍于宗藩的特殊身份，使得他们在交际网络的位置容易被忽视。书院在其中，提供了实体的互动场域。同时，借由书院活动，使得宗藩能够强调自身的皇室身份，增加自身在地方上的影响力。也使得宗藩的精神世界变得更加富足，消解一部分藩禁政策带来的痛苦与尴尬。

明代郑藩亲王墓葬调查与研究

孙　凯

（河南省文物考古研究院）

内容摘要： 明代郑藩始封王朱瞻埈为明仁宗庶二子，永乐二十二年（1424）册封郑王，宣德四年（1429）就藩陕西凤翔府，以陇地人多生瘿疾，正统八年（1443）改封于怀庆府（今河南沁阳），次年移藩新封。根据文献记载和考古资料可知，郑藩亲、郡王墓均位于封地怀庆府（今沁阳、博爱等地）境内，本文主要对位于河南焦作沁阳市境内的郑藩亲王墓葬进行研究，涉及墓主厘定、玄宫制度、寝园规制及其他相关问题。由于郡王墓葬资料较少，不再作为探讨对象。

关 键 词： 明代　郑藩　墓葬

一、郑藩亲王世系

按照《明史》①、《南明史》②记载，并结合其他史料，可知郑藩亲王合计追封共传袭九世十二王，郡王共计十五支③。其中郑恭王朱厚烷于嘉靖二十九年（1550）以谏帝真修，降为庶人，发高墙。嘉靖三十一年（1552）十二月，以庐江王佑㮾兼理郑府事。隆庆元年（1567），厚烷复爵，郑藩续封。崇祯十三年（1640）郑敬王死后数月，其长子翊钟也因罪被赐自尽，庶二子翊铎袭封，明亡后不知所终。到了南明时期，赐谥曰静。南明朝廷又封静王子常澂为郑王，死后谥号不详。后常澂子"由□"袭封，永历三十七年（清康熙二十二年，1683）七月降清。本文以《明史》《南明史》为底本，参校《明实录》等其官私文献，并佐以出土墓志资料，将郑藩亲王及世子世系叙述如下。同时，为了便于考察诸王墓葬的相关情况，特将其配偶信息列附其中。

---

① （清）张廷玉：《明史》卷一〇三《表第四·诸王世表四》，中华书局，1974年，第2853~2856页。

② 钱海岳：《南明史》卷十七《表第三·诸王世表三》，中华书局，2006年，第4册，第978、979页。

③ 新平王、泾阳王、朝邑王、盟津王、东垣王、河阳王、信阳王、宜章王、繁昌王、庐江王、丹阳王、真丘王、德庆王、崇德王、保平王（详后文）。

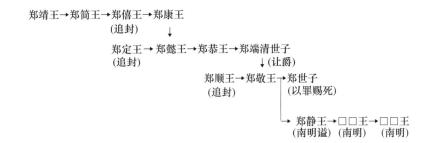

郑靖王，瞻埈，明仁宗庶二子，母妃李氏，永乐二年（1404）生，二十二年（1424）封郑王。宣德四年（1429）就藩凤翔府，正统九年（1444）移怀庆府。成化二年（1466）薨，年六十三岁[①]。妃张氏，宣德二年（1427）册封，正统七年（1442）薨[②]。夫人张氏[③]。

郑简王，祁锳，靖王嫡一子，母妃张氏，宣德六年（1431）生，正统八年（1443）册封为世子，成化四年（1468）袭封，弘治八年（1495）薨，年六十五岁[④]。妃韩氏，正统十二年（1447）册封，景泰七年（1456）薨[⑤]；继妃张氏，天顺七年（1463）

① 《明宪宗实录》卷三十，"成化二年五月乙酉"条，"郑王瞻埈薨，王，仁庙之第二子也，母妃李氏。永乐甲申生，甲辰册封，宣德四年之国凤翔。后以陇地人多生瘿，请改建国于怀庆。至是薨，年六十三。讣闻，上辍朝三日，遣官致祭，命有司营葬事，谥曰靖"（据国立北平图书馆红格钞本《明实录》微缩卷校印，第40册，第600、601页，"中央研究院"历史语言研究所，1962年。本文引用《明实录》皆为此种版本，以下仅简注为"校印本《明实录》第某册，第某页"）。

② 《明英宗实录》卷九九，"正统七年十二月戊子"条，"郑王瞻埈妃张氏薨。妃，中兵马指挥本之女。宣德二年册封，至是薨。讣闻，上遣中官赐祭，命有司治丧葬如制"（校印本《明实录》第26册，第1985页）。

③ 《御赐泾阳安靖王圹志》，详见张红军：《沁阳市博物馆藏墓志》，科学出版社，2018年，第21页。

④ 《明孝宗实录》卷一〇三，"弘治八年八月丁丑"条，"郑王祁锳薨。王，靖王嫡子，母妃张氏。宣德六年生，正统八年册封为世子，成化四年袭封郑王，至是薨，年六十。讣闻，辍朝三日，遣官谕祭，命有司治葬，谥曰简"（校印本《明实录》第55册，第1895页）。另，据其生卒年份推断，郑简王享年似应是六十五岁。

⑤ 《明英宗实录》卷二六二，《废帝郕戾王附录》第八十，"景泰七年春正月丁丑"条，"郑世子祁锳妃韩氏薨。妃，兵马指挥俊之女。正统十二年册封，至是薨。讣闻，遣中官赐祭，命有司营葬"（校印本《明实录》第35册，第5594、5595页）。

薨①；夫人张氏②、俞氏（于氏？）③、宋氏④。

郑僖王，见滋，简王嫡一子，母妃韩氏，景泰三年（1452）生，成化七年（1471）封世子，十五年（1479）薨，年二十八岁，谥曰悼僖⑤。以子佑枔袭封，弘治十二年（1499）追封郑王⑥，谥曰僖。妃胡氏，正德元年（1506）薨⑦。

郑康王，佑枔，僖王嫡一子，母妃胡氏，成化十年（1474）四月二十三日生，十八年（1482）九月封世孙，弘治十年（1497）十二月袭封⑧，正德二年（1507）薨，

---

①《明英宗实录》卷三五九，"天顺七年十一月己巳"条，"郑王瞻埈奏：'世子祁锳妃张氏因挞婢有伤，惊惧自缢。'上览奏，疑其事有不实。遣中官察之，中官言：'世子实嬖于婢，妃为所谮，置别室不相见四年，及是，纵群婢凌逼至死。'上怒，命太监萧敬持敕符往召祁锳"（校印本《明实录》第38册，第7146页）。

②《郑端清世子赐葬神道碑》载，"庶母张夫人怨于王，诬奏魔事，褫爵"［（清）王铎：《拟山园选集》卷六二《神道碑·郑端清世子赐葬神道碑》，《四库禁毁书丛刊》，影印清顺治十年王鑨刻本，北京出版社，1997年，集部第88册，第128～131页］。

③ 俞氏生有宜章王见洲、真丘王见渚和丹阳王见㳇。《明孝宗实录》卷一三七，"弘治十一年五月庚申"条，"郑府宜章王见洲薨。王，简王庶子，母俞氏"（校印本《明实录》第56册，第2395页）。《明武宗实录》卷一四四，"正德十一年十二月"癸丑条，"郑府丹阳王见㳇薨。王，简王第十一子，母俞氏"（校印本《明实录》第67册，第2819页）。《明武宗实录》卷一五二，"正德十二年八月丙寅"条，"郑府真丘王见渚薨。王，简王第十二子，母俞氏"（校印本《明实录》第68册，第2950页）。《明实录》又载丹阳王见㳇母为"于氏"，疑误（《明孝宗实录》卷一五六，"弘治十二年十一月"己卯条，"郑府丹阳王见㳇以父简王及母妃薨，生母于氏独居旧宫，定省不便，请出府第就养，许之"。详校印本《明实录》第57册，第2804、2805页）。又，郑简王第九女余姚郡主系夫人于氏所生（何瑭：《柏斋集》卷十《墓表·诰封余姚郡主墓表》，影印文渊阁《四库全书》，上海古籍出版社，1987年，第1266册，集部第205册，第623、624页）。

④《明孝宗实录》卷二〇一，"弘治十六年七月"丁丑条，"郑府东垣王见溃薨。王，郑简王庶第四子，母宋氏"（校印本《明实录》第59册，第3730、3731页）。

⑤《明宪宗实录》卷一八九，"成化十五年夏四月癸丑"条，"郑世子见滋薨，世子，郑王之子，母妃韩氏。景泰壬申生，成化辛卯册封为世子，至是薨，年二十有八。讣闻，辍朝一日，赐祭葬如制，谥曰悼僖"（校印本《明实录》第47册，第3372页）。

⑥《明孝宗实录》卷一五四，"弘治十二年九月癸亥"条，"追封故郑世子见滋为郑王，谥曰僖。嗣郑王祐枔，因乞出城诣坟所，奉安所赐册宝于享堂内，以彰恩典，许之"（校印本《明实录》第57册，第2736页）。

⑦《郑僖王圹志》载，胡氏薨于正德元年十二月初□日。志石存沁阳朱载堉纪念馆。

⑧ 关于康王袭封时间，《明史》载为弘治十四年［（清）张廷玉：《明史》卷一〇三《表第四·诸王世表四》，第2853页，中华书局，1974年］，误。《明孝宗实录》载为弘治十年（《明孝宗实录》卷一三一，"弘治十年十一月甲子"条。校印本《明实录》第56册，第2323页）。由此可知，"四"字系衍文。

年三十四岁①。妃郑氏，弘治十年（1497）册封②。无子，从弟佑橝立。

郑定王，见浃，简王庶四子，成化十年（1474）封东垣王，弘治十六年（1503）薨，谥端惠。妃李氏，正德十年（1515）薨。子佑橝嗣封郑王，嘉靖七年（1528）追封，改谥曰定③。

郑懿王，佑橝，定王嫡一子，初袭东垣王，正德二年（1507）袭封郑王④，十六年（1521）薨。妃阎氏、顾氏⑤。万历七年（1579），阎氏薨⑥。

郑恭王，厚烷，懿王嫡四子，母妃阎氏⑦。嘉靖六年（1527）袭封，二十九年（1550）以谏帝真修，降庶人，发高墙。隆庆元年（1567）复爵，加禄四百石。万历十九年（1591）薨，年七十三岁⑧。妃高氏，嘉靖十七年（1538）薨。继妃王氏，隆庆元年（1567）薨⑨。

---

① 《明武宗实录》卷二三，"正德二年二月癸卯"条，"郑王祐枔薨。王，僖王嫡长子也，母妃胡氏。成化十年四月二十三日生，十八年九月封世孙，弘治十年十二月袭封郑王。至是薨，年三十四。讣闻，辍朝三日，遣官祭葬如例，谥曰康"（校印本《明实录》第 62 册，第 0650 页）。

② 《明孝宗实录》卷一三一，"弘治十年十一月甲子"条，"（册封）郑府世孙祐枔为郑王，西城兵马指挥郑锦女为郑王妃"（校印本《明实录》第 56 册，第 2323 页）。

③ （明）何瑭：《柏斋集》卷十《碑铭·追封郑定王碑铭》，影印文渊阁《四库全书》，上海古籍出版社，1987 年，第 1266 册，集部第 205 册，第 607、608 页。

④ 《明史》等史料载其袭封时间为正德四年，疑误。《明武宗实录》卷三三，"正德二年十二月丁酉"条，"命郑府东垣王祐橝袭封郑王"（校印本《明实录》第 63 册，第 0818 页）。关于其齿序，疑为庶四子（李鹏飞：《〈明史·诸王世表四〉郑藩世表疑误考正》，《周口师范学院学报》2017 年第 3 期）。

⑤ 郑懿王墓有阎氏、顾氏圹志。又，《明世宗实录》卷十七，"嘉靖元年八月乙亥"条，"赐郑王妃阎氏养赡禄米岁二百石"（校印本《明实录》第 71 册，第 0519 页）。

⑥ 《郑端清世子赐葬神道碑》载："钦依筮婚，公乃从之。御轮于何文定公瑭之孙女，则公年三十五也。又九年，祖母郑懿王妃阎氏薨。"何氏于隆庆四年被册封为世子妃（《明穆宗实录》卷四十四，"隆庆四年四月乙丑"条。校印本《明实录》第 94 册，第 1122 页）。据此推定懿王妃阎氏薨于万历七年［（清）王铎：《拟山园选集》卷六二《神道碑·郑端清世子赐葬神道碑》，《四库禁毁书丛刊》，影印清顺治十年王鑨刻本，北京出版社，1997 年，集部第 88 册，第 128～131 页］。

⑦ 《明世宗实录》卷二〇〇，"嘉靖十六年五月壬辰"条，"诏以郑王厚烷母妃阎氏贞孝贤德事实，送史馆采录，从王请也"（校印本《明实录》第 80 册，第 4203 页）。

⑧ 《明神宗实录》卷二三一，"万历十九年正月辛酉"条，"郑王厚烷薨。厚烷，嘉靖六年九月册封，二十七年因建言时政，革爵，送高墙，四十五年十二月释还复爵。卒年七十三。子载堉，以讣闻，上辍朝三日，与祭葬如例"（校印本《明实录》第 106 册，第 4284 页）。

⑨ 《郑端清世子赐葬神道碑》载："世子讳载堉，字伯勤，母妃高氏。生公二年，高氏薨。又一年，己亥，世宗锡前嘉名。"己亥为嘉靖十八年，据此推定高氏薨于嘉靖十七年。又，"会世宗崩，穆宗立，诏庸建言。疏上，痛陈进言匡躬跗萼之义，十世斯宥。复爵，还。继母继妃王氏薨"。据此可知王氏薨于隆庆元年［（清）王铎：《拟山园选集》卷六二《神道碑·郑端清世子赐葬神道碑》，《四库禁毁书丛刊》，影印清顺治十年王鑨刻本，北京出版社，1997 年，集部第 88 册，第 128～131 页］。

郑端清世子，载堉，恭王嫡一子，嘉靖十五年（1536）五月十九日生，母妃高氏[①]。嘉靖二十五年（1546）封世子[②]，万历三十三年（1605）让爵载壐。诏载堉及子翊锡，准以世子、世孙禄终身，其孙常洁被封为保平王[③]。世子于万历三十九年（1611）四月

① （清）王铎：《拟山园选集》卷六二《神道碑·郑端清世子赐葬神道碑》，《四库禁毁书丛刊》，影印清顺治十年王鑨刻本，北京出版社，1997年，集部第88册，第128~131页。

② 《明世宗实录》卷三〇六，"嘉靖二十四年十二月己酉"条，"遣武靖伯赵国斌等为正使，翰林院编修高拱等为副使，捧节册封……郑王厚烷嫡长子载堉为郑世子"（校印本《明实录》第84册，第5779、5780页）。

③ 《明史》记载："其子孙仍封东垣王，以接东垣王见浖之统。"[（清）张廷玉：《明史》卷一〇三《表第四·诸王世表四》，中华书局，1974年，第2853~2855页]，但《明史》"常"字辈同封东垣王有常㳦、常洁二人，且常洁于崇祯八年（1635）时，在常㳦子由彬薨逝后袭封（《明史》卷一〇三，第2859~2861页）。《南明史》也将常洁记在东垣王一系，并云"崇祯八年袭，十七年十二月（疑脱"降"字）清致北京"（钱海岳：《南明史》卷十七《表第三·诸王世表三》，中华书局，2006年，第4册，第981页）。上述皆误，端清世子之孙常洁实被封为保平王。王铎《郑国让端清世子先室何妃继夫人王氏合葬墓志铭》载："长子翊锡封郑世孙，先妃何氏出；次翊钛，即竹斋君，封镇国将军，（王）夫人出；孙长常洁，封保平王……翊钛出。"[（清）王铎：《拟山园远集》卷六六《墓志铭三·郑国让端清世子先室何妃继夫人王氏合葬墓志铭》，《四库禁毁书丛刊》，影印清顺治十年王鑨刻本，北京出版社，1997年，集部第88册，第179~181页]。又，王铎撰《朱公竹斋传》云："竹斋君兄弟二，君居次。子五，长某，保平王；次某，次某。"（《拟山园远集》卷四七《传四·朱公竹斋传》，北京出版社，1997年，集部第87册，第651~653页）。由此可知常洁其实被封为保平王。又，顺治三年（1646）九月十六日河南巡抚吴景道揭帖，奉旨查访河南明朝藩王情况。有（顺治三年）"八月二十三日，又据怀庆府知府黄昌报称，访得郑藩原有郡王爵封保平王朱常洁向在泽州潜住"之语［国立中央研究院历史语言研究所：《河南巡抚吴景道揭帖》，《明清史料》（丙编），上海商务印书馆，1936年，第三本，第284、285页］。朱载堉让爵之后，其后世子孙如何袭爵，在当时是有定论的，不过说的是翊锡之子。常洁是镇国将军翊钛长子，非载堉长子翊锡所出，不知何故，却由常洁袭爵。关于翊锡子如何封爵的问题，万历三十二年（1604）十二月二十五日，李廷机在其《复郑世子辞国疏》提到，"（载堉、翊锡）父子既受世子世孙之封，无降封郡爵之义。合无令载堉仍以世子、载堉子翊锡仍以世孙、翊铠仍以东垣王各终身。俟翊锡身后，其子应袭东垣王，以接见浖之统；翊铠身后，其子应另封以接厚炯之统。但翊铠、翊锡身终之前后不可预定，有如翊铠之终在翊锡之后，则翊锡之子不可无封，又不可重封东垣，此时似应另起郡名，以封翊铠之子，而以东垣归之翊锡之子"[（明）李廷机著，于英丽点校：《李文节集（上）》卷三《奏疏三·复郑世子辞国疏》，商务印书馆，2019年，第66、67页]。不过，后来东垣王翊铠薨逝之后，其子常㳦上奏朝廷，不愿另起郡名，以致迫得载堉家人表态"东垣所有，原尽让常㳦，绝不计较"，此事曾被李廷机参劾[（明）李廷机著，于英丽点校：《李文节集（上）》卷三《奏疏三·参东垣王长子疏》，商务印书馆，2019年，第66、67页]。当时虽有圣旨"著遵前旨行，其常㳦府第、庄田等项，待另起郡名之日，载壐会同载堉通融议处"，但是，万历三十七年（1609）仍封常㳦为东垣王（《明神宗实录》卷四五七，"万历三十七年四月己卯"条，"分遣诸王府册封礼科给事中周永春，行人李嵩之郑府。册……恭懿王翊铠长子常㳦为东垣王，继夫人李氏为继妃"（详校印本《明实录》第116册，第8631页）。此举恐怕是导致后来常洁被改封为保平王的主要原因。

薨①，年七十六岁。妃何氏，隆庆四年（1570）册封②，先薨，继夫人王氏③。

郑顺王④，厚炜，盟津庶人见㴶孙，庶人佑橏子。以子朱载堉嗣封郑王，追封。

郑敬王⑤，载堉，恭王再从弟庶人厚炜，即追封顺王嫡一子，盟津庶人见㴶曾孙。隆庆四年（1570）七月十三日母妃赵氏嫡生，以恭王之子载堉让爵，万历三十四年（1606）六月二十日册封为郑王，崇祯十三年（1640）四月初十日薨，年七十一岁⑥。妃刘氏，与王同时册封，天启三年（1623）十月十三日薨，年五十四岁⑦。又有妃王氏、关氏⑧。

郑世子，翊钟，敬王嫡一子，母妃刘氏。万历三十五年（1607）封世子⑨，崇祯十三年（1640）六月以罪赐死⑩。妃任氏，万历三十七年（1609）七月初九日册封，天启六年（1626）五月二十三日薨，年三十五岁⑪。又有妃孙氏、杜氏⑫。

郑静王，翊铎，敬王庶二子，母妃王氏，不知何年袭封⑬。国亡不知所终，南明弘

———————

① （清）王铎：《拟山园选集》卷六二《神道碑·郑端清世子赐葬神道碑》，《四库禁毁书丛刊》，影印清顺治十年王鑨刻本，北京出版社，1997年，集部第88册，第128～131页。关于端清世子薨逝的具体日期，其《神道碑》载："距既魄止九日，乃薨。""既魄"又曰"既霸"，是古代记日的一种方法，有"既生魄""既死魄"之别。王国维《观堂集林·生霸死霸考》曰："既生霸，谓自八、九日以降至十四、五日也……八、九日以降，月虽未满，而未盛之明则生已久。""既死霸，谓自二十三日以后至于晦日也……二十三日以降，月虽未晦，然始之明固已死矣。"据此，有学者将朱载堉的卒年推定为四月初六日（冯文慈：《朱载堉年谱》，《中国音乐》1986年第2期），或四月初七日（戴念祖：《朱载堉卒日考》，《自然科学史研究》1987年第3期），或四月十四日（罗火金、田中华：《明代乐律学家朱载堉神道碑考》，《焦作大学学报》2003年第2期），或四月二十三日（邓宏礼、杜新明：《朱载堉在沁阳的史迹》，《焦作大学学报》2004年第2期）。

② 《明穆宗实录》卷四四，"隆庆四年四月乙丑"条，"上御皇极殿，传制遣使册封……何氏为郑府郑世子妃"（校印本《明实录》第94册，第1122页）。

③ （清）王铎：《拟山园选集》卷六二《神道碑·郑端清世子赐葬神道碑》，集部第88册，第179～181页；又，同书卷六六《墓志铭三·郑国让端清世子先室何妃继夫人王氏合葬墓志铭》，《四库禁毁书丛刊》，影印清顺治十年王鑨刻本，北京出版社，1997年，集部第88册，第179～181页。

④ 《大明郑敬王圹志》，详见张红军：《沁阳市博物馆藏墓志》，科学出版社，2018年，第52页。

⑤ 《明史》缺载谥号，今据郑敬王墓志补。

⑥ 《大明郑敬王圹志》，详见张红军：《沁阳市博物馆藏墓志》，科学出版社，2018年，第52页。

⑦ 《大明郑王妃刘氏圹志》，详见张红军：《沁阳市博物馆藏墓志》，科学出版社，2018年，第42页。

⑧ 《大明郑敬王圹志》，详见张红军：《沁阳市博物馆藏墓志》，科学出版社，2018年，第52页。

⑨ 《明史》载翊钟于万历三十五年封世子之后，继而袭封，误。翊钟并未袭封郑王，崇祯十三年（1640）因罪赐死时仍为世子。

⑩ （清）谈迁：《国榷》卷九七，"崇祯十三年六月癸酉"条，第6册，第5869页，中华书局，1958年。按，崇祯十三年六月癸酉日为二十三日。

⑪ 《大明郑世子妃任氏圹志》（2022年河南省文物考古研究院发掘出土）。

⑫ 崇祯九年郑世子妃孙氏、杜氏买地券（2022年河南省文物考古研究院发掘出土）。

⑬ 《大明郑敬王圹志》载敬王有二子，嫡妃刘氏生子一人，以罪废；王氏生子一人，即翊铎，俟袭爵。据此可知翊铎应是郑敬王庶二子。至于其袭爵时间，似应在明亡之前，然史无明载。

光时谥。

□□王，常澂[①]，静王子，不知何年袭封。南明隆武二年（清顺治三年，1646）十二月薨。

□□王，由□，常澂子，不知何年袭封。南明永历三十七年（清康熙二十二年，1683）七月降清。

二、郑藩亲王墓葬的分布

据清顺治《怀庆府志》载："明郑靖王墓，在红岭山。简王墓，在药仙山。僖王墓，在金伞山。康王墓、懿王墓、恭王墓、端清世子墓、敬王墓，俱在红岭山。"[②]康熙《河南通志》则说："明郑靖王墓、简王墓、僖王墓、康王墓、懿王墓、恭王墓、敬王墓，俱在府城西北红岭山。"[③]道光《河内县志》载："明郑靖王墓、郑康王墓、郑懿王墓、郑敬王墓、郑恭王墓，俱在红岭山；郑简王墓在药仙山；郑僖王墓在金伞山；端清世子墓在九峰山。"[④]

方志对郑藩王墓的记载皆是亲王及亲王世子，不载郡王，旁支追封的郑定王、郑顺王也未见记载。南明朝廷偏安一隅，当时赐谥、袭封的郑王因世殊时异，或不知所终，或降清被俘，不知其葬所。从上述材料可知，明亡之前的郑藩王墓主要分布在今沁阳北部的太行山南麓（图一）。

志书中提到四处山名，红岭山、药仙山、九峰山和金伞山，皆属太行山脉。道光《河内县志》记载境内太行山脉诸山时由西向东依次叙述："又东二里为药仙山，在城西北三十里……又东五里为红岭山，亦曰红莲山，在城北二十五里……栲栳山前为九峰山……又东三里为金伞山，旧《志》云：'在城东北五十里，奇岩峭壁，峰崿可爱，上有万寿观。'"[⑤]

---

① 顺治三年（1646）九月十六日河南巡抚吴景道揭帖，奉旨查访河南明朝藩王情况。有"（顺治三年）九月初五日，该府回称，查据本宗两邻唐三、马三成结称，东垣王已故，止有长子朱慈𨬮改名高怀，未受封爵，原系宫妾王氏所生。并已废郑藩世孙革为庶人常澂俱在怀城居住等情各报到职"之语（国立中央研究院历史语言研究所：《河南巡抚吴景道揭帖》，《明清史料》（丙编），上海商务印书馆，1936年，第三本，第284、285页）。由此可知，当时常澂被视为已被革为庶人的废郑藩世孙。误，废郑藩世孙应是常济。2022年出土有郑藩世子妃任氏买地券，由孝子郑世孙常济于天启七年（1627）正月初八日午时立券（河南省文物考古研究院发掘资料）。

② （清）彭清典修，萧家芝纂：《怀庆府志》卷八，顺治十七年刻本。

③ （清）顾汧等：《河南通志》卷十九《陵墓·怀庆府》，康熙三十四年刊本。

④ （清）袁通纂修，方履篯编辑：《河内县志》卷十九《古迹志》，道光五年刊本。

⑤ （清）袁通纂修，方履篯编辑：《河内县志》卷九《山川志》，道光五年刊本。

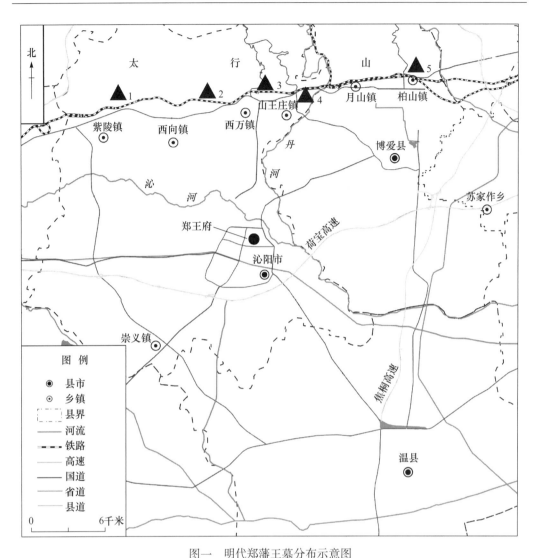

图一　明代郑藩王墓分布示意图

1. 行口村郑藩某代东垣王墓　2. 红岭山校尉营墓群　3. 沁阳火车站明墓

4. 九峰山郑端清世子朱载堉墓　5. 金伞山郑僖王墓（原址）

根据文献记载，笔者对上述地点进行了实地踏查。三种志书关于郑王墓位置的记载，主要区别在郑简王墓、郑僖王墓，以及端清世子墓。端清世子即朱载堉，郑恭王之子，让国于郑敬王，以世子终其身，卒葬九峰山南，山在今沁阳市山王庄镇张坡村北，因九峰相连，故名。有王铎撰书《郑端清世子赐葬神道碑》在，刻而未立。

药仙山在沁阳市西向镇和常平乡交界处，西邻逍遥水库，南连方山。因山形似豹，又名老豹岭。药仙山位于方山以北，群山环绕，但是按照明代藩王墓葬的选址理论，此处并不适合。方山南麓有虎子村，位于山前缓坡上，倒是颇具明代宗室堪舆所崇尚的地理形势，然而通过实地调查，也未发现相关遗存。不过在其西部的行口村西，调查发现有王墓遗存，20世纪60年代被掘毁，发现有碑形墓志，据传为郑藩某代东垣王墓。

关于郑僖王墓，两种志书均记载位于金伞山。该山位于今博爱县东北柏山镇柏山村东，因其山形像撑开的大伞，故名。根据文献和出土墓志记载，郑僖王先葬金伞山，后迁葬到红岭山。1976年，沁阳校尉营村村民因生产建设挖砖取石，在村东发现了郑僖王墓，后被掘毁，至今墓圹尚存。该墓出土碑形墓志一通，正德三年（1508）五月二十三日立。惜保存不善，文字漫漶不清，可识者大半。墓志载："以世子礼葬于金伞山之原……追封郑王，谥曰僖。圹为山水坏，其……准迁。今妃胡氏于正德元年十二月初□日……上遣本府内官致祭，赐开圹银两。正德三年……葬于红岭山祖陵之西。"由此可知，郑僖王先以世子身份先葬于金伞山，墓被山水所坏，其妃胡氏卒葬之时，改葬至红岭山。弘治十二年（1499）追封悼僖世子为郑僖王，此时其墓尚位于金伞山，嗣郑王朱祐枔曾出城亲诣坟所，奉安所赐册宝于享堂内 ①。到了正德元年（1506）十二月，僖王妃胡氏薨逝，嗣郑王上奏朝廷，"故父僖王见滋之墓为山水所毁，欲迁而合焉"。礼部言："迁葬之役出本府自营，有司无与。宜移文勘实，而行胡氏祭葬如例，从之。" ②

红岭山位于沁阳市西万镇校尉营村北，因其山土石呈赤红色，故名。除了上述郑僖王及妃胡氏墓之外，随后在红岭山南麓又发现几座亲、郡王墓。1981年10月发现有郑敬王及其妃刘氏墓，1984年发现有郑懿王及其妃阎氏、顾氏墓，1991年发现有泾阳安靖王及其妃张氏墓。2022年6月～9月，为配合沿太行高速公路工程建设，重新清理了泾阳安靖王墓，并发掘了郑世子妃任氏墓。

综合考察上述材料，基本可以认定，康熙《河南通志》所载郑藩靖王墓、简王墓、僖王墓、康王墓、懿王墓、恭王墓、敬王墓，俱在府城西北红岭山，这一说法应该是正确的。

三、红岭山各墓墓主推定

为全面了解红岭山南麓郑藩王墓的坐落情况，2022年，河南省文物考古研究院对其进行了详细的调查和勘探。在校尉营村北共发现明代墓葬12座，皆坐北向南，位于红岭山南缓坡地带。根据其分布情况，并综合考察地理形势，12座墓葬应该分属9座寝园（图二、图三）。图中已知M4为郑僖王，M3为泾阳安靖王及其妃张氏墓，M6为郑懿王及其妃阎氏、顾氏墓，M8为郑敬王及其妃刘氏墓，M9为郑世子妃任氏墓，世子系郑敬王之子。只有M1、M2、M5、M7尚不明确其墓主身份，现据相关资料推定如下。

---

① 《明孝宗实录》卷一五四，"弘治十二年九月癸亥"条（校印本《明实录》第57册，第2736页）。
② 《明武宗实录》卷二二，"正德二年闰正月乙丑"条（校印本《明实录》第62册，第622页）。

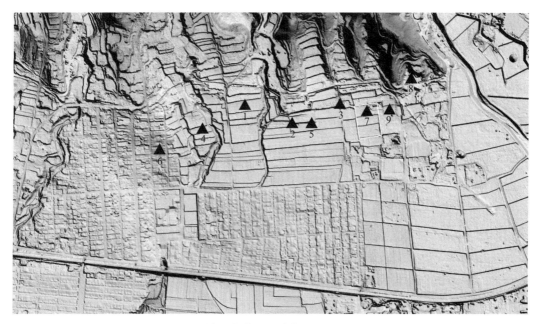

图二　红岭山郑藩王墓分布及地形图（一）

1. 郑靖王墓　2. 郑简王墓　3. 泾阳安靖王墓　4. 郑僖王墓　5. 郑康王墓　6. 郑懿王墓　7. 郑恭王墓

8. 郑敬王墓　9. 郑世子妃任氏墓

图三　红岭山郑藩王墓分布及地形图（二）

1. 郑靖王墓　2. 郑简王墓　3. 泾阳安靖王墓　4. 郑僖王墓　5. 郑康王墓　6. 郑懿王墓　7. 郑恭王墓

8. 郑敬王墓　9. 郑世子妃任氏墓

　　M1 位于 M4 之东，M4 明确为郑僖王墓。根据《郑僖王圹志》记载，郑僖王于正德三年（1508）由金伞山迁葬于红岭山祖陵之西，由此可知郑藩始封王——郑靖王墓位于僖王墓东。实地踏查可知，M1 所处位置"风水"形势独佳，位于山坳之中，东西两侧"龙虎砂"绵长，并有山前冲沟分于两侧，且地势广阔，优于其他墓葬，极有可能是郑靖王墓。勘探发现该墓共有三座墓葬组成，均为带有墓道的砖石墓，其中两座东西并列，东侧墓圹打破西侧墓圹，另一座位于上述墓葬西南约 20 米处。推测并列的两座墓葬东侧可能为郑靖王墓，西侧应是郑靖王妃张氏墓。

　　郑靖王妃张氏薨于正统七年（1442）十二月①，此时郑藩尚未移国怀庆。正统八年（1443）四月丁亥，郑王瞻埈长子祁锳奏："母妃近薨，已蒙遣官择地凤翔县。今奉敕移国怀庆，欲奉母妃柩同行。乞命原遣官于怀庆择地改葬。"从之②。郑靖王则薨于成化二年（1466）。在这期间，明政府为了减少各王府造坟的开支。"天顺二年（1458）奏准，亲王以下依文武大臣例，或王或妃有先故者，并造其圹，后葬者只令所在官司起倩夫匠开圹安葬。继妃则祔葬其旁，同一享堂，不许另造。"③

　　张氏葬于天顺二年（1458）合葬令颁布之前，而郑靖王卒葬于合葬令之后。完全有可能是异室合葬，这与勘探发现的情况相合。而西南方向的墓葬则应是葬郑靖王的其他配偶。

　　M2 位于 M1 东侧"龙砂"南端偏西。勘探发现两座墓葬，均为带有长斜坡墓道的砖石墓。二者相距很近，东西并列，但无打破关系，西侧墓室则略向南偏。推测该墓墓主为第二代郑简王。郑简王尚为世子时，其两任世子妃都先他而亡。嫡妃韩氏薨于景泰七年（1456）正月，继妃张氏自缢于天顺七年（1463），郑简王则薨于弘治八年（1495）。除了韩妃以外，其余二人均卒葬于天顺二年（1458）合葬令之后。按照合葬令的要求，王与嫡妃合葬，继妃则祔葬其旁。虽然韩妃卒葬之时尚未颁布合葬令，但导致明政府推行合葬令的主要目的就是为了减少宗室丧葬费用的开支。因此，后来去世的郑简王应该和韩妃同室合葬，因而推断两座墓葬东侧的可能是郑简王及其嫡妃韩氏合葬墓，西侧略偏南的墓葬或是葬继妃张氏及简王的其他配偶。

　　既然推定 M1 为郑靖王墓、M2 为郑简王墓、M4、M6 分别明确为郑僖王和郑懿王墓。又根据弘治五年（1492）明政府颁发的诏令，亲王、郡王、镇国将军各于始封

---

　　① 《明英宗实录》卷九九，"正统七年十二月戊子"条（校印本《明实录》第 26 册，第 1985 页）。

　　② 《明英宗实录》卷一〇三，"正统八年夏四月丁亥"条（校印本《明实录》第 27 册，第 2075 页）。

　　③ （明）申时行：《大明会典》卷二〇三《工部·王府坟茔》，影印明万历十五年刊本，江苏广陵古籍刻印社，1989 年，第 5 册，第 2731 页。

父祖茔序昭穆葬[①]。按照昭穆葬的排序方式，可将 M5 推定为郑康王墓，而 M7 应为郑恭王墓。综上，红岭山郑藩亲王墓葬以郑靖王为祖，左（东）葬郑简王，右（西）葬郑僖王，次左（东）葬郑康王，次右（西）葬郑懿王，再左（东）葬郑恭王。按照这个原则，郑敬王应在郑懿王墓西侧，但是懿王墓西部地势凹陷，已不是山岭垂延之处，所以郑敬王葬在红岭山墓区的最东部，恐是不得已而为之。而敬王墓东侧即为龙门河，地势渐低，也不适合墓葬选址。所以，世子妃任氏墓择葬于敬王墓西，可能也是因为地势原因。如此，则违反了昭穆葬的原则。

四、玄 宫 制 度

目前可明确玄宫形制的有郑懿王墓、郑恭王墓、郑敬王墓、郑世子妃任氏墓，以及泾阳安靖王墓和沁阳火车站明墓。因早年挖砖取石，郑僖王墓被掘毁，郑靖王也被破坏，玄宫形制不详。根据现有资料，可将郑藩玄宫形制分为双室和单室两类。

（一）双室玄宫

双室玄宫的亲王墓葬目前仅知有郑懿王墓、郑恭王墓。此外，葬在亲王墓区的泾阳安靖王墓，以及沁阳火车站明墓也是双室玄宫，在此一并介绍，以资参考。

1. 郑懿王墓

位于红岭山郑王墓区的最西端（M6），1984 年校尉营村村民在自家中开挖红薯窖中发现，现在位于民房之下，当地文物部门曾做过调查[②]。该墓坐北向南，青砖砌就，墓室为单体拱券结构，东西向起券，平面呈长方形，前后双室玄宫。墓室外部南北通长 8.47、东西宽 5.27、墓壁厚 0.53 米。前室呈东西向长方形，横长 4.66、南北进深 1.8 米。南壁正中为石质墓门，宽 1.7 米。北壁正中为券门，宽 1.66 米，可通向后室，门扇可能为木质，已朽。前室紧靠前室北壁，券门东西两侧面南，树立三通碑形圹志，东侧由西向东依次为懿王及王妃阎氏的圹志，券门以西为王妃顾氏的圹志，均未录文。后室与前室等宽，呈南北向长方形，南北长 5.48 米。东、西两壁近券门处，以及北壁正中，分别有一个砖雕壁龛。进入后室 1.5 米以北为棺床，高 0.8 米。南沿以宽 0.53 米

---

① （明）申时行：《大明会典》卷二〇三《工部·王府坟茔》，影印明万历十五年刊本，江苏广陵古籍刻印社，1989 年，第 5 册，第 2731 页。（明）朱勤美：《王国典礼》，影印北京图书馆藏明万历四十三年周府刻、天启增修本，《续修四库全书》，上海古籍出版社，1995 年，第 824 册，第 446、447 页。

② 《沁阳文物》编委会：《沁阳文物》，中州古籍出版社，2008 年，第 55～57 页。

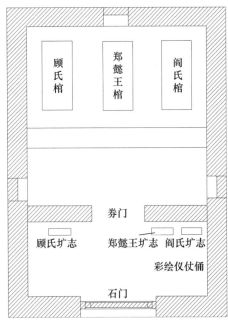

图四　郑懿王墓平面示意图
（据《沁阳文物》附图改绘）

宽的条石包边①。棺床上放置三具红漆木棺，头北足南，根据前室发现的圹志排序来看，中棺为郑懿王，东棺为阎妃，西棺为顾妃。郑懿王墓经过多次盗扰，后室顶部有圆形盗洞。前室底部东侧残存多件泥质彩绘仪仗俑，其余随葬品无存（图四）。

2. 郑恭王墓

该墓早年曾用作储藏粮食的地窖，后来回填。据当地村民回忆，该墓和郑懿王墓相似，也分为前后两室，青砖砌就，拱券顶，东西向起券，方砖铺地，前室有碑形墓志两通，南部壁有石门，面积约 80 平方米②。

3. 泾阳安靖王墓

该墓被一度认为是郑懿王墓，实误。此墓发现于 1991 年，当地文物部门曾对其进行清理，后被封护。2022 年，为配合沿太行高速公路工程建设，河南省文物考古研究院等单位重新对其进行了清理测绘。根据出土墓志可知，该墓为泾阳安靖王及其妃张氏合葬墓，张氏先于弘治元年（1488）入葬，次年（1489）泾阳安靖王入葬。

该墓坐北向南，底部平面呈长方形，前后双室玄宫。后室底部偏北设有须弥座式棺床，东、西两壁偏南，以及北壁正中各有一个壶门形壁龛。该墓由砖石砌就，四壁底部先以较为规整的石块砌成基址，然后再以灰色条砖券砌。墓室为单体拱券结构，东西向起券，大面积为三券三伏，顶部为四券四伏，第一道墓门上部为五券五伏，均以白灰黏合。底部外侧东西宽 5.7 米，连同南部的矮墙，南北长 9.1、壁厚 0.85 米。前室内部东西阔 3.6、南北进深 1.37 米；后室内部东西阔 3.6、南北进深 5.22 米。三个砖雕壁龛均为壶门式，阔 0.65 米；棺床东西宽 2.35、南北长 2.55 米（图五）。石门均由青石镌刻而成，门框、门扇、门枕、门蹼俱全。第一道石门为板门，素面无纹，下部有门槛石；第二道石门仿隔扇门，格心、绦环板、裙板均素面。

与郑懿王墓不同的是，该墓前后室之间的第二道墓门也为石门，而郑懿王墓第二道门似为木门；泾阳安靖王及其妃张氏的墓志未放置在前室，而是左右相对侧立于第一道墓门外东西两侧的矮墙处。另外，后室棺床未与墓壁相连，四周包石，中有石条

---

① 当地文物部门认为，南部包边条石为祭台，其北部为椁堂。
② 《沁阳文物》编委会：《沁阳文物》，中州古籍出版社，2008 年，第 55 页。

1. 泾阳安靖王墓（南—北）

2. 墓门（南—北）

3. 石棺（东南—西北）

图五　泾阳安靖王墓

相隔，形成双棺位，空腔内实以黄土。

4. 沁阳火车站明墓

该墓位于今沁阳市北的沁阳车站，墓主失考，不过应该也是郑藩宗室墓葬。该墓坐北向南，墓室为单体拱券结构，东西向起券（图六）。拱券顶部最外端显示其结构为三券三伏，厚 0.78 米。拱券内南北长 9.6、东西宽 5 米。券内砖壁上涂有白灰，并绘彩色壁画。自券内后墙向外 5.3 米处的东西两壁上有砖墙印一道，厚约 0.43 米，推测此处原本应该有一道东西向的隔墙，把整个券筒分为前后两室。后室的东、西、北三壁上各有一个壁龛，北墙壁龛顶部做成壶门形。棺床等埋在淤土之下，形制不详。根据现场遗迹推测，此墓室结构为前后两室，后室有三个壁龛，两道墓门情况不详[①]。

（二）单室玄宫

单室玄宫目前见有郑敬王墓和郑世子妃任氏墓。

---

① 刘毅、曹永歌：《明代郑韩两座藩王墓遗存的调查》，《中原文物》2020 年第 3 期。

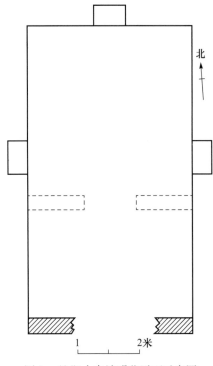

图六　沁阳火车站明墓平面示意图
（引自刘毅、曹永歌：《明代郑韩两座藩王墓遗存的调查》，《中原文物》2020年第3期）

1. 郑敬王墓

该墓发现于1981年，早年被盗掘，村民取土时又遭破坏，仅出土柏木棺、少量陶俑和两通碑形墓志。该墓地处山谷之中，坐北向南，平面呈长方形，单室玄宫。墓前有斜坡墓道，长度不详。墓室为石砌，单体拱券结构，东西向起券，南部正中有双开石门。门扇上有泡形门钉，五钉五带，门扇高1.565、宽0.765、厚0.13米。墓门外东侧立郑敬王圹志，西侧立王妃刘氏圹志，东西相向而立。墓室用长方形石条砌筑，以白灰浆黏合。条石长短不一，均宽0.36、厚0.12米。墓室外东、北、西三面与墓圹之间，以石灰、糯米、细砂掺合成的"三合土"夯筑，厚度为1.2～1.5米。墓室内长5.26、宽3.48米，顶部破坏无存，高度不详。墓室东、西两壁近墓门处，以及北壁正中各砌出壁龛。底部以条石铺地，北高南低，临近周壁底部砌出0.08米宽的排水道，至墓门门槛下引出墓室①（图七）。

2. 郑世子妃任氏墓

郑世子妃任氏墓（M9）于2022年勘探发现并发掘。该墓为石室墓，全部由青石砌就，券顶，东西向起券，单室玄宫，条石铺地（图八）。墓室内部南北长6、东西宽4.8米。墓室前为带有八字墙的绿琉璃瓦覆顶的仿木门楼，双扇石门，有泡形门钉和环形辅手，门钉为五钉五带。门楼上部为鹅卵石砌就的挡土墙（图九）。墓门南侧底部亦铺条石，直至墓道北端，宽3米。墓室内北部有须弥座式石棺床，与墓壁相接，棺床上部亦铺条石。上置三具红漆木棺，出土人骨三具，经鉴定为一男两女。根据出土墓志、买地券，并佐以文献记载，可知中棺所葬为郑世子妃任氏，东棺所葬为郑世子，西棺墓主为世子妃孙氏。石室西南部有南北向土洞，东与墓圹相通，墓室呈南北向长方形，拱顶。土洞南北长3.96、东西宽2.2、中部最高1.7米。内置两具黑漆木棺，根据出土遗物判定，墓主均为女性，其中西棺所葬为世子妃杜氏，东棺所葬为郑世子所遗宫眷，葬于清代初期。

---

① 田中华：《明郑敬王墓及圹志考》，《焦作文博考古》2005年第6期，第102～106页。

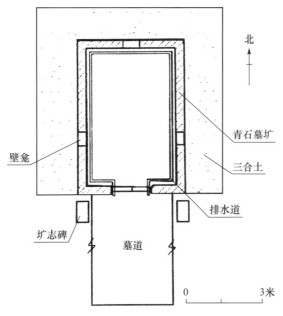

图七　郑敬王墓平面图

（引自田中华：《明郑敬王墓及圹志考》，《焦作文博考古》2005 年第 6 期）

图八　郑世子妃任氏墓内景（南—北）

图九　郑世子妃任氏墓琉璃门楼（南—北）

综合考察上述资料，并结合勘探情况。可以将郑藩王墓的玄宫形制大体可分为三个阶段。

第一阶段为并列双圹双券，但双券内各自玄宫的具体形制不详。郑藩始封王郑靖王妃张氏葬于天顺二年（1458）合葬令颁布之前，而郑靖王卒葬于合葬令之后。勘探发现郑靖王墓由并列两座玄宫组成，分属两个墓圹，很有可能是夫妻异室合葬。

第二阶段为单圹单券双室，前室为横长方形，且进深较短，后室周壁有壁龛。这种形制最早见于泾阳安靖王墓，该墓先葬王妃张氏，时在弘治元年（1488），最晚见于郑恭王墓，该墓先葬其妃高氏，时在嘉靖十七年（1538）。

第三阶段亦为单圹单券单室。最早见于郑敬王墓，该墓先葬王妃刘氏，时在天启五年（1625），此墓周壁尚有壁龛，而葬于天启七年（1627）的郑世子妃任氏墓中则已无壁龛。

　　不过，需要特别指出的是，第二、三阶段之间有 80 余年的时间缺环，这期间如何变化尚不得而知。

五、寝 园 规 制

　　位于红岭山南的郑藩王墓均有寝园，其中郑懿王寝园因被村民住宅占压，郑敬王墓寝园被破坏严重，未发现建筑构件之外，其余墓葬均采集有绿色琉璃瓦和灰陶板瓦、筒瓦及条砖等建筑构件（图一〇）。经过调查、勘探，仅郑恭王墓（M7）的寝园遗址保存较好，郑简王墓（M2）和郑康王墓（M5）南侧残存有部分大块鹅卵石砌就的墙基。

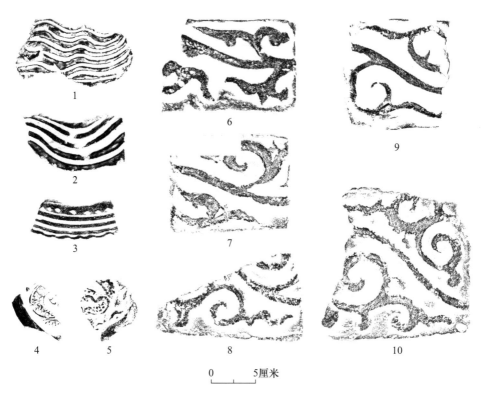

0 ⊢—⊢—⊣ 5厘米

图一〇　郑藩王墓采集建筑构件纹饰拓本

1、2. 灰陶垂兽尾部（郑简王墓）　3. 灰陶盆沿瓦（郑康王墓）　4、5. 琉璃滴水（郑简王墓）
6、9. 灰陶花砖（郑康王墓）　7、8、10. 灰陶花砖（郑恭王墓）

　　根据调查和勘探资料可知，郑藩王墓寝园大小不一。其中郑靖王墓（图中 M1）寝园面积最大，作为郑藩始封王，真可谓是园寝广袤，无虑所用。但是因为平整土地，破坏较为严重。不过根据其地貌特征推断，郑靖王寝园南北长约190、东西宽约100米。

郑僖王墓寝园东西两侧为南北向山前冲沟，两条冲沟在墓南汇成一壑，地势逼仄，面积不广，两条冲沟相邻的边缘相距仅70余米，其寝园东西范围应相去不远，但南北长度不详。

经过勘探，郑简王墓（M2）和郑康王墓（M5）墓道之间相距约50米，按照两座寝园划分，以王墓居中，两座墓葬的寝园东西宽应在50米左右。再以两墓南端发现的石砌墙体为起点，向北测量至墓葬北部的断崖处，南北长110余米，以上围合的空间可能就是这两座寝园的范围。

2022年河南省文物考古研究院对郑世子妃任氏墓发掘时，对墓葬周边进行了考古勘探，以获其寝园信息，然所获甚少。但是有个现象值得注意，该墓所在的地块虽然被平整为三级台地，但其四至分明，墓葬正位于地块中部偏北。所以，推测地块的四至很可能是郑世子妃任氏墓的寝园边界，测得地块数据为南北长140、东西宽72米。世子妃任氏墓南侧的寝园地表之下均为鹅卵石层，未发现有建筑基址，但地表采集有少量的绿釉及灰陶建筑构件（图一一）。

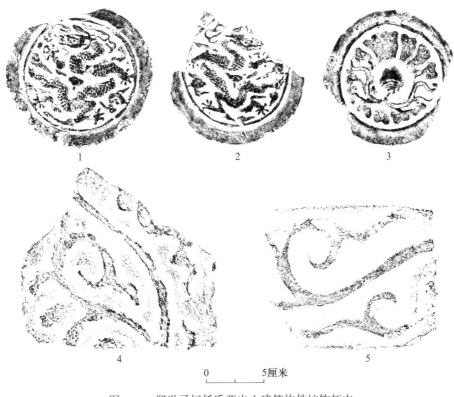

1 2 3

4 5

0　　　5厘米

图一一　郑世子妃任氏墓出土建筑构件纹饰拓本

1、2. 灰陶勾头　3. 琉璃勾头　4、5. 灰陶花砖

　　2016 年，为配合朱载堉墓保护规划工作，考古工作者曾对位于九峰山下的郑藩端清世子墓进行勘探，发现墓葬一座，坐北向南。寝园遗址仅北墙保存较好，东西长 54 米，东西两端有拐角石，东墙南北残长 23、西墙南北残长 37 米，东、西两墙南部及南墙均因平整土地破坏无存（表一）。

表一　明代郑藩王墓寝园情况统计表

墓主	身份	长／米	宽／米	采集遗物
郑靖王	亲王	190±	100±	琉璃板瓦、筒瓦、花砖、脊饰
郑简王	亲王	110±	50±	琉璃板瓦、筒瓦；灰陶花砖、脊饰
郑康王	亲王	110±	50±	琉璃板瓦、筒瓦；灰陶花砖、筒瓦、板瓦
郑僖王	亲王（追封）	不详	70-	琉璃、灰陶瓦件
郑恭王	亲王	117	82	琉璃板瓦、筒瓦；灰陶花砖、筒瓦、板瓦
端清世子	世子	已探明 37 米	54	不详
世子妃任氏	世子妃	140±	72±	琉璃板瓦、筒瓦；灰陶板瓦、筒瓦

图一二　郑恭王墓寝园北墙（东南—西北）

目前仅郑恭王墓（M7）寝园遗址保存尚好，四至及内部结构明确。经过调查、勘探可知，郑恭王墓（M7）寝园呈南北向长方形，地表现为三级台地。东西宽 82、南北长 117 米。其中北墙尚保存有石砌墙体，较为规整（图一二），东、南两墙局部保存有石砌墙基，西墙保存较差，仅存基址，但也可以明确为石砌。通过勘探并局部发掘，可知四周墙基下有基槽，基槽内以"三七灰土"夯实。

　　寝园南墙正中为寝园门，寝园内有享殿一座，以及左右配殿各一座，享殿东西两侧有墙与东西寝园墙相接，近享殿山墙处各辟一座随墙门。享殿基址仅存北部，南部因平整土地破坏无存。享殿基址北沿距郑恭王墓道南端 23 米，基址东西长 22、南北残宽 5 米；距享殿基址东、西两侧边缘 6 米处各有一处 3.5 米见方的"三七灰土"基址，应是随墙门。东西配殿基址呈南北向，南北长 18、东西宽 7 米，其中西配殿基址保存较好，东配殿保存较差。两配殿基址北沿距随墙门基址南沿 5.6 米。寝园门位于南墙正中，仅存北部，南部也因平整土地被破坏。寝园门基址东西长 16、南北残宽 4 米；寝园门基址北沿距东、西配殿基址南沿一线 14 米。寝园地表发现有少量琉璃瓦残块，有板瓦、筒瓦、脊筒等，另有灰陶板瓦、筒瓦、望砖和花砖。

　　关于亲王寝园的建筑规制，明政府于永乐八年（1410）和正统十三年（1448）先后两次对其作出规定①。永乐八年定，亲王坟茔，有享堂七间，中门三间，外门三间，神厨五间，神库同。东西厢及宰牲房各三间，焚帛亭一，祭器亭一，碑亭一，周围墙二百九十丈，墙外为奉祠等房十二间。正统十三年（1448）又定，亲王坟茔，地五十亩，房十五间。至于十五间房屋的具体怎样分配，明代史料并未对其作出详细的说明。刘毅先生对现存资料进行研究之后，推测正统王陵房十五间的分配应该是：享殿五间、中门三间、左右配殿各三间、神厨或神库一间②。

郑藩诸王均卒葬于正统十三年（1448）以后，但郑藩始封王郑靖王妃张氏薨于正统七年（1442），正统九年（1444）移枢沁阳。此时营建寝园，或许还在执行永乐年间的规定。通过调查，郑靖王墓寝园面积较大，或许与此相关。但之后的亲王墓寝园规制应该都是执行了正统年间的规定。

关于郑藩王墓的寝园规制还可以参考郑王府的家庙形制。万历七年（1579）郑王厚烷奏更立王庙。"礼部覆查：《大明会典》弘治八年（1495）定，王府制内开家庙一所，正房五间，厢房六间，门三间，并无东西夹室及后殿寝庙之文。今据郑王奏立七间，并后殿寝室。似属逾制，当悉遵《会典》改正是之。"③结合文献资料可知，葬于正统十三年（1448）以后的郑藩王墓，其寝园形制或与《大明会典》所规定的王府家庙类似。计有享殿五间，左右厢房共六间，寝园门三间。至于寝园面积的大小，虽然有明文规定，但是在实际操作中王墓所在位置的地形地貌对其影响极大。

根据以上材料，并从采集遗物和勘探情况推测，郑恭王墓享殿应为单檐歇山式建筑，绿琉璃瓦覆顶，有筒瓦；面阔可能五间，进深三间，五架；后墙中部可能设有双扇板门；明间、次间用隔扇门，稍间为窗；椽上铺望砖，两椽之间望砖涂朱；梁柱门窗俱髹朱漆。配殿为单檐悬山或硬山式，其余均同享殿，惟后墙无门。寝园门为单檐硬山，三间五架，一门或三门，前后俱有檐柱。墙垣为石砌，内外白灰勾缝，外墙用白灰基本抹平。有墙脊，皆灰瓦，筒、板瓦俱全，滴水为盆沿瓦，脊用灰陶花砖，并用筒瓦覆顶。

六、相关问题

（一）墓葬选址

首先，对于明代宗室墓葬选址影响最大的堪舆术是以《葬书》为代表的一套理论。

---

① （明）申时行：《大明会典》卷二〇三《工部·王府坟茔》，影印明万历十五年刊本，江苏广陵古籍刻印社，1989 年，第 5 册，第 2730、2731 页。

② 刘毅：《明代帝王陵墓制度研究》，人民出版社，2006 年，第 271、272 页。

③ 《明神宗实录》卷八六，"万历七年四月庚子"条（校印本《明实录》第 100 册，第 1805 页）。

《葬书》主张:"夫葬,以左为青龙、右为白虎、前为朱雀、后为玄武。玄武垂头,朱雀翔舞,青龙蜿蜒,白虎驯俯。"① 除山势形局俱全以外,还要得水,即《葬书》所云:"风水之法,得水为上,藏风次之。"整个墓址就处于这样山环水绕的环境内。纵观郑藩王墓的地理位置,无一不与此相符,尤其是郑藩始封王郑靖王墓的"风水"更优于其他王墓。

其次,礼法制度的影响也起到很大的作用。弘治五年(1492)朝廷颁发诏令,亲王、郡王、镇国将军于始封父祖茔序昭穆葬。葬在红岭山墓区的郑藩亲王,除了前述郑敬王、郑世子妃任氏墓因地形地势原因之外,其余亲王均按照昭穆制度排葬。

最后,影响墓葬选址也有其他因素。如端清世子朱载堉在生前曾隐居于九峰山前丹河之滨张店村四十余年②,死后遂葬于九峰山,这可能与其本人的心性意愿有关。而悼僖世子(郑僖王)远葬金伞山,恐怕和其父郑简王的嫌隙有莫大的关系。悼僖世子(郑僖王)作为简王的嫡一子,简王待其寡恩,其母妃韩氏,生前也受尽折磨。郑简王禀性急躁,喜怒无常,且好酒。经常当众蔑说韩氏龌龊,百岁之后难与其同庙。韩氏去世后,继续追咎韩妃,并恶其子,以致世子与简王日生嫌隙。然而世子性亦刚烈,子道少尽,朝廷不得不屡下敕书诫勉③。《明史》记载简王父郑靖王也是生性暴厉,简王祁锳更是"多不法,又待世子寡恩……世子见滋母韩妃不为祁锳所礼,见滋悒悒先

---

① 传(晋)郭璞:《葬书·外篇》,影印文渊阁《四库全书》,台湾商务印书馆,1984年,第808册,第29页。

② (清)王铎:《拟山园远集》卷六六《墓志铭三·郑国让端清世子先室何妃继夫人王氏合葬墓志铭》,《四库禁毁书丛刊》,影印清顺治十年王鑨刻本,北京出版社,1997年,集部第87册,第179~181页。

③ 《明宪宗实录》卷一一四,"成化九年三月戊戌"条,"郑府左长史江万程等奏:'郑王祁锳疏薄世子,屡谏不从,怒移臣下。'太监王允中等亦奏:'郑王禀性急躁,喜怒无常,且好使酒。'"(校印本《明实录》第44册,第2209页)。又,《明英宗实录》卷三一九,"天顺四年九月己卯"条,"贻书郑王赡埈曰:'王世子祁锳,违越礼法,弃妃立妾。泾阳王祁铣,信谗拨置,世子逼人致死。是皆不知礼法之过。'"(校印本《明实录》第37册,第6644页)。又,《明宪宗实录》卷八十,"成化六年六月癸亥"条,"郑府左长史张铎奏:'郑王长子年长,未请封及婚配。父子日生嫌隙,屡以启王,辄忿怒……'奏至,上允其请。乃敕郑王祁瑛曰:'得长史张铎奏,王与长子见滋日生嫌隙,对众每言其母韩氏龌龊,百岁之后难与同庙。见滋是我为世子时生,如何袭得王爵。闻人劝谏,辄便忿怒。不知果有此事否?'"(校印本《明实录》第42册,第1562页)。又,《明宪宗实录》卷九二,"成化七年六月壬子"条,"遣驸马都尉石璟奉敕戒谕郑王祁锳曰:'尔溺爱不明,追咎前妃,遂恶其子……尚虑尔一时过失,未必终身迷谬。特遣驸马石璟赍敕戒谕,尔宜深自警省,痛改前非,教育世子,尽慈爱之道,不可偏听谗言,以摇夺之。仍与选婚,俾有继嗣,则藩国永固,福莫大焉。如执迷不改,致世子不能保全,不惟败名失德,而于爵位抑恐难保尔。宜深思熟虑,毋贻后悔。'王捧敕忧惧,乃上章服罪,请与世子择配。上以王既改悔,置不问"(校印本《明实录》第43册,第1775、1776页)。

卒"①。因位于金伞山的郑僖王墓被山水所坏，正德三年（1508）才趁着埋葬其妃胡氏的机遇，迁葬于红岭山。如此，也就奠定了红岭山郑王墓区昭穆葬制的格局基础。

（二）墓区守护

郑藩亲王除了旁支追封的郑定王和郑顺王之外，其余全部葬在红岭山南，形成了集中的墓区。按照明朝制度，藩王寝园设置有专门的坟户进行看护。《大明会典》载："凡王府奏讨坟户，嘉靖三年（1524）准拨附近民人二名看守。万历九年（1581）议准，亲王每坟拨给军校五名，郡王不许一概滥给。"②据传，郑藩王墓所在的校尉营村即为明代守坟校尉驻扎之地，故名。该村姓氏较多，其中苏姓有谱可考，苏氏始祖为苏宾，河间府河间县人，系尉官出身，随郑王之国怀庆。郑王葬于红岭山后，在此守护王墓，子孙衍继，世代为业，繁衍至今。

（三）碑形墓志

从现有的资料来看，郑藩宗室墓志均为圆首碑形，下有碑榫，插于碑趺之上，这种形制在明代藩王墓志中比较少见。现将郑藩出土墓志依照时间早晚列表如下（表二）。

表二　明代郑藩出土墓志统计表

墓志镌题	身份	葬年	尺寸/厘米 高×宽×厚	志文字体
大明宗室镇国夫人张氏墓志	镇国将军夫人	成化二十一年（1485）十月二十五日	109×66×15	楷书
大明泾阳王妃张氏墓志铭	郡王妃	弘治元年（1488）十月十九日	100×66×15	行楷
御赐泾阳安靖王圹志	郡王	弘治二年（1489）七月十七日	76×46×14	楷书
大明郑僖王圹志	亲王（追封）	正德三年（1508）五月二十三日	77×45×13	楷书
大明郑王妃刘氏圹志	亲王妃	天启五年（1625）四月初八日	120×64×16	仿宋
大明郑世子妃任氏圹志	世子妃	天启七年（1627）九月二十七日	127×57×17	仿宋
大明郑敬王圹志	亲王	崇祯十四年（1641）十一月二十四日	130.2×52×13	仿宋

注：以上尺寸信息多采自《沁阳市博物馆藏墓志》（科学出版社，2018年），个别为调查、发掘资料。

除表二所列墓志之外，调查可知郑懿王、郑恭王墓分别有三通和两通碑形墓志。虽然碑形墓志也见于武昌楚藩、成都蜀藩，但楚、蜀二藩不是圆首，而是顶部抹角的

---

① （清）张廷玉：《明史》卷一一九《列传第七·诸王四·郑王瞻埈传》，中华书局，1974年，第3626、3627页。

② （明）申时行：《大明会典》卷九八《丧礼三》，影印万历十五年刊本，江苏广陵古籍刻印社，1989年，第3册，第1534页。

长方形。郑藩圆首碑形墓志与山西晋藩广昌悼平王妃杨氏及广昌安僖王母刘氏[①]，以及广昌安僖王妃田氏、继妃张氏[②]墓志相似，皆为圆首碑形，但是后者却是分别有志盖和志身，合二为一。郑藩墓志则别具一格，自成体系，这种传统惟郑藩所特有。刘毅先生曾对帝王陵墓的墓志进行考察，指出明代各藩府的圹志和墓葬结构一样，各藩自成一格[③]，这一文化现象有助于更深层次的解读明代藩王墓葬的地域传统问题。

此外，目前发现的郑藩墓志集中在早、晚两个阶段，二者之间有着明显的变化（图一三），主要表现在以下两个方面。首先，早期志文为楷书或行楷，晚期为仿宋体。其次，墓志题额早期将志题全部镌刻在志额上，晚期则仅在志额题写"御赐"二字。早、晚之间尚有百余年的资料缺环，这期间的情况尚不得而知。

---

① 山西省文物管理委员会:《山西太原七府坟明墓清理简报》,《考古》1961 年第 2 期。

② 原江、程群、张爱等:《太原南宗明代广昌王妃田氏墓、继妃张氏墓的考古发掘》,《大众考古》2022 年第 7 期。

③ 刘毅:《帝王陵墓之册、宝、志探析》,《东南文化》2012 年第 5 期。

图一三　郑藩出土墓志拓本

1. 镇国夫人张氏墓志　2. 泾阳王妃张氏墓圹志　3. 泾阳安靖王圹志　4. 郑王妃刘氏圹志

5. 郑世子妃任氏圹志　6. 郑敬王圹志

（以上拓本 5 为 2022 年新出土，余均引自张红军：《沁阳市博物馆藏墓志》，科学出版社，2018 年）

嘉靖"大礼议"对天寿山明陵陵寝建筑及祭祀礼制的影响

胡汉生

（明十三陵管理中心）

内容摘要： 应武汉龙泉山明楚网库国家考古遗址公园申报创建领导小组办公室的邀请，本人以《嘉靖"大礼议"对天寿山明陵陵寝建筑及祭祀礼制的影响》为题，从"大礼议"的起因与矛盾焦点、天寿山陵寝建筑制度的改革、嘉靖时期对天寿山祭祀制度的改革等三个方面论述了明代皇家的丧葬制度。

关 键 词： 明代　"大礼议"　天寿山陵寝　祭祀制度　改革

嘉靖年间发生的"大礼议"在明朝历史上堪称是一件影响巨大的事件。特别是对天寿山明朝帝陵建筑制度和陵寝祭祀礼制影响极为深远。

一、"大礼议"的起因与矛盾焦点

"大礼议"是指发生在正德十六年（1521）到嘉靖三年（1524）间的一场皇统问题上的政治争论，是从嘉靖皇帝以兴王世子身份入继大统，从湖广安陆（今湖北钟祥）赴京即位开始的。争论的双方，一方为嘉靖皇帝以及少部分官员中的支持者，而另一方则是武宗皇帝的母亲张老太后和以首辅大学士杨廷和为首的绝大多数朝廷大臣。

双方争论的焦点议题，主要有如下方面的内容：

（1）嘉靖皇帝是否应该以皇太子的身份入继大统。

（2）嘉靖皇帝是否应该尊称武宗的父亲孝宗皇帝为皇考，称武宗的母亲张老太后为圣母；换言之，嘉靖皇帝是否应该尊自己的生父为皇考，并尊为皇帝，尊自己的母亲蒋氏为圣母。

（3）嘉靖皇帝的父亲原兴献王朱祐杬，是否应该享有皇帝的庙号，并将神主供奉太庙之中。

对于这三点，以首辅大学士杨廷和为首的绝大多数朝廷大臣坚持认为，嘉靖皇帝按照武宗遗诏，以"兄终弟及"的祖训继承皇位，但"兄终弟及"指的是"同产兄弟",也就是同父所生的亲兄弟,嘉靖皇帝与武宗皇帝是堂兄弟,所以应该改称自己的父亲为皇叔父兴献王,改称自己的母亲蒋氏为皇叔母;并尊武宗的父亲孝宗皇帝为皇考,尊称武宗的母亲为圣母。而嘉靖皇帝则不这样认为,他觉得自己是遵照武宗遗诏继承大统的,不是给孝宗当儿子的,所以他虽然一度妥协,尊称孝宗为皇考,尊称武宗的母亲张老太后为圣母,但始终没有改称自己的父亲为皇叔父、母亲为皇叔母,甚至以"避位",不当皇帝,回去当王爷进行要挟。最后,张老太后与大臣们也做了让步,同意尊嘉靖皇帝父亲朱祐杬为兴献帝,母亲为兴国后。当然,嘉靖皇帝运用皇权的专制手段,对大臣们即所谓的"后党"进行了严厉的打击,强行推行自己的主张,最后不仅如愿以偿,在嘉靖三年(1524)将自己父亲的墓葬兴献王墓改为显陵,还将自己父亲尊为本生皇考恭穆献皇帝,母亲蒋氏尊为本生圣母章圣皇太后。同年七月去"本生"二字。九月,下诏改称孝宗为皇伯考,改称张老太后为皇伯母。嘉靖十七年(1538)九月,嘉靖皇帝尊其父为知天守道洪德渊仁宽穆纯圣恭俭敬文献皇帝,定庙号为睿宗,神主享太庙,位次在武宗之上。至此,嘉靖皇帝力排众议,最终取得"大礼议"的胜利。

通观嘉靖年间的"大礼议"之争,表面上看是大臣们泥守传统礼制,站在先皇的立场上,维护先皇的正统帝系;嘉靖皇帝则是出于一片孝诚之心,为自己的父母争地位,定名分。而实际上,却反映了封建社会皇权与臣子之权的力量的抗衡。正因为如此,嘉靖皇帝在皇权意识的高度膨胀之下,对天寿山陵寝及明陵的祭祀制度进行了多项改革,从而利用礼制建筑的潜在作用,威慑群臣,强化皇权的专制威权。

二、天寿山陵寝建筑制度的改革

1. 增建献、景、裕、茂、泰、康六陵神功圣德碑亭,并增建长陵圣绩碑亭于陵宫之内

嘉靖年间以前,献、景、裕、茂、泰、康六陵,陵前是没有神功圣德碑和碑亭的,正是因为六陵没有神功圣德碑,所以,嘉靖皇帝在嘉靖十六年(1537)七月的时候,对大学士夏言说:天寿山陵寝中,只有长陵有功德碑,而其他六陵没有。这样没法彰显列圣的功德。于是下令增立六陵神功圣德碑和碑亭。

另外,由于嘉靖皇帝在嘉靖十七年(1538)时将永乐皇帝庙号由太宗升格为成祖,为此也下令在长陵陵宫内增建了一座圣绩碑亭,以彰显永乐皇帝的功德(图一)。

嘉靖二十一年(1542)五月,长陵的圣绩碑亭以及六陵神功圣德碑亭全部竣工。礼部尚书严嵩奏请嘉靖皇帝"亲御宸翰制文"。但此事却始终不见下文。其原因不见文献记载,笔者认为应是因为嘉靖皇帝在"大礼议"之争中,与武宗的母亲张老太后结

图一　长陵龙趺碑

下了仇怨，如果写碑文必然涉及泰陵、康陵碑文的撰写。嘉靖皇帝心胸狭窄，肯定不愿意为泰陵、康陵写碑文，所以他并没有为各陵写下碑文，各陵碑因此都成了"无字碑"。

而此后天寿山陵区内明朝所建的各陵遂都营建有无字的神功圣德碑和碑亭建筑，形成了固定的制度（图二）。

2. 在长陵圣号碑的外面加上刻有新庙号的木套

今长陵明楼内的"圣号碑"，碑制为龙首方趺，篆额"大明"，下刻"成祖文皇帝之陵"七个径尺楷书大字（图三）。长陵的这座明楼和圣号碑，并不是长陵初建时的原物，而是万历三十三年（1605）重新建造的。这是因为，朱棣去世后，仁宗皇帝定其庙号为"太宗"。嘉靖十七年（1538），世宗对礼部大臣说："我国家之兴，始皇祖高皇帝（朱元璋）也，中定艰难，则我皇祖文皇帝也。二圣同创大业，功德并焉，宜称祖号。"遂改朱棣庙号为"成祖"。但当时明楼内圣号碑上已刻有"太宗文皇帝之陵"数字，世宗不忍琢伤旧号，命制木套刻新庙号嵌于碑上。当时有个武定侯名叫郭勋，上疏建议"尽刬旧字，更书之，可以垂永久"。世宗见疏很不高兴，命礼部及翰林院

图二　献陵"无字"神功圣德碑

官复议。于是礼部顺承世宗的意愿上疏说："长陵碑，昭皇帝（仁宗）所建，千万年所当崇宝，皇上追念文皇帝功烈，尊称祖号，不忍琢伤，令今日之鸿号有加，先朝之旧题无改，圣见出寻常万万。"于是，在旧碑上镶嵌了刻有新庙号的木套①。万历三十二年（1604）五月二十三日夜，天降大雨，雷火烧毁了明楼和碑石，木石俱毁。大学士沈一贯遂上疏说：过去世宗改庙号而没有更立新碑，今雷神奋威，乃天意示更新之象。于是，根据钦天监所定日期，于次年兴工鼎建，重新建造了这座明楼和碑石②。

---

①　《明世宗实录》卷二一七。

②　（清）梁份：《帝陵图说·定陵》。《明神宗实录》卷三九六、四〇七。

3. 长陵神道甃砌石条、石像生加护石台，对景陵殿"增崇基构"

嘉靖十五年（1536）四月，嘉靖皇帝下令修缮长、献、景、裕、茂、泰、康七陵，并下令为长陵神道甃石（原为砖砌神道，改甃石条）、为石像生加护石台；另外还下令对景陵殿"增崇基构"（也就是由单檐式建筑改为重檐式建筑）[①]。

4. 在陵区之前增建大石牌楼

在大红门南面约 1.25 千米有一座嘉靖年间增建的石牌坊（图四）。这座高大的石牌坊建于明嘉靖十九年（1540）。是嘉靖皇帝为颂扬永乐皇帝的丰功伟绩而建造的大型石结构功德牌坊。这座牌坊有三大特点：

图三　长陵圣号碑

图四　石牌坊照片

第一，是建筑体量大、等级高，用材考究，是我国最早出现的大型功德性石牌坊。这座牌坊通阔 28.86 米，从正脊顶部至地面高约 12 米，形制为五门六柱十一楼。

这种牌坊，因为上面有门楼式的屋顶，所以也称为"牌楼"。牌楼这种建筑形式历

---

① 《明世宗实录》卷一八六。

史非常悠久。据说它起源于古代街巷间所设的衡门或坊门,从最简单的一间两柱加一横木的结构形式,逐步复杂化,到了宋代形成了成熟的牌楼的形式。

但是,明朝以前的牌楼大多采用木结构或砖木结构。然而,这种全部采用石料建造,而且体量如此之大的石牌楼,在中国古代建筑史上还是第一例。可以说,天寿山陵区前的这座大石牌楼,在中国古代建筑史上是个创举。

第二,是这座牌楼的建筑外观形制,完全是仿照木结构牌楼样式的。不仅整体造型舒展大方、威严庄重;而且,每个构件都雕刻得惟妙惟肖,特别逼真。牌坊的雕刻纹饰也非常精美,特别是六根石柱的下部的夹柱石,四面雕刻的云龙纹和双狮滚绣球图案,栩栩如生。

明朝时,这座牌坊还仿照木结构的牌楼,各部位都饰有油漆彩画,看上去就像一座装饰精美的木结构牌坊。明朝万历时期有一位宫廷画家画了一幅《出警图》的长卷。画的是万历皇帝朱翊钧到天寿山拜谒祖先陵寝的场面。画面上的石牌坊红柱、黄瓦、青绿色的斗拱、阑额,色泽鲜艳,非常精美。当然,随着岁月的流逝,历经数百年的风剥雨蚀后,现在石牌坊上的彩画早已脱落,但牌坊的凹陷之处还可以看到当年彩画的痕迹。

第三,是牌坊取景巧妙,具有园林艺术的"借景"之美。这座石牌坊和大红门一样,取景都非常巧妙。如果站在中门门洞前,从中间门洞向北眺望,天寿山主峰正好处在门洞内正中位置,形成了非常优美的框景。这种将天寿山远景巧妙地纳入门洞景框之内的取景方式,在古代造园艺术称为"借景",是古代园林设计中的精华。这种手法,运用到陵寝建筑中,同样取得很好的艺术效果。当人们从牌坊或大红门的门洞看到天寿山的远景时,自然会想到永乐皇帝就葬在这座山前,陵寝的纪念气氛因此被有力地烘托出来。

5. 越制营建寿宫

长陵之后的献、景、裕、茂、泰、康六陵均比长陵要小,建筑也相对俭朴。但是到了明十三陵中的第八座陵永陵的时候,情况却出现了巨大变化。此陵是嘉靖皇帝生前营建的"寿宫",不仅在规模上超越前述六陵规制,而且在建筑奢华方面还超过了长陵。

这座陵位于景陵东面的阳翠岭脚下。嘉靖十五年四月开始动工营建。大约经过7~11年的经营,大体告成。建成后的永陵与之前各陵相较,有三个独特之处。

第一,是规模宏大,越制营建。

在古代,陵园规模的大小,取决于陵园殿庑、明楼及宝城规制。按照礼制要求,后世的帝王陵墓不应在陵寝规制方面超越其前代帝王的陵寝。但永陵的陵寝建筑,如宝城、殿庑等却在规模上超过了其前代献、景、裕、茂、泰、康六陵制度,仅比成祖的长陵略小一点。

据《大明会典》的记载，永陵宝城直径为八十一丈，祾恩殿为重檐七间，左右配殿各九间。其规制仅次于长陵宝城直径一百〇一丈八尺，祾恩殿重檐九间的规模。而超过了永陵之前所建的献、景、裕、茂、泰、康六陵制度。因为这些陵的宝城直径都明显小于永陵，祾恩殿、左右配殿都是五间。永陵祾恩门面阔五间与则长陵相等，同样在规模上大于前述六陵制度，因为前述六陵的祾恩门均为三间。

其后仅定陵仿永陵建造，大体与之同制，但左右配殿各为七间，也还是略小于永陵。而庆、德、思三陵的建筑规模都小于永陵。所以，永陵在十三陵中是仅次于长陵的第二大陵。

第二，是陵园设计，独具特色。

其一是永陵的方院和宝城之外，有一道前七陵都没有的外罗城（图五）。

外罗城之内，左列神厨，右列神库各五间，还仿照深宫永巷之制，建有东西长街。清人梁份《帝陵图说》曾记载这座外罗城的由来："永陵既成，壮丽已极，为七陵所未有。帝登阳翠岭顾工部曰：'朕陵如是止乎？'部臣仓皇对曰：'外尚有周垣未作。'于是周遭甃砌，垣石坚厚，壮大完固。虽孝陵所未尝有，其后定陵效之。"这段文字的记录非常生动，流传也很广泛。清人朱彝尊《日下旧闻》等书都有这样的记载，就连清朝的乾隆皇帝都深信不疑。他在《哀明陵三十韵》里特意提到了这件事。但实际上，这段文字记录应该是出自传闻。因为按《明世宗实录》卷一八七的记载，当时夏言等人拟定的永陵陵寝制度，是按照嘉靖皇帝的旨意，把皇妃从葬之式与陵园制度一体考虑的。更确切地说，嘉靖皇帝当时是想把自己的妃子们也葬在自己的陵园内。于是，夏言等人设计了外罗城，以便将皇妃们埋葬于外罗城之内，其布葬的位置则拟在"宝山城之外，明楼之前"，亦即明楼前左右宫墙之外，左右相向，依次而祔。这个方案得到了嘉靖皇帝的批准，于是才有了外罗城这一新的形式。

当然，后来永陵的外罗城内并没有安葬嘉靖皇帝的妃子。嘉靖皇帝的妃子中只有八位葬在了天寿山陵区内袄儿峪的山下，其余都葬在了京西的金山脚下。这说明，尽管外罗城的规划是为安葬众妃而设计的，但是最后并没有真正落实。

其二是祾恩殿的位置改变了过去各陵处于院

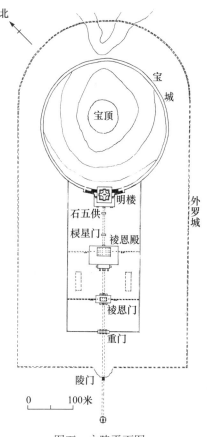

图五　永陵平面图

中的方式，而是改为在第二和第三进院落之间红墙之间的位置，这样可以使祾恩殿前的空间更为开阔。

其三是城台下面不设陵寝门洞，因为砖石结构的明楼重量肯定要比砖木结构的明楼要重许多，所以采用实心的城台更为安全。于是，上登宝城的坡道便设在了宝城墙前，城台的左右两侧，并且各设有白石门楼。

其四是明楼内的圣号碑造型新颖，别具一格。其前七陵圣号碑的碑趺均为须弥座式，形制比较单一，而永陵圣号碑的碑趺则是由上小下大九级方台组成。其中，五级主要的方台自上而下分别雕刻二龙戏珠、如意云、宝山、海浪图案，因此不仅更加别有新意，而且暗含了"九五"至尊之意。

其五是宝山的顶部，由前七陵自然隆起的山丘形状，改为上小下大的圆柱体形状。并且，被后来的昭、定、庆、德四陵所沿用。

另外，永陵祾恩殿、祾恩门御路石雕的左升龙、右降凤的"龙凤呈祥"高浮雕图案也都是其前各陵没有的。因为，长陵为升降龙、海马图案，景陵为二龙戏珠图案，其余五陵均为五路"卐"字云图案。永陵以后，定、清、德三陵则均按永陵制度，将祾恩殿的御路石刻为龙凤图案的形式。

第三，是用料讲究，极尽奢靡。

前七陵的明楼在明朝时均为砖木结构，顶部为木结构的梁架，井口天花板。而永陵的明楼则为砖石结构，无片木寸板。特别是明楼上下两层屋檐，从额枋到斗拱，乃至檐椽、飞子、榜额等构件，都是大块石料雕成，然后组装在一起。其外表完全仿木结构，上施油漆彩画，不仅美观壮丽，而且坚固异常，以致至今楼体仍是明代的原构，且完好无损（图六）。

另外，宝城城垛前七陵都采用砖砌，而永陵则选用打磨平整、色彩斑斓的花斑石垒砌（图七）。花斑石，明代文献也称"花版石"，或"竹叶玛瑙石"，在明朝时是非常讲究的石料。

永陵祾恩门、祾恩殿的御路石雕，都是京西房山大石窝所产的洁白无瑕的汉白玉石料。其中，祾恩门前面的御路石雕，长6.4、宽1.8米，是十三陵御路石雕中的最大一块（图八）。

图六 永陵明楼石结构的檐头

图七　永陵宝城花斑石垛墙　　　　　　图八　永陵祾恩门御路石雕

由于永陵用料考究，规制宏阔，明隆庆《昌平州志》记载永陵的陵寝情况时，做了如下评价："重门严邃，殿宇宏深，楼城巍峨，松柏苍翠，宛若仙宫。其规制一准于长陵，而伟丽精巧实有过之。"

三、天寿山陵寝祭祀制度的改革

嘉靖时期对天寿山陵寝祭祀制度的改革，主要是将每年朝廷遣官祭祀的"三大祭四小祭"变为"四大祭三小祭"。

建文初年，定孝陵祭祀制度为：每岁正旦、孟冬（十月）、忌辰（已故帝后的死日）、圣节（在位帝王的生日）行香；清明、中元（七月十五日）、冬至祭祀，由勋旧大臣行礼，文武官陪祭。天寿山诸陵的祭祀，基本沿用建文初年所定孝陵祭祀制度。《大明会典·礼部·陵坟等祀》载："凡清明、中元、冬至太牢致祭，遣官行礼，文武衙门堂上官各一员、属官各一员，分诣陪祭；忌辰及圣旦、正旦、孟冬亦遣官行礼，止用香、烛、酒、果，无帛，各衙门官不陪祭。"

这一祭祀制度被人们简称为"三大祭、四小祭"。但是，嘉靖年间，天寿山诸陵祭祀的节序发生了变化。《明世宗实录》卷一七二记，嘉靖十四年（1535）二月，嘉靖皇帝召礼部尚书夏言于文华殿，提出"清明节既遣官上陵行礼，内殿复有祭祀，似涉烦复"，命从礼制的角度加以解释说明。数日后，夏言回奏说："祭祀之典有礼有义。祭不欲疏，疏则怠；祭不欲数，数则烦。不疏不烦，协礼与义，事神之道尽矣。我朝祀典之在宗庙，为有司所掌者如特享、时享、祫祭、禘祭，俱经皇上稽古定制，足应经义，可为世法。惟是上陵礼仪及奉先殿一应祭祀，多沿前代故事，况掌在内庭，容有礼官所未及知者。比蒙圣谕所及，臣窃加讨论，于陵祀一节诚有可议。国家上陵之祀，每岁凡三，清明、中元、冬至是也。夫中元系是俗节，事本不经；往因郊祀在正首，故冬至有上陵之礼，盖重一气之始，用伸报本之义云耳。今皇上光复郊典，于冬至即行大报配天之礼，则追报本始于郊禋为重，而陵祀为轻；况有事南郊之日，乃辍陪祀臣僚远去山陵，恐于尊祖配天之诚若有所分。臣愚以为，冬至上陵时可罢免，而中元陵祀遣官之礼可移于霜降之日举行，惟是清明节上陵如旧。盖清明礼行于春，即《礼经》所谓'雨露既濡，君子履之有怵惕之心'者也；霜降礼行于秋节，所谓'霜露既降，君子履之有凄怆之心'者也。夫雨露之濡，霜露之降，草木实先被之，于是有陵墓之思，义斯切耳。"于是，世宗命天寿山的上陵祭祀，春以清明、秋以霜降遣官行礼，各衙门官陪祭；中元、冬至二节仍遣官行礼，各衙门官不陪祭。从此，天寿山陵寝的大祭，由每年的三次变成了四次。

嘉靖十五年（1536）九月，因"孟冬庙享移于立冬"，于是，世宗又认为"孟冬朔之陵祭未免烦渎"，命"其已之，著为令"[①]。此后，天寿山陵园每年的小祭由四次减为三次。

---

① 《明世宗实录》卷一九一。

明代宗藩墓葬明器使用制度研究

白瑶瑶

（南开大学博物馆）

内容摘要：明器是明代宗藩墓葬中的一类重要随葬品，包括俑、车轿、家具、模型明器、生活器皿、压胜钱、买地券、谥册及谥宝等。宗藩墓葬中的明器随葬存在一定规律，与墓主人的身份等级、藩府所在地及时代早晚有直接关系。等级越高的墓葬所随葬的明器种类和数量就越多，同一藩系墓葬出土的明器风格与使用制度较相近，不同藩系之间明器的随葬差异较大。

关 键 词：明代　宗藩　墓葬　明器　随葬品

　　明代实行皇子分封建藩制，皇子成年后就藩于外省，随着藩系不断发展壮大，后世子孙数量众多，这些亲王子孙就葬于藩地之内，使得各个地区遗留下来了大量的宗藩墓葬，这些宗藩墓葬具有较高的历史文化价值，是明代考古的重要研究对象。明代宗藩成分丰富，其中除皇帝嫡长子外，"皇帝众子封为亲王；亲王嫡长子立为王世子，其余众子封为郡王；郡王嫡长子封为长子（也有些记载中称为'郡王世子'），其余众子封镇国将军。郡王之孙封辅国将军，曾孙封奉国将军，四世孙封镇国中尉，五世孙封辅国中尉，六世孙及以下诸世皆封奉国中尉"①。在这些宗藩墓葬中由于亲王墓、郡王墓等级地位较高，随葬品的种类、数量相比于镇国将军及以下等级的墓葬也更为丰富，同时由于等级、藩系、时代等差别，各宗藩墓葬的随葬制度也存在着较为典型的共性与差异，且随着朝廷的更替、政策变化，关于宗藩墓葬的一些制度规定的改变也影响了不同时期墓葬的随葬制度，这些情况共同揭示了宗藩墓葬随葬品的使用制度。

　　明器是随葬品中的一项重要内容，先秦时期就已有之，孔子曰："之死而致死之，不仁而不可为也；之死而致生之，不知而不可为也。是故竹不成用，瓦不成味，木不成斫，琴瑟张而不平，竽笙备而不和，有钟磬而无簨虡。其曰明器，神明之也。"②又

---

　　①　刘毅：《明代藩王陵墓的考古学研究》，科学出版社，2021年，第16页。

　　②　（东汉）郑玄注，（唐）贾公彦疏：《仪礼注疏》卷三十七《士丧礼十二》，清嘉庆二十年南昌府学重刊宋本十三经注疏本，后文相关注释均出自此版本，不一一注明。

曾子曰："明器，鬼器也；祭器，人器也。"①通常来讲，明器仿照实用之物专门为丧葬用途而制，制作一般较为粗糙，非实用器，也不见于生活遗迹中，只出土于墓葬之中。到了明代，墓葬中依然随葬有相当种类与数量的明器，明代明器延续前代的一些种类与特点外，又有着自身的时代特征，是墓葬之中较为特殊的一类随葬品。

明器在宗藩墓随葬品中占相当比例，主要包括俑、家具、压胜钱、模型明器、生活器皿、谥宝及谥册等，这些明器具有丰富的丧葬内涵，是研究明代藩王墓葬随葬品及墓葬制度的重要实物资料。明代官方典籍文献中未有关于明代宗藩墓葬明器使用之详制，而考古发掘资料恰能对这一制度进行一定补充。本文从目前已公开的明代宗藩墓葬资料出发，对其中一些随葬品保存相对较好、有纪年的墓葬进行分析，探讨明代宗藩墓葬中明器的使用制度（表一）。

根据目前出土明器的宗藩墓葬来看，明器的使用主要是受等级、藩系、地区葬俗等因素的影响，相同等级身份的墓葬明器随葬的标准虽有一定等级上共性规律的体现，但也并不完全统一，各个藩系之间也存在较大差异。

一、等　级　差　异

总体上来看，宗藩墓葬中明器种类与数量的多寡是与墓主人的等级地位直接相关的，等级越高者明器的种类和数量越多，明器制作的质量也相对更为精良，即亲王墓中随葬的明器种类、数量明显多于郡王、郡主等级，郡王墓中的明器又明显多于镇国将军、辅国将军墓等。

早期亲王墓出土的明器在种类上有一定的相似性。以第一座明代亲王墓鲁荒王墓为例，墓葬中出土的明器包含了俑、车轿、家具、建筑模型、生活用具、压胜钱、谥册谥宝等各类明器，明器种类十分丰富，此后的湘献王墓、蜀藩世子朱悦爤墓、郢靖王墓、辽简王墓、蜀僖王墓、宁献王墓、蜀怀王墓等早期亲王墓出土的明器种类与其基本相同，明器形制也较为接近，这应是亲王等级墓葬中明器的一个标准配置。早期亲王墓中明器种类的这种相似性应与朝廷政策直接相关。在成化五年（1469）六月之前，朝廷对宗藩墓中所随葬明器的制作进行了规定："礼部奏：'宗室本支蕃衍，每有丧礼，所用谥宝册、铭旌、明器俱下工部委所司制造，累月不成，比成，遣官赍送或已不及葬期，虚縻工料，有孤恩典。'"宗藩墓中的明器均由朝廷统一进行制作，这就使得早期亲王、郡王的明器种类与风格较为一致。成化五年（1469）六月对这一规定进行了修改，"凡亲王、郡王谥宝册仍下工部所司促办，付掌行丧礼等官赍去；其明器

---

① 《仪礼注疏》卷三十八《既夕礼十三》。

表一　明代宗藩墓葬出土明器情况表

身份	墓葬	去世时间	盗扰	人俑	车轿	家具②	模型明器	生活器皿	压胜钱	买地券	谥册、谥宝	其他
亲王	鲁荒王墓①	1389年	是	381件	2件	√②	√	√	19件		谥宝1件	
亲王	湘献王墓③	1399年	是	√	√	√	√	√			谥册	
亲王世子	蜀潘世子朱悦燫墓④	1409年	是	500余件	象辂1件	√	√				封册、谥册、谥宝	
亲王	郢靖王墓⑤	1414年	是	√				√	98件			
亲王	楚昭王墓⑥	1424年	否					265件			册、宝	
亲王	辽简王墓⑦	1424年	是	80件	1件			47件	1件			
亲王	蜀僖王墓⑧	1434年	是	425件	√	√	√	√				
亲王世子	宁惠王墓⑨	1437年	是	√					1件			
亲王	庆康王墓⑩	1438年	是									
亲王	梁庄王墓⑪	1441年	否					51件	38件		王妃封册	

① 山东省博物馆、山东省文物考古研究所：《鲁荒王墓》，文物出版社，2014年。

② √表示该墓葬中出土有此类明器，但由于腐朽、盗扰等原因数量不详，下同。

③ 荆州博物馆：《湖北荆州明湘献王墓发掘简报》，《文物》2009年第4期。

④ 中国社会科学院考古研究所、四川省博物馆成都明墓发掘队：《成都凤凰山明墓》，《考古》1978年第5期。

⑤ 湖北省文物考古研究所、荆门市博物馆、钟祥市博物馆：《郢靖王墓》，文物出版社，2016年。

⑥ 湖北省文物考古研究所、武汉市文物考古研究所：《武昌龙泉山明代楚昭王墓发掘简报》，《文物》2003年第2期。

⑦ 荆州地区文物局、江陵县博物馆：《江陵八岭山明代辽简王墓发掘简报》，《考古》1995年第8期。

⑧ 成都市文物考古研究所：《成都明代蜀僖王陵发掘简报》，《文物》2002年第4期。

⑨ 江西省博物馆、南城县博物馆、新建县博物馆等：《江西明代藩王墓》，文物出版社，2010年，第15、16页。

⑩ 中国考古学会：《中国考古学年鉴1984》，华东师范大学出版社，1984年，第176页。

⑪ 湖北省文物考古研究所、钟祥市博物馆：《梁庄王墓》，文物出版社，2007年。

续表

身份	墓葬	去世时间	盗扰	人俑	车轿	家具	模型明器	生活器皿	压胜钱	买地券	谥册、谥宝	其他
亲王	宁献王墓①	1448年	是	√				54件	13件			
亲王	蜀怀王墓②	1471年	是	43件	象辂1件、拾轿1件	10件	3件	6件			谥宝	
亲王	周懿王墓③	1485年	是			√		√				
亲王	宁康王墓④	1497年	是		√	√	√	√	95件			
亲王	蜀昭王墓⑤	1508年	是	√	√	√	√	√				
亲王	益端王墓⑥	1539年	否	110件							谥册1件	
亲王	益庄王墓⑦	1556年	否	204件	大轿1件、凤轿1件、铁轿4件	16件	√	45件	28件			
亲王	荆恭王墓⑧	1570年	是						√	√		
亲王	益宣王墓⑨	1603年	否						√	√		冥途路引、纸钱等

① 江西省博物馆、南城县博物馆等:《江西明代藩王墓》，文物出版社，2010年，第5~14页。
② 成都文物考古研究所:《成都市三圣乡明蜀"怀王"墓》，《成都考古发现2005》，科学出版社，2007年。
③ 河南省文物考古研究所，荥阳市文物保护管理中心:《河南荥阳明代周懿王墓发掘简报》，《华夏考古》2019年第2期。
④ 江西省博物馆、南城县博物馆等:《江西明代藩王墓》，文物出版社，2010年，第24~26页。
⑤ 薛登、方全明:《明蜀王和明蜀王陵》，《四川文物》2000年第5期。
⑥ 江西省博物馆、南城县博物馆等:《江西明代藩王墓》，文物出版社，2010年，第63~86页。
⑦ 江西省博物馆、南城县博物馆等:《江西明代藩王墓》，文物出版社，2010年，第86~131页。
⑧ 王宏彬、段涛涛:"朱常㳔墓"所葬荆王考》，《武汉文博》2009年第2期。蕲春县文物局、蕲春县博物馆:《湖北蕲春荆藩王府》，湖北科学技术出版社，2014年，第48~69页。
⑨ 江西省博物馆、南城县博物馆等:《江西明代藩王墓》，文物出版社，2010年，第133~148页。

续表

身份	墓葬	去世时间	盗扰	人俑	车轿	家具	模型明器	生活器皿	压胜钱	买地券	谥册、谥宝	其他
亲王	益定王墓①	1634年	是					10余件	8件			
亲王	晋裕王墓②	1630年	是	6件					1件			
亲王	蜀王夫妇合葬墓③	不详	是	187件				√				
亲王妃	辽王妃曹氏墓④	1470年	是				2件					
亲王次妃	蜀定王次妃王氏墓⑤	1494年	是	290余件	√	√	√					
亲王次妃	荆端王次妃刘氏墓⑥	1560年	是		√	√			2件	1件		
推测为伊藩亲王	洛阳老城北劳改厂明墓⑦	明早期	是	16件		1件	1件					
亲王夫人⑧	宁靖王夫人吴氏墓⑨	1502年	否									
郡王	郢靖王次女枨城郡主墓⑩	1444年	不详						64件	1件		
郡王	唐宪王次女潵水郡主墓⑪	1492年	是						26件	1件		

① 江西省博物馆、南城县博物馆、新建县博物馆等：《江西明代藩王墓》，文物出版社，2010年，第156～163页。
② 安瑞军、崔跃忠：《山西榆次明代琉璃乡潘家沟村明代晋裕王墓清理简报》，《中国国家博物馆馆刊》2018年第2期。
③ 谢涛：《成都发掘锦江区琉璃乡潘家沟村明蜀王及王妃墓》，《中国文物报》1998年2月22日第1版。
④ 荆州地区博物馆、江陵县文物局：《江陵八岭山明辽王妃墓清理简报》，《江汉考古》1988年第4期。
⑤ 成都市文物考古研究所：《明蜀定王次妃王氏墓》，《成都考古发现1999》，科学出版社，2001年。
⑥ 小屯：《刘娘井明墓的清理》，《文物》1958年第5期。
⑦ 洛阳市文物工作队：《洛阳明清墓出土陶俑》，《中国历史文物》2010年第4期。
⑧ 发掘报告认为吴氏虽为夫人身份，但身份地位仅次于亲王妃，身份等级相当于郡王妃。
⑨ 江西省文物考古研究所：《南昌明代宁靖王夫人吴氏墓发掘简报》，《文物》2003年第2期。
⑩ 南京市博物馆：《南京市两座明墓的清理简报》，《华夏考古》2001年第2期。
⑪ 刘霞：《南阳明故潵水郡主墓》，《东南文化》2004年第5期。刘霞：《南阳明故潵水郡主墓出土的一批金器》，《中原文物》2007年第1期。

续表

身份	墓葬	去世时间	盗扰	人俑	车轿	家具	模型明器	生活器皿	压胜钱	买地券	谥册、谥宝	其他
郡王	宁康王女菊潭郡主墓①	1515年	是				1件		12件			
郡王	晋藩广昌悼平王墓②	1402年	是	15件								
郡王	楚藩景陵王墓③	1447年	是					12件（贲氏）	1件（贲氏）			
郡王	秦藩安僖王墓④	1476年	是	40件								
郡王	宁藩乐安昭定王墓⑤	1488年	是	200余件				18件				
郡王	秦藩汧阳端懿王墓⑥	1495年	是	79件	1件	17件	6件			1件	印1件	
郡王	赵藩汝源端僖王墓⑦	1522年	是	28件							印1件	
郡王	推测为荆藩永新王墓⑧	1558年	是	7件					4件			
郡王	秦藩永兴恭定王墓⑨	1574年	是	41件				3件	3件			
郡王	推测为益藩罗川瑞懿王墓⑩	1593年左右	是	1件			√	√	√			
郡王	肃藩郡王夫妇合葬墓⑪	不详	否				√	√	√	√		

① 江西省博物馆、南城县博物馆、新建县博物馆等：《江西明代藩王墓》，文物出版社，2010年，第27～29页。
② 山西省文物管理委员会：《山西太原七府坟明墓清理简报》，《考古》1961年第2期。
③ 武汉市文物考古研究所、武汉市江夏区博物馆：《武汉江夏二妃山明景陵夫孟昭夫妻墓发掘简报》，《江汉考古》2010年第2期。
④ 陕西省文物管理委员会：《长安四府井村明安僖王墓清理简报》，《考古通讯》1956年第5期。
⑤ 江西省博物馆、南城县博物馆等：《江西明代藩王墓》，文物出版社，2010年，第20～22页。
⑥ 西安市文物保护考古所：《西安南郊皇明宗室汧阳端懿王朱公鏳墓清理简报》，《考古与文物》2001年第6期。
⑦ 中国社会科学院考古研究所安阳工作队：《河南安阳市明代藩王墓葬发掘简报》，《考古》2016年第5期。
⑧ 蕲春县文物局、蕲春县博物馆：《湖北蕲春荆王府》，湖北科学技术出版社，2014年，第88～97页。
⑨ 西安市文物保护考古研究院：《陕西西安明永兴恭定王及王妃墓发掘简报》，《文博》2021年第6期。
⑩ 江西省博物馆、南城县博物馆等：《江西明代藩王墓》，文物出版社，2010年，第152～155页。
⑪ 甘肃省博物馆：《兰州市上西园明墓清理简报》，《考古》1960年第3期。

续表

身份	墓葬	去世时间	盗扰	人俑	车轿	家具	模型明器	生活器皿	压胜钱	买地券	谥册、谥宝	其他
镇国将军 辅国将军	荆藩朱恰仙、朱东漠墓①	M1 时间不详，M2 1536 年，M3 1539 年改葬	否						11 件			
镇国将军夫人	伊藩赵氏墓②	1545 年	是	23 件			6 件					
辅国将军	伊藩朱褒焌墓③	1553 年	否	3 件		1 件	2 件	√				
镇国中尉 辅国中尉	楚藩朱显杖家族墓④	1528—1555 年	否							3 件		
奉国将军	宁藩朱宸濮墓⑤	1513 年	是						√			

① 蕲春县博物馆：《蕲春县西河驿石粉厂明墓清理简报》，《江汉考古》1992 年第 1 期。李从喜：《湖北蕲春县西驿明代墓葬》，《考古》1995 年第 9 期。

② 洛阳市文物工作队：《洛阳三座伊藩家族墓发掘简报》，《中国国家博物馆馆刊》2012 年第 4 期。

③ 洛阳市文物工作队：《洛阳三座伊藩家族墓发掘简报》，《中国国家博物馆馆刊》2012 年第 4 期。

④ 武汉市博物馆：《黄家湾明代楚王朱氏墓》，《江汉考古》1998 年第 4 期。

⑤ 江西省博物馆，南城县博物馆，新建县博物馆等：《江西明代藩王墓》，文物出版社，2010 年，第 32 页。

宜令工部具例品式,下所在有司就彼制造给用"①。宗藩墓中的明器制作委派到了各藩府所在地,根据工部提供的样本自行进行制作,明器制作较前代具有了一定的灵活性,或许就是因为这一政策改变使得后期宗藩墓葬随着时代发展,所随葬明器的藩系自身特色逐渐显现出来。

从数量上来看,以亲王墓葬出土明器最多。明代亲王多与妃合葬,一些合葬墓中亲王与亲王妃的明器难分归属,一些明器很可能还为二者共用,总体来看同藩系亲王墓中的明器数量多于亲王妃及次妃,如蜀定王次妃王氏墓出土的明器数量明显少于蜀藩世子朱悦燫墓、蜀僖王墓等。已发掘的几座郡主墓随葬品保存状况不佳,明器种类及数量皆较少,目前所发掘的郡王墓出土明器的数量明显多于郡主墓。

宗藩墓葬中随葬的明器有相当一部分为具有丧葬礼仪性质的明器,这类明器是墓主人身份地位的象征,仿照的是墓主人生前的仪仗等。葬仪性质的明器与墓主生前礼制身份相对应,这类明器主要包括俑、家具明器、谥册及谥宝等,在亲王墓、郡王墓中皆有发现,但目前所发掘的郡主墓中却鲜少发现这类明器。镇国将军及以下等级的墓葬,暂未发现有葬仪类明器。明神宗定陵出土的一部分明器上配有墨书标签,记录了器物的名称,这些器物种类、数量与《大明会典》《明史》等文献中记载的帝后卤簿内容基本相同,《大明会典》载"冥器行移工部及内府司设监等衙门成造,照依生存所用卤簿器物名件"②,可见墓葬中这类具有葬仪性质的明器应来源于墓主生前所对应的仪仗队伍,而生前无仪仗者死后则无这类性质的明器,故镇国将军及以下等级的墓葬未发现有这类葬仪类明器,其墓葬出土的明器以压胜钱、买地券等种类为主,这些明器多具有压胜性质,主要是受地区葬俗之影响。

二、明 器 种 类

明代宗藩墓出土的明器包括俑、车轿、家具、模型明器、生活器皿、压胜钱、买地券及谥册、谥宝等,不同墓葬出土的明器种类各有不同,每类明器皆有丰富的丧葬内涵。

(一)俑

俑类明器,主要发现于亲王墓及郡王墓之中。明神宗定陵随葬俑有几千件之多,在皇宗室成员墓葬中当属种类数量之最。目前所发掘的亲王墓中的俑基本上在 200 件

---

① 《明宪宗实录》卷六八,成化五年六月乙卯,"中央研究院"历史语言研究所校印本。

② (明)申时行:《万历朝重修本明会典》卷九十六《礼部五十四·丧礼一》,中华书局,1989年,第542页。

以上，数量远超其他等级墓葬，郡王与将军等级的墓葬也发现有俑类明器，但出土俑的墓葬比例及俑的数量明显不及亲王墓，这也应是墓主生前仪仗差距的具体体现，郡主墓葬暂不见随葬俑者。有些藩系如楚藩，自建藩始，不论是亲王、郡王，还是将军、中尉等级的墓葬都不见随葬俑者，这应是藩系的自身特色。

在《大明会典》《明史》《大明集礼》中都有对明代皇帝、东宫、藩王仪仗制度的规定，但只规定到郡主一级。从目前宗藩墓出土俑的种类与数量上来看，与《大明会典》中对皇室成员仪仗制度所记载类似。《大明会典》中有关于明代亲王仪仗具体内容的记载："令旗一对、清道二对、幰弩一张、刀盾一十对、弓箭二十副、白泽旗一对、金鼓旗一对、画角十二枝、花匡鼓二十四面、杖鼓二面、金钲二面、锣二面、扛鼓二面、板一串、笛二管、小铜角一对、大铜角一对、戏竹一对、大乐鼓一面、板一串、杖鼓十二面、笛四管、头管四管、绛引幡一对、传教幡一对、告止幡一对、信幡一对、仪锽氅一对、戈氅一对、戟氅一对、吾杖一对、仪刀四对、班剑一对、斧一对、立瓜一对、卧瓜一对、骨朵一对、镫杖一对、殳义一对、戟十对、稍十对、夹稍一对、麾一把、幢一把、节一把、响节四对、紫方伞一把、红方伞二把、红销金伞一把、红绣圆伞一把、红曲柄伞二把、红油绢销金雨伞一把、青绣圆扇四把、红绣圆扇四把、红绣方扇四把、诞马八匹、鞍笼一个、马杌一个、拂子二把、交椅一把、脚踏一个、水盆一个、手巾一条、水罐一个、香炉一个、香盒一个、唾盂一个、唾壶一个、红纻丝拜褥一、红纱灯笼二对、红油纸灯二对、魫灯一对、帐房一座、象辂一乘、踏梯一、行马架三。"[1]

从《大明会典》的记载可知亲王仪仗队伍由乐工、侍者、持仪仗者、牵马倌等人员构成，目前已发掘的亲王墓出土俑的构成与其基本相吻合。其中鲁荒王墓出土的仪仗能辨明器形的有班剑、双枝戟、单枝戟、戈、槊（稍）、立瓜、卧瓜、骨朵、镫杖、佛子、铁矛、铁箭、灯笼、钺、铁钩、仪刀、仪锽、响节、直柄伞、曲柄伞、弓、拍板、铜锣、笛、箫、笙、杖鼓、双环木鼓、三环木鼓、四环木鼓、方杌等200多件套，由于部分仪仗破损严重，具体的种类和数量不知，但与《大明会典》中关于亲王仪仗的记载种类也大部分重合，或由于盗扰、腐朽等原因，鲁荒王墓中俑的种类和数量虽不及《大明会典》中记载的丰富，但也出现了《大明会典》中未记载的箫、笙、矛、钺等仪仗；秦简王墓出土陶俑320件，包含有各种形象的仪仗人员，仪仗俑的底座大多有墨书题记，有70余种，标明了俑所执仪仗用具的名称，有些墨书还注明了这类仪仗俑在仪仗队伍中的数量，这些墨书与《大明会典》中记载的亲王仪仗也基本对应，但仪仗中的箫、笙、号笛、琵琶等也是《大明会典》中未记载的；蜀世子朱悦燫墓出土的仪仗也与文献记载大致重合，但种类上也多出了笙、箫、琴瑟等。在益藩王墓中

---

① 《万历朝重修本明会典》卷一百八十五《工部五·营造四·仪仗四》。

也有吹笙、吹箫、弹琵琶俑，可见这类乐俑的出现并不是偶然。《钦定续文献通考》记载了在洪武元年（1368）制定的皇帝、东宫、亲王、郡王仪仗内的乐器之制，其中笙、箫、琵琶等乐器出现于皇后仪仗中，皇帝、亲王、郡王仪仗中都未见这类乐器，"又定东宫仪仗内画角十二、花匡鼓二十四、抓鼓二、金钲二、金二、板二、笛二、杖鼓二、小铜角二、大铜角二、又戏竹二、大鼓一、板一、杖鼓十二、笛二、笙二、箜篌二、箫二、琵琶二、方响二、头管二、箫二"①。这说明或许是亲王墓中随葬的仪仗俑与制度规定有些许偏差，但最有可能的情况是明代仪仗制度在具体操作上可能与官方记载存在个别差异，而藩王墓葬中随葬的仪仗俑的种类参考的则是实际情况。

从数量上来看，《大明会典》中对亲王仪仗的记载所涉及的持有仪仗的随从人员，数量大致有 250 余人，其中还未将肩舆者、牵马者、文武官吏和随从侍者等计入其中。从目前已发掘的亲王墓来看，蜀王世子朱悦燫墓出土的俑有 500 余件，蜀僖王墓约 400 余件，秦简王墓有 320 件，鲁荒王墓约 400 余件，从数量上来看也与文献记载基本上吻合。

可见明代亲王墓出土的仪仗俑种类与数量皆是参照墓主生前的仪仗制度，是身份地位的象征。

（二）车轿

在明代，具有一定身份地位的人方可乘车轿，车轿也是身份地位之象征。宗藩墓葬中的明器车轿是墓葬中仪仗的重要组成部分，同属于葬仪性质的明器。

据《明史》记载亲王乘象辂，亲王妃乘凤轿、亦称小轿，"郡王无辂，只有账房，制同亲王。郡王妃及郡主俱用翟轿，制与皇妃凤轿同，第易凤为翟"②。在明代宗藩墓中车、轿类明器基本上发现于亲王、亲王妃、次妃、郡王墓中，郡主墓中暂未发现。明代亲王可乘车辂、轿，亲王妃及以下等级的宗藩可乘轿，不可乘车辂，镇国将军及以下未有明确规定。明器车辂目前只出土于亲王墓中，如鲁荒王墓、蜀藩王墓出土有象辂，辽简王墓出土的车轿形制不详，但推测也应为象辂。一些亲王墓中还出土有轿，其中益庄王墓中出土有轿两件，报告认为这两件轿分别属于益庄王及王妃，为大轿与凤轿。在秦藩郡王端懿王朱公鏏墓中也发现有轿，推测可能为文献记载中的账房。有些墓葬中出土的俑还见抬轿俑，但不见轿，如秦简王墓中出土有墨书抬轿俑四个，说明墓葬中原应随葬有轿，但今已不存。可见在藩王墓中，亲王及亲王妃等级身份的皇室人员可在墓葬中随葬车辂、轿类明器，郡王及郡主等人则不可随葬车辂、但可随葬轿类明器。这类车、轿与仪仗俑一起组成仪仗队伍，通常摆放在整个俑群最中间的位

---

① （明）《钦定续文献通考》卷一百一十《乐考》，清光绪八年浙江书局刻本。

② （清）张廷玉：《明史》，中华书局，2000 年，第 1075、1076 页。

置，"在仪仗俑队伍中，往往又以肩舆俑为整个仪仗队伍的重点，墓葬中的肩舆或车类明器应是为墓主人出行所提供的交通工具，'乘坐'的为墓主本人，在现实生活中也是出行队伍的重点。可见，明墓中俑的摆放位置是以墓主人为中心进行展开的"①。

（三）家具与模型明器

在藩王墓中，一些家具明器同为具有葬仪性质的明器，《大明会典》记载亲王仪仗有"马杌一个、拂子二把、交椅一把、脚踏一个、水盆一个、手巾一条、水罐一个、香炉一个、香盒一个、唾盂一个、唾壶一个"，墓葬中出土的交椅、脚踏、盆等应皆为仪仗组合中的一环。其他家具明器如床、柜、桌、仓、库等或为墓葬中为墓主"事死如事生"之随葬品，这类明器无身份象征意义，见于各个等级墓葬中。

（四）生活器皿类明器

生活器皿类明器以亲王墓出土最多，尤以早期亲王墓中的数量和种类最多。这类明器多使用铅锡、铜等材质制造，大多数较为粗糙，只具有器物之形，其中"以铜鎏金象征金器，而以锡模拟银器"②。从目前出土情况来看，藩王墓中的亲王、郡王、郡主以上等级的墓葬中都发现有这类明器，如福清郡主墓中出土的三组火炉等皆属于此类明器。郡王及以下等级的墓葬中也有个别墓葬有出土，但数量上不能与亲王墓相提并论，其中明晚期河南伊藩辅国将军朱褒焌墓中发现有铅香炉和烛台，这应为祭器，不在明器之属。蜀藩地区只有蜀怀王墓出土有锡质的生活器皿类明器，其他蜀藩墓葬未见铜锡材质者，但在一些蜀藩王墓中发现大量釉陶类生活器皿类随葬品，或与其性质相同。这类明器所反映的是墓主人生前所用的器具，故具有一定的身份象征性质。

（五）谥册、谥宝

谥册、谥宝也是墓主人身份等级的象征，是墓葬中具有丧葬礼仪性质的明器。《明神宗实录》记载皇帝驾崩后，"奉迁梓宫进皇堂奉安讫，太常寺官同内侍官奉谥册、宝置于前，列冥器等毕，行赠礼"③。明神宗定陵中出土有木谥册、谥宝各四件，分属明神宗及孝端、孝靖皇后，文献记载及考古发现都印证了皇陵中随葬有谥册、谥宝。

亲王墓中也应随葬有谥册、谥宝，"每有丧礼，所用谥宝册、铭旌、明器俱下工部委所司制造"，从考古发现来看，谥册、谥宝在大多数亲王墓中都有发现，鲁荒王墓、湘献王墓、蜀藩世子朱悦燫墓、楚昭王墓等墓中皆出土有亲王的谥册、谥宝。蜀藩世

---

① 白瑶瑶：《明墓中俑的组合与陈设刍议》，《北方文物》2023年第1期。
② 刘毅：《唐季以来帝王世俗化葬仪用品探微》，《南方文物》2012年第1期。
③ 《明神宗实录》卷五二〇，万历四十二年五月甲戌。

子朱悦爝墓中发现有木质谥宝一件和谥册两版，其中木质谥宝，高 7.9 厘米，上雕龟纽，印文为"蜀悼庄世子宝"；木质谥册每版各长 24.2、宽 10、厚 1 厘米，放置于一长方形漆盒之中。亲王妃墓葬中若按制度规定，应随葬有谥册而无谥宝，明初王妃也配有宝，"洪武二十八年（1395）更定，止授金册"[1]，故在梁庄王墓中出土有王妃的封册但未发现王妃之宝。郡王墓出土有谥宝而无谥册，郡王的谥宝从墓葬发掘来看被称为"印"，如秦藩端懿王朱公鏳墓出土有木质"汧阳端懿王印"，赵藩端僖王墓出土有木质"端僖王印"。郡主及以下等级的墓葬暂未发现谥册、谥宝。

（六）压胜钱、买地券等

压胜钱在各个等级的宗藩墓中都有发现，应属于葬俗类明器，随葬情况不受等级限制，如湖北地区荆藩的亲王、郡王、将军、中尉的墓葬中均有金银质地的压胜钱出土。但所随葬压胜钱的材质、做工、数量与墓主人的财力直接相关，财力雄厚者出土的压胜钱多以金质为主、数量多且制作相对精致。宗藩墓葬中的压胜钱有些为冥币，如唐藩潐水郡主墓出土的 26 枚金质"冥用通宝"，以及楚藩一些墓葬如武汉江夏流芳四股山[2]、富士康工业园区[3]的郡王、王妃等级的墓葬出土有"天下太平"冥钱等。还有些压胜钱与墓主人的信仰直接相关，其中以江西益藩王墓出土的八卦纹鎏金银钱最具代表性，在益庄王墓、益宣王墓、淳河王墓、罗川王族墓等出土有成套的 7 枚压胜钱，形制类似，尺寸相同，直径均为 4.6 厘米左右，正面均焊有七种卦象。这些八卦鎏金银钱嵌在棺底的一块木板之上，象征七个星宿，组合起来称之为七星钱[4]。买地券在亲王墓中鲜见，暂只见于荆藩亲王、次妃墓中，其他等级的墓葬中也有发现，形制差别较大。压胜钱、买地券等随葬品更多应是受墓主人信仰、所在地区的葬俗及墓主的经济能力等方面所影响，应不受身份之限定，是皇室成员受所在藩地丧葬文化影响的一种表现。

三、藩 系 差 异

宗藩墓葬中明器的随葬还有着明显的藩系差异，同一藩系出土的明器风格类似，藩系自身的传承性较强，不同藩系之间明器的随葬差异较大。

---

① （清）张廷玉：《明史》，中华书局，2000 年，第 1109 页。

② 武汉市文物考古研究所、武汉市江夏区博物馆：《武汉江夏流芳四股山明墓发掘简报》，《武汉文博》2010 年第 4 期。

③ 富士康发掘分队：《武汉江夏富士康工业园区墓葬发掘》，《武汉文博》2010 年第 4 期。

④ 白瑶瑶：《明墓压胜钱研究》，《中国钱币》2019 年第 5 期。

各藩系自身随葬制度一脉相承。湖北地区藩系众多，楚、郢、湘、荆、梁、辽等宗藩墓随葬的明器在种类与风格上存在一定差异。其中楚藩墓葬不论是亲王墓、郡王墓还是镇国将军、辅国将军的墓葬都不见俑、车轿、家具、模型明器的出土。楚藩墓葬明器主要以生活器皿类明器和压胜钱为主，明器随葬规模较其他亲王墓显得较为朴素；荆藩各个等级的墓葬都出土有带宗教色彩的压胜钱和买地券；梁庄王墓的随葬品则以金银器等实用器为主，明器有铅锡质的生活器皿类明器及金银冥币。蜀藩王墓中的亲王墓及次妃墓出土的明器种类大致相同，皆由俑、家具、车轿、生活器皿类明器等组成。蜀藩王及蜀藩太监墓从建藩开始俑、家具、模型明器等皆为釉陶质地、不见木质，整体风格及色彩搭配也一脉相承，应是其藩系的自身特色。位于江西地区的益藩王墓出土的俑等明器皆为釉陶质，与同地区宁藩王墓出土的木俑不同，除藩系自身发展特色外，还有可能是由于益藩鉴于前人教训，非常注重墓葬的防潮防腐而摒弃了木质明器。洛阳伊藩王墓的明器组成也较为一致，多是由俑、家具、模型明器组成，洛阳老城北劳砖厂明墓推测为早期伊藩某位亲王墓，出土有俑、家具、模型明器等；伊藩方城镇国将军夫人赵氏卒于嘉靖二十四年（1545），伊藩辅国将军朱褒焌卒于嘉靖癸丑（1553），万历壬寅（1602）与夫人王氏、潘氏合葬，两墓时间较为接近，皆为嘉靖中后期墓葬，两墓出土的明器风格相似，俑等明器皆为陶质，推测伊藩宗藩墓中俑、家具、模型明器等明器的材质有明一朝可能皆为陶质。伊藩墓葬整体明器风格还与河南地区一些地方士绅墓较类似，或受地域丧葬文化影响较大。

同一藩系内明器材质的使用情况也有差异。通常俑、车轿、家具、模型明器等在同一墓葬中使用同一类材质，如鲁荒王墓出土车轿类明器与家具、俑皆使用木材进行制造，明神宗定陵、辽简王墓、蜀藩王墓、益藩王墓等亦是如此。而卒于嘉靖八年（1529）的鲁藩郡王钜野庄宪王朱当涵墓中出土的一件轿却为绿色釉陶质地，其墓毁坏严重，其他明器不详，但可推断若庄宪王朱当涵墓中还随葬有俑、家具类明器等，其材质应也为釉陶。说明明代鲁藩王墓中所随葬的明器材质可能并不是一脉相承、前后统一的。作为第一座明代亲王墓的鲁荒王墓明器材质的使用与同时期异姓功臣墓相同，可能木材是当时朝廷所默认使用的材质。秦藩郡王端懿王朱公鐠墓出土的俑、轿家具明器等为釉陶质，而另一位秦藩郡王安僖王朱公铄墓出土的俑却为木质，朱公鐠卒于弘治八年（1495），朱公铄卒于成化十二年（1476），二人辈分一样，下葬前后时间不超过20年，但两者出土的明器俑的材质却不一样。朱公鐠墓出土的陶俑材质和整体风格与秦简王相一致，而卒于明晚期万历二年（1574）的秦藩永兴恭定王朱惟燡墓出土的俑也为陶俑。可见，在明代宗藩墓中，各个藩系内明器的使用材质有些也并不统一，或许是秦、鲁等藩在明代属于人数较多的大藩系，各个藩国之间随着时间的推移人数不断增多，一些墓葬的随葬制度不再趋同于前代亲王，各个藩国之间有了自身特色，藩系墓葬之间的共同点和传承性逐渐缩小到各个藩国之间的范围。这些明器的出土情况也说明了明代朝廷对藩王墓中所随葬的明器材质并没有严格的规定，所使用的材质依墓主人自身而定。

明代宗藩墓葬出土的明器是研究明代随葬品及随葬制度的重要实物资料。宗藩墓葬出土的明器受身份等级影响与制约的同时，还深受墓主人宗教信仰及藩地葬俗的影响，随着时代发展，地区葬俗的影响越发明显。同时，等级越高者明器的种类和数量就越多，这种等级因素在亲王、郡王墓中尤其明显，且主要体现在墓葬中具有仪仗及礼仪性质的随葬品之上，而对于镇国将军等级的墓葬，所随葬的明器更多是受地区葬俗影响。在儒家思想的不断影响下，等级观念早已深入人心，也正是这种等级制度的根深蒂固，使得一些等级地位相对较低者会对高等级人物生活充满向往，从而在经济水平达到一定程度时，开始对高等级者的方方面面进行效仿，一些品官、富裕平民的墓葬会随葬一些具有丧葬礼仪性质的明器，这种情况在明嘉靖中晚期及以后尤甚，造成了明代晚期一些墓葬出土的明器规模远超过一些藩王墓或异姓功臣墓，这类明器的使用者身份既有官员也有一般平民。如上海潘允徵墓出土的明器种类和数量非常丰富，其中发现有暖轿、显轿各一，及一整套仪仗俑。潘允徵为"修职佐郎光禄寺掌醢署监事文台"，为朝廷正八品官员，其品级在现实生活中本无乘坐肩舆之资格。在重庆铜梁地区的墓葬中也发现了颇具规模的俑、车轿等，其明器规模已超过一些藩王墓，这种做法是对高等级墓葬的效仿，是提高身份等级的一种方式，也是一种逾礼行为。

佛缘的归宿：大明皇子梁庄王的尘俗人生

周红梅　　陈思宇

（湖北省钟祥市博物馆）

内容摘要：梁庄王朱瞻垍，明仁宗朱高炽第九子，封藩于湖广安陆州（今湖北钟祥）。一直以来，没有多少人研究他的生前身后事，只是在发掘梁庄王墓时，轰动一时。本文主要为了让更多的人了解梁庄王在藩国的十二年尘俗人生，以及对地方宗教文化的贡献和深远影响，以及王墓出土有关藏传佛教文物的价值。

关 键 词：明藩　梁庄王　家眷亲情　佛教文物

　　明朝，朱元璋为了加强统治，在全国选择重要城邑和经济发达的地方，分封藩王，其中在湖北的武昌、荆州、钟祥、襄阳、安陆、蕲春等地都曾经有明代封王建藩的历史，尤以武昌八代九王寝和钟祥古郢中最为出名。钟祥古郢中先后分封三位亲王到此治藩，第一位是太祖朱元璋二十四子郢王朱栋，第二位是仁宗皇帝朱高炽九子梁王朱瞻垍，第三位是宪宗皇帝朱见深四子兴王朱祐杬。三位亲王均称得上是贤王，他们都以自己所处的独特的环境和特殊的气质、性格、禀赋等，对地方社会产生了一定正面作用和积极影响。

　　钟祥，在明朝前期称安陆州，州城紧靠汉江，地理位置十分显要，历代帝王都很重视这里的建置，早在至正二十五年（1365），朱元璋命常遇春攻城略地往取安陆、襄阳时就曾告之："安陆、襄阳横据上流，跨连巴蜀，控扼南北，自古所必争之地，今置不取，将贻后忧。"[①] 因此，"三王封郢"凸显了钟祥古郢中的军事和文化双重地位，也为后来钟祥的繁荣打下了坚实的基础。

　　梁庄王一生信奉和推崇佛教文化，建寺安僧，慈怀善行，极大地影响到了安陆藩国的民众，让明代钟祥的佛教文化有很大的发展，其影响直到现在，仍然是钟祥佛教文化的重要组成部分。

---

　　① 《太祖实录》卷十七，元至正二十五年（1365）乙巳（五月）乙亥（十八日），"中央研究院"校印本，1962 年。

一、天眷雨露：梁庄王简历及皇室亲情

梁庄王朱瞻垍，是太祖朱元璋的第四代孙，成祖文皇帝朱棣的孙子，洪熙皇帝朱高炽十子中的第九子，宣德皇帝朱瞻基的皇弟。生于永乐九年（1411）六月十七日，生母恭肃贵妃郭氏。郭氏为郭英次子郭铭之女，郭铭与郢王妃郭氏是亲兄妹，所以贵妃就是郢王妃的亲侄女。这样算来，梁王除了随父称郢王为皇叔爷外，还可以随母亲称郢王为姑爷爷。永乐二十二年（1424）十月十一日，十四岁的朱瞻垍被册封为梁王，封国定在湖广安陆州古郢中（今湖北钟祥）。郢王病故 15 年后，梁王便就藩于此。

梁王就藩之前，住在北京十王府，即现在北京王府井大街。十王府是朝廷安置已婚诸王等待就藩的临时住所。"皇嫡子正储位，众子封王爵，必十五岁选婚，出居京邸至长始之国。"皇子选婚以前，无论封王早晚会都住在宫中，成婚以后迁出宫外的王府，至就藩。至于等待多久，要看封国所在地的王府建设及准备情况而定，其次是看与当朝皇帝、皇后的亲疏关系。

宣德四年（1429）八月初三日，十八岁的梁王，在宣德皇帝朱瞻基的安排下与郑王朱瞻埈之国凤翔（今陕西宝鸡市），襄王朱瞻墡之国长沙，荆王朱瞻堈之国建昌（今江西抚州市），淮王朱瞻墺之国韶州（广东韶关），梁王朱瞻垍之国安陆（今湖北钟祥）五位藩王兄弟同时就藩。梁王及宫眷官属等人按照诸王出行计划登上了赴安陆州的黄船，自北京沿运河南下，又从长江入汉江，用了大约三个月时间，终于到达封国湖广安陆州郢中。梁王初到藩国住进的是工部遣官临时修治的梁王府，就是安陆卫机关驻地。一年后又奏请将位于城西的"郢王旧府略加修治"[①]以为梁府。

梁王生得仪表堂堂，但是性格却十分内向，胆小怕事，像个文弱书生，这与他当时生长的环境分不开。一是母亲为仁宗殉葬。洪熙元年（1425）五月十二日，只做了十个月皇帝的朱高炽，因病驾崩于北京皇城钦安殿，享年四十七岁。九月初六，葬于北京天寿山献陵。为其殉葬的有五人，即恭肃贵妃郭氏、恭僖顺妃谭氏、贞惠淑妃王氏、惠安丽妃王氏、恭靖充妃黄氏。殉葬的恭肃贵妃郭氏就是梁王的母亲，当时郭氏已是三个皇子的母亲，除了梁王朱瞻垍，还有滕王朱瞻垲和卫王朱瞻埏，按照惯例郭氏"不当殉"，大概是为报答皇恩"自裁以从天上耶"。当时梁王只有十五岁，母亲殉葬前的诀别，在他心灵上留下了很深的阴影，在为母亲超度亡灵的过程中，同母所生的兄长朱瞻垲又于洪熙元年闰七月去世，仅仅两个多月的时间就接连失去父母和兄弟，梁王伤心欲绝是可想而知的，从此他变得更加沉默寡言。二是王妃纪氏早逝。宣德二

---

① （明）顾璘：《兴都志》卷七《典制七·兴都建设》，民国二十六年钟祥县志局重刊，第 19 页。

年（1427）九月十八日，刚满十六周岁的梁王就接受皇兄的指示完成婚姻大事。梁王妃为安庆卫指挥纪詹之女，宣德三年（1428）六月四日，成婚不到一年的梁王妃纪氏，又因小产，故于北京梁王府。由此，梁王变得更加郁郁寡欢，很长时间不敢谈论婚姻。三是叔父造反被杀。皇叔朱高煦与他父亲朱棣一样，是一个有政治野心的皇子。朱棣即位后，封他为汉王，藩国云南。他却一直留居南京，不肯就藩，多次谋取太子之位，并居功自傲，多行不法之事。永乐十五年（1417）三月朱高煦被强令就藩山东乐安州，但仍不思悔改。洪熙元年，朱高炽病逝，太子朱瞻基从南京赶往北京奔丧，朱高煦打算在半路设伏截杀没有成功。宣德元年（1426）八月，朱高煦起兵造反，却在朱瞻基亲征后投降，被废为庶人，囚禁在北京西安门内的逍遥城。

梁王就藩后，对郢中新的环境还比较满意，但是在处理事务上还是比较稚嫩。到藩国安定之后，一般要安排府中官员赴京呈"谢恩表"，"谢恩表"于宣德四年（1429）十二月五日送达北京后，礼部发现里面有两处问题：一是副本不当用宝。宝就是指梁王的印章，明朝亲王之宝俱用金，二品以上俱用银印，其他士人多以青田石作印，都是文房之玩。当时梁王送达的公文一式两份，正本用宝，副本应该不用宝，结果一时疏忽，两份都用了宝；另一处是东宫千秋笺不当附赍。东宫千秋笺是对皇太子千秋之寿祝贺用的小纸张，这是朝廷颁发的专用纸，结果用在了"谢恩表"中。这是"违式不谨"之罪，礼部提请治长史等官罪。宣德皇帝说："王未谙典故，过在长史，但此小事亦不足罪，其移文俾知之。"于是，让礼部发文告知一下就算完事，可见宣德皇帝对这位比自己小 13 岁的皇弟特别宽容。

梁王为人忠厚老实，宣德皇帝非常清楚，因此当知道府中有人欺负梁王时，宣德皇帝就毫不客气地进行追究。

梁王府一个叫孔勤的承奉，非常傲慢，对梁王屡有不敬，不仅责骂侮辱梁王，而且斗起狠来常常踢桌子甩板凳，甚至把梁王追打得到处躲藏，逼得梁王产生过拔刀自杀的念头，好在左右救护，才让梁王得以不死。这件事情传到宫廷后，惹得宣德皇帝龙颜大怒，当即要派人来治这个承奉的罪，梁王善心大发，主动上奏请予免罪。宣德皇帝根本不听，一定要将这个恶人绳之以法。宣德六年（1431）正月二十二日，再次命梁王将承奉孔勤架械送京，并对巡行兵部大臣说："梁王朕亲弟，为下人侮辱，理应罪之，而王反为救解，此必同类小人迫胁王为此奏。"[1]于是派遣使者，持皇帝手谕告诫梁王，勿听群小之言，称朝廷自有处置，最终让这个承奉得到了应有的惩罚。

不仅如此，朱瞻基对梁王的从优照顾还在继续。宣德五年（1430）正月初七日，梁王朱瞻垍奏求郢府故庄宅田园，及安陆护卫官军所遗房屋田地，宣德皇帝"命行在

---

① 《明宣宗实录》卷七十五，宣德六年（1431）正月丁亥（二十二日），"中央研究院"校印本，1962 年。

都察院差御史覆视，如皆郢府故物不关于民，悉与之"①。当年郢王在这里留下的遗产，悉数被新封的梁王所继承。

梁王的婚姻大事也一直牵挂着朱瞻基的心，宣德八年（1433）六月二十一日，礼部郎中冯敏受命持节赴安陆州，册襄阳县民魏亨之女为梁王妃，这是梁王原配去世整整五年后的再婚，册文落款时间是七月初三日，并任命魏亨为南城兵马指挥。兵马指挥隶属于兵部，指挥为正六品。按明朝制度规定，亲王妃父，原无官者授兵马指挥职衔，郡王妃父授兵马副指挥职衔，俱不任事，显然这是对皇族姻亲的一种特殊照顾。

梁庄王生有二女，皆宫人张氏所出。王妃魏氏没有生育，在梁庄王去世的时候，魏氏欲随王逝，王府官属拿不定主意，于是王府承奉司奏请正统皇帝朱祁镇旨意，遂降旨存留，让她继续抚养梁庄王的两个幼女，并主持王宫之事。景泰二年（1451）三月十七日疾薨，享年三十八岁，无子。侧室张氏生二女，被册封为夫人，代宗景帝赐敕掌管王府之事，抚养二女。长女封为新宁郡主，配仪宾陈宾。次女封宁远郡主，配仪宾张镒。成化十六年（1480）张夫人去世。所有的庄田由襄王府奏请带管。直到兴王朱祐杬肇封到安陆时，重建了兴王府才把二府废掉，其所有田地则属兴王府邸管辖，并供二王祭祀。

二、佛缘郢中：梁庄王对地方佛教文化的贡献和深远影响

梁庄王就藩安陆后，便遍访封内佛教古迹，在郢中东郊有一处古庵遗址，相传为唐代大洪山开山祖师慈忍灵尊者庵居处，故称灵济庵。正统初年，梁王在此遗址上兴建寺庙一座，并请英宗皇帝赐额为"吉祥寺"，正统八年（1443）建成。虽然梁王没有见到寺庙佛像开光的盛况，但皇帝亲赐匾额及选取庆寿寺高僧觉才来此住持。

因为有英宗皇帝御赐匾额，所以倍受文人墨客的青睐。明成化年间，文武奇才王越因受太监汪直获罪的牵连被谪戍郢中期间，多次到访吉祥寺，写下许多赞美的诗篇，其中《小憩吉祥寺》诗云："石城门外好风光，小憩禅林酒一觞。天地有情容我老，江山无语笑人忙。草含南浦诗中意，梅带西湖画里香。抚景欲吟吟不得，晚云拖雨送斜阳。"②吉祥寺为梁庄王投资兴建的三大寺庙之首，由于帝王之家的重视，让吉祥寺声名大振。明朝经过多次维修，一直沿袭到现在仍然香火不绝。

---

① 《明宣宗实录》卷六十一，宣德五年（1430）正月戊申（初七），"中央研究院"校印本，1962年。

② 侯书云：《钟祥历代诗词集注》，吉林文史出版社，2016年，第78页。

其次，就是兴建普门寺。普门寺位于钟祥城北六十里长寿镇西南普门村。明正统年间兴建，景泰年间建成。梁王同样没有看到佛像开光的那一刻。普门寺是一处难得的风水宝地，寺庙坐北朝南，背靠一座主山，四周众山形成拱卫之势，大有百山朝宗的意味。普门为"普度众生之门"而得名，因为受到梁王府的重视，所以备受历代名人的关注。明松江人郁文博，成化间曾任湖广提刑按察司佥事、副使，游览普门寺时写下了《游普门寺二首》："偶从山寺过，寺在白云深。佛殿临前涧，禅堂倚后岑。客来宵借榻，僧出晓穿林。入社非无意，难忘报国心。重到山中寺，凭栏感慨增。可怜前度客，不见旧时僧。自悦阳春曲，谁传午后灯。明朝江汉路，回首白云层。"[①]

再次，就是兴建白鹿寺。白鹿寺位于钟祥城东六十里聊屈山，也是正统年间梁王出资兴建的寺庙，前有嵩寺后有云台，诸山环绕，势若星拱。白鹿寺因此地有鹿湖池而得名，宋祝穆《方舆胜览》卷三十三记载："鹿湖池在长寿县聊屈山之麓，旧传有白鹿入水，祷雨即应。"清顾栋高《春秋大事表》卷六下记载："府治钟祥县东六十里有鹿湖池深不可测，为楚之沈鹿地，桓八年楚子合诸侯于沈鹿即此。"由此，也说明了当年楚武王"沈鹿会盟"之事，便为此地。

梁庄王不仅在地方兴建庙宇，还做一些实实在在的好事，梁庄王的皇兄襄王朱瞻墡，宣德四年就藩长沙。正统元年（1436），襄王以长沙地卑湿，请徙封襄阳，得到宣德皇帝批准。当迁封船队路过安陆州时，梁庄王亲自出城迎接，场面十分感人。《承天府志》卷二记载说："梁王郊迎，见于舟次叙亲亲礼，时襄国文武官朝见梁王，王宴赏有加。明日，襄王入城与王会，梁国文武官各朝见礼亦如之。两王会宴毕，襄王发舟，王送至城北十里，襄献王曰：兄弟兹会不复更相见矣！涕泣而别。"[②]《明史》在叙述这件事时也称梁庄王流连不忍之离去，"悲恸不自胜，左右皆泣"。

梁王以慈悲为怀，不仅修行了自己，也教化了藩国民众。在梁王礼佛的感召下，郢中士民遵纪守法互助友爱蔚然成风，正统六年（1441）五月三十日，对安陆州民郝从仁等八人各出谷千石赈济灾民的义举，英宗皇帝对此还进行了褒奖。

三、国宝重见：梁庄王墓出土的有关藏传佛教文物

正统六年（1441）正月十二日，郁郁寡欢的梁王朱瞻垍病逝于郢中梁王府邸，年仅三十岁，正月二十四日，消息传到北京，正统皇帝朱祁镇按照规定辍朝三日，以

---

① 侯书云：《钟祥历代诗词集注》，吉林文史出版社，2016年，第81页。

② （明）顾璘：《兴都志·兴都建设》卷七，民国二十六年钟祥县志局重刊，第20页。《承天府志》卷二，《日本藏中国罕见地方志丛刊》，书目文献出版社，1990年，第56页。

示哀悼，并派遣礼部官员来郢中致祭奠礼。朝廷给梁王的评价是："资度英伟，好学不倦"，谥曰庄，有履正志和之意，因称梁庄王。享国十二年，无子除封。当年八月二十六日葬于城南四十五里瑜灵山之原，即今钟祥市长滩镇大洪村，十年以后梁王妃魏氏与之合葬，夫人张氏附葬。其墓葬无论从陵园选址，还是陵园建制均按亲王规制所建。建筑主要有享殿五间，东西厢十有二间，神厨五间，碑亭两座，直宿房六间，宰牲房三间，棂星门三间，券门三间，红墙周回一百三十丈，内官住宅一所，围墓田地三十八顷三十六亩四分六厘（图一）。

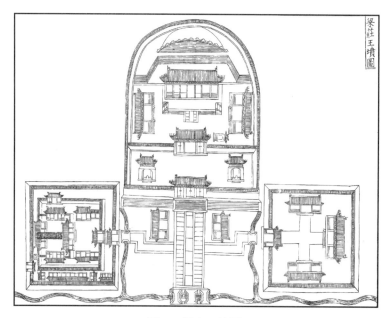

图一 梁庄王坟图

2001 年，由湖北省考古所、钟祥市博物馆联合对其进行了科学发掘。出土文物达5000 多件，其中"大黑天"金佛像、"大鹏鸟"金佛像，还有带龛的小佛等多种宗教文物，为明朝亲王墓中所首见，这是梁庄王信奉佛教的重要实物见证。

图二 种子字

墓葬出土与藏传佛教有关的文物法器共 181 件（串），计入佛像附件及佛珠串饰数共 928 件，包括金明王像、咒牌、金种子字、佛珠等。这批佛教文物中，有的或铸或捶揲出铭文，据考释这些铭文属蓝扎体梵文，是佛教密宗陀罗尼（即咒语）和种子字（图二）。

而梁庄王墓出土两枚金"种子字"，其外形是梵文单字（音"吽"），常用在咒尾，是密教本尊毗卢遮那的象征。梵文金种子字是代表佛、菩萨、天王或象征佛教教义的梵文符号，念诵梵咒或观想种子字都是密教的修行方法。吟诵它就等于吟诵万法，这种修行曾在明朝中早期贵族阶层风靡一时。

文物"金刚杵"（图三）即古印度兵器伐折罗（Vajra），以单股、三股、五股、九股最为常用。密教中，金刚杵象征摧灭烦恼之菩提心，为诸尊之持物或修法之道具，也是各类密教图像及法物上的常见装饰纹样。密教数珠上的记捻一般缀以各种宝石、黄金坠饰，而高等级的数珠常以金刚杵为坠饰。

图三　金刚杵

文物"金大黑天舞姿神像"，大黑天是梵语 Mahākāla 的意译，原是印度教湿婆神（Shiva）的忿怒形化身，佛教吸收其为护法神。集战神、福神、冥府神、财宝神等于一身。此神像一面二臂，三目圆睁，獠牙上出，双耳悬蛇，头戴五骷髅冠，肩饰破帛，颈系骷髅璎珞，以蛇为钏镯，腰缠二蛇、围短裙，胸前横置一杖，裸脊赤脚，踏在一个仰面平躺的"地神女天"身上（图四）。

梁庄王墓中出现藏传佛教文物并不为奇。明朝自太祖始，便针对藏区政教合一，扶持藏传佛教。宫廷中崇信藏传佛教之风大致始于永乐朝，自永乐之后，明代中期的皇帝几乎都崇信藏传佛教，"太祖崇奉释教，观宋

图四　金大黑天舞姿神像

文宪《蒋山佛会记》以及诸跋，可谓至隆极重。至永乐，而帝师哈立麻'西天佛子'之号而极矣。历朝因之不替"①。据说，格鲁派高僧释迦也是用医药和传授灌顶为成祖治好了重病，为成祖所崇信。成祖迁都北京后，在宫中设立番经厂（准藏传佛教寺院）"习念西方梵呗经咒"，厂中供奉着许多藏传佛教的造像，经常举行藏传佛教法会。梁庄王自幼生长在永乐时期，作为皇亲贵胄，自然受祖父重视佛教密宗的影响。

① （明）沈德符：《万历野获编》卷二十七《释教盛衰》，中华书局，2004 年，第 679 页。

　　总之，明朝时期士大夫们都乐于修建佛寺，经常动不动就立碑兴造寺院。在士大夫们的观点里，佛教是儒家文化的核心，尤其是对于普通民众有着教化的意义。在梁庄王礼佛的感召下，藩国民众奉佛守法互助友爱蔚然成风。各地佛寺佛庙神像的修建数量在明朝时期的钟祥达到了最盛，老百姓、士大夫们又热衷于参拜神像，一方面想通过自己积累善行，希望得到善报，另一方面引导老百姓多行善积德，要求人们仁义，而这就是佛教文化的积极作用。

明楚王墓考古相关研究

龙泉明楚王墓考古工作的回顾与展望

许志斌　曹继文

（武汉市文物考古研究所）

内容摘要： 明楚王墓为全国重点文物保护单位，是我国为数不多的保存完好、建筑规模大、延续时间长的明代贵族家族墓地之一。2021 年由湖北省人民政府公布为首批湖北省文化遗址公园，2022 年获国家考古遗址公园立项。与此同时，龙泉明楚王墓的考古事业迎来了快速发展的新机遇。本文将在此背景下，对既往考古及文物保护工作做一个简要回顾，同时对未来发展做个远景展望。

关 键 词： 明代藩王制度　武汉　龙泉山　明楚王墓

明初，朱元璋第六子朱桢就藩武昌，他看中了龙泉山形胜之地作为家族陵寝，历任楚王随之大兴土木兴修茔园。明末，张献忠部破武昌，沉楚王于江，毁楚王墓于一旦。煊赫一时的龙泉山楚王家族墓逐渐湮没于山林之中。20 世纪 90 年代起，湖北省文物考古研究所、武汉市文物考古研究所、江夏区博物馆等多家单位在此进行了长期的考古工作，六百年前的绚烂繁华由此徐徐展现。

一、明楚王墓概况

1. 地理地势

明楚王墓坐落于长江南岸龙泉山麓，东临梁子湖、豹澥湖，西近汤逊湖。位于湖北省武汉市东湖高新区龙泉街道，东距明楚王府故址（现武昌阅马场一带）约 24.6 千米。明楚王墓共有明楚藩八代九王九座王陵，分布于龙泉山的天马峰、玉屏峰两条山脉相环而形成的葫芦形小盆地内。藩王茔园沿坡地边缘营建，其中昭、宪二茔园在天马峰南麓，庄、康、靖、端、愍、恭、贺七王茔园建于玉屏峰北麓。

2. 历史沿革

龙泉山的人文历史可追溯到西汉时期。该地为舞阳侯樊哙孙樊建的封地，名为江夏，所以其山称为江夏山。唐朝初年改称夹山自汉代起，众多隐逸之士陆续迁到灵泉山定居，遂成灵泉古市。

清同治《江夏县志》有载："灵泉古市始于汉，迄唐宋而兴盛。"在环山 7.6 平方千米的幽谷盆地上，或倚山为亭阁，或随水为轩榭，建有灵泉寺、听松阁、远眺亭、大观桥、春露亭、秋爽亭、晴雨井、百卉园、龙龟戏鱼池、蓼莪堂、含山楼、万卷书楼、拜寿台等蔚然景观。

楚王朱桢相中此地，随后昭、庄、宪、康、靖、端、愍、恭、贺八代九王茔园先后拔地而起，并设置陵卫及陵户看护陵区。形成了内山不许百姓行走，外山不许车马践踏的王陵禁地。至明末，据清代地方史志《灵泉志》记载，战乱中楚王陵区地宫及地面建筑被张献忠盗掘焚毁，仅昭王地宫幸免于难。

清朝以来龙泉山逐渐形成若干小村落，长期的生产生活活动中，规模宏大的茔园建筑遭受各种破坏，仅有部分地面基址存留。

二、龙泉明楚王墓考古工作概况

1. 1991 年昭王茔园发掘

1991 年经国家文物局批准，湖北省文物考古研究所、武汉市文物考古研究所、江夏区博物馆三家单位联合对昭王地宫进行了考古发掘。通过发掘，发现昭王地宫保存完好，基本形制及建造方式清晰了然。出土有鎏金铜封册、灵牌、铜镜、镶金腰带、木旌顶、锡铅明器、铜炉、铁器、漆木器等。

同时对昭王茔园的整体规制布局也进行了初步的清理勘测，昭园为内外两重回字形平面，主要地面建筑有外门、内神道、金水桥、中门、东西厢房、焚帛炉、祾恩殿、拜台等。占地面积大，规制严整。昭王茔园的工作为其他楚王茔园的保护工作提供了重要的参考依据。

2. 庄王、愍王、靖王、贺王等茔园的调查勘探

自 1998 年始，武汉市文物考古研究所对各王茔园基址进行了多次实地踏查；对庄、靖、愍、贺王茔园进行了部分勘探和测绘测。工作内容主要是对墓冢及内城垣区域进行全面的勘测，以了解各园建筑格局和保存状况。通过本项工作，庄、愍、靖、贺四园核心区的基本状况得到了确认。其基本建筑规制与昭王相类，主要建筑基址均保存有基础部分。

3. 愍王茔园 2019～2022 年度考古发掘

2019 年起，武汉市文物考古研究所对愍王茔园的地面建筑基址进行了全面的考古发掘。通过大面积的调查、勘探与针对性的发掘，愍王茔园的基本布局已明晰（图一）。

（1）总体呈西北—东南向，依山势地形围合而成。形制规整，整体呈前方后圆，东高西低，茔园主体为内外两重城。外城垣周长 864 米，东西最大距离为 311、南北最大距离为 155 米，面积为 4.5 万平方米。内城垣 67 米 × 70 米的方形布局。

（2）茔园由西向东分别由明塘、外神道、广场、外门、内神道、金水池（金水桥）、中门、祾恩殿、宝城、拜台、封土护坡、墓冢构成，主要建筑呈轴对称分布。王妃墓伴于愍王墓冢北侧。

（3）排水系统

主排水沟为暗渠结构，为长条"S"形，全长 372 米，G1 可确认源头在内城墙东南角外 3 米处，向西 12 米拐进内城墙，顺内城墙南垣向西延伸出内城墙西垣，向北进金水池，然后由金水池北部泄水孔向北而后转向西，顺内神道向西延伸，而后向南穿过内神道，后向西穿过外城墙西垣，最后向西注入明塘。

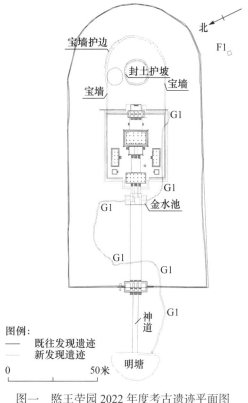

图一　愍王茔园 2022 年度考古遗迹平面图

4. 昭园调查勘探

为配合遗址公园建设，昭园内外进行了多次的调查勘探。主要成果有以下两点：

（1）昭园的排水系统较为复杂，不仅有由地宫引出的主排水沟，且北外城垣底部，有若干暗沟将园外高处流水引入园内，且南外城垣的外门两侧各有一暗沟将园内水流排出。明塘为排水系统终端，位于园外偏东侧。平面形状大致呈圆形，四壁为石材垒砌，深度、底部形状不明。

（2）昭园外神道走势复杂，自外门向外延伸约 30 米后，发现有十字路口形走势，向南及向西延伸部分残缺较多，向东延伸约 180 米为现代村庄道路打断。外神道为石板平铺结构，形制规整。昭园外神道应与陵区主神道、各园连接通道等密切相关。

5. 贺王、端王、恭王、康王茔域调查勘探

于 2020 年对贺王、端王、恭王、康王茔域进行了初步调查勘探工作。该项目针对茔园的核心区，即墓冢和内城垣建筑群进行了初步勘测。勘测成果表明上述四园基本方位较为清楚，核心区保存较好，墓冢清晰可辨，内城垣建筑群基本完整。但完整外城垣范围及外神道、明塘等外围建筑基址尚不明确。

6. 河道调查勘探

龙泉山内有一条东西向河道横贯山谷，向外与梁子湖等河湖水系相接。为配合龙泉地区的水道建设，2020年对河道进行了初步调查勘探。勘查发现了八座横跨小河的石桥，多为清代建筑。河道两侧区域几乎不见文化层，河沟内多见石构件。在河道内还发现一座倾倒在河边的石碑龟座，有力地证明了当时河道有运输之用。

7. 龙泉全区高精数字化测绘

2021年武汉市文物考古研究所进行了龙泉明楚王墓群专项高精度数字化测绘工作，以无人机机载激光雷达扫测等形式对龙泉核心区进行了高精度的测绘、记录。主要成果有：

（1）在明楚王墓群范围区域内设立永久测绘控制点；

（2）建立基于国家 CGCS2000 的龙泉山明楚王墓群三维测绘坐标系统；

（3）获取龙泉山明楚王墓群全域机载三维激光点云数据、高清航摄影像。

三、龙泉明楚王墓建筑规制初探

1. 龙泉明楚王墓可能存在的重要遗迹

按《大明会典》，明永乐年间对亲王营坟做了规定。具体为：

享堂七间（面阔8根柱子），广十丈九尺五寸（长38米）、高二丈九尺（高9.28米）、深四丈三尺五寸（宽13.92米）；中门三间（面阔4根柱子），广四丈五尺八寸（长14.65米）、高二丈一尺（高6.72米）、深二丈五尺五寸（宽8.16米）；外门三间（面阔4根柱子），广四丈一尺九寸（长13.4米）、高深与中门同（高6.72米，宽8.16米）；神厨五间，广六丈七尺五寸（长21.6米）、高一丈六尺二寸五分（高5.2米）、深二丈一尺五寸（宽6.88米）；神库同；东、西厢及宰牲房各三间，广四丈一尺二寸（长13.18米）、高深与神厨同（高5.2米，宽6.88米）；焚帛亭一，方七尺（长宽均为2.24米）、高一丈一尺（高3.52米）；祭器亭一，方八尺（长宽均为2.56米）、高与焚帛亭同（高3.52米）；碑亭一，方二丈一尺（长宽均为6.72米）、高三丈四尺五寸（高11.04米）；周围墙二百九十丈（墙周长928米）；墙外为奉祠等房十二间。

结合龙泉多年考古工作经验，并综合国内其他藩王茔园的发现，表明明代藩王（乃至帝王）的茔园不会严格按《会典》所定规制营建。逾制虽有但不多，而简配现象则屡见不鲜。各地各家族有地域特征，各王亦有各自鲜明特色。各园实际格局应当是在地形地势、财力物力、墓主秉性、朝政关系等复杂因素下，所造就的。

明楚王墓多年持续的工作中，不断有新的遗迹现象发现。结合明十三陵（图二）、靖江王陵等重要帝王墓葬的发现，我们推断，明楚王墓仍有大量重要遗迹现象等待未

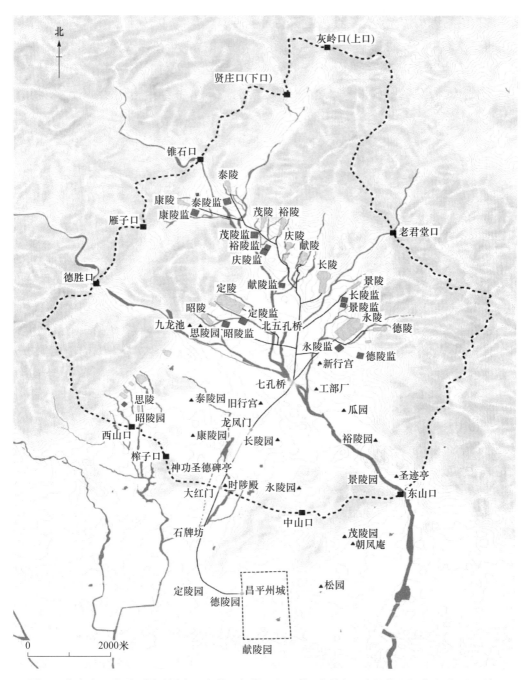

图二　北京十三陵平面图（图自王自然、郭巍、左心怡：《明十三陵整体空间营造手法探讨》）

来的工作来明确。这些遗迹现象有三大类：神道礼制建筑、各王茔园内建筑、陵区附属设施系统。

（1）神道礼制建筑

亲王营坟之建置类帝王而次一等，故十三陵提供了很好的参照。十三陵之制，陵区入口处有石牌坊作起点,由此向陵区引出主神道至大红门,大红门前有下马碑,两侧引出风水墙围合兆域。门内有神功圣德碑,碑周围立有华表、望柱,又向内。碑亭区向内,沿神道两侧设石像生。石像生里侧有龙凤门,龙凤门为牌坊式建筑,最后由此门至长陵。长陵为明成祖朱棣之陵,为十三陵之首,其神道为陵区主轴。石牌坊、主神道、大红门、风水墙、石像生、龙凤门为各陵共有。整个兆域北、东、西有高大群山所围合而成的三面包围状,南面由大红门两侧的风水墙连接一系列较低矮不连续丘陵封闭山坳。

楚藩地处形胜之地,昭王在太祖、成祖两朝均位高权重,上深受帝王信任,曾担任宗正之职。下有能征善战、勤政爱民之名,可谓功高德显。但昭王及楚藩各王,均未发现有石牌坊、石像生等重要礼制建筑,与其隐隐高出其他藩王的地位并不相称。且龙泉山地势之封闭较十三陵更甚,更有利于营建一个统一规划的陵园。由此可推,明楚王墓布局应与十三陵相类。

依十三陵之制,明楚王或有石牌坊、主神道、大红门、风水墙、石像生、龙凤门等,布置于陵区作为主轴。且该系列建筑群,应位于陵区入口处。龙泉山地区地理特征明显,北部为天马峰等一系列东西向山地,南为玉屏峰等一系列东西向山地,两列山地围合出一条带状小盆地。陵区出入口应位于东、西两面。而龙泉山西面山口宽度约1.4千米,东面山口宽约200米。东面山口处有古河道,该河道通往牛山湖、梁子湖等大型湖泊,朝向远离武昌城。而西面山口朝向武昌城,沿途有二妃山明墓群等楚藩等高等级家族墓葬区。据此推断,明楚王墓的主神道礼制建筑群或位于龙泉山西侧的山口。

龙泉山西侧山口现中华大道刚好将其封口,此处至昭园约3.4千米。参照十三陵,其石牌坊至长陵约有6千米,可见由山口营建石牌坊等建筑群在规模上属于合理范围内。综上,明楚王墓或有类似十三陵的主神道礼制建筑群,以石牌坊为起点,起于现中华大道周边,石牌坊后有神道向东延伸至昭园。神道一线依次有大红门、风水墙(由大红门两侧分别延伸至南北山地,以封闭山谷)、石像生、龙凤门等,与十三陵不同主要在于其神功圣德碑立于茔园外门外不远。

主神道应与昭园相接,其他各园亦应有道路与主神道相连。近现代所形成环绕山谷连接九园的"八王路"或与此有关,但未见相关迹象(图三)。

(2)各王茔园内建筑

目前,楚藩诸王茔园根据考古工作的详细程度可分为三类:Ⅰ类为考古工作较多,有过正式发掘,对其认识较清楚的昭园、愍园。Ⅱ类是经过较细致的考古调查勘探工作,且园内进行过大量保护、修护工程的庄园、靖园、贺园。Ⅲ类是进行过一定的调查勘探工作,基本明确其位置、范围、基本保存状况的宪园、恭园、端园、康园。

图三　龙群山全景

I类茔园通过长期细致的工作，其园内建筑规制已基本明确，以此为参照基准，各园尚待工作的建筑基址列表如下：

	I类		II类			III类			
	昭园	愍园	庄园	靖园	贺园	宪园	恭园	端园	康园
明塘	测绘	发掘	未发现	未发现	存疑	未发现	确认	未发现	未发现
外神道	测绘	发掘	未发现	未发现	未发现	未发现	未发现	未发现	未发现
碑亭	测绘	存疑	测绘	未发现	未发现	未发现	未发现	测绘	未发现
外城垣	测绘	发掘	测绘	测绘	测绘	局部	局部	局部	局部
内神道	测绘	发掘	确认	确认	确认	未发现	未发现	未发现	未发现
金水桥	测绘	发掘	未发现	未发现	未发现	未发现	未发现	未发现	未发现
内城垣	测绘	发掘	测绘	测绘	测绘	局部	局部	局部	局部
内园建筑群	测绘	测绘	测绘	测绘	测绘	局部	局部	局部	局部
拜台	测绘	测绘	测绘	测绘	测绘	未发现	未发现	未发现	未发现
宝城	未发现	发掘	未发现	未发现	未发现	未发现	未发现	未发现	未发现
墓冢	发掘	测绘	测绘	测绘	测绘	确认	存疑	确认	确认
封土护坡	未发现	发掘	未发现	未发现	未发现	未发现	未发现	未发现	未发现
排水系统	局部	发掘	局部	局部	局部	未发现	未发现	未发现	未发现

目前，楚藩各园里未发现，但为十三陵重要礼仪性的内园建筑，尚有方城、明楼。十三陵的方城、明楼为墓冢与大红门之间的用以放置圣号碑方形城台，为茔园内最高建筑。

（3）陵区附属设施系统

陵区附属设施系统包括防卫系统、管理系统、河道系统。防卫系统主要遗迹应为驻军营地，管理系统应有陵监等管理机构设施。上述遗迹目前未有相关踪迹，仅在周边村落名里有些许迹象，如"二龙""大营""凉马坊"等。

明楚王墓的营建需要大量沉重的木材、石材、砖瓦等建筑材料，水运是最佳方式。龙泉山中部现有一河道自东北向西南延伸至小盆地中部，长约1.8千米，宽约4米。既往工作中亦发现有倾覆于河道旁的碑亭石材，证明当时人对河道的利用有迹可循。龙泉山明楚王墓的文化遗存现以贵族墓地为主，缺少反映古代平民生产生活的遗迹。水运相关的码头、河道、桥梁等建筑设施与营建茔园、管理茔园息息相关，是古人生产生活技术水平的确切证据。

2. 龙泉明楚王墓保存状况较差的墓葬

史载，明末战乱中，楚王诸陵遭受张献忠部破坏，仅昭王地宫幸免于难。明楚王墓除九位藩王墓冢外，另有元妃墓伴于王墓之右，次妃则安葬于园外。通过考古工作发现，藩王墓中恭王墓、贺王墓有较多不明之处。元妃墓中，昭王元妃墓遭受盗掘，其他园的元妃墓情况不明。次妃墓中，昭王东、西次妃墓均遭受盗掘破坏，其他王的次妃墓尚未明确。具体分述如下：

藩王墓中，恭王墓现存墓冢据当地居民等反映，并非原始状态，实为后人堆砌。故其准确范围、保存状况尚不明确。贺王为末代楚王，史载其为张献忠部所执后沉江。贺园应为贺王按常例生前即营建完毕，或无贺王安葬。

元妃墓中，昭园元妃王氏之墓在早年间遭受盗掘，该案已被公安机关所破获。据犯罪分子交代，墓中有较多金银器等。

次妃墓目前仅见于昭园外东西两侧。其中西妃为三墓并排共园，东妃仅见一墓。东、西妃子墓均遭受过盗掘破坏，西妃墓区目前已经过整修、保护。东妃墓尚深处密林中，墓口敞露，可见较深积水。

四、龙泉明楚王墓考古工作展望

为进一步推动国家考古遗址公园建设，武汉市文物考古研究所联合龙泉明楚王墓文物管理所联合制定了《龙泉明楚王墓考古工作计划（2022—2035）》。该计划已通过相关部门的审核，龙泉明楚王墓未来的考古工作将有据可依、有章可循。

1. 工作目的

（1）学术研究

明楚王墓作为一个大型明代高级贵族家族墓地，文化遗存类型丰富，数量多，延续时间长，占地面积大。集中反映了明时期武汉、湖北乃至中国的社会文化面貌。具有很高的历史价值、文化价值、科学价值，是不可多得的研究样本。具有十分重要的价值。

（2）配合遗址公园建设

考古工作是遗址公园建设的前提基础，既为保护提供基础性的资料，也为制定详尽的科学保护规划提供了充分的依据，让保护规划的内容更加具体和完备，可操作性更强，从而更好地对大遗址进行保护和展示。

龙泉明楚王墓遗址公园的建设、展示主要内容为：为将展示主题、对象及内容构建起空间关系，规划将阐释与展示的结构定为"一环、一带、九园、十二景"。

一环：指山前环绕盆地一圈的内部道路，是遗址公园的主要游览线路，连接所有的展示点和服务点；一带：指盆地中间的古河道展示带，展示古河道及明代古桥等历史遗存，同时也是滨水休闲景观带；九园：指九处楚王的墓葬茔园，是遗址公园最核心的展示对象，规划为"遗存展示点"；十二景：指历史环境及景观环境展示处，既可以俯瞰山水、园林等自然环境，又可以体会历史人文环境，共规划有十二处"赏景休憩处"。

未来的考古工作，需与遗址公园的保护、建设进程协调，将学术研究方向与建设项目结合，相互促进。

2. 工作方向

未来的考古工作，将从学术研究需要出发，协调配合遗址公园的建设需要，力争完整复原明楚王墓的完整面貌，探索龙泉山的历史文化变迁。主要包括下列五类工作方向。

（1）以探明陵区完整布局。

陵区的整体布局目前仍是空白，未来的工作有四个方面的内容。一是对主神道礼制建筑可能分布区进行大量的调查勘探工作，主要工作区为中华大道至昭园之间的大约2平方千米范围内。以现场踏查、钻探、地质雷达扫测等多种技术手段寻找石牌坊、主神道、大红门等建筑基址。二是扩大调查勘探工作的范围，在龙泉山以外的区域，进行广泛的走访、踏查及勘探，着重寻找陵区管理机构相关遗存。三是对河道进行全面的调查勘探，首先确认明时期河道的范围、走向、运载能力等基本信息，其次沿河道寻找码头等相关基址。四是从全局的角度研究每个茔园的方向、地形地势等，着重寻找其与外部的连接通道。

（2）弄清九王茔园的完整规制。

九王茔园是龙泉明楚王墓的重点文化遗存，核心文化景观，探明九王茔园的完整规制是相关研究和遗址公园建设的基础。九王形态各异，考古工作情况不同。需根据实际采取不同的工作方针。

Ⅰ类茔园中，昭园是目前已开放展览的茔园，相关保护工作也较完善。对昭园的工作，首先是根据公园建设的需要，及时展开调查勘探工作。其次是昭园工作的薄弱点，如排水系统、外城垣、明塘等基址，展开针对性的工作，以完善昭园的布局。

愍园经过两个年度的考古发掘工作，其规制目前已较为清晰。需更进一步的工作：首先是疑似碑亭区应视时展开发掘；明塘以外区域需大量调查勘探工作以寻找与外部的连接通道；内城垣与墓冢封土堆之间破坏较多，尚有排水系统局部不清，也需要展开小面积的发掘。

Ⅱ类茔园中，庄园的基本格局已经显露，目前需要进行工作的区域主要有：一是完整的排水系统需大量调查勘探及局部解剖；二是外神道需大量调查勘探以确认范围；三是对外城垣以西的区域展开调查、勘探工作，寻找有无明塘基址；四是在扎实的调查勘探工作的基础上，展开发掘工作。

靖园与庄园相类，基本格局已经显露，需对排水系统、外神道、明塘等基址展开大量的调查勘探工作。与庄园不同之处首先在于，靖园未发现碑亭，需对此展开工作。其次是靖园外城垣外尚有茂盛植被覆盖，或有次妃墓等分布，亦需展开工作。

贺园与庄园、靖园有相似，同样需要对排水系统、外神道、明塘、碑亭等基址展开调查勘探工作。其特殊之处在于，贺园的外城垣目前亦完整暴露，需大面积清理植被展露完整形态。其次是贺王按史书记载或未能安葬入地宫，需对此展开调查勘探工作以明了其实情。

Ⅲ类茔园工作较薄弱，未来的基础性工作量较大。宪园需展开的工作有：一是完整外城垣的范围与保存状况需要调查勘探；二是完整内城垣的范围与保存状况需要调查勘探；三是内园建筑群的分布需要调查勘探；四是内神道、金水池等园内基址需要调查勘探；五是外神道、碑亭、明塘等基址需要调查勘探；六是对其园外区域进行调查勘探；七是对其墓冢周边的宝城、封土护坡等进行调查勘探；八是需要根据调查勘探的成果，对重要建筑基址进行发掘以全面掌握其结构。

恭园与宪王相似，同样需要通过大量的调查勘探工作明确外城垣、内城垣、内园建筑、内神道、金水池、外神道、碑亭、明塘、宝城等基址的范围与保存状况，与之不同在于恭王及王妃的墓冢按当地人所述，为后期堆砌所成，不是原生，对此需采取各种手段对墓冢进行全面的勘查，明确其性质。

端园与宪园等类似，需要通过大量的调查勘探工作明确外城垣、内城垣、内园建筑、内神道、金水池、外神道、明塘、宝城等基址的范围与保存状况。端园特殊之处在于其碑亭保存较好，仅需寻找其与外神道的连接通道。

康园与宪园等类似，外城垣、内城垣、内园建筑、内神道、金水池、外神道、碑亭、明塘、宝城等基址的范围与保存状况需要大量的调查勘探工作来确认。但康园园外东侧有一疑似古墓葬，需特别对此展开调查勘探工作。

（3）对破坏情况较为严重的墓葬进行抢救性发掘。

楚王元妃王氏之墓已于 1990 年的考古工作中确认。该墓位于昭王墓冢西侧约 40 米，墓冢依地势而建，为南北向小山丘。墓冢顶部地理坐标为北纬 30°24′42.224″，东经 114°30′49.280″。墓冢表面现为茂密植被覆盖，有巡山土路连接外部。西距西外城垣约 120 米，北距北外城垣约 80 米。北外城垣墙基下，有排水沟贯穿园内外。

推测王妃墓与昭王相类，为带封土堆的砖室墓。墓室由砖石垒砌，其上有三合土层、木炭层作为防护层，上部有厚达数米的夯土层构成封土堆。墓冢顶部发现有坑洞，现场可见为一长 2 米、宽 1 米左右、东西向的长椭圆状坑洞。坑洞塌陷深度约有 5 厘米。坑洞东侧的坡地上，发现青砖若干，青砖表面附着有三合土，推测为墓砖。该坑洞位于墓冢中部，封土堆顶部，其下应为王妃墓室地宫。

根据公安部门通报，犯罪分子从王妃墓中盗走众多珍贵文物。为全面了解王妃墓遭受破坏状况，提取珍贵历史文化信息，需对其进行抢救性发掘。

昭王东次妃墓位于其外城垣东侧门外约 30 米，为密林所掩盖。该墓早年屡经破坏，现其墓门处有两米见方的敞口，可见墓室拱券结构暴露。墓室内部有大量积水。墓前 10 米处，有大量大型石材堆放，或为该墓的拜台等墓园建筑。该墓既暴露墓口于外，又积水甚深于内，墓室结构及可能所遗留器物遭受持续毁坏。需进行抢救性发掘。

（4）对明以前的历史文化遗存进行全面调查勘探。

自汉以来，龙泉已有两千年繁盛的发展史，留下众多亭台楼阁轩榭廊舫，至今已踪迹难寻。史书中尚有中游听松阁、远眺亭、大观桥、万寿台、晴雨井、灵泉寺、思亲台、秋风亭、万卷书楼等记载。此类文化遗存，能大大丰富龙泉山的文化内涵，增加园区的景观类型，是龙泉山两千年历时文化的见证。寻找相关遗迹现象，需通过文献考据、村民寻访、现场踏查、航拍航测、地质雷达、钻探等方法。

（5）积极展开研究工作。

调查、勘探与发掘是开展研究工作的第一步。在此基础之上，有三个主要研究方向：一是研究明楚王墓的建筑规制与营建技术；二是研究建筑规制背后的礼制与礼仪；三是研究其反映的历史文化。三个研究方向既是由小及大的递进，亦有纲举目张的指导性作用。

龙泉明楚王墓文化遗存之丰富，文化内涵之深厚是难得一见的历史研究宝藏。做好考古与研究工作既是艰巨的任务，亦是难得的机遇。明楚王墓国家考古遗址公园的建设，必将带动考古事业登上新的高峰。

浅述龙泉山下明代九王陵

刘治云[1]　王开祥[2]

（1. 江夏区博物馆　2. 武汉市东湖新技术开发区明楚王墓文物管理所）

内容摘要：本文就武汉东湖新技术开发区龙泉山明代九王陵，按时间顺序浅述八代九王陵，并就各自的陵园特征作一系统的梳理介绍，为研究明代藩王陵园发展史提供翔实的材料。

关 键 词：明藩　武汉　龙泉山　明代九王陵

龙泉山明楚王墓于 2001 年 6 月 25 日被国务院公布为第五批全国重点文物保护单位，其位于武汉市东湖新技术开发区（原隶属江夏区）龙泉街道龙泉山的一葫芦形小盆地内。小盆地由北侧天马峰、南侧玉屏峰两条山系蜿蜒相环，两山之间有珠山相间，有"二龙戏珠"之称，总面积近 7.6 平方千米。龙泉山西距武汉城区约 21 千米，东、北、南三面环水，濒临梁子湖，具体位置在东经 114°01′～114°35′、北纬 29°58′～30°32′ 之间。明洪武三年（1370），明太祖朱元璋封第六子为楚王，洪武十四年（1381）楚王（昭王朱桢）就藩于武昌，并将龙泉山开辟为楚藩陵寝，至崇祯十七年（1644）明代灭亡，楚藩在武昌府生活了 264 年，几乎贯穿了整个明代历史。其在这里相继修建了昭、庄、宪、康、靖、端、愍、恭、贺（贞）八代共九座王陵陵园，形成了一组庞大的藩王墓群（图一）。

楚藩各陵园均由城垣、门楼（外门）、神道、金水桥（目前仅见于昭园、愍园）、祾恩门（中门）、祾恩殿（享殿）、神帛炉、东西配殿、值守班房以及内红门、拜台等地面建筑组成。各陵园主体建筑布局相同，仅昭园、愍园地表建筑基址保存相对较完整外，其余七座陵园建筑基址破坏严重，特别是宪王、恭王的地宫及其地表建筑已于 20 世纪 60 年代遭毁，破坏得十分严重。各陵园占地面积亦有大小之别，其中以昭王陵园最大，面积为 11 万平方米，约合 181 明营造亩；第六代（第七位）楚王朱显榕的愍园，面积为 4.5 万平方米，约合 74 明营造亩。此外昭园、庄园、端园立有的碑亭尚存，愍园经过考古钻探，确定了碑亭基址尚存，余下几座陵园暂未发现有碑亭遗迹。下面就龙泉山明楚王墓八代九王陵园保存现状分别介绍如下。

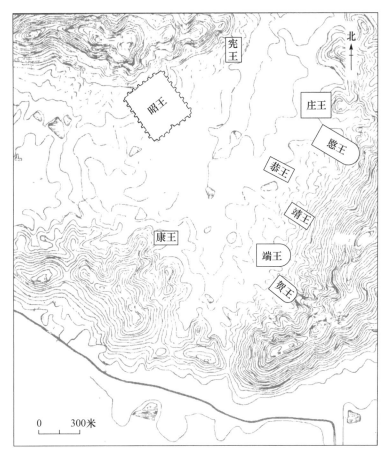

图一　明楚王墓分布示意图

一、昭　　园

昭园系楚藩始封王朱桢的陵园（图二）。朱桢为朱元璋第六子，洪武三年（1370）被封为楚王，洪武十四年（1381）就藩于武昌，永乐二十二年（1424）卒。其陵园规模是龙泉山明楚王墓中最大的一座，坐落于龙泉山主峰天马峰南坡，坐北朝南，方向147°。整座陵园北边高、南边低，依山就势修筑而成。

昭园分内、外两重城垣，平面呈"回"字形（图三）。城垣全用大青灰砖砌建，其中外城垣南北长353.5、东西宽321.4米，墙体全用石块奠基，现保存最高达3.3、墙厚0.9米。在外城垣南、北两侧的墙基均建有半月形的券拱泄水孔；内城垣位于园内中部后段，平面呈正方形，南北长及东西宽均为67米。1984年对内城垣进行了修复，现有墙高2.7、厚0.4米。园内地下建有排水暗沟。

昭园整体布局规整合理，沿中轴线由南向北依次建有正门楼（外门）（图四），其进深10.5、宽27.4米，总面积288.7米，呈并列的三券洞式门。正门楼（外门）前后

图二　昭园保存现状

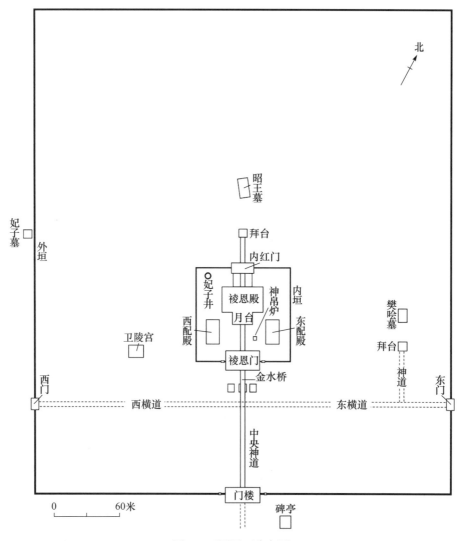

图三　昭园平面分布图

分设外、内神道，外神道向南延伸近 100 米直通大观桥，内神道（用一米见方的汉白玉石块铺砌而成，宽近 6、长 70 余米）北进至金水桥（图六）。金水桥有三座，为单孔券顶式石拱桥，其中中间桥最大，东、西两侧桥稍小，全用大青条石修建，桥的栏板石、望柱石用汉白玉大理石建造，上面刻有蟠龙纹、云纹，通高 1.45 米。中间桥长 12、宽 4.2、拱高 2.8、跨度 2.3 米；东、西两侧桥长 12、宽 2.2、拱高 2.7、跨度 2.3 米。是进内城垣的连接通道，过桥便进入祾恩门（中门）（图五），此也为内城垣正门，祾恩门（中门）现残存原建筑基，四周的墙基、墙角的赑屃及殿内的门槛石，门前台阶石、柱础石均尚存，进深 14、宽 26 米，建筑面积约 365 平方米。再向北约 15 米是祾恩殿（享殿）月台（图七），月台（总面积 135 平方米）北是祾恩殿（享殿），此殿是昭园中最大的一处建筑，建于洪武十四年（1381），毁于崇祯十七年（1644）。因殿基址完好，1988 年对其进行了恢复重建。享殿进深 19、宽 32 米，现总建筑面积为 608 平方米，面阔五间，进深三间，九檩二环柱列梁架结构，单檐歇山式顶，绿色琉璃瓦屋面，檐下置放单翘单昂五踩斗拱。其殿四周有四廊，廊边有栏板及望柱，均用汉白玉大理石建造，并且在栏板石下等距离砌有小龙头（螭吻），可出水，殿基四角镶嵌有大理石质的赑屃，十分精美，在其殿的东、西两侧各有一配殿，属祭祀性建筑，修复于 1988 年。配殿均进深 10.5、宽 17 米，建筑总面积各达 178.5 平方米，面阔三间，五

图四　昭园外门现状

图五　昭园中门及享殿现状

图六　昭园金水桥现状

花山墙，七檩前廊悬山顶式，檐下置放一斗二升交麻叶斗拱，保持了明代建筑风格。另在东、西配殿的南边各建有一班房，面积约 15 平方米；其中东配殿西边有一座神帛炉（图八），是祭祀活动期间于焚化金银帛和祭文的炉子，建筑面积 6.25 平方米。

图七　昭园享殿及月台现状　　　　　　　　图八　昭园神帛炉现状

由祾恩殿（享殿）再向北穿过棂星门（内红门），依次为祭拜的拜台和埋葬朱桢的地宫（坟冢），其中拜台用青条石铺砌，置有石五供。

昭王地宫于 1990 年 12 月 5 日至 1991 年 1 月 10 日由湖北省文物考古研究所（现为湖北省文物考古研究院）主持发掘，武汉市博物馆和武昌县博物馆（现为江夏区博物馆）协助配合完成。朱桢墓也是明楚王墓中唯一一处经考古发掘的亲王墓葬，其占地面积约 912 平方米，形制为长方形砖室墓，券顶，墓室东、西、北三面各设有一龛室。主室南北长 13.84、东西宽 5.78、高 4.78 米。墓室外壁先裹一层三合土层，即用糯米浆搅拌沙、土、石灰而合成，厚 0.5~0.6 米；再外一层为木炭层，封闭严密，木炭层厚 0.12~0.13 米。三合土层、木炭层具有防盗、防潮的功能；木炭层之上为封土层，厚 1.8~4 米，系黄红色黏土，土质较硬，堆土中含有大量不规则的砂岩石块，同样具有防盗的作用。

昭王墓清理随葬品共 318 件，有石圹志、金器、铅锡器、铜器、铁器、漆木器、瓷器、冠带佩饰、册宝牌旌、丝绸果品等。尤其是石圹志对朱桢的下葬年代有明确记载即永乐二十二年（1424）。在昭王墓冢西侧 40 米处还有一座墓，经考古钻探，依据明制，推测墓主应为昭王元妃王氏。另在昭园外的东、西两侧分布有五座明墓，其中东面三座已于 20 世纪 60 年代被毁。西边两座被破坏后，文物部门于 1982 年做过清理发掘，其中一座可能是昭王第五位夫人程氏墓。

此外，在正门楼（外门）左、右两侧各设有一角门，外城垣东、西两侧靠南各开有一侧门，正门（中门）两侧各有一披门。金水桥西边不远建有一个卫陵宫，为后期复建。正门楼（外门）外东南侧建有一座碑亭（图九），赑屃与碑保存较好，占地面积 84 平方米，碑亭于 1990 年重修。

图九　昭园碑亭现状

二、庄　　园

　　庄园系楚藩第二代王朱孟烷的陵园，其为昭王朱桢长子，建文二年（1400）袭封王爵，正统四年（1439）薨，享年 58 岁。庄园位于玉屏峰西北坡山脚下，坐东朝西，东面高，西边低，依山势而砌筑，与昭王陵园遥相对应（图一〇）。

图一〇　庄园保存现状（2009 年）

　　陵园布局与昭园大体相似，分内外两重城垣，平面呈"回"字形状（图一一），陵园南北长 194、东西宽 158 米，占地面积达 3 万平方米。由于该陵园遭破坏严重，陵园墙基石、砖已毁，但可发现断续的基槽沟痕，其地上建筑不复存在，但正门楼（外门）的基石尚存。

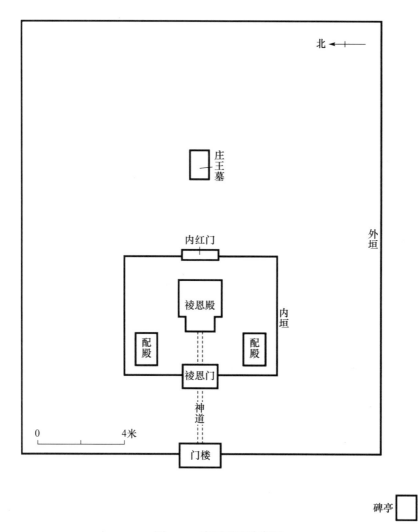

图一一　庄园平面分布图

　　庄园整体布局合理规整，是严格在明代关于亲王陵园制度规定下修建的产物。下面按庄园中轴线，由西向东依次对保存下来的建筑遗迹逐个简述介绍。

　　正门楼（外门）仅存三孔门的基础石，占地面积 172.2 平方米，系用汉白玉大理石砌筑。南、北两边的陵园残墙用青灰砖砌建，正门楼（外门）内、外相连神道均已毁。东进便是祾恩门（中门）残基，进深 11、宽 15 米，占地面积 165 平方米，其基址发现有柱础石、铺设地面用的青灰色方形砖（也叫金砖）以及墙基石等建筑材料。祾恩门

（中门）前没有金水桥。过了祾恩门（中门）向里进便是月台，月台的后面紧临残基尚存的祾恩殿（享殿）。月台进深6、宽12米；祾恩殿（享殿）进深18、宽17米。同样在此残基上，发现有铺地砖、墙基石、青石料、柱础石等建材。在祾恩殿（享殿）的南、北两边同样有配殿基址，进深9、宽14米，占地面积达126平方米；其内城垣墙基断续相连，破坏十分严重。

由祾恩殿（享殿）过棂星门（内红门），便是庄王和其王妃的坟寝，坟前的拜台仅存残基，破坏严重。拜台后不远处，分别是庄王和庄王妃邓氏的地宫，两者呈南北向分布。其中庄王地宫20世纪60年代遭到当地村民取砖做队屋被破坏，仅残存墓室后段券顶及砖墙。从现残存的地宫看，其与昭王地宫结构大体相同，只是规模不及后者。庄王墓冢封土堆长22、宽18米，占地面积约396平方米。

另外，在正门楼（外门）外南侧不远处建有一座碑亭（图一二）。其亭除顶坍塌外，其四面用大青灰砖砌建的墙体均保存较好，亭门朝西，单券洞形拱门，亭内的赑屃背上竖立着一长方形石碑，碑文较清晰，碑正面上方刻有龙纹、祥云图案。此亭是整个明楚王墓群中三个碑亭中保存下来最好的一处，对修复其他的碑亭，保持明藩王陵碑亭的建筑风格，有很好的借鉴作用。还需交代一下的是，在此亭的墙砖上发现一些砖侧面阳刻"官"字（图一三），应是由楚王府专

图一二 庄园碑亭现状

置窑场烧制而成。在江夏豹澥（现属东湖高新区）新光村万家咀西南的梁子湖边、大桥西潭汤逊湖边、法泗斧山村金水河边、土地堂的新屋张梁子湖边均发现有烧制大青灰砖的馒头窑，并带有"官"字铭文，其窑址的年代均为明代。说明楚王墓群八代九王陵园的用砖，均由本地砖窑烧制。

图一三 庄园碑亭墙砖上的"官"字

庄王陵园虽未作过发掘，但武汉市文物考古研究所于1997年3月对陵园进行了测绘，同时对园内的杂树、杂草、杂物进行清

理，也对基础建筑做了规整。到目前为止，该陵园各建筑基址已按原样得到全面修复，配立了陵园的简介牌、保护标志等。20世纪80年代修建的一条从陵园内通过的公路也在2020年园区改道工程中做了调整。新修的道路从陵园外通过，确保了陵园完整的保存现状。

三、宪　　园

宪园系楚藩第三代王朱季埱的陵园，其为庄王庶长子，宣德二年（1427）袭封王爵，正统八年（1443）卒，在位16年，享年39岁。宪园位于天马峰南坡向东延伸的山脚下，与西边的昭园东墙相距约100米，坐北朝南，北面高、南边低，依山势而修建，近南北走向。

陵园整体布局与昭园及其他几个陵园的结构大体相近，只是面积有大小之别，内、外两重城垣，平面呈"回"字形状，外陵园南北长154、东西宽153米，西北角外墙为弧形，可能与此地形现状有关，占地总面积约2.3万平方米。"文革"时期，在此地修水渠以及开荒种地，使得陵园遭到严重破坏，仅有东、西配殿的基址残存下来，配殿进深9、宽15米。余下碑亭、门楼（外门）、神道、祾恩门（中门）、内垣、月台、祾恩殿（享殿）、墓冢（仅存墓坑）等结构均已遭毁，破坏十分严重。据当地村民讲：当年取墓室砖时有青花瓷器出土并流失损毁。同样，宪王坟冢西边的王妃傅氏墓（图一四），也难以幸免，遭到彻底破坏。

图一四　宪园封土堆现状

四、康　　园

康园系楚藩第三代第四位王朱季埥的陵园，其为庄王庶二子，宪王弟，正统九年（1444）袭封王爵，天顺六年（1462）卒，在位18年，享年38岁。陵园位于天马峰南边，与其对峙的龙帐峰东北坡山脚下，和位于北边天马峰南坡的昭园遥相呼应。整座陵园坐西南朝东北，依山势而修建，呈南高北低，近东西走向。

康园地面建筑布局从调查情况得知，与其他几座明楚王陵园的结构大体相同。调查发现其占地面积较小，应是八代九王陵园中面积最小的一个。陵园东西长110、南北宽78、墙体宽0.5米，高度不明，占地面积0.85万平方米。陵园外城垣呈"口"字形，由于调查暂未发现内城垣，无法确定其具体形状。陵园东边因开荒种地，损毁严重，正门楼（外门）、碑亭、神道、祾恩门（中门）等建筑结构不明，仅发现四个柱础石墩。由东向西还依次发现月台、祾恩殿（享殿）残存的基址。月台进深 9、宽 14.8 米；祾恩殿（享殿）进深 14、宽 17 米。棂星门（内红门）、拜台均已毁。后面的康王冢尚存，封土堆长 10、宽 8、高达 3.5 米；在康王冢（图一五）的南边紧相邻有两个封土堆，依次渐小，分别长 9.4 米和 8 米，宽 6 米和 5 米，高均在 2.5 米。

另外，在此陵园的东坡脚下发现大量毁坏了的琉璃筒瓦片、瓦当（图一六）、青灰残砖，并且部分瓦当上饰有龙纹图案，十分精美。

图一五　康园封土堆现状

图一六　康园中采集的建筑材料滴水

五、靖　园

靖园系楚藩第四代第五位王朱均𨧨的陵园，其为宪王三弟朱季堄的长子，成化元年（1465）袭封王爵，成化五年（1469）卒，在位 4 年，享年 64 岁。陵园（图一七）位于玉屏峰西北坡山脚下，南边不远是端园，西边则是恭园，北边与愍园相近，陵园内、外杂树杂草灌木丛生。整座陵园坐东朝西，依山势而建，呈东高西低，方向北偏西 42°。

靖园整体布局与其他几座陵园结构大体相同，面积不大，陵园平面呈"回"字形（图一八）。陵园南北宽 78、东西长 164 米，占地面积达 1.3 万平方米。从实地调查的情况看，地面建筑几乎完全损坏，仅

图一七　靖园现状

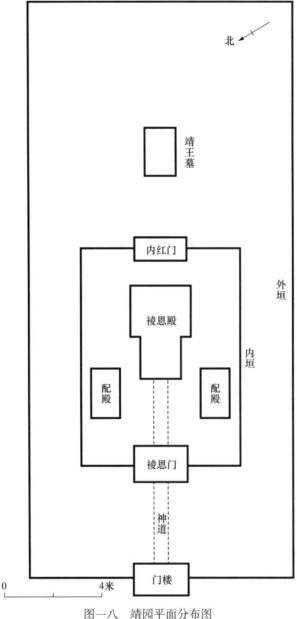

图一八　靖园平面分布图

存断续的各种建筑残基。下面由西向东沿陵园中轴线依次对保存下来的建筑遗迹逐一简述。先是正门楼（外门）为三孔门，其基础石尚存，系汉白玉大理石的材质。正门楼（外门）进深9.8、宽17米，占地面积约166.6平方米。因一条现代村公路由南向北从此穿过，并将正门楼（外门）与陵园内隔开，进门的内、外神道已毁；东进便是祾恩门（中门）残台基，进深9.8、宽15.3米，建筑面积149.9平方米；祾恩门（中门）与祾恩殿（享殿）之间有一空场地，相隔约17米，并在其两侧有左、右配殿，配殿进深 9、宽 15 米，建筑面积 135 平方米，台基尚存；再向东便进入月台至祾恩殿（享殿），月台、祾恩殿（享殿）墙基均用青条石砌建，地面用正方形青灰砖铺设，墙体均已毁掉。月台进深 12、宽 12.7 米，建筑总面积 152.4 平方米；祾恩殿（享殿）基址进深 14.9、宽 18 米，建筑总面积 268.2 平方米；过棂星门（内红门）到拜台，仅看到用砖砌的残痕，相关建筑大小不明；过拜台不远便是靖王墓冢与王妃周氏墓冢，两者占地面积达 300 平方米，其中靖王墓冢封土堆高达约 7 米。在封土堆的四周全用山上的不规则卵石垒砌，达到防止封土的流失以及起到防盗的作用。

从整个明楚藩八代九王陵园保存现状看，靖园现存的残基遗存是相对较好的，它仅次于昭园、愍园。先后于 1990 年 10 月及 2022 年对其做过清理规整，清理陵园内的杂树杂草，规整了建筑基址，也将一条贯穿陵园的村公路向西移出了陵园，恢复了陵园的原状。同时用植被勾勒出陵园的建筑平面，成为供游客参观的遗址公园。

另外，在调查中发现其西坡地带有大量被破坏掉的原建筑材料，如大青砖残块、残断的青条石、饰有布纹的灰瓦片及饰绿琉璃的筒瓦、瓦当等（图一九），瓦当上饰有的龙纹图案，相对规整。

图一九　靖园中采集的建筑材料

六、端　园

端园系楚藩第五代第六位王朱荣滅的陵园，其为靖王长子，正德七年（1512）袭封王爵，嘉靖十三年（1534）卒，在位 22 年，享年 56 岁。陵园（图二〇）位于玉屏峰与笔架峰相间的西山坡脚下，北与靖园相隔约 200 米，南与贺园相距约 100 米，与西边的康园遥对相望，间隔约 600 米。陵园坐东朝西，依山势而砌建，呈东高西低，近东西走向，方向为北偏西 84°。

端园建筑布局与其他几座明楚王墓陵园结构大体相同，因 20 世纪 70 年代在其北部建有村林场的宿舍民房，故对陵园破坏十分严重。陵园内的建筑基址残痕依稀可辨，特别外城垣围墙的基槽

图二〇　端园现状

十分明晰。其陵园东面即外城垣后端呈圆弧状,与前述五座陵园的城垣后端呈方形不同,但与后面的愍王、恭王、贺王陵园的外城垣后端一致。由此看来,从此时期开始,修陵园者已发现高处城垣呈外弧有利防止山体滑坡,减少山水冲击造成墙体的倒塌,也符合力学原理,所以后几座陵园是在前几座陵园的基础上得到经验的积累而做了改进。端园东西长195、南北宽120米,占地面积达到2.34万平方米。从正门楼(外门)沿中轴线向东依次为正门楼(外门)的三孔门洞墙基残存,进深9.8、宽17.2米;内、外神道被破坏。向东进发现有祾恩门(中门)基址残存,另有三个柱础石保存下来,祾恩门(中门)进深11、宽15米,建筑面积达165平方米;祾恩门(中门)到祾恩殿(享殿)之间有一相隔约16米的空场地,在其左、右两侧各有一配殿,均进深9、宽15.8米,建筑面积达142平方米。再向东,便是残存的月台基址,其长、宽各12米,建筑面积144平方米;过月台就是祾恩殿(享殿),仅残存少许基址,进深14.8、宽17.5米,总面积达259平方米;其内城垣及拜台均已被毁掉;再向东进便是端王墓冢与王妃姚氏墓冢,封土占地达336平方米(长21、宽16米),高4米余。墓冢距外城垣后围墙71米。另外,陵园正门楼(外门)南侧不远处有一碑亭(图二一),赑屃、碑均保存完好,用花岗岩青石料制成,但尺寸均较小,不如昭园、庄园碑亭规模。现存碑亭的四墙及亭顶是1993年在原基础上修复而成,亭呈正方形,长、宽各8.8米,券门宽3.3米。

图二一 端园碑亭现状

此外,在早期调查中,发现有大量的建筑残料堆积在陵园废墟上,如大灰砖残块、卵石、青条石、柱础石、绿色的琉璃瓦当、筒瓦片,个别瓦当饰有较清晰的龙纹。此陵园未作清理,仅1992年做过测绘工作。

七、愍 园

愍园系楚藩第六代第七位王朱显榕的陵园,其为端王庶长子,嘉靖十五年(1536)袭封王爵,嘉靖二十四年(1545)被其子朱英燿所弑,在位9年,享年32岁。陵园(图二二)位于玉屏峰北部的西坡山脚下,北与庄园相距不到50米,西南部与恭园相距约200米,西北遥望天马峰下的昭园。陵园坐东南朝西北,依山势而建,呈东南高西北低状，方向北偏西 60°。

　　愍园是楚藩八代九王陵园中面积规模仅次于昭王陵园的一座，其现存的陵园建筑基址也保存较好，仅次于昭园。陵园整体布局大体与昭园相似，分内、外两重城垣，只是外城垣后端即东南高处的城垣呈圆弧形状，而非方形（图二三）。其外城垣南北长 260、东西宽 138 米，后墙弧长 188 米，占地面积达 3.6 万平方米。陵园内建筑基址虽遭到不

图二二　愍园现状

同程度的破坏，但仍清晰可辨。下面从正门楼（外门）沿陵园中轴线由西向东逐个简述。正门楼（外门）（图二四）为三孔门，门楼基座、门槛石以及四周的铺地石尚存。另外三孔门所对应的内、外神道台阶均在，以及相连接的南、北垣墙残基尚存，垣墙用的是大青灰砖（长约 47、宽 22、厚 16 厘米）垒砌。正门楼（外门）进深 11.7、宽 26 米，建筑总面积 304.2 平方米。从门楼到祾恩门（中门）之间神道用砖铺垫，但局部已残损，神道长约 50 米。向东进便是祾恩门（中门），基址尚存，保存相对较好。在其四周有坍塌废弃的石构件、砖块、琉璃瓦片较多，四角的大龙头（螭吻）也倾倒在地，基址上还有几个残存莲花纹的柱础石及正方形的大青灰色铺地砖。祾恩门（中门）进深 11.6、宽 23.1 米，建筑面积约 304.2 平方米。过祾恩门（中门）再东进便是一个空间活动场地，与后面的月台相距约 19 米；月台后面与祾恩殿（享殿）相邻，月台基址残存，四周的基墙全用大青条石砌筑，地面残留有用正方形大青灰色的砖铺垫，月台西边前三个台阶残存，用青条石砌建，月台进深 9.4、宽 16.5 米，建筑总面积 155 平方米。祾恩殿（享殿）基址台地相对保存较完好，基址全用大青条石修建，四角的大龙头倾倒在地，东部的台基墙上还残存一个小龙头（螭吻），四周这样的小龙头大多已损坏；在祾恩门（中门）与祾恩殿（享殿）之间左右两边不远建有配殿，仅存残墙基址，同样以长方形大青灰砖修建，墙基四周的台地全用青条石砌建，配殿内地面还残存有柱础石、灰陶铺地砖等遗物，左、右配殿进深 9、宽 18.7 米，建筑面积达 168.3 平方米。过棂星门（内红门）就是拜台，拜台基础尚存，用青条石砌建，错落有致。过拜台不远便是愍王墓冢与王妃吴氏墓冢，从现存情况来看，愍王墓冢早期已遭到破坏，其右边的王妃墓冢保存稍好。同样发现墓冢的封土中掺杂有大量不规则的砾石块，具有防止封土流失和防盗作用。

　　陵园于 2010 年由市考古所对其基址进行清理规整；1997 年开展测绘工作；2022～2023 年对该园再次全面清理发掘，规范修复了整个陵园基址，并且对正门楼（外门）外西边相距约 70 米的荷花池进行了考古发掘工作。荷花池近半圆形，四壁用不规则

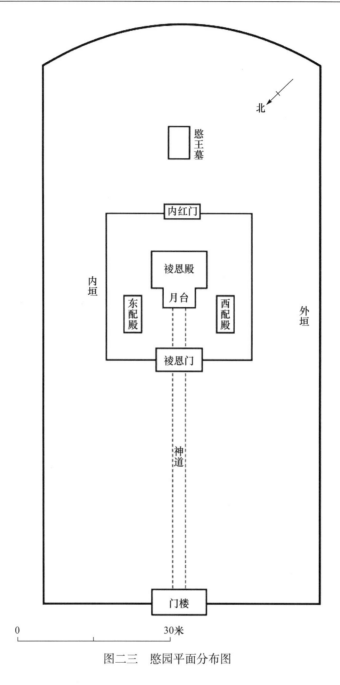

图二三　憨园平面分布图

砾石修建（就地取材的石块），占地面积约 2000 平方米。现荷花池至外门的神道已修复。

同样该陵园也用植被勾勒出陵园的建筑平面，成为供游客参观的遗址公园。

图二四　愍园外门清理后的保存现状

八、恭　园

恭园系楚藩第七代第九位王朱英㷿的陵园，其为愍王庶二子，嘉靖三十年（1551）袭封王爵，隆庆六年（1572）卒，在位21年，享年45岁。陵园位于玉屏峰西北坡脚下，北边不远是愍园，南边则是靖园。陵园（图二五）于20世纪60年代遭当地损毁严重，地面建筑材料几乎全被取走，仅存少许基址，陵园内杂草丛生。整座陵园坐东朝西，依山势而建，呈东南高西北低状，方向北偏西48°。

图二五　恭园现状

恭园整体布局与其他几座王陵园的结构大体相近，实地调查发现也是如此。陵园为内、外两重城垣，与愍园形制一样，外城垣后端即东南高处的城垣呈圆弧状。其外城垣南北长 90、东西宽 139 米，总面积达 1.25 万平方米。因"文革"时期破四旧，陵园破坏相当严重，仅残存建筑基址、墓冢坑及大量青灰砖残块、灰陶瓦片以及少量的琉璃瓦片、石构件等。下面从正门楼（外门）由西向东依次介绍，正门楼（外门）仅残存废弃建筑基址堆积，结构不明，进深约 10.5、宽 16.3 米，内、外神道已完全破坏掉；后进到祾恩门（中门），基址犹存，墙基址可辨，砖及石块均已取走，仅在基址的东北边发现残留的几块墙基石，进深 9.3、宽 13 米；祾恩门（中门）左、右两侧的小班房基址还在，进深达 6.5、宽 4.6 米；另外左、右配殿基础可辨，进深约 8.3、宽 12 米。从祾恩门（中门）到后面的月台相距 8.5 米，月台同样也仅存残基，大量的废弃建筑材料堆积其上，地面还残留几大青灰色方块石板，月台进深约 6、宽 10.5 米。后进是祾恩殿（享殿），基址尚存，台基上残留大量的碎灰砖渣、瓦片及少许的残石块，未发现大、小龙头（螭兽）的雕刻物保留下来，此殿进深达 13、宽 17.1 米；祾恩殿（享殿）与内城垣的棂星门（内红门）相距约 5 米，门基址尚存，进深 5.5、宽 14 米；再向后便是恭王墓冢与王妃高氏墓冢，墓冢前方未发现拜台，有可能是被完全破坏掉。两墓的墓砖几乎完全被取走，仅存破坏时遗留下的碎砖渣。恭王墓冢封土堆长约 17、宽 15.6、高 3 米；王妃高氏墓冢封土堆长 14、宽 8.2、高 2.5 米。

恭园到目前为止，未做过清理发掘工作，仅 1997 年 3 月由武汉市文物考古研究所负责对此陵园作过测绘工作。龙泉明楚王墓文物管理所下一步计划清理该陵园，与其他几座陵园同步打造成遗址公园。

九、贺（贞）园

贺园系楚藩第八代第九位王朱华奎的陵园，其为恭王长子，万历八年（1580）袭封王爵，崇祯十六年（1643）被害，终年 87 岁，在位 71 年，是楚藩八代九王中在位最久且岁数最长的一位楚王，也是明代楚藩最后一位王。公元 1643 年 5 月 30 日，张献忠攻克武昌城，活捉贺王朱华奎，问其王府事由，当时贺王年岁已高，闭目而搪之，激怒张献忠，令随从用竹兜投入江中而卒，是一位忠于朝廷，宁死不屈的一位明楚王，所以明史记载他为"贞王"。

陵园位于玉屏峰偏南的笔架峰北坡山脚下，坐南向北，依山势而建，呈南高北低状，方向为北偏西 10°。与其东面的端园相距约 100 米，是玉屏峰西南边的最外的一座王陵。

贺园同样是内、外两重城垣，与端园、恭园、愍园形制一样，外城垣的后端墙呈圆弧形状。外城垣南北长 132、东西宽 118.8 米，后围墙弧长 143 米，陵园占地面积 1.56 万平方米。"文革"时期，破坏十分严重，地上的建筑几乎夷为平地，仅存残断的基址依稀可辨，废弃建筑材料如灰砖、陶瓦残片遍地皆是。下面由北向南从正门楼

（外门）残址开始进行介绍。正门楼（外门）仅存基址，进深约 5.7、宽 13.7 米，建筑面积 78 平方米，内、外神道均已损毁。步入祾恩门（中门），也是残台基址仅尚存沟槽，进深约 11、宽约 14 米，建筑面积 154 平方米；左、右配殿基址犹存，进深 13.2、宽 7.2 米，建筑面积 95 平方米；月台基址也尚存，进深 6、宽 12.9 米，建筑面积 77.4 平方米；过月台到祾恩殿（享殿）基址尚存，台基上也留存一些废弃建筑材料堆积如砖渣、瓦片等，进深 13、宽 17 米，建筑面积 221 平方米；从祾恩殿（享殿）过内城垣的棂星门（内红门），门基础尚存，进入后面的拜台，拜台仅可辨其台基址；再向后为两墓冢，即贺王墓冢与王妃墓冢（图二六），两者左、右相对应，墓冢堆较小，直径均约 10 米，封土堆高 2.5～3 米。两墓虽未被损毁，但在各墓前都有一个盗洞，推测早年已被盗。

图二六　贺园封土堆现状

贺园虽是明朝最后一座楚王陵园，但陵园结构布局也基本与其他八座楚王陵园结构布局相当，仅是贺王墓冢、王妃墓冢较小而已，也从侧面反映出明朝晚期经济衰落，财力不足的困境，也体现一个朝代的终结。

贺王陵园现为遗址公园，面向公众开放。

综上所述对楚藩八代九王陵园的浅述概括，不难发现龙泉山明代楚王陵区，八代九王从明初至明末，贯穿整个明代始终，形成一个完整的明代藩王葬制。我们从中既可看到明代丧葬祖制的特点，又可看到明中期以后皇陵对这里的影响，但更多的是看到了明楚王陵园自成一体的建筑风格和布局规整。也从侧面窥见当年修建陵园的规模，以及能工巧匠的技艺和明王朝财力集中的体现。我们或许也可从明楚王陵园来探寻和研究不复存在的武昌楚王府，以及楚藩王历史，印证史籍以及弥补文献记载的不足。

特别是 1990 年 12 月至 1991 年 1 月对明楚昭王朱桢（第一代楚王）墓的发掘，使我们得到了一手完整的实物材料，不管是墓葬的结构、形制特征以及墓葬中出土的随葬品，都为我们研究明代藩王的丧葬、政治、经济等制度都具有极其重要价值。余下八王陵寝虽未发掘，大部分已遭不同时期的破坏，但就其各陵园现保存下来建筑基址风格，也基本大体相似，只是陵园占地面积大小不同罢了。纵观整个陵区约 7.6 平方千米，规模庞大，也是明楚王墓群的一大亮点。作为目前保存完整的明代藩王陵区，也为我们研究明代的藩王体制，皇家的丧葬制度，以及明代武汉地方的政治、经济、文化、世俗等，提供了翔实珍贵的实物资料。

明楚王墓群已正式纳入国家考古遗址公园的行列，已成为楚地极具历史特色文化遗址展示公园，保存相对完好的明楚藩王墓葬群及陵园建筑遗址，是一处不可多得的历史文化信息宣传阵地。

浅析明楚王墓

朱晓雷[1] 严 峻[2]

（1.武汉博物馆、武汉市文物交流中心 2.武汉市东湖新技术开发区龙泉街道办事处）

内容摘要： 明楚王墓坐落在人杰地灵的风水宝地，现湖北省武汉市江夏区灵泉山即现在龙泉山。从明朝初期到末期楚王府八代九王全部在此修建茔园（昭、庄、宪、康、靖、端、愍、恭、贺）占地面积约 7.6 平方千米。从茔园的选址到建成完整经历了明朝初期到末期的政治、经济、文化的发展兴盛与衰落。本文浅析了明楚王墓的选址、由来、布局及茔园的特点及成因，从而反映了明朝藩王墓葬与明朝政治、经济、文化的关系。明楚王墓与天寿"明十三陵"是保存最完整的明朝系列墓葬群，他们共同见证了大明王朝的兴衰史，为后人研究明代政治、经济、文化、军事及墓葬文化特点提供了完整的实物佐证。

关 键 词： 明楚王墓 人杰地灵 茔园 碑亭

一、明楚王墓的选址

（一）人杰地灵龙泉山

龙泉山位于湖北省武汉市江夏区即现在的东湖高新区龙泉乡。龙泉山为楚天名山，隋朝以前名为江夏山，唐朝初期改为夹山，取两山夹道而行之义。《武昌县志》载，唐末宰相李磎开基造屋，凿地得泉，形成东西两井，东井显气则晴，西井无气则雨，颇为灵验，故将夹山改为灵泉山，宋后更名为龙泉山，但明清两代仍多沿用"灵泉山"的称谓。

龙泉山由南北两条山脉相环，其地势独特，山环水抱，绿树成荫，环境优美，自西汉至明初起就为士大夫、文人及堪舆学家所看重，成为他们居住或安葬的风水宝地。这里聚居了"八大家"，即：樊、李、沈、张、邹、曾、杜、董诸族。并留下汉朝舞阳侯樊哙、晋代荆州刺史陶侃、唐末宰相李磎、江夏王李道宗、宋知枢密院兼侍讲大学士冯三元、元朝宰相沈如钧、明朝吏部尚书张添佑等人的墓葬。

（二）明楚昭王朱桢定夺龙泉山风水宝地

明楚昭王朱桢为太祖朱元璋第六子。生于元至正二十四年（1364），当他出生时，传来平定武昌的捷报，太祖高兴地说："子长，以楚封之。"①洪武三年（1370），朱桢封为楚王。洪武十四年（1381），朱桢17岁就藩武昌为明第一代楚王。朱桢18岁到32岁之间平叛多地、征讨云南为建立和稳定大明江山立下显著功劳。朱桢就藩湖北后，在黄鹤楼下的王府内，统治武昌诸地长达43年之久。龙泉山位于武汉市东南约20千米处，南北两条山脉，恰似两条巨龙横卧江夏梁子湖之畔，形成了7.6平方千米的幽谷。

朱桢每年都到"龙泉山"避暑，看中了龙泉山这块风水宝地，经卜工师勘定为"五龙捧圣的吉地仙壤"，并镌上"龙泉特结许多年，粉黛三千云外悬……"的诗碑，不久，定其为"仙壤"，辟为"寝山"，强行赶走了"八大家"。楚昭王墓出土的圹志记载，永乐二十二年（1424），昭王"以疾薨"，享年61岁。成祖"赐谥曰昭……葬于国之东南灵泉山之原"。

朱桢死后为昭王，自朱桢起，楚王府八代九王全部在此修建茔园，并设置了陵卫及陵户，看护王陵，使得龙泉山成为山内不许百姓行走，山外不许车马践踏的王府禁地。这里成为昭、庄、宪、康、靖、端、愍、恭、贺九王的陵寝与陵园（图一）。

图一　明楚九藩王陵寝分布示意图

① （清）张廷玉：《明史·列传》卷四《诸王第三·楚王桢》，中华书局，1987年，第3571页。

二、明楚王墓总体布局与茔园建筑特点

（一）明楚王墓总体风水布局

明代皇家陵寝的勘察，以中国传统的"风水学"理论为依据，墓地讲究"上风上水"，在选勘陵址时，刻意追求"龙穴砂水无美不收，形势理气诸吉咸备"的山川形势，以达到"天人合一"的意向。明楚王墓的修建正是这种理念在地方藩王墓中的最佳体现。龙泉山的天马峰和玉屏峰相环，形成葫芦形小盆地，山环水抱、气聚当中形成完整的风水格局，茔园的排列形成拱卫、环抱、朝揖之势，与明十三陵非常相似，为不可多得的风水宝地，且每座茔园又各自独立形成体系，专由风水先生勘察，形成绝佳风水，如端园"位卯面西""规制宏丽，宛然昆仑玄圃也"。

（二）明楚王墓的特点

明楚王墓坐落在天马峰和玉屏峰之间 7.6 平方千米的盆地上，共由昭、庄、宪、康、靖、端、愍、恭、贺九座茔园组成，昭、宪二茔园位于天马峰南麓，庄、愍、恭、靖、端、贺、康七茔园在玉屏峰北麓。茔园的总体布局承袭了明祖陵的形制，皆设有内外城，平面呈回字形；各茔园地面建筑结构大同小异，都有内外茔垣、荷花池、棱恩殿、配殿、石五供、神帛炉、地宫等组成；其中各茔园又有独立的神道，自成一个完整格局，这种布局与天寿山"明十三陵"共用一条神道的特点完全不同，最具代表性以昭园保存最为完整。

明楚王墓的九座茔园的设计排列按照传统观念"尊居其中""长幼有序""上下有别"。九座茔园面向盆地依山而定。第一代楚王昭园墓位于天马峰主峰的中轴线上坐北朝南，位置至尊无上，其余诸王除宪王墓外则按照辈分的高低分别在昭园对面的玉屏峰北麓坐南朝北呈扇形左右排列而来，形成对昭园的朝揖之势。茔园的排列基本为子左孙右。昭园左侧为其子庄王的茔园，右侧为其孙康王的茔园；靖园左侧为其子的端园，右侧为其孙的愍园。形成儿孙陪侍父祖的格局，突出了长者为尊的伦理观念。同时，妃子的墓园基本都建在王墓旁边，表明了他们之间的从属关系。

（三）茔园特点及成因

明楚王墓从其规模、形制，结合明朝的经济发展，可将墓区内各茔园分为三个时期。早期：昭园、庄园和宪园，中期：康园和靖园，晚期：端园、愍园、恭园和贺园。

1. 早期茔园

楚王墓早期茔园规模最大，其中昭园占地面积超过 11 万平方米，最小的宪园面积也超过 2 万平方米；从形制上看基本为方形，其中宪园的长宽之差仅有 1 米；从墓园建筑构成看，除设有园墙、门楼、祾恩门、东西配殿、祾恩殿、墓冢外，昭园和庄园还设有碑亭。

朱元璋登基后，倡行节俭。明初，为了推行薄葬，朝廷对宗室及各级官员的随葬明器使用、规格和制造都进行了统一管理。洪武二十六年（1393）规定"凡功臣故，不建享堂，其坟茔葬具皆令自备"[①]。用以抑制厚葬之风。洪武三十一年（1398），朱元璋去世后，遗诏要求"丧葬仪物，勿用金玉"[②]。此期的昭王墓，规模虽然较大，但对照《明会典》"永乐八年（1410）定亲王坟茔，享堂七间"[③]的要求，昭园祾恩殿却只有五间，且面积远远小于规制。随葬器物基本为明器，封册。谥册均为铜质鎏金，腰带上

图二　楚昭王碑亭

嵌木饰，随葬器物不丰富。这也为明初推行节俭、薄葬提供了有力例证。

还有学者认为从地上陵园规模、享堂、碑碣可以反映出明代亲王葬制的等级，如昭园和庄园所设碑亭应该是明代楚王地位较高的一个明显例证（图二、图三）。而宪园未设碑亭这与当时楚王地位下降有关。由于仁宗登基不到 1 年就去世时，宣宗朱瞻基不在京城，汉王朱高煦觊觎皇位，宣宗在平定汉王之乱后，藩王的势力虽被削弱，但对朝廷的威胁依旧存在，势力强大的楚王就被宣宗的亲信视为一个潜在不安定因素。明宣德五年（1430），平江伯陈瑄派其子向宣宗密奏："湖广，东南大藩，襟带湖江，控引蛮越，实交、广、黔、蜀之会，人民蕃庶，商贾往来，舟车四集。楚府自洪武初立国，有三护卫及仪卫司旗校，俱无调遣。四五十年之间，生齿繁育，粮饷充足，造船以千计，买马以万数，兵强国富，他藩莫及。而卫所之官，多结姻亲，枝连蔓引，小人乘时或有

①　（明）解缙：《太祖高皇帝实录》，中华书局，1985 年，第 231 页。
②　（清）张廷玉：《明史·列传》卷四《诸王第三·楚王桢》，中华书局，1987 年，第 3572 页。
③　（明）申时行：《明会典》卷十七《礼十二》，中华书局，1989 年，第 175 页。

图三　楚庄王碑亭

异图，实难制驭。"① 建议朝廷对楚王采取断然措施，剪除其羽翼。在庄王得知消息后，怕惹祸上身，主动请奏将自己的三护卫军队交出二护卫归朝廷，仅留一护卫自用。发生这事件后，楚王的政治势力明显开始下滑，因此，到宪王时作为地位象征的碑亭被取消了。从上述事例也可以看出，此时的朝廷已将藩王的军事实力严格控制在有效监管范围内。这也为中后期宪王墓没有碑亭提供了很好的例证。

2. 中期茔园

中期茔园规模是最小的，其中康园占地面积仅 8000 多平方米；康园和靖园基本为长方形都未设碑亭。经过仁宗、宣宗两朝，明代的经济状况较前期发达，朝廷对宗藩的经济控制也较宽松，但此时的楚王墓规模更小，其主要原因还应该是宣德后期楚王势力被逐渐削弱所致。

3. 晚期茔园

晚期茔园规模较中期大，但总体呈递减趋势。从形制上看，这四座茔园基本为前端方形，后端圆弧形；从茔园地面建筑构成看，端园设有碑亭（图四），而其后三园均未设立。此期茔园规模变化应与当时中央丧葬制度的变革有密切的关系。《明史》载："世宗葬永陵，其制始侈"②，明太祖推行的薄葬延续至世宗嘉靖帝后被打破。从明帝陵的规模看，皇陵至武宗的康陵规模基本呈递减趋势，但从世宗为其父亲修筑的显陵开始至神宗的定陵规模都较以前有过之而无不及。因此，葬于嘉靖年间的端王、愍王其茔园规模陡增，就是中央丧葬制度变革在地方藩王中的一个重要体现。

---

① （清）张廷玉：《明史·列传》卷四《诸王第四》，中华书局，1987 年，第 3572 页。

② （清）张廷玉：《明史·礼志》中华书局，1987 年，第 1453 页。

图四　楚端王碑亭

　　此期茔园形制变化突出的原因，是由于明世宗嘉靖皇帝朱厚熜为其生父朱祐杬和生母蒋氏的所修合葬墓显陵有关。显陵坐落在湖北省钟祥市松林山，是明世宗生父朱祐杬和生母蒋氏的合葬墓。朱祐杬是明宪宗朱见深的第四子，生于成化十二年（1476），成化二十三年（1487）封为兴王，弘治七年（1494）就藩湖广安陆州（今钟祥市）。正德十四年（1519）薨逝，享年44岁。明武宗赐谥为"献"，在松林山择地，按亲王规制营建茔园，次年四月初三安葬。正德十六年（1521），明武宗朱厚照无嗣驾崩，兴王朱厚熜被迎往北京继任大统，是为明世宗。朱厚熜即帝位后，自立统制体系，追尊生父朱祐杬为"兴献帝"。嘉靖二年（1523）兴献王墓开始相应按照帝陵规制升级改造，次年，正式更名为显陵。显陵面积约50万平方米，平面呈金瓶形状。从嘉靖年间《承天府志》所录的平面图看，基本为前端方形，后端圆形，与实测图相比虽略有出入，但基本形制相同。显陵的这一平面形制对后来的明帝陵产生了较大的影响，其后世宗的永陵、神宗的定陵、思宗的思陵在平面布局上都与显陵相同。显陵的形制对其后的帝陵都产生了深远的影响，地方藩王的茔园形制也深受其影响。明楚王府距明显陵相对较近也都在荆楚腹地，直线距离不足200千米，且在世宗"命修显陵如天寿山七陵之制"后的二年嘉靖八年（1529），楚端王专门"遣官致祭显陵及贺陵庙成"①。因此，从上述事例中可以看出从端园开始，明楚王墓形制都在效仿显陵。

此期端园为何重设碑亭，据《端寝碑》载：正德十六年（1521），嘉靖初继位，"王表贺天子，特书降礼致慰，赐金裸锦帑甚厚"②；同年，"王以迎章圣皇太后劳，复答书赐劳"③；嘉靖元年（1522），"奏议献皇帝徽号，礼荷温旨嘉俞"④；嘉靖三年（1524），端王被世宗"赐复税棵司"⑤。从以上事例可以看出端王与嘉靖帝关系是比较密切的，政治地位也较高，在其死后茔园内设立象征身份与地位的碑亭也就在情理之中了。

三、结　语

明楚王墓从昭王墓到贺王墓时间跨度长，埋葬世系完整，其茔园形制为摸清明代宗室丧葬制度提供了实物资料，为验证史书关于明代亲王地位"下天子一等"的记载提供了实物基础，并勾画出一条明代藩王的发展变化脉络，即"明初的尊威节俭，正统时期的裁削失势，嘉靖时期的奢侈精细，明末的衰亡简约"的粗线轮廓，展现了一部完整的明王朝地方发展史，对研究明代宗藩制度具有十分重要的意义。明楚王墓于2001年被国务院公布为全国重点文物保护单位，2021年获批成为首批湖北省文化遗址公园，2022年获得国家考古遗址公园立项。明楚王墓与明十三陵是目前国内保存最完整的明代的墓葬，它们亲身见历了明朝兴衰史，它们的存在为后人更好地从政治、经济、军事、文化、历史及墓葬研究明史提供了完整的实物佐证！

---

① 李国祥：《明实录类纂·湖北史料卷》，武汉出版社，1991年，第361页。
② 袁家新：《楚天名胜龙泉山》，武汉出版社，1995年，第71页。
③ 袁家新：《楚天名胜龙泉山》，武汉出版社，1995年，第71页。
④ 袁家新：《楚天名胜龙泉山》，武汉出版社，1995年，第71页。
⑤ 袁家新：《楚天名胜龙泉山》，武汉出版社，1995年，第71页。

明代楚愍王茔园F1性质考辨

张 剑 宋 贝 徐欣然

（武汉市文物考古研究所）

内容摘要： 武汉市文物考古研究所于 2019 年度对楚愍王外城墙以外区域进行了首次考古发掘工作，在南墙以外约 30 米首次发现一处建筑基址，编号 F1，当时初步推测其为《大明会典》规制的墙外奉祠建筑。又根据初代楚昭王茔园外设置夫人墓的现象，推测 F1 也可能为楚愍王的一座夫人墓祭祀建筑。2022 年度对 F1 进行了专项考古调查和勘探，根据古文献记载和实际考古工作成果相结合的二重证据法，判断 F1 应是愍王专门为靖王茔园、端王茔园和愍王茔园设置的后土祠。

关 键 词： 明楚愍王 奉祠 夫人墓 后土祠

明楚愍王朱显榕为楚藩第七任楚王，为楚端王朱荣㳦的庶长子，母亲为楚端王夫人。其生于正德元年（1506），正德十一年（1516）初封长乐郡王。"待王与正妃年五十无嫡子，始立庶长子为王世子"[①]，后于正德十六年（1521）改封为楚世子，嘉靖十五年（1536）袭封楚王，嘉靖二十四年（1545）为世子朱英燿所弑，在国十年，春秋四十，谥号"愍"。

楚愍王茔园规模宏大，其占地面积仅次于昭王茔园。坐东南朝西北，方向 295°，平面形状近"回"字形，前方后圆，有内、外两重城墙，外城墙长 311、宽 155 米。内城墙之中分布有享殿、左右配殿、神帛炉等，内外城之间分布有墓冢、金水池、内神道等。经 2019 年度考古发掘工作，在外城墙以外发现有外神道、明塘分布，同时在茔园东南约 30 米处新发现一座房屋建筑基址，编号 F1[②]。F1 建筑时代和房屋朝向与愍王茔园基本一致，初次发掘推测 F1 为愍王奉祠或夫人墓祭祀建筑。2022 年度武汉市文物考古研究所针对 F1 周边进行了专项的考古调查和勘探，结合 F1 分布位置、内部结构、历史背景及古文献分析，F1 应是愍王专门为靖王茔园、端王茔园和愍王茔园设置的后土祠。现将 F1 保存状况和对 F1 各个阶段的认识在本文中进行简述和考辨。

---

① 《明太祖实录》卷二四〇，洪武二十八年八月戊子，"中央研究院"历史语言研究所，1982年，第 3495 页。

② 杨娟、刘永亮：《湖北武汉明楚王墓愍王茔园》，《大众考古》2020 年第 9 期，第 16 页。

一、保 存 状 况

F1 位于愍王茔园南外城墙尾部，距城墙外弧起始部分向南约 30 米（图一、图二），南北向与愍王、王妃墓冢基本呈一条直线，建筑基址主体平面呈正方形，由墙体、房

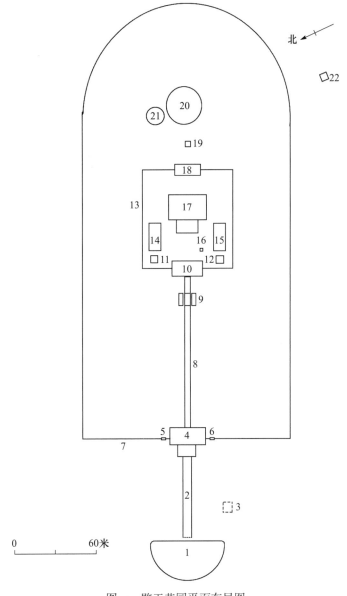

图一　愍王茔园平面布局图

1. 明塘　2. 外神道　3. 碑亭　4. 外门　5. 北角门　6. 南角门　7. 外垣　8. 内神道　9. 金水桥　10. 中门
11. 北值守班房　12. 南值守班房　13. 内垣　14. 北配殿　15. 南配殿　16. 神帛炉　17. 享殿　18. 内红门
19. 拜台　20. 愍王墓封土　21. 王妃墓封土　22. F1 建筑基址

图二　憨王茔园航拍全景

门、散水、祭台、铺地砖等结构组成（图三、图四）。F1 四面墙均为内外两重墙体，房门朝西，西侧墙基中部可见有门槛石，方向 278°，与憨王茔园朝向基本一致。墙外有一圈近方形区域的碎石散水。墙内东侧设置一砖砌祭台，祭台上可见一残碑根部。北、东、南三面残存 1～2 层墙体。

F1 墙体筑于生土之上，未见有墙基槽。北、东、南三面墙基保存尚好，西部墙基损毁严重。外墙边长 4.9 米，残高 0.22 米，以长 42、宽 22、厚 11 厘米的青灰砖错缝平砌。内墙边长 3.9 米，残高 0.26 米，以长 46、宽 13、厚 13 厘米的青灰砖侧边三层错缝平砌。在 F1 西南角墙体内发现一块边长 50、厚 30 厘米的白矾石基，西墙基中部残存有一块门槛石。

建筑四周为散水，散水平面近方形，由东向西渐宽，东北、东南呈圆形拐角。散水面北部残宽 0.4～1.7 米，东部残宽 0.8～1.4 米，南部残宽 1.75 米，西部散水仅存西南一角。散水外部用大石块包边，内部散水面为细小碎石，内部散水面低于外部包边石块约 10 厘米。散水面整体同憨园一致呈东高西低之势，东西落差约 10 厘米。

F1 内部地面用边长 33、厚 8 厘米的正方形青砖单层错缝铺地，共 9 排。在内部紧靠东墙正中处，有一南北长 1.68、东西宽 0.7、残高 0.3 米的祭台。祭台南、北、西均用侧边竖砌的青灰砖包边，砖残长 40、宽 26、厚 14 厘米。砖下部有长 3 厘米的榫头，与侧边砖上的卯槽相榫卯起固定作用。

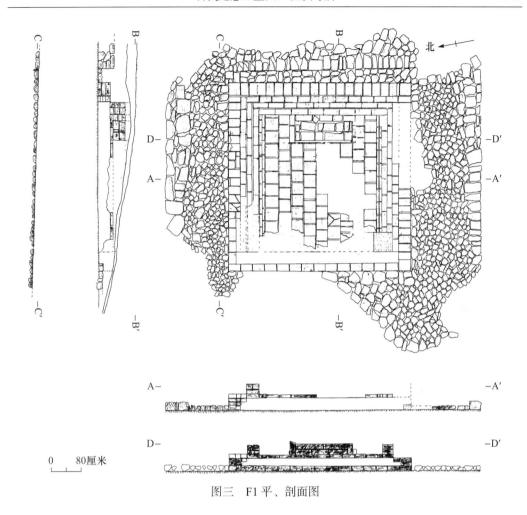

图三　F1 平、剖面图

图四　F1 航拍全景

F1 出土遗物丰富，有草叶文、祥云纹瓦当和滴水、筒瓦、青花瓷片、兽头构件、兽尾构件、单柄陶罐、陶三足器等（图五）。

图五　F1 出土遗物

1. 兽首　2. 兽尾　3. 套兽　4. 瓦当　5. 滴水　6. 青瓷碗　7. 青花碗　8. 脊瓦　9. 官字砖

F1 与愍园相距较近，根据出土器物、建筑用材、砌筑方式等综合判断，其建筑时间应与愍园建造时间相近。再根据其与愍园均为东高西低的分布之势，且与愍园朝向基本一致，推测 F1 与愍王茔园有一定联系。

在愍王茔园外首次发现 F1 后，对 F1 性质的认识分为三个阶段。首先通过查阅文献，根据《大明会典》卷二〇三《工部·王府坟茔》记载的"墙外为奉祠等十二间"，推测 F1 为愍园墙外奉祠建筑；又根据初代楚昭王茔园外设置夫人墓的现象，加之 F1 后墙（东墙）向东约 20 米处发现一处直径约 7 米的近圆形区域高于周围地表约 1.5 米，形似墓葬封土，推测该近圆形区域为愍王某个夫人墓冢，而 F1 可能为楚愍王某座夫人墓的祭祀建筑；随着 2022 年度愍园二次考古工作开展，对 F1 周边进行了专项考古调查和勘探，再结合 F1 分布位置、内部结构、历史背景及古文献分析，最后判断 F1 应为后土祠。

二、奉祠考辨

《大明会典》卷二〇三《工部·王府坟茔》是有明一代对于亲王茔园建制最详尽的规定，明代亲王（藩王）墓的规制始定于洪武年间，其后历代均有损益（表一）。永乐八年（1410），朝廷始正式固定亲王茔园之制："亲王坟茔，享堂七间，广十丈九尺五寸，高二丈九尺，深二丈三尺五寸。中门三间，广四丈五尺八寸，高二丈一尺，深二丈五尺五寸。外门三间，广四丈一尺九寸，高深与中门同。神厨五间，广六丈七尺五寸，高一丈六尺二寸五分，深二丈一尺五寸，神库同。东西厢及宰牲房各三间，广四丈一尺二寸，高深与神厨同。焚帛亭一，方七尺，高一丈一尺，祭品亭一，方八尺，高与焚帛亭同。碑亭一，方二丈一尺，高三丈五尺四寸。周围墙二百九十丈，墙外为奉祠等房十二间"[1]，正统十三年（1448）、成化十三年（1477）、成化十八年（1482）、弘治五年（1492）对亲王茔园房屋间数、占地和造价又进行了规定，但总体上，终明一代各藩王墓基本上是依永乐八年的颁布的规制营建的。

表一　《大明会典》藩王坟茔规制

名称	长 / 米	宽 / 米	高 / 米	间
享堂	35.04	13.92	9.28	7
中门	14.65	8.16	6.72	3
外门	13.4	8.16	6.72	3
神厨	21.6	6.88	5.2	5
神库	21.6	6.88	5.2	5
东西厢	13.18	6.88	5.2	3
宰牲房	13.18	6.88	5.2	3
焚帛亭	2.24	2.24	3.52	1
祭器亭	2.56	2.56	3.52	1
碑亭	6.72	6.72	11.04	1

外城墙周长 928 米，外城墙外有奉祠等房 12 间

　　楚愍王茔园规模仅次于初代楚王昭王茔园，远远大于其他楚藩茔园。根据永乐八年（1410）规制，参照明代建筑营造标尺，王陵外城墙周长应为 928 米[2]。正统十三年（1448）定，亲王坟茔地 50 亩。根据 2019 年度愍王茔园首次考古发掘数据，愍王外城

---

[1]　（明）申时行：《大明会典》卷二〇三《工部·王府坟茔》，中华书局，1989 年，第 423 页。

[2]　故宫博物院明嘉靖牙尺当今 32 厘米，见矩斋：《古尺考》，《文物参考资料》1957 年第 3 期，第 25～28 页。

墙周长约为 864 米，符合相关规制，但其坟茔占地远超规定 50 亩的面积。愍园主体建筑享堂（祾恩殿）较《大明会典》规制相比，开间有所减制，但其享堂面积却超过《大明会典》规制。其他建筑如外门、中门、东西厢等建筑均超过制度规定。而神厨、神库、宰牲房、祭器亭等在愍王茔园未有发现（表二）。据此分析，同未设置神厨、神库、宰牲房、祭器亭等一样，愍园可能根本就未设置奉祠建筑。如若 F1 为奉祠，其周边应还分布多个类似 F1 的单体建筑。

表二　楚愍王茔园规制

名称	长 / 米	宽 / 米	高 / 米	间
享堂（祾恩殿）	28.3	18	残存基址	5
中门（祾恩门）	22.8	12	残存基址	5
外门（祾寝门）	25.7	11.7	残存基址	3
神厨	不明	不明	不明	不明
神库	不明	不明	不明	不明
东西厢	20	10	残存基址	3
宰牲房	不明	不明	不明	不明
焚帛亭	2.05	2.05	残存基址	1
祭器亭	不明	不明	不明	不明
碑亭	不明	不明	不明	不明
班房	5.3	5.3	残存基址	1

外城墙周长约 864 米，外城墙外发现单体建筑 1 间

根据龙泉山明楚藩八代九王茔园的多年考古工作，《大明会典》规制的"墙外为奉祠等房十二间"这一现象在本地区各王茔园均未发现。参考全国明代藩王的考古发掘材料，"奉祠"二字在考古简报和考古报告中鲜有出现，仅在广西靖江悼僖王茔园有发现，其茔园内的南面偏西分布有一建筑遗址，平面大致呈"凸"字形，为三进院落，大致以大门、中门正门、后殿正门为中轴线左右对称有厢房及排水沟。发掘人员根据其位置、布局及功能，推测该建筑为悼僖王茔的奉祠遗址[①]。该奉祠位于城墙之内，与《大明会典》所定规制奉祠位置不符。而愍园 F1 位于愍园南城墙外 30 米，与《大明会典》关于奉祠位于墙外的记录相符，因此在新发现 F1 这一建筑时，考古工作队初步推测其为愍王茔园奉祠。

随着 2022 年度对愍园进行二次考古工作的开展，工作人员针对"墙外为奉祠等房十二间"这一记录进行了专项调查工作。工作人员对愍园北至庄园、南至靖园、东至玉屏峰、西至明塘区域以机载激光雷达的方式进行了调查，同时进行了实地踏查，并

---

① 韦革：《广西桂林靖江王陵考古获重要发现》，《中国文物报》2016 年 3 月 25 日第 8 版。

对 F1 周边进行了考古勘探。经调查和勘探，在愍园周边区域未发现新的建筑基址，愍园外围仅有 F1 这一单体建筑分布。据此确认，F1 不是愍王茔园墙外奉祠建筑。

三、夫人墓考辨

在 2019 年的考古工作中，发现愍王茔园建筑布局与初代昭园有极大的相似性。愍园由外向内依次为明塘、外神道、外城墙、外门、内神道、金水池、中门、月台、享殿、内红门、拜台、王及王妃墓冢，与昭园布局如出一辙。特别是金水池这一设施不见于其他楚王墓茔园，为昭园和愍园所独有。

根据《武昌龙泉山明代楚昭王墓发掘简报》，昭园外的东西两侧共有五座夫人墓。西侧两座已发掘，其中一座为楚昭王第五位夫人程氏墓[①]。笔者对昭园东侧夫人墓做了实地调查工作，发现了两座夫人墓尚存。昭园东部区域地表已被平整，可见一座夫人墓冢封土尚存，墓冢南部墓道口已被挖开，向内可见青砖墓室，墓室内积水严重。在该墓葬东约 10 米处，发现一处疑似拜台遗迹，拜台后似有另外一座墓葬封土，或为东侧第二个夫人墓分布区域，拜台遗迹区域散落有石构件和龙纹瓦当。根据昭园外有夫人墓和拜台分布情况，推测 F1 或为愍园某座夫人墓的拜台类祭祀建筑。

2022 年度武汉市文物考古研究所对 F1 附近区域进行了考古调查工作，在 F1 东约 20 米发现一处近圆形区域，直径约 7 米。该圆形区域高于周围地表约 1.5 米，似墓葬封土，顶部似经过人为修整而削平，其中心向西正对 F1 的东墙中部祭台。种种迹象似表明直径约 7 米的近圆形区域为夫人墓封土，而 F1 为夫人墓的祭祀建筑。

为了进一步明晰 F1 是否为愍园夫人墓祭祀建筑，工作人员对 F1 东部的圆形台地进行了考古勘探。勘探工作以 2 米 ×2 米错列梅花布孔方式进行，勘探结果确认 F1 东部台地为人工奠基形成。圆形台地第 1 层为厚约 5 厘米的地表层，灰褐色，含大量植物根系；第 2 层为灰黄色土，土质致密、板结，含零碎青砖残渣，该层经过人为夯实，厚 1.5～2 米；第 2 层下即为红褐色生土层。台地周边区域经勘探，表土层下即为红褐色生土层。此种现象表明，该圆形台地应是人为垒筑、夯实的一个台基，而不是墓葬封土。

F1 除门槛石、石散水和西南角的石基础外，其建筑用材均为青砖，有内外两重砖墙，房内祭台也以青砖砌筑。而昭园外城墙之外的五座夫人墓，根据发掘和调查的情况来看，封土前均有石拜台的现象，而未见有专门的砖砌建筑。结合现场实际勘探情况与昭园夫人墓分布情况相比对，F1 与其东部的台基确是一处祭祀遗迹，但不是愍王茔园外某夫人墓的祭祀遗迹。

---

① 湖北省文物考古研究所、武汉市文物考古研究所、武汉市江夏区博物馆：《武昌龙泉山明代楚昭王墓发掘简报》，《文物》2003 年第 2 期，第 4～18、转第 2 页。

四、后土祠考辨

前文所述，F1 东约 20 米的近圆形台地是人为垒筑、夯实的一个台基，且该台基中部正对 F1 后墙（东墙）中部的祭台，据此推测该台基与 F1 有一定联系，可能 F1 与该台地整体为一处祭祀遗迹。结合愍王茔园营造时间和当时社会历史环境及相关文献记载，考证 F1 应为愍王茔园外的后土祠，且是愍王在生前营建其茔园之时，专门为其祖靖王茔园、其父端王茔园和愍王茔园整体设置的祭后土之所。

1. 茔园营造时代背景

愍王在位期间为嘉靖朝前中期，嘉靖是一位著名的道教皇帝，其在位期间宠信道士、日事斋醮、炼丹服食、大兴宫观 [1]。嘉靖皇帝重道，使得当时社会风气下到平民、上至藩亲多奉道及崇道，道家思想对当时社会影响深远。在明代楚藩地界，道教也得到了极大的发展。明初楚昭王在九峰山建真武观，对武昌长春观也进行大规模维修和重建，昭王墓内亦放置有道教灵牌符箓 [2]。其后历任楚王均受道教影响颇深。在武当山灵应岩，发现有明楚端王时期楚府内务官员刻字为"楚府承奉郝永山于正德十四年三月初十日至此"。武昌长春观在明世宗年间仙真代出，道友万数，香火辉煌，原观内珍藏全套明版《正统道藏》。楚愍王朱显榕在朝廷奉道的历史背景下，加之其先祖昭王和其父楚端王崇道的影响，其思想理念难免带有浓烈的道教色彩，其墓园择址受道教风水学说影响更甚。

风水学说为道家思想重要支流，东晋郭璞著《葬经》，详述阴宅吉地山川风水之法。阴宅风水学说至嘉靖年间已形成较完备的体系，刊于嘉靖九年（1530）的《大明集礼》集历代堪舆之精华，其对阴宅择地、治棺、治葬、开茔域、祠后土、藏明器、祝文等均有明确记录，对明朝中后期葬仪影响深远。愍园占地风水极佳，以《葬经》《大明集礼》中风水学说来看，愍园背山面水，负阴而抱阳。山水形势取以穴为中心，以少祖山（玉屏峰）为背景，以河流（盆地中央古河）、水池（明塘）为前景，以案山（现已平整）、朝山（天马峰）为对景，以青龙山、白虎山为两翼（玉屏峰支脉）。《灵泉志》载愍园风水布局图，书为"五龙捧圣"之地（图六），可知愍园选其墓址深受道家风水堪舆学说影响。

---

① 喻堰田：《嘉靖崇道研究》，西北师范大学 2010 年硕士学位论文。
② 湖北省文物考古研究所、武汉市文物考古研究所、武汉市江夏区博物馆：《武昌龙泉山明代楚昭王墓发掘简报》，《文物》2003 年第 2 期，第 16 页。

2. 茔园营造社会背景

明世宗为祭礼改制的需要，至嘉靖九年（1530）刊印《大明集礼》，书成之时明世宗亲为序："昨岁礼部请刊布中外，俾人有所之见，乃命内阁发秘藏，令其刊布。兹以讫工，遂使广行宣传，以彰我皇祖一代之制。"[①]

《大明集礼》为明朝第一部礼制全书，此书初修于洪武三年（1370）而未公开刊布。直至嘉靖九年才正式刊印《大明集礼》，适时刊印《大明集礼》应是明世宗为祭礼改制所做的理论准备。正德皇帝病逝后，兴献王朱祐杬之子朱厚熜承祧继承皇位，是为明世宗嘉靖皇帝。嘉靖帝由地方宗藩继承大统，通过大礼议事件，终于将其父"兴献王"朱祐杬改成了"皇考兴献帝"。大礼议事件之后，嘉靖帝对国家祭礼又进行了改制，嘉靖九年随着《大明集礼》刊发，其推行一系列礼制改革以复归古礼、追继太祖的形式出现。嘉靖十七年（1538）九月，明世宗将明太宗朱棣改其庙号为成祖，让同样是世系发生变化的朱棣为自己正名，将以小宗入大宗的事件变得名正言顺，最终实现兴献帝的"称宗入庙"。

嘉靖把《大明集礼》刊布中外，并普赐近侍辅臣及两京各衙门。《大明集礼》由"藏之中秘，见之者鲜"变成朝野遵用的礼制全书，在嘉靖朝及以后的明代社会中发挥着重要影响，渗透到士庶的日常生活[②]。无独有偶，楚藩一脉也经历了以小宗入大宗的事件。初代楚昭王朱桢去世后，由其嫡长子朱孟烷袭封为二任楚庄王；楚庄王去世后，由其庶长子朱季㙻袭封为三任楚宪王；楚宪王去世后，由于其无嗣，由宪王之弟朱季埱晋封为四任楚康王；楚康王去世后，其幼子夭折，由康王之弟东安王朱季塛（庄王第三子）执政府事，后朱季塛也病逝，最终由朱季塛庶长子朱均铊晋封为五任楚靖王；楚靖王去世后，由其嫡长子朱荣减袭封为六任楚端王；楚端王去世后，由其庶长子朱显榕袭封为七任楚愍王。由此可知楚靖王继位为小宗入大宗，后传位其子端王、其孙愍王。同为湖广藩宗，同为小宗入大宗，朱显榕在位期间也遇到嘉靖帝即位之初的种种困境。在楚愍王在任为嘉靖中前期，此时朱显榕与楚王宗室、王府各官和王府随从下人以及其他社会人员等矛盾不断[③]。

嘉靖九年正式刊印的《大明集礼》为兴献帝"称宗入庙"奠定了理论基础，同时对楚藩社会也产生了重要影响，《大明集礼》复归古礼的礼制改革，在楚藩茔园营建过程中也有一定映射。楚昭王到楚康王的茔园为因地制宜而建，未有明确的昭穆次序，而楚靖王、端王、愍王祖孙三代茔园是按昭穆制度营建。楚靖王茔园居中，嘉靖十三年（1534）端王去世后，茔园置于靖王茔园之左，嘉靖二十四年（1545）愍王去世后，

---

① 徐一夔：《大明集礼·序》，哈佛大学哈佛图书馆珍藏影印本，第 1 页。
② 赵克生：《大明集礼的初修与刊布》，《史学史研究》2004 年第 3 期，第 65～69 页。
③ 田宝中：《明代楚藩的经济状况与宗室斗争》，武汉大学 2021 年硕士学位论文。

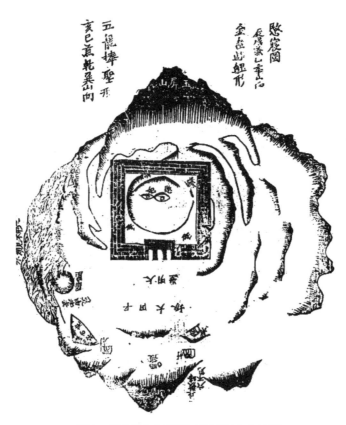

图六 《灵泉志》载憨王茔园风水布局图

茔园置于靖王茔园之右。

3. 后土祠设置与方位

自唐代《大唐开元礼》书成，逐渐形成了自唐代以来相沿成俗的祭后土传统。其后北宋《政和五礼新仪》延续了《大唐开元礼》"祭后土"内容。《大唐开元礼》对"祭后土"内容有明确记载："预于墓左，除地为祭所，柩车到祝吉服，铺后土氏神席……告者吉服……读祝文曰，'维年月朔日，子某官姓名，敢昭告于后土之神。某官封谥，窆兹幽宅，神其保佑，俾无后艰。谨以牺齐粢盛庶品，明荐于后土之神尚飨'……"[1]《大明集礼》在《大唐开元礼》和《政和五礼新仪》的基础上，对治葬做了进一步的完善，其中"择地告祭后土"和"葬"篇有明确规定"祠后土于墓左"[2]，对明代中期以后的治葬丧仪产生了重要影响。

---

① （唐）萧嵩：《大唐开元礼》卷一百三十九《凶礼·祭后土》，民族出版社，2000 年，第 667 页。

② 徐一夔：《大明集礼》卷三十七《凶礼二·择地告祭后土》，哈佛大学哈弗图书馆珍藏影印本，第 25 页。

　　在先祖祭祀之日，后人要先祭拜后土。在阴宅为后土有专设的石碑，上面刻字"后土"或"后土神"或"后土之神"。在道教神话中，后土神的全称是"承天效法厚德光大后土皇地祇"，为道教尊神"四御"之一，掌阴阳生育、大地山河，后来逐渐演变成大众熟知的土地神。后土神位有立在主墓正后方、有按昭穆制来定等多种方式。按昭穆制方式，葬家以后土神为远祖，把第一代祖坟作为后土的长子，葬在后土神位的左前方，即后土神位于主墓的右后方[①]。

　　愍园经考古工作首次在外城墙南部发现F1这一单体建筑，同时楚靖王、端王、愍王茔园按昭穆制度营建，F1恰好位于楚靖王茔园的右后方，其所处地理位置与后土祠按昭穆制来确定位置相吻合。同时该建筑的设置与《大唐开元礼》《政和五礼新仪》《大明集礼》记载"预于墓左，除地为祭所""祠后土于墓左"等记载相对应。以此推知，F1东部的人工垒筑台基经过人为修整而削平，应为举行祭祀后土、祝祷仪节之场所。F1内可见残碑根部，此碑虽遗失不见，亦可推测其为后土之神位碑。F1内出土的三足炉、陶罐等遗物或为举行仪式时祭拜、盥洗之遗物。

五、结　　语

　　本文以愍王茔园考古发掘工作为基础，确认F1朝向与愍园基本一致，其建筑用砖规格与愍园建筑相似，F1发现的"官"字砖也与愍园建筑内发现的"官"字砖相同，据此推测F1应是与愍园同期建造，为愍王专门为靖王茔园、端王茔园和愍王茔园设置的后土祠。有别于愍园瓦当饰五爪龙纹，F1瓦当和滴水多饰祥云纹，陶兽毛发亦做成卷云纹样，带有浓烈道教色彩，这些建筑材料应是为建后土祠专用。结合文献《大明集礼》关于"祠后土"的记载，加之F1所处位置与后土祠按昭穆制设置的方位一致，且有配套的祭祀台基，通过二重证据印证，综合判断F1的性质为后土祠。

　　整个楚藩茔园仅愍园南部发现此一处后土祠，一方面是由于愍园建造历史时期处于嘉靖中前期，愍王朱显榕受道教影响较深，注重风水学说。另一方面则是因为随着《大明集礼》的刊行，设置后土祠此举亦是对嘉靖帝祭礼改制的积极响应。最后加之当时楚藩内部斗争严重，愍王朱显榕按昭穆制营建其茔园并加设后土祠，也是对小宗入大宗的一种正名，是其对楚府控制手段的某种映射。

---

　　①　延光:《阴风来袭——阴宅后土》，2018年，https://mp.weixin.qq.com/s/kxLCLZwYwXblFpRrX99JVQ。

明楚庄王诗赋研究

张 剑[1] 宋 贝[1] 魏 睿[2]

（1. 武汉市文物考古研究所　2. 武当博物馆）

内容摘要： 明朝建立伊始，为外御蒙古、内稳朝政，朱元璋实行了"分封就藩制"，初代藩王享有高度军事、政治自主权，意在利用血缘关系以藩屏国。但随着建文削藩及成祖、仁宗、宣宗、英宗藩禁政策的逐步实施，藩王的政治、军事特权逐渐消失，从此各藩"分封而不锡土，列爵而不临民，食禄而不治事"。明楚庄王朱孟烷（1382～1439）为第二任楚王，其生于洪武十五年（1382），永乐二十二年嗣位（1424），正统四年薨（1439），在国十五年，春秋五十有八。庄王生卒年代经洪武、建文、永乐、洪熙、宣德、正统六朝。其传世诗赋，为研究明代早期藩禁政策、社会政治、军事提供了重要文献资料。

关 键 词： 明代早期　楚藩王　朱孟烷　诗赋

近年来学界对明代楚藩研究成果众多，但多数集中在削藩、藩禁、军政、经济、人口、宗禄、陵寝等方面，对楚藩文学领域研究较少。章旋、邱昌文《浅论明代湖广宗藩的文化成就》、庞敏《明代楚藩形象研究》、葛晓洁《明初藩王诗文研究》、杜晴雯《明前期骚体赋研究》简略提及了楚庄王朱孟烷的文学成就①。

诗赋由心生，心由诗赋养，楚庄王朱孟烷（1382～1439）历经明初六朝，本文拟对朱孟烷创作诗赋所处历史背景、人文背景、文化成就等方面进行研究，分析其文化影响，以期为研究明代早期藩禁政策和楚藩社会政治、军事等方面提供新的切入点。

一、历 史 背 景

明朝建立之初，其外仍有元朝势力威胁北部边境，其内一批骄兵悍将自恃功劳而

---

① 章旋、邱昌文：《浅论明代湖广宗藩的文化成就》，《许昌学院学报》2010 年第 6 期，第 94～97 页。庞敏：《明代楚藩形象研究》，西南大学 2022 年硕士学位论文。葛晓洁：《明初藩王诗文研究》，天津师范大学 2018 年硕士学位论文。杜晴雯：《明前期骚体赋研究》，湖南大学 2019 年硕士学位论文。

渐生跋扈之心。朱元璋总结历代王朝得失，居于建朝伊始国内外复杂的斗争形势，结合其自身治国理念，建立了宗藩制度①。"朕躬率师徒，以靖大难，皇天眷佑，海宇宁谧，然天下之大，必建藩屏，上卫国家，下安生民。今诸子既长，宜各有爵封，分镇诸国。朕非私其亲，乃遵古先哲王之制，为久安长治之计……先王封建，所以庇民，周行之而久远，秦废之而速亡，汉晋以来，莫不皆然，其间治乱不齐，特顾施为何如尔。要之为长久之计，莫过于此。"②朱元璋分析周、汉、晋行之久远是由于施行了分封制，秦由于无藩屏自救所以二世而亡。朱元璋建立宗藩制度，并赋予藩王很大的政治、军事权力。同时为防止汉晋分封之祸，以《昭鉴录》《祖训录》训导诸王，以防重蹈覆辙，威胁皇权。

从洪武三年（1370）到洪武二十四年（1391），朱元璋实行了三次分封，共分封了二十四子和一个重孙。其中第一次分封九子及一个重孙为亲王，第二次封五个皇子为亲王，第三次封十个皇子为亲王。楚昭王于第一次大封时为第一任楚王："封第二子樉为秦王，第三子㭎为晋王，第四子棣为燕王，第五子橚为吴王，第六子桢为楚王，第七子榑为齐王，第八子梓为潭王，第九子杞为赵王，第十子檀为鲁王，重孙守谦为靖江王。"③楚昭王朱桢（1364～1424）在洪武、建文和永乐三朝，于中央建设和地方治理上均起到积极的作用。在中央建设上很好地完成了"藩屏国家"的职责：洪武十八年（1385）讨靖州上黄诸蛮、吴回儿等，捷奏④；洪武二十年（1387），朱桢在与云南阿鲁秃的战役中大获全胜⑤；洪武三十年（1397）在苗寨大败古州洞蛮⑥；永乐七年（1409）从英国公征剿交址叛蛮⑦。在地方治理上朱桢十分珍视国内百姓，农田之利率先让利于民，"爱惜国人，恒恐伤之。地产之利，率推界民，不受贡献，岁歉当减禄米之半以纾民。军校遵奉戒约，勿敢侵略。国中怀德如戴父母，太祖高皇帝，太宗文皇帝，皆称曰贤王"⑧。

楚昭王薨世后，由其嫡三子朱孟烷袭封第二任楚王，是为楚庄王。朱孟烷历经洪

---

① 周积明：《封藩制与初明军权的转移》，《湖北大学学报（哲学社会科学版）》1986年第1期。

② 《明太祖实录》卷五一，洪武三年夏四月辛酉，"中央研究院"历史语言研究所，1982年，第999页。

③ 《明太祖实录》卷五一，洪武三年夏四月辛酉，"中央研究院"历史语言研究所，1982年，第1001页。

④ 廖道南：《楚记》卷六，《北京图书馆古籍珍本丛刊》第七册，书目文献出版社，1996年，第82页。

⑤ 王世贞：《弇山堂别集》卷六七《亲王禄赐考》，国家图书馆出版社，2012年，第2886页。

⑥ 《明太祖实录》卷二五三，洪武三十年五月乙卯，"中央研究院"历史语言研究所，1982年，第3648页。

⑦ 《明太宗实录》卷八七，永乐七年春正月辛未，"中央研究院"历史语言研究所，1982年，第1158页。

⑧ 陈诗：《湖北旧闻录》卷十五《藩镇二》，武汉人民出版社，1989年，第574页。

武、建文、永乐、洪熙、宣德、正统六朝，其生平经历可谓极其丰富。其生于洪武十五年（1382）四月，为朱元璋的第十四孙，楚昭王朱桢的第三子，生母为楚王妃王氏。依洪武二十八年（1395）《皇明祖训·职制》："亲王嫡长子年及十岁，朝廷授以金册、金宝，立为王世子。"朱桢的长子朱孟熜、次子朱孟炯都是庶出，朱孟烷虽然排行第三，却是嫡子，故应被册立为楚世子。而朱孟烷在整个洪武朝直到洪武三十一年（1398）朱元璋驾崩都未被正式册封为楚世子，后于建文元年（1399）才被中央册封为楚世子。至于为何整个洪武朝朱孟烷都未被册立为楚世子，或与其外祖父王弼卷入"蓝玉案"有关。至洪武二十八年（1395）四月朱孟烷已满十三岁，按《皇明祖训·职制》应早立为楚世子。但是由于洪武二十六年（1393）二月锦衣卫指挥蒋瓛告发蓝玉谋反，王弼卷入其中而被朱元璋赐死。朱孟烷或受此影响，而终洪武朝都未被册封为楚世子。

　　楚昭王于永乐二十二年（1424）三月戊辰日薨世时，明成祖朱棣正在最后一次亲征鞑靼，由太子朱高炽监国。朱棣于该年七月驾崩，所以在永乐朝未册立朱孟烷承袭楚王之位，直到明仁宗朱高炽即位后才册封朱孟烷嗣位第二任楚王。

　　而后朱孟烷又经历了明宣宗朱瞻基即位初期强势的藩禁政策，藩王的政治、军事特权逐渐削弱。宣德五年（1430），"平江伯瑄密奏楚府'湖广，东南大藩，襟带湖江，控引蛮越，实交广黔蜀之会，人民蕃庶，商贾往来，舟车四集，楚府自洪武初立国，有三护卫，官军及仪卫司旗校，俱无调遣。四五十年之间，生齿繁育，粮饷充积，造船以千计，买马以万数。兵强国富，他藩莫及，而卫所之官，多结为姻亲，枝连蔓引……'"[①]朱孟烷惊惧，立即上交朝廷两卫以示恭谨。此举实为宣宗效仿其祖朱棣削代王、岷王、辽王和周王护卫之法［永乐十八年（1420）周王因被人揭发"谋反"，主动"献还"了三护卫］。

　　明英宗朱祁镇即位后，中央进一步加强了藩禁政策，不断削弱藩王地方势力且禁止藩王与朝廷官员往来，藩王在地方军政事务上的话语权基本消失。从此宗藩"分封而不锡土，列爵而不临民，食禄而不治事"[②]。

　　在不断削藩和藩禁的历史背景下，楚庄王朱孟烷渐无军政实权，唯有韬光文学，与文人结社交游寄情山水，也因此留下了丰富的文学作品。

二、人 文 背 景

　　朱桢由于个人能力和品行俱佳，太祖和成祖两代皇帝对其颇为倚重，常以贤王称

---

① 《明宣宗实录》卷六四，宣德五年三月丙辰，"中央研究院"历史语言研究所，1982年，第1511页。

② （清）张廷玉：《明史》卷一百二十《诸王五》，中华书局，1974年，第3659页。

之。朱桢薨逝时，留遗言"高皇帝得天下良艰，吾保楚国亦不易。吾享国五十余年，无毫发玷，若等必遵祖训，忠朝廷，务保守之道。苟违吾言，吾死有灵，必不尔佑"[1]。"家有宗，国有统，世子尔曹之宗统也。必与之同心，勿为异同，庶几永保之道。"[2]继位的朱孟烷受朱桢影响颇深，在地方治理和个人文学素养上实有其父之风。

在地方治理方面，《藩献记》有载，楚庄王曾经因为封地歉收而"发廪为糜，全活甚众"[3]；城外有老虎出没，搅扰民众生活，而庄王"射杀之"[4]。在文学素养方面，楚昭王"尝录《御注洪范》及《大宝箴》置左右"[5]，成为后代楚藩的典范。朱桢作诗："乌林之山上摩空，三江之波浩无穷。峭壁穷崾江流东，当来鏖战乘天风。百万北走无曹公，鼎立已成烟焰中。大书石上莓苔封，千年不泯周郎功。我今送客放舟去，江山如旧怀英雄。"[6]全诗大气磅礴，酣畅淋漓，仿若身临其境，使人顿生意气风发之感，朱桢文学素养可见一斑。而朱孟烷常绕朱桢左右，也常受朱桢文学素养熏陶。

朱孟烷所处时代，历经明初洪武之治、永乐盛世、仁宣之治三大盛世。洪武朝朱元璋广开进仕之路，以儒治国，兼取佛道的政策寻求治理之道。朱元璋延请大儒如宋濂等为诸藩王的老师，诸王府世子的老师也都是当时的名儒。儒家诗教倡导以文载道的传统对朱孟烷也产生了潜移默化的影响。而朱棣和朱瞻基均将朱元璋三教合一治国之策进行了巩固和发扬，随着藩禁越来越严，诸王在军政失意时或寄托于佛、道的修行慰藉，或寄情于诗文创作。

朱孟烷其一生可谓"敬慎好学"[7]。其所处的历史时代，朝廷藩禁逐步加强，使他不得不"敬慎"。而其"好学"则是由于朱桢教导和明初三教合一治国之策的人文背景影响，使朱孟烷具有文学创作的个人喜好且具备了良好的文学艺术修养，从而取得了较高的文化成就。

三、文化成就

庄王碑载朱孟烷"善大字，有楷书《黄庭经》传于世"。其"所招引管时敏、贝

① 陈诗：《湖北旧闻录》卷十五《藩镇二》，武汉人民出版社，1989年，第575页。
② 《明太宗实录》卷二六九，永乐二十二年春三月癸巳，"中央研究院"历史语言研究所，1982年，第2439页。
③ 陈诗：《湖北旧闻录》卷十五《藩镇二》，武汉人民出版社，1989年，第576页。
④ 陈诗：《湖北旧闻录》卷十五《藩镇二》，武汉人民出版社，1989年，第576页。
⑤ （清）张廷玉：《明史》卷一百二十《诸王五》，中华书局，1974年，第3570页。
⑥ 周毅：《历代名人颂周郎诗文集锦》第二辑，三秦出版社，2013年，第347页。
⑦ （清）张廷玉：《明史》卷一百二十《诸王五》，中华书局，1974年，第3571页。

翱、雷贯等皆文学之士"①。且朱孟烷天资聪慧"六岁就外傅，所读书即会大意"，著有《勤有堂诗集》及《勤有堂文集》②。朱孟烷精通诗词文赋，史载其写诗作赋良多，现存世诗有：《游九峰寺》《重游九峰寺》③、《大别山歌》④，赋有：《凤凰山赋》《云峰赋》《云梦赋》《月中桂赋》《小孤山赋》《冬猎赋》《雏鹤赋》⑤。朱孟烷为一地藩王，也是一博通文学之士，精通诗词文赋，礼贤下士，史书所载其为一儒王形象。以下对其诗赋分别进行考释。

（一）诗

1.《游九峰寺》与《重游九峰寺》

游　九　峰　寺

细路千回尽，高峰九叠奇。

松阴深入寺，泉脉远通池。

云锁禅栖室，岩镌圣制碑。

来游因暇日，林下尽幽期。

重游九峰寺

山中兰若最深幽，为爱春晴特远游。

亲登云层花雨过，莲峰九朵翠岚浮。

龙神祠下流泉冷，狮子岩前古木稠。

方丈高僧今不见，一灯塔影照林丘。

九峰寺即正觉禅寺，由楚昭王朱桢命人修建，规模宏大，鼎盛时期僧众多达数百人，无念禅师为住持。后来朱桢荐无念禅师于明太祖朱元璋，太祖及马皇后赏赐千佛衣、铜像等物于无念禅师，又赐寺额"九峰山正觉寺"。明洪武三十年（1397），九峰寺高僧无念禅师高徒胜学和尚在寺后崖上开龛，将朱元璋御赐其师的诗文镌刻其上，是为"御制谕僧无念"石刻。龛高 160、宽 97 厘米，正书 30 行，计 930 字（图一）。正文记述了朱元璋召见无念禅师的经过。后面刻诗五首，即《题僧无念九岁出家》《舟归武昌》《武昌归隐》《怀僧无念特赐松实诗》《赐僧无念诗》。刻字周围镌刻有腾龙祥

---

① （清）查继佐：《罪惟录》卷一一〇《列传四》，齐鲁书社，2014 年，第 1215 页。

② （清）黄虞稷：《千顷堂书目》卷十七，上海古籍出版社，2001 年，第 442 页。

③ （明）薛纲纂，（明）吴廷举续修：《湖广图经志书》卷二《武昌诗》，书目文献出版社，1991 年，第 174 页。

④ 武汉地方志办公室：《明万历汉阳府志校注》卷六《艺文志》，武汉出版社，2007 年，第 97 页。

⑤ 马积高：《历代辞赋总汇·明代卷》，湖南文艺出版社，2014 年，第 5087～5090 页。

云装饰花边。永乐三年（1405）无念去世后，其弟子又在此石刻左方数米处开石龛刻其像以为纪念。刻像神志安详，目视前方，脚着草履，正襟端坐于石座之上，左上方刻一诗云："空有空无得正因，其中妙用是源真。本师住世无人敬，现灭应须假幻身。"（图二）

图一　御制谕僧无念石刻拓片

图二　无念禅师刻像

　　朱孟烷所作《游九峰寺》寥寥数语描绘出正觉禅寺奇伟空幽之景，"岩镌圣制碑"表明其作《游九峰寺》时间或为洪武三十年（1397）或稍晚时期，适时朱孟烷年约15岁。《重游九峰寺》通读顿生寂寥之感，"方丈高僧今不见，一灯塔影照林丘"应意指无念禅师已圆寂，表明其作诗时间应在永乐三年（1405）年或稍晚，适时朱孟烷年约23岁。朱孟烷正值年少就能写出此两首诗，一方面反映其较高的文学素养，另一方面也可看出佛教思想影响宗藩的治事态度。

　　2.《大别山歌》

大　别　山　歌

名山钟秀自天开，岿然盘礴江之隈。

汉水西来出其下，江流东合涛声回。

江汉滔滔南国纪，万里朝宗自兹始。

秋兴亭前晚黛浓，郎官湖上朝烟紫。

紫翠虽无千万重，蜿蜒远势如游龙。

奠安永壮雄藩域，疏凿曾经神禹踪。

圣功每日遗编见，秀色今看在郊甸。

岩柯何处柏森森，古木苍烟拥台殿。

《大别山歌》引用典故和所述景点地名较多。"大别山"：今武汉汉阳龟山，笔者于2021年在龟山做摩崖石刻调查，山间仍存"大别山"摩崖石刻（图三）。"南国纪"：《诗·小雅·四月》中以长江、汉水为南国之准则，后遂用以指代江、汉，亦可代指南方。"万里朝宗"：《书·禹贡》记载"江·汉朝宗于海"。"秋兴亭"：《舆地纪胜》卷79汉阳军：秋兴亭在军治后山巅，唐刺史贾载建。中书舍人贾至诗云'诗人之兴秋最高'，故以名。亭后飞阁瞰湖，对大别山，景趣尤胜。"明代官修的地理志书《寰宇通志》记载："秋兴亭于明永乐十四年（1416）遭雷电击毁"。"郎官湖"：在今湖北汉阳，唐李白流放夜郎，与故人尚书郎张谓、沔州牧杜公、汉阳宰王公，舣于南湖（今汉阳莲花湖）。张请李白为湖标一嘉名，以传不朽，白因举酒酹水，改南湖为郎官湖，并赋《泛沔州城南郎官湖》诗，"四坐醉清光，为欢古来无。郎官爱此水，因号郎官湖"。"神禹踪"：即南宋年间在武汉汉阳龟山上修建的禹王庙。"台殿"：或为"南楼"，又名"白云阁"，在武汉武昌黄鹄山（今蛇山）之上，《舆地纪胜》载"南楼，在郡治正南黄鹄山顶，后改为白云阁。（宋代）元祐（年）间知州方泽重建，复旧名"。

图三　大别山摩崖石刻

《大别山歌》为永乐年间盛行的"台阁体"诗文，全文主旨是歌功颂德，赞扬藩地雄壮，从而对朝廷表达忠诚之意。朱棣"靖难之役"登基后，为稳定朝局，开始了全方位的削藩政策。武昌作为湖广重镇，襟山带湖，地形险要，楚藩控扼长江汉水，朱孟烷以"奠安永壮雄藩域"向皇帝表忠心。诗文之中亦以"神禹"赞美皇帝功德。由诗文"秋兴亭前晚黛浓"可知此时秋兴亭并未被雷电击毁，表明《大别山歌》成诗于明永乐十四年（1416）之前。

（二）赋

按马积高《历代辞赋总汇》明代卷载，朱孟烷著有《凤凰山赋》《云峰赋》《云梦赋》《月中桂赋》《小孤山赋》《冬猎赋》《雏鹤赋》七篇赋，成文具体年代不详。以《历代辞赋总汇》明代卷记载其赋先后顺序分别进行考释。

1.《凤凰山赋》

维鄂城之大邦兮，俯江汉之汤汤。伟兹山之特起兮，拔千仞而凌穹苍。慨灵迹于千载兮，降云霄之凤凰。顾翠巘以来仪兮，睹崇冈而下翔。儗昆丘之彷佛兮，准阿阁以徜徉。出醴泉于丹谷兮，秀梧桐于朝阳。叠绮石之参差兮，拂晴霞之冉冉。芳瑶草之丰茸兮，湛甘露之瀼瀼。诸峰拱而环绕兮，竞揖让以相长。百鸟下而纷集兮，若簉羽而朝王。夕林籁之飕飖兮，将和鸣之哕哕。朝岩花之飘坠兮，俪彩翼以飞扬。羌林壑之如昔兮，何灵物之久逝。俨殿阁之翼翼兮，击嘉名于千霜。想夫凤之台以百尺兮，影岧峣乎云表。凤之池于九重兮，波迤逦乎银潢。縻兹山而偕美兮，表灵异以奠南。服为名藩之壮观兮，与五云而相望。既仰瞻以前视兮，龙山为之屏。复矫首以北顾兮，鹤岫为之防。陟岩阿以寓目兮，若睹容仪而来曩时之飞舞也。招山灵而告言兮，曷览德辉以昭盛世之嘉祥乎。乃歌曰：山之高兮岑岑，凤之仪兮来吟。凤兮凤兮，昭祥应于古今。载歌曰：凤鸟兮钦钦，山之镇兮匪今斯今。山兮山兮，迟尔凤之来吟。

《凤凰山赋》为朱孟烷所作山水赋，其开篇即赋出凤凰山（今汉阳凤凰山）的雄壮之姿，紧接着指出凤凰山的神秘之感和秀丽之景，再次说出凤凰山为"名藩"楚藩壮观之景和险峻要塞，最后说凤凰栖此山为"盛世之嘉祥"以赞美国家强盛。其通篇借凤凰山来赞美明朝的疆域之广、国力之盛。"既仰瞻以前视兮，龙山为之屏。复矫首以北顾兮，鹤岫为之防"，此句表明朱孟烷心系地方屏防，有建功立业之想，以藩禁的时代背景而推，此赋应成文于洪武末期—永乐早期，此时地方宗藩仍有一定的军政职权。

2.《云峰赋》

縻水土之精英兮，乃上腾于太空。何变化之倏忽兮，拥突兀于鸿蒙。肖巫山之十二兮，象回雁之穹隆。既高高之不可极兮，又遥遥之难穷。想秀钟于玄虚兮，匪由乎厚坤之孕？观峭拔于自然兮，何有乎覆簧之功。涌三峨之积雪兮，烁红日而莫化。参五老而倚立兮，抗紫烟以俱崇。氤氲兮葱葱，巃嵸兮重重。俨岩峦兮隐映，恍洞壑兮玲珑。峙而益峻兮，或摩霄以碍日。静而忽迁兮，乃化雨而从龙。或丽锦屏于春昼兮，笋丹崖于长夏。或飞紫盖于素秋兮，幻寒谷于玄冬。何四时情态之不恒兮，宁无关于大化？亦瞬息隐显之莫测兮，诚有寓夫神工。安得揽而就之兮，挟羽仙以登陟。聊试玩而赋之兮，托词笔以形容。

《云峰赋》亦是一篇山水赋，开篇赋出云峰鸿蒙空灵之状，再以巫山和回雁峰来比衬云峰的天然神秀，"参五老而倚立兮，抗紫烟以俱崇""安得揽而就之兮，挟羽仙以登陟"映射出适时朱孟烷受到佛教、道教思想的熏陶和影响，一定程度上反映出其内心的世界观和宇宙观。

3.《云梦赋》

荆豫之隅，翼轸之墟，有二泽焉。广袤平远，亘百弘千。江蒙回以相接，山逶迤而远连。涵日浴月，出云生烟。盖自夏后氏之时，云土梦作义，于是江汉滔滔。原田每每，此则泽之梗概也。尔其澶衍弥漫，连洲接浦，高无巉岩。下不险阻，凝眸顾盼于天涯，回首招摇于江浒。是以莎茵衬碧，蕙若披香。菰蒲渺渺以绵邈，荻苇萧萧而相望。并包汉沔，襟带沅湘。麋麂虎豹所憩息。兔鹭鸿雁之翱翔。至若羽毛齿革，铅锡金铁，苞瓯菁茅，杶榦栝柏，厥产由于遐方，其用资于上国。而舟车所经，皆于是乎出。其平垣也，可畎可猎，宜豫宜游，驱驰不妨乎陇亩，下上无阻于原丘。足以屯千群武骑，足以列万队鱼猕。其膏腴也，丰黍稷，盛桑麻，广园林，丽物华，千箱为之富贵，万户因之庶奢。赋增下上，敛尽宏邪。樵渔所因，工商所恃。斧斤以时，罾网攸革。取之无禁，资之不匮。非徒私利以为庸，抑亦赡公家之所费。尔乃陟冈陵，瞩涯涘，荆门通，衡岳峙。旷瀚海之无垠，挟梁野之如砥。我封我域，侯疆侯理。盖冠冕佩玉，以藩屏都邑。岂与夫筚路篮缕，以御草莽者比。于是载眺载临，慨叹古今。美斯泽之所富，何有夸于上林。侈靡不足以伉俪，骄矜何足以讴吟。及乎核其真，纪其实，尚书禹贡之所载，左氏春秋之所述。不辱乌有之评论，宁伦子虚之矫饰。是用广发于今兹，幸不敷陈于往昔。诤曰：大哉南荆，云梦是并。山横衡镇，流合巴陵。荣封上国，藩屏神京。此皆帝德广运而皇风遐被，是以得涵濡恩泽而永乐承平也。

《云梦赋》为一篇述志骋怀赋，朱孟烷平铺叙事云梦之地地域辽阔，物产丰富，有感于"帝德"而向中央表忠心之作。其文"至若羽毛齿革，铅锡金铁，苞瓯菁茅，杶斡栝柏，厥产由于遐方，其用资于上国……其平垣也，可畋可猎，宜豫宜游，驱驰不妨乎陇亩，下上无阻于原丘。足以屯千群武骑，足以列万队兔狁""荣封上国，藩屏神京"，说明此时楚藩具有强大的军事实力以"藩屏国家"，而"神京"应意国都南京，此时朝廷并未迁都北京。推测此赋为朱孟烷于永乐早期述志而作，当时楚藩听命于中央在周边进行了多次战争，奏讨边蛮，屡建军功。

4.《月中桂赋》

　　良夜悠悠，对月南楼。金茎露下，玉宇云收。繄广寒之仙桂，把灏气于清秋。孕灵株于贝阙，异凡植于岩幽。终天地而不凋，何卉木之能俦。吾想夫是桂也，根蟠碧落，影蘸银潢。枝分叶布，郁郁苍苍。婆娑乎清虚之府，偃蹇乎何有之乡。纷凉阴于上界，散清香于下方。岂曰山河之素影，而涵太阴之清光。固知鄙蟠桃之结实，陋白榆之荒唐。或蔽亏乎若木，或隐映于扶桑。白鸾飞舞于其下，玄兔捣药乎其傍。宝屑堕吴刚之玉斧，金粟缀仙子之霓裳。安得蹑云梯而上撷其秀，而揽其芳也耶？

　　《月中桂赋》为朱孟烷所做咏物赋，借物以抒其怀。赋中描绘月桂"鄙蟠桃之结实，陋白榆之荒唐"高洁之态而展现朱孟烷本身高雅之志，而"纷凉阴于上界，散清香于下方"或借喻楚藩上支持中央，下庇佑地方，极好地将咏物与抒怀结合。结合其所处时代和其所居之位分析，此赋成文于永乐早中期。

5.《小孤山赋》

　　繄小孤之为山，突洪波而屹立。表长江之壮观，为海门之第一。翠轮囷而如削，羌峭拔而修直。根蟠地兮几重，势凌霄兮千尺。巑岏独峙兮，罗群山而中处。岷崿横截兮，束一水以东来。虽无穹窿磅礴之姿，亦岂坡陁崎嵝之可及也。撑百里兮遥空，唯孤高兮是崇。仰悬崖而欲堕，讶怪石兮如丛。郁林木之苍苍，耸楼阁兮重重。合两涯而吞吐，障九派而朝宗。寔兹山之胜概，历今古而为雄。尔乃滟澦江浒，砥柱中流。脱瑶簪于云髻，班玉笋于瀛洲。俨乎若玄珪平水而初锡，卓乎类绿笔书空而乍抽。挹五老兮紫烟，面九华兮清秋。或仙驭凭虚以逍遥，或灵旗蹑景而遨游。岂彭郎之矶可匹，大姑之山可俦也。余尝驾飞艎，发江汜，经九江，越彭蠡。驻芝盖于兰皋，弭桂楫乎岩趾。扪绝顶以舒抱，憩曾阿而徙倚。瞻凤阙于日下，顾鹤楼于云里。纷帆樯之往来，涉波涛兮如砥。忆横流兮怀襄，赖往圣兮经理。叹禹迹之是经，胡夏书而莫纪。兹盖寓今昔于一瞬，而常寄遐想于千里也。

　　《小孤山赋》为朱孟烷乘船过安徽小孤山而作山水赋。小孤山是一座位于安徽省宿松县城东南六十千米长江中的独立山峰,以奇、险、独、孤而著称,素有"海门第一关""长江天柱""江上蓬莱"等美称。此篇《小孤山赋》完整了描绘出了小孤山"长江绝岛、中流砥柱"的特征。再来分析当时的历史背景,随着政局的安定,朱元璋意识到地方藩王权力的膨胀势必威胁中央。洪武三十一年(1398)六月,朱元璋撰写遗诏"诸王临国中,毋得至京。己王国所在文武吏士,听朝廷节制,惟护卫官军听王。诸不在令中者,惟此令从事"①。而靖难之役后,为了预防宗藩作乱,朱棣逐渐加强了藩禁政策。"有明诸藩……然徒拥虚名,坐糜厚禄,贤才不克自见,知勇无所设施。防闲过峻,法制日增;出城省墓,请而后许;二王不得相见。藩禁严密,一至于此。"②朱孟烷作《小孤山赋》,明确其当时顺长江而过安徽。据《明太宗实录》记载,永乐年间还是楚世子的朱孟烷先后八次赴京朝觐,充当了楚国与朝廷之间的润滑剂。一是由于武昌离南京较近,入南京朝见顺长江而下即可,二是由于在"靖难之役"时,朱桢态度让朱棣比较满意,使得"靖难之役"后楚国和朝廷之间的关系较为融洽。自宣德朝以后,亲王定期朝觐制度几乎名存实亡,鲜少有亲王被准许赴京朝觐的。宣德七年(1432)十月,朱孟烷奏请朝觐,被明宣宗制止。宣德十年(1435)五月,再次奏请明年赴京朝觐,又被以"藩屏任重,兼道途跋涉"所制止。因此该篇《小孤山赋》应是朱孟烷在永乐年间某次入南京朝见时所作。

6.《冬猎赋》

　　深冬农隙,宜狩宜田。虞衡弛禁,猎夫行然。剪茅刈菅,垫藉津源,于是饬士卒,选舆骑,修器械,整戎备。载罝罘之百车,列铁骑之千队。植隼旗之央央,抗前旌之旆旆。光灿灿以烛空,嚣尘扬而喷地,笳奏风前,响彻云际。

　　尔乃陟险逾平,星散云行,裹馈而食,结布为营。既而戒其进止,与之约束。金以聚集,鼓以振作。逸者勿追,惊者勿脱。于斯时也,三令五申,告谕谆谆。命以逐兽,使之驱禽。其步卒也,搜深林,跐丰草,弥冈亘阜,如鱼贯柳。堑山埋谷,植楲张罘,欢噪成群,跳踉跑咻。其为骑也,两翼腾骧,躁躏潜藏。驰若流星,齐若雁行。纷矛槊之铦利,耀白日如秋霜。乃发巨砲,扬神旗,三驱而解其一面,不用命者殪之。己而骑步相错,出入纵横。下绝谷,陟高陵。於菟负隅,莫之敢撄。金睛掣电,利爪镂铁。振尾禽擎,呼喊兽慑。复有玄豹,后先藉蹈,俯首徐行,金钱错耀。狡兔闻而惊逃,三窟深营以告报。若夫麋鹿麕麕,或散或群。咸奔命而救死,皆丧魄而消魂。

---

① (明)谈迁:《国榷》卷十,中华书局,1958年,第783、784页。
② (清)张廷玉:《明史》卷一百二十《诸王五》,中华书局,1974年,第3659页。

莫不绝膍中脑，达髀洞心，狼藉于道路，又安能正丘首而择音也。若乃鹙鸧
鸧鸹，野雉山鸡，欲出复没，倏合忽开。前行失序，散羽无偕。鴐鹅潜投芦
渚，宾鸿远举江垓。于是脱名鹰，解健鹘，去地万仞，搜身直入。云披雾开，
离天只尺。老拳无虚，利觜如戟。血淋漓以洒空，毛缤纷如雪白。若乃黄间
密彀，檠牙低镞。当味值胸，裂膝印臆。肉登俎而有余，尾在车而为饰。骨
革齿毛，盖用之有余，而波及上国。已而日西夕劳，军旅饬行。庖饮宫醑，
录功叙绩，如校首虏。

　　兹行也，非为荡心，以遨以游。外荒之戒，垂训前修。然居安者必虑危，
文事者有武备。故三驱载诸周易，蒐狩出于传记。则知从兽不至无厌，虽圣
人亦不能废。亮曰农事隙矣，黍稷丰穰，治平国泰，人乐时康。驰骋郊甸，
匪逸匪荒。文事武备，以固封疆。

《冬猎赋》为朱孟烷以冬猎而述志骋怀之作。通读全篇，虽为冬猎，亦可做行军之
纪实。其步骑协作，辅以"巨炮"，步步为营，令行禁止，违者"殪之"，充满杀伐之
气。在具体围猎之时"骑步相错，出入纵横"，"三驱而解其一面"，由此可知朱孟烷继
承了其父朱桢的优秀军事才能。此赋结尾"然居安者必虑危，文事者有武备"表明当
时朝局稳定，但朱孟烷居安思危，时刻"文事武备，以固封疆"，内心有强烈的建功立
业之想。史载永乐七年（1409）春正月，"楚、辽、宁三府护卫共发兵七千，从英国公
征剿交址叛蛮"[①]。其后边蛮渐平，朱棣渐渐收紧地方藩王军政大权，限制诸王一切军事
活动相关的行为，且限制诸王出城围猎。《冬猎赋》描绘朱孟烷冬猎声势浩大、军容严
整，根据当时的历史背景，推测朱孟烷于永乐中后期做此诗赋。

7.《雏鹤赋》

　　繄兹禽之特异兮，故称美为胎仙。托清高于金门兮，又何异乎阆玄。饥
则啄乎紫芝兮，渴必饮乎澧泉。顶未变夫丹砂兮，皓羽衣其蹁跹。时延颈以
习鸣兮，学举翼兮冲天。虽弱质之未充兮，恍神游于紫烟。鸡鹜弗与同群兮，
羌羽族之所别顾。性灵之高亮兮，岂世俗而能怜。或步武于玉砌兮，或厕迹
于彤轩。匪虞罗之可得兮，远樊笼之羁缠。诚仙人之骐骥兮，待羽盖而驾云
骈。陋孔翠之见珍兮，鄙雕鹭之相鲜。宜至人之爱玩兮，媲凤鸾而后先。固
可玩而不可狎兮，戒乘轩之为愆。命苑人以善畜兮，保终惠于千年。

《雏鹤赋》亦是一篇咏物赋，"托清高于金门兮，又何异乎阆玄。饥则啄乎紫芝兮，

① 《明太宗实录》卷八七，永乐七年春正月辛未，"中央研究院"历史语言研究所，1982年，
第1158页。

渴必饮乎澧泉"展现雏鹤清高形象，"陋孔翠之见珍兮，鄙雕鹭之相鲜"与前文所著《月中桂赋》"鄙蟠桃之结实，陋白榆之荒唐"有异曲同工之妙。"性灵之高亮兮，岂世俗而能怜"进一步描绘出作者心里不为世俗所累，追求"性灵之高亮"。通篇描绘雏鹤清高之态，而避述雏鹤冲天之志，结尾"保终惠于千年"或为朱孟烷对楚藩后世保国绵延的告诫与期盼。以此推测当时楚藩在地方的军政影响已消弭殆尽，推测此赋成文于宣德年间。

《月中桂赋》与《雏鹤赋》均为朱孟烷借物抒怀之作，而《月中桂赋》先于《雏鹤赋》而作，所以两篇赋传达了作者不同的心境与思想。《月中桂赋》一方面体现作者超然高雅之风，另一方面又有"纷凉阴于上界，散清香于下方"的建功立业的"贤王"之心。而随着藩禁政策越来越严，朱孟烷也不得已逐渐从一腔建功立业的"贤王"成为一位修身养性、著书立说的"闲王"。

四、结　语

朱孟烷所处时代朝局复杂，斗争形势波谲云诡。在其被册立为世子之前，明朝边疆不稳，时有边蛮作乱，其父朱桢东征西讨建立军功，楚藩渐强，时为四大富藩之一（秦藩、周藩、蜀藩、楚藩）；其册立世子之后，又逢"靖难之役"，适时朱桢明哲保身，循规蹈矩，为后期与中央保持良好关系奠定了基础；"靖难之役"后，朱棣对外积极消除边蛮隐患，对内不可避免地举起了削藩的大旗，楚藩在地方的军政实力不断削弱；在其袭封楚王之位后，又逢明宣宗和明英宗进一步加强的藩禁政策，宣宗通过种种手段，使得朱孟烷上交"两卫"，逐渐剥夺了朱孟烷在地方军事上的权利。英宗更是禁止藩王与朝廷官员往来，使得朱孟烷在地方政务上也失去了话语权。朱孟烷一生都在追随其父朱桢的步伐，有极高的军事能力和文学素养。但由于特定历史原因，其建功立业的抱负无法得到实现，唯有谨遵其父遗训，做到小心敬慎，守国有成。建功不成，朱孟烷转而在当时时代背景和人文背景下，于文学创作方面投入了大量精力，加之其博洽好学，精通诗词文赋，礼贤下士，在文化方面取得了不可小觑的成就。

（1）朱孟烷文化成就为后代楚藩王及其他宗室成员奠定了良好的文化基础，对后世楚藩起到了一定正面影响，塑造出楚藩多儒者的形象。如其子朱季坤为第三任楚王，受朱孟烷影响亦在文学上有极高的造诣，著有《维藩清暇录》、《毓秀轩集》和《东平河间图赞》[1]，受到明英宗及当时士林好评，同时朱季坤在楚地刊刻图书，兴建学堂，极大地推动了明初楚地文化事业的发展。

（2）朱孟烷多篇诗赋存世至今，对研究明初宗藩文学创作具有一定的作用。同时

---

[1]　（清）张廷玉：《明史》卷一百二十《诸王五》，中华书局，1974年，第3571页。

通过对其存世的诗赋进行研究，也为研究明代早期藩禁政策和楚藩的军事、政治等方面提供了新的探索。以其所作《凤凰山赋》《云峰赋》《云梦赋》《月中桂赋》《小孤山赋》《冬猎赋》《雏鹤赋》七篇赋做例。朱孟烷经历了《凤凰山赋》中"盛世之嘉祥"的对明朝强大国力的自豪，到《云梦赋》《冬猎赋》"荣封上国，藩屏神京""文事武备，以固封疆"的建功立业之情，最后到《雏鹤赋》"托清高于金门兮，又何异乎阆玄。饥则啄乎紫芝兮，渴必饮乎澧泉"遗世孤高之态，"陋孔翠之见珍兮，鄙雕鹭之相鲜"不为世俗所累之心，追求"性灵之高亮"之情，及"保终惠于千年"的殷切期望。其所著赋随着历史的演变和时代背景的变化而变化，为明初楚藩研究提供新的切入点。而具体研究某一篇幅的话，可为研究朱孟烷所处某一段时代背景提供新的材料。

（3）朱孟烷文学作品中亦被一定宗教因素影响，如《游九峰寺》《重游九峰寺》一方面反映了朱孟烷的作诗水平，从侧面也可看出佛教思想对宗藩的治事世度的影响。《云峰赋》也映射出朱孟烷受到佛教和道教思想的熏陶和影响，一定程度上反映出其内心的世界观和宇宙观。随着明朝历代帝王将朱元璋三教合一治国之策不断发扬，佛教、道教等宗教因素对时政的影响贯穿了明王朝始终。具体深入研究其诗赋，也可为研究明初儒、释、道三教合一的政策对楚藩的影响提供新材料。

本文以明楚庄王朱孟烷存世诗赋作为切入点，剖析其所作诗赋的时代背景，以期为研究明代早期藩禁政策、楚藩社会政治、军事提供新的线索。笔者囿于学识，不能对朱孟烷诗赋做更深入的考释，此文仅做抛砖引玉之用。终明一朝，楚藩所作诗赋无数，以期更多学者投入研究。

明代楚藩王墓的考古学价值

刘 毅

（南开大学）

内容摘要：明太祖恢复了古代的封建之制，将储君以外的皇子皆封为亲王，待其年长后分别开府驻藩于外省，子孙世袭。其第六子朱桢受封楚王，楚藩共有八世九王，还衍生出大量的郡王、将军、中尉等。楚国宗室世代驻守武昌，在龙泉山、流芳岭等地留下了大量的王族墓葬，其中昭王朱桢墓经过考古发掘，其余8座亲王园寝的遗迹现象保存大体完好，部分郡王及以下的墓葬经过清理发掘。龙泉山楚王墓提供了有明一代楚藩完整的亲王陵墓信息，是重要的历史文化遗产，具有突出的考古学价值。

关 键 词：明代藩王　楚藩　墓葬

一、明代"同藩诸王同兆域"而葬的典型

明代各地藩王墓的排布特点，从大的方面来说，可以分为两种形式，一种是"同藩诸王同兆域"、另一种是"同藩诸王异兆域"[①]。龙泉山明代楚藩王陵是典型的"同藩诸王同兆域"。所谓"诸王同兆域"，是指某藩始封亲王及其子孙嗣王若干代毗邻而葬于一个相对独立的自然地理区域范围内，与昌平明十三陵，以及更早的河南巩义北宋皇陵、北京房山金代皇陵等皇陵的"陵区制"基本相同。"陵区制是指那些单座皇陵规模比较小，若干座、甚至整个王朝之历代皇陵同处在一个相对独立的自然地理区域范围内，一般为方圆数里至数十里；并且各陵之间应该有明确的、或比较明显的尊卑主从关系。"[②] 这些集中分布的明代藩王陵墓群，在当地往往也会有"小十三陵"之类的俗称。换言之，"诸王同兆域"就是同藩历代亲王葬于同一个不特别大的自然地理范围内，诸王陵墓形成一个集中的墓葬区。这种形式的藩王陵墓群，通常是始封祖占据了风水或形胜的最佳位置，后代祔葬诸王，有些排列有序，能够看出比较明显的世次尊卑或主从关系，如山东长清德藩诸王陵墓群等；也有些看不出明显的世次关系，如楚

---

① 刘毅：《明代帝王陵墓制度研究》，人民出版社，2006年，第243~257页。刘毅：《明代藩王陵墓的考古学研究》，科学出版社，2021年，第250~265页。

② 刘毅：《中国古代物质文化史·陵墓》，开明出版社，2016年，第220页。

藩诸王陵墓群等。

楚国始封者为明太祖第六子朱桢,生于元至正二十四年(1364)三月,洪武三年(1370)封楚王,洪武十四年(1381)就藩武昌府(今湖北武汉市武昌区),永乐二十二年(1424)卒。楚国亲王传八世九任,依袭次先后为:昭王桢、庄王孟烷、宪王季埌、康王季堄、靖王均鈋、端王荣㴱、愍王显榕、恭王英㷿、末代王华奎,其世系如下:

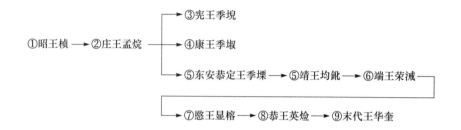

楚昭王于洪熙元年(1425)三月葬于武昌县龙泉山,其地今属湖北武汉东湖新技术开发区龙泉街道。昭王寝园建于龙泉山主峰天马峰之下,其山为东北—西南走向,龙泉山对面另有一道自东北而西南复折向西的小山脉,分别名玉屏峰、笔架峰、龙帐峰等,与昭王陵园遥遥相对,号称"五龙捧圣"。南北两列山峰之间为谷地,有古河道一条,向东北注入梁子湖,西南有陆路通武昌。因两列山峰夹峙,故此山在唐初名夹山,后因有泉可占晴雨,又名灵泉山。传说宋人张芸避乱于此,构建含山楼,至明初"楚藩废为昭寝"[①]。此后,历代楚嗣王皆葬于这片区域内。由大学士李贤、彭时等主修的《大明一统志》(成书于天顺五年,1461年)记载:"楚昭王墓、庄王墓、宪王墓,俱在府城东六十里灵泉山……俱本朝宗室。"[②]清乾隆末修成的《江夏县志》记载:"明楚藩昭、庄、宪、康、靖、端、愍、恭八王墓,在县城六十五里。"[③]

明代"同藩诸王同兆域"这种埋葬方式,又可分为亲王同葬而无郡王从葬其间、亲王与部分郡王葬于同一兆域两种略有不同的形式。楚藩诸王陵是典型的无郡王"诸王同兆域"形式,八代九位亲王葬于同一兆域之中,没有郡王或其他宗室成员从葬其间。当地传说各园寝之间原各有神道互相连通,九座园寝沿山夹沟分布,后世称曰

---

① (清)王庭桢修、彭崧毓纂:《江夏县志》卷二《疆土志·古迹附》,《中国方志丛书》(华中地方·341)影印清同治八年刊本、光绪七年重刊本,(台北)成文出版社有限公司,1976年,第1册,第180页。

② (明)李贤:《大明一统志》卷五十九《湖广布政司·武昌府·陵墓》,杨氏海源阁旧藏本,第16页。

③ (清)陈元京修、范述之等纂:《江夏县志》卷十五《古迹·丘墓附》,国家图书馆藏清乾隆五十九年刻本,第17页。

"楚藩九寝"①。其中始封楚昭王的园寝建于龙泉山主峰——天马峰之下，由此向西南依次为石蓬峰、观音堂山等山峰，往东北则山势也依次下降，分别为龙泉山二、三、四诸峰。昭王园寝之左旁天马峰再次峰下为楚藩第三代三任宪王园寝，坐西北朝东南。龙泉山对面自东北而西南复折而向西的小山脉，与昭王园寝隔河道南北相望，自东北而西南依次为二代二任庄王园寝、六代七任愍王园寝、七代八任恭王园寝、四代五任靖王园寝、五代六任端王园寝、八代九任末王园寝、三代四任康王园寝。其中庄王园寝朝正西，康王园寝朝东北，其余诸陵园大致皆为坐东南朝西北。诸王陵墓的排列位次看不出明显的辈分、长幼规则。特别是恭王园寝夹在父愍王、曾祖靖王二园寝之间，更无法按辈分、长幼等规则来解释；其成因或许和龙泉山陵墓区各园寝用地系渐次购自民间有关，也不能完全排除这种排列有今人无法理解的其他意义。

楚藩郡王墓葬不在亲王陵墓区，在龙泉山西北约10千米处的流芳岭镇等地曾集中发现过一些王妃、郡王，以及将军、中尉等人的墓葬（基本都在今光谷高新区范围内），大体上也是集中而葬的形式，但由于缺少足够的研究样本，其具体分布规律（比如是否按郡王府份界定兆域，以及是否按辈分排列等）目前尚无法分析。这些楚藩宗人墓葬在明清地方志中多有所处方位等简要记载，如明代李贤领衔的《大明一统志》："永安懿简王墓、通山靖恭王墓、寿昌安僖王墓、岳阳悼惠王墓、景陵顺靖王墓、崇阳靖简王墓、大冶悼僖王墓，俱在府城东五十里。"②清代陈元京主修《江夏县志》亦云："明……永安懿简、庄惠、悼怀、靖懿、昭定五郡王墓，巴陵悼简王墓，俱在县城东。寿昌安僖、靖和、庄穆三郡王墓，俱在县城西兴源。通山靖恭、庄简、安惠、温定、庄穆五郡王墓、俱在县城东。景陵顺静王墓，在县城东。江夏康靖、悼顺、安惠、端僖四郡王墓，俱在城东。东安恭定、昭简二郡王墓，俱在县城东。大治王墓，在县城东。缙云怀僖郡王墓，在县城东永丰山。保康王墓，在县城东。"③这些郡王墓基本没有完整保留至今者，特别是地面建筑，但有些墓葬经过考古发掘（详后），也出土过一些遗物。管中窥豹，其文化遗产价值仍然值得重视。

---

① （清）王庭桢修、彭崧毓纂：《江夏县志》卷二《疆土志·古迹附》，《中国方志丛书》（华中地方·341）影印清同治八年刊本、光绪七年重刊本，（台北）成文出版社有限公司，1976年，第1册，第183页。

② （明）李贤：《大明一统志》卷五十九《湖广布政司·武昌府·陵墓》，杨氏海源阁旧藏本，第16页。

③ （清）陈元京修、范述之等纂：《江夏县志》卷十五《古迹·丘墓附》，国家图书馆藏清乾隆五十九年刻本，第17、18页。

二、楚昭王陵宫代表了明早期的帝王陵宫之制

　　楚昭王朱桢墓于 1990 年 12 月进行了考古发掘[1]。其陵宫坐西北朝东南,方向 147°,内外两重宫墙,条石为基、青砖砌成。平面略呈正方形,其中外宫墙基本完好,南北长 355、东西宽 335 米(一说陵垣周长 1528 米,占地 169.2 亩[2]),北垣设券孔式出水口 4 个、南垣 2 个;发掘时宫墙残存最高处 3.3、厚 0.9 米。外墙南部正中为宫门,石基座,砖砌,拱券结构门三洞,单檐歇山顶覆绿琉璃瓦,1984 年即原址修复;东西两侧各有过梁式角门一座,现封堵。宫门外有石铺神道,至今村路而止,传说此石路原先一直向下,与其他八王园寝神道互相连通。宫门外左前方为碑亭一座,平面呈正方形,前、左、右三面各开一门,单檐歇山顶,1990 年重建。内有赑屃驮石碑,纪颂昭王功德,树立于正统十二年(1447)。

　　拱券式宫门以内正中为白条石铺砌的神道,神道北端有一字并列的三座单孔石桥。石桥以南有一条与主神道十字交叉的东西向道路,分别通向陵园的东西外宫墙,道路尽处各辟一门,为陵宫外垣的东、西宫门。二门均为砖石拱券结构,券门一洞,单檐歇山顶覆绿琉璃瓦。石桥北为中门基址,也是内宫城的正门;从现存基址上的柱础可以看出原制为面阔五间、进深二间;台基前有月台,三出陛阶,中道有丹陛石,台基环以汉白玉石栏板。中门东西两侧各有角门一座。中门基址以北为享殿,1988 年即原址修复,面阔五间,进深三间,总建筑面积 451 平方米,单檐歇山顶,覆绿釉琉璃瓦。殿前有月台,三出陛阶,左右各一出陛阶;周围环以汉白玉石栏板。殿前左右为东、西配殿,已复原为面阔三间悬山顶的建筑;东配殿前有焚帛炉一座。享殿后为砖石拱券门一座,辟门三洞,单檐庑殿顶,覆绿琉璃瓦,前有月台与享殿台基相接。此券门即是内宫城之后门(北门),形制和功能均与南京孝陵、北京长陵之内红门(后红门)相似。

　　后券门以北,正中为一座低矮的石砌祭台,平面呈正方形。据龙泉山当地流传的《朱氏宗谱》描述,台上原有石条案一,上置石质香炉一、石花瓶和烛台各二,未知真伪;现陈设复制品,其制仿北京昌平皇陵之石几筵。由此向北顺山坡可上达玄宫前,玄宫方向 137°,比陵宫中轴线更偏向东。其西侧 40 余米处探出另外一墓,推测墓主是王妃王氏。差不多同一纬度的东墙外并列三座陪葬墓、西墙外有两座陪葬墓。在内宫

　　① 湖北省文物考古研究所、武汉市文物考古研究所、武汉市江夏区博物馆:《武昌龙泉山明代楚昭王墓发掘简报》,《文物》2003 年第 2 期。

　　② 明楚昭王墓数据另见:梁柱、魏航空:《武昌县龙泉山明代楚昭王墓》,《中国考古学年鉴 1991》,文物出版社,1992 年,第 249 页。付守平:《明代楚昭王朱桢墓发掘简讯》,《江汉考古》1992 年第 1 期。蔡华初:《明楚昭王朱桢墓》,《文物天地》1993 年第 2 期。

墙以东、近外墙东宫门的路北还有一座"樊哙墓"，封土底径约 10、残高约 2 米，前有神道、拜台遗迹。笔者推测，该墓墓主应该也是楚昭王之妃或夫人等。

楚藩八位嗣王的园寝和昭王园寝平面布局相似，皆有陵宫门、中门、享殿、配殿、墓冢等建筑，屋顶、墙檐皆覆绿琉璃瓦；但各陵宫的规模均小于楚昭王园寝。到清代乾隆年间（1736～1795），地面建筑大多已毁坏无存："楚藩，为昭、庄、宪、康、靖、端、闵［愍］、恭，并贺氏之九冢，冢皆缭以周垣。前有寺庙，今他家皆残瓴断甃，惟昭冢犹有存者，围园几百步，高可数丈，砖皆澄泥为之，棱角无纤缺，纵横视之，层累不可悉数。庙基盘白石，晶莹若玉，四隅龙首翘然，涓滴檐水，皆自上石噀出。甬道中方石径数尺许，平城栏磶，皆礌碊若琼璇。庙左平远山房、客堂、茶堂，无不洁净精微，壁间嵌有诸游览名诗，明末兵燹无存。有碑亭三，碑广数尺，长数丈。负以赑屃，广丈余，长数丈，崇如之，俨一石天成，蠕蠕欲活，俗传为祟，悉剔其爪，一踣。港岸游览之奇，钟毓之盛，盖于邑称巨观焉。"①

1998 年，武汉市文物考古研究所对楚愍王朱显榕（被世子弑杀于嘉靖二十四年，1545 年）园寝进行了清理发掘，此后又经过多年后续工作，弄清楚了楚愍王园寝的基本结构，揭示出明代中晚期楚藩亲王陵宫的重要实例②。该陵园位于整个龙泉山陵区的东北角，建于玉屏峰下，坐东南朝西北，中轴线上的宫门、中门、享堂、配殿、后红门等设置及建筑规制等与昭王园寝大致相同，但规模明显缩小，陵宫平面前方后圆，长 255、宽 138 米。大殿台基环以汉白玉石栏板，从柱础可见原建筑面阔五间，前有月台，正面三出陛阶。封土在后红门之后，西冢长径 24、残高约 5 米，东冢长径约 21、残高约 4 米。陵园周围绿色琉璃砖瓦等残件俯拾皆是。

楚藩九王园寝制度有比较强的共性。

第一，九座楚王园寝皆建于山脚至山坡处，朝向随山势走向而各异。楚昭王园寝之左旁又次峰下为宪王园寝，坐西北朝东南。其余诸王园寝皆在天马峰对面，与昭、宪二王园寝隔古河道相望。除庄王园寝朝正西，康王园寝朝东北，其余诸陵园皆大致为坐东南朝西北。由此可见，楚藩似并不特别介意陵宫朝向，而以山向为坐朝基本导向。

第二，楚藩各王园寝皆有外宫墙，其规制高于昌平皇陵区仁宗献陵以后的列帝陵（永、定二陵除外）。各陵园皆有后红门，后红门外是坟冢，封土在内城之外、外城之内是楚藩亲王陵园之制的传统。诸园神道上皆无石像生之设，无论地面遗存、还是历年来的考古勘探，均未发现这类遗存。

---

① （清）陈元京修、范述之等纂：《江夏县志》卷一《山川·灵泉山》，国家图书馆藏清乾隆五十九年刻本，第 10 页。

② 刘永亮：《明代楚藩陵园的规制布局》，《大众考古》2021 年第 3 期。

第三，神道碑是楚府亲王陵墓制度中比较突出的特点。在楚昭、庄、端三王陵宫前各有一座碑亭，形制基本一改，皆置于宫门前左侧，内有赑屃驮石碑，分别记述三王生平功业及子孙分封等，性质属于神道碑。其中楚昭王碑亭已修复，边长 11.3 米，碑由楚宪王朱季埅（昭王长孙，庄王长子）奉敕亲撰，共 1200 余字，叙述昭王功德和生平纪事以及妃、子女分封等情况，楚康王（庄王次子）于正统十二年（1447）三月奉敕立碑；其碑文内容、性质与太祖孝陵、成祖长陵的神功圣德碑相同，属于纪功碑。楚庄王碑内容与昭王碑相似，只是碑文由翰林院侍讲学士廖道南撰写，末所附四言颂诗为楚宪王亲撰。楚端王碑先立于墓主预营寿域之时[①]，碑文主体内容虽然也是歌功颂德之语，但毕竟是立碑于寿藏之前，因而又有"寿以千秋为期，福禄弥隆"等语[②]，与前二碑体例有所不同。楚三王陵碑亭的券门皆三开，为初始制度，应当属于敬避帝陵碑亭门四开的一种降等之制；碑亭置于陵宫门左、屋顶覆绿琉璃瓦等也都有亲王身份的等级标识意义。明景帝初以王礼葬于西山妃嫔和夭折皇子墓葬区，其陵宫前的碑亭原立于门左，顶覆绿釉琉璃瓦，明人记载："代宗陵庙初用碧瓦，世宗谒陵始命用黄瓦。又以陵碑偏置门左非宜，命建亭于陵门之外、大门之内。"[③]查《明世宗实录》，明世宗亲祭景帝陵事在嘉靖十五年（1536）三月；当年十一月，"建恭仁康定景皇帝陵寝碑亭"[④]。据此可知，碑亭建于门左应该是明代亲王园寝之制。

第四，楚后嗣八王陵宫之制与昭王园寝的平面布局相似，各园寝的宫墙现已基本不存，但宫墙基础、建筑物夯土基座和柱础、封土等大多仍然依稀可辨，中轴线上建筑依次为宫门、中门（享殿前宫门）、享殿、配殿、墓冢等建筑，屋顶、墙檐皆覆绿琉璃瓦。除宪王陵外，其余各陵陵宫平面由正方形变为长方形。自庄王陵园开始，因陵宫整体缩小，封土到享殿的距离相应缩短；大约从端王园寝开始，后宫墙变成弧圆形。陵冢系封土而成，不包砖，亦无"明楼"一类建筑。明代亲王陵宫之制源于洪武年间因鲁荒王（洪武二十二年，1389 年）、秦愍王（洪武二十八年，1395 年）、晋恭王（洪武三十一年，1398 年）三位皇子薨逝而不断缘事设制，直到永乐年间才被系统规范。永乐八年（1410）十二月，"建秦愍王享堂。命视晋恭王之制，加高一尺，深广称之。乃定为享堂七间，广十丈九尺五寸，高二丈九及[尺]，深四丈三尺五寸。中门三间，广四丈五尺八寸，高二丈一尺，深二丈五尺五寸。外门三间，广四丈一尺九寸，高深视中门。神厨五间，广六丈七尺五寸，高一丈六尺二寸五分，深二丈一尺五寸。神库

---

① 楚端王朱荣㳦，正德七年（1512）袭封，卒于嘉靖十三年（1534）。其园寝前之碑先立于嘉靖十年（1531）。

② （明）崔桐：《楚端王碑》，《楚天名胜龙泉山》，武汉出版社，1995 年，第 70～72 页。

③ （清）王弘、何方本方点校：《山志》二集卷一《大明世系》，中华书局，1999 年，第 167 页。

④ （明）徐阶：《明世宗实录》卷一九三，嘉靖十五年十一月甲子，据国立北平图书馆红格钞本缩微卷校印本《明实录》，"中央研究院"历史语言研究所，1962 年，第 43 册，第 4080 页。

如之。东西厢及宰牲房各三门［间］，广四丈一尺二寸，高深视神厨。焚帛亭一，方七尺，高一丈一寸。祭器亭一，方八尺，高视焚帛亭。碑亭一，方二丈一尺，高三丈四尺五寸。周围坛［墙］二百九十丈，墙之外为奉祠等房十有二间"①。这是有明一代对于亲王墓园建制最详尽的规定，不但有建筑物的名称，还规定了营造尺寸，进而成为朝廷正式规定的亲王陵园之制，最终载入《大明会典》②。按照此项规定，亲王坟园应该是一座周长约928米的陵园，中轴线上依次为外门即陵宫门三间、中门即享殿前宫门三间、享堂七间、东西厢房即左右配殿各三间，以及神厨、神库、宰牲房、焚帛亭、祭器亭和碑亭等；另外，还有奉祠房等附属建筑十二间。楚昭王陵园围墙周长1380米，合431.25明丈，占地面积118 925平方米，约合195.68明营造亩，大大超过了永乐八年定制。同样按照永乐八年定制推算，亲王享堂应为面阔35.04、进深13.92、高9.2米，七开间，享堂前的中门应为面阔约14.66、进深8.16、高6.72米，三开间。以此规定为衡量尺度，楚昭王享堂面积为451平方米，面阔五间，略逊于定制（约为493平方米），配殿三间符合定制，但其中门为五开间、建筑面积350平方米却明显超逾定制之三开间、约120平方米建筑面积。昭王以后，楚藩陵墓的规模明显缩小；朝廷关于亲王园寝的规制也在继续压缩。正统十三年（1448）规定："亲王坟茔，地五十亩，房十五间。"③如果这十五间房中包含了享堂、配殿、中门等主体建筑，那么这些建筑的间架等制也应该相应降低，享堂最多不能超过面阔五间。卒于正统四年（1439）的楚庄王、卒于正统八年（1443）的楚宪王二人的陵园规模都远逊昭王，享堂之后地势逼仄，直接坟冢。仅以陵宫面积而论，庄王以后各园寝大体上都不逾正统标准。

第五，楚藩各王陵的封土有圆形，也有椭圆形，大小不一。已知者大多是王与王妃异坟异穴合葬。封土一般是左右并列，1～4个不等。天顺二年（1458）奏准："王或妃有先故者，并造其圹，后葬者止令所在官司起倩夫匠开圹安葬，继妃则附葬其旁，

① （明）张辅：《明太宗实录》卷一一一，永乐八年十二月甲寅，据国立北平图书馆红格钞本缩微卷校印本《明实录》，"中央研究院"历史语言研究所，1962年，第8册，第1423页。

② （明）申时行：《大明会典》卷二〇三《工部·王府坟茔》，"亲王坟茔，享堂七间，广十丈九尺五寸，高二丈九尺，深四丈三尺五寸。中门三间，广四丈五尺八寸，高二丈一尺，深二丈五尺五寸。外门三间，广四丈一尺九寸，高深与中门同。神厨五间，广六丈七尺五寸，高一丈六尺二寸五分，深二丈一尺五寸，神库同。东西厢及宰牲房各三间，广四丈一尺二寸，高深与神厨同。焚帛亭一，方七尺，高一丈一尺，祭器亭一，方八尺，高与焚帛亭同。碑亭一，方二丈一尺，高三丈四尺五寸。周围墙二百九十丈，墙外为奉祠等房十二间"。影印明万历十五年刊本，江苏广陵古籍刻印社，1989年，第5册，第2730页。

③ （明）申时行：《大明会典》卷二〇三《工部·王府坟茔》，影印明万历十五年刊本，江苏广陵古籍刻印社，1989年，第5册，第2731页。

同一享堂，不许另造。"①楚藩虽然自始至终都是王与王妃异穴合葬，但也始终都是在一座陵宫之内，并且共用同一享堂。

除亲王外，在流芳岭等地清理发掘的楚藩郡王、将军等墓前也有相应的陵园建筑遗址。

三、楚藩玄宫之制特色鲜明

明代藩王陵墓的玄宫（墓室）制度复杂多样，有一至七个，甚至十个或更多墓室不等，各藩在总体上都有一个从早到晚的简化过程。但楚藩情况例外，九位亲王的玄宫结构自早到晚基本没有变化，在与国咸休的诸藩府中墓葬中属于特异之例。

楚昭王朱桢玄宫结构为砖砌单券式单室，南北进深 13.84、东西面阔 5.78、高 4.78 米，玄宫南壁并列三座双扇小石门，每门均由门楣、立颊、门槛组成，每扇石门上有 81 颗门钉，但门甚小，最大的中门仅高 1.15、宽 0.8 米，左右门高 1.09、宽 0.76 米，仅容蹲伏出入②。墓室的左、右、后三壁各有一耳室，其内陈设明器和"灵牌"（按，即符箓石牌，压胜用），后耳室最大，面阔与主室相同③。玄宫正中为石砌棺床，上置昭王棺椁，棺床前有仿木几式石供案一，其上陈设供器及谥册匣、谥宝匣等，复前为碑碣形圹志。楚昭王玄宫结构虽然简单，但其墓室的实际面积却大于明代中后期的亲王单室墓，大约相当于基本同期建成的辽简王墓五室玄宫④总面积的一半。

根据武汉市文物考古研究所等单位的调查勘探资料，龙泉山陵区历代楚藩亲王陵

---

① （明）申时行：《大明会典》卷二〇三《工部·王府坟茔》，影印明万历十五年刊本，江苏广陵古籍刻印社，1989 年，第 5 册，第 2731 页。

② 梁柱、魏航空：《武昌县龙泉山明代楚昭王墓》，《中国考古学年鉴 1991》，文物出版社，1992 年，第 249 页。付守平：《明代楚昭王朱桢墓发掘简讯》，《江汉考古》1992 年第 1 期。湖北省文物考古研究所、武汉市文物考古研究所、武汉市江夏区博物馆：《武昌龙泉山明代楚昭王墓发掘简报》，《文物》2003 年第 2 期。

③ 湖北省文物考古研究所等《武昌龙泉山明代楚昭王墓发掘简报》称这三个耳室为"壁龛"（见《文物》2003 年第 2 期，第 7 页），一般来说，明代藩王陵墓中壁龛落地者并不多见，而且壁龛口和内部的高与面阔应该相等或相差不多。楚昭王玄宫这三个落地"壁龛"明显口小膛大，开门处以条石装饰，特别是后壁龛，从"发掘简报"所附墓室平面图来看，其宽与主室相等，性质上归为耳室应更准确一些。只是这些"耳室"都没有单独起券，甚至左右耳室就是借墓室拱券的左右壁上开出，工程做法和壁龛一样，故而楚昭王玄宫仍归入单室类。

④ 荆州地区博物馆、江陵县文物局：《江陵八岭山明代辽简王墓发掘简报》，《考古》1995 年第 8 期。

墓玄宫的结构皆与楚昭王玄宫形式相同，均为单室单人葬，前后变化不大[①]。昭王园寝外墙以西发掘过一座王妃墓，墓室大体保存完好，结构与昭王相似。楚庄王（薨于正统四年，1439 年）园寝后部中轴线上现存椭圆形封土，长径约 30、残高约 5 米，其下玄宫包括主室、左侧室、后壁龛和右壁龛。主室内有石供桌和石棺床，玄宫左壁的"壁龛"比较大，形成一个侧室，内另有一具石棺床，葬一具女性尸骨。楚宪王（薨于正统八年，1443 年）封土圆形，底径 35、残高 6 米，玄宫已被破坏，原为双室，残存两个石棺床。楚康王（薨于天顺六年，1462 年）园寝后部现存四座椭圆形封土，中间两个稍大，长约 13、残高约 2 米；两侧两个稍小，长约 11、残高约 1.5 米。中间封土下玄宫为青砖砌单室，略有损毁，内设石供桌、棺床，有后龛和左右龛。楚恭王（薨于隆庆六年，1572 年）园寝后部并列两座椭圆形封土，两侧长径约 16、残高约 3米，东侧长径约 14、残高约 2.5 米。玄宫为青砖砌单室，略有损毁，内设石供桌、棺床，有后龛和左右龛。楚末王（崇祯十六年，1643 年被张献忠沉于长江）园寝（当地称为"贺王陵"）朝向西北，后部有两座圆形封土，东西并列，底径均为 9、残高约 3米（一说坟冢区有三座封土，呈"品"字形排列）。大约在 20 世纪 90 年代中期被盗掘挖开，西侧封土可见盗洞。文物工作者曾进入墓室调查清理，为砖券单室结构，出土《楚八代国君继妃张氏墓志》一方，称墓主张氏"偕予在宫五十一载"，"妃生于隆庆六年（1572）十月十六日，薨于崇祯五年（1632）九月二十三日。奉诏葬于崇祯十年（1637）十二月初八日，合圹于灵泉之长寿山"。从志文所见世次、年代、撰文语气和在王位五十年以上等几方面因素考察，可证此墓志文应系楚藩末代王华奎亲撰。据此可知，楚藩亲王单室单人葬的习惯一直持续到了明末，并没有遵守天顺二年（1458）同圹而葬的合葬令。

武汉江夏区也发现过一些王妃、郡王以及将军、中尉等中低等级楚藩宗室成员的墓葬，提供了不同层级的墓室资料信息。其中有些颇具考古学价值，如佛祖岭村二妃寝湾妃嫔墓葬区[②]，景陵顺靖王朱孟炤墓[③]、通城王朱英焴家族墓（朱英焴及其世系、生平、传袭等情况，《明史·诸王世表》缺载）[④]、江夏区流芳岭寺王村明墓（有人推测墓

① 国家文物局：《中国文物地图集·湖北分册》下册，西安地图出版社，2002 年，第 24、25页，《庄园》《宪园》《康园》《恭园》《贺园》。

② 国家文物局：《中国文物地图集·湖北分册》下册，西安地图出版社，2002 年，第 25 页，《二妃寝墓群》。

③ 武汉市文物考古研究所、武汉市江夏区博物馆：《武汉江夏二妃山明景陵王朱孟炤夫妻墓发掘简报》，《江汉考古》2010 年第 2 期。

④ 武汉市文物考古研究所：《武汉市明通城王朱英焴家族墓地发掘简报》，《江汉考古》2014 年第 6 期。

主为楚藩江夏康靖王等）[①]、流芳岭四股山明墓（推测墓主为楚藩某郡王，约落葬于崇祯十六年，1643 年）[②]，还有牌楼舒村楚王家族墓葬[③]，楚藩镇国中尉朱显杙墓和辅国中尉朱英㷭墓[④]、崇阳靖简王位下镇国将军朱季㙦墓和辅国将军朱均钵墓[⑤]、楚藩"岳阳奉国将军勤健堂"墓[⑥] 等。这些墓葬的规制大多比较简单，有些是砖券单室墓，也有些是以砖或三合土砌成墓圹，实际仅做成一个棺室或椁室。2007 年，在流芳街道清理崇阳简靖王后裔的墓葬群，墓主身份多为镇国将军、辅国将军、奉国将军几个等级，年代从天顺（1457～1464）至崇祯（1628～1644），多为夫妻合葬双砖室墓[⑦]。武汉洪山区洪山乡黄家湾发现的楚藩镇国中尉朱显杙和其妻恭人赵氏合葬墓，是以粗质青瓷碗砌筑的棺室[⑧]，揭示了罕见的明代宗室墓葬之制。根据出土墓志，墓主朱显杙卒于嘉靖三十四年（1555）二月，隆庆二年（1568）十一月葬；其妻赵氏先卒于嘉靖七年（1528）四月，十一年四月葬，二墓异圹毗邻。

整体来看，楚王宗族的墓葬结构比较简单，相比其他藩府，墓室结构的前后变化也不明显，单人单室（穴）葬贯穿始终，没有严格遵守天顺二年（1458）的合葬令。

四、楚昭王墓的发掘揭示出明早期藩王的葬俗现象

明代亲王和其他宗藩成员墓葬中普遍有祭器存在，但由于各种破坏，只有少部分墓葬还保留了基本完整的祭祀情境。楚昭王墓发掘时未被盗扰，埋葬状态保存基本完好，揭示出完整的墓内祭祀现象等祭葬现象，具有重要研究价值。

楚昭王墓室正中的石砌棺床之前有仿木几案式石质供桌 1 件，桌面上自内（靠近棺椁）而外依次陈放石质线刻云龙纹封谥册匣 1 件（内排）；木质涂金谥宝匣 1 件、两侧分别为铜质双耳瓶各 1 件，瓶内插铜鎏金荷花及荷叶（中排）；铜质三足鼎式香炉 1

① 武汉市文物考古研究所、武汉市江夏区博物馆、江夏区流芳岭文化馆：《武汉市江夏区流芳岭明墓发掘简报》，《江汉考古》2000 年第 3 期。祁金刚：《江夏明代楚藩郡王墓群》，《武汉文史资料》2016 年第 9 期。

② 武汉市文物考古研究所、武汉市江夏区博物馆：《武汉江夏流芳四股山明墓发掘简报》，《武汉文博》2010 年第 4 期。

③ 武汉市文物考古研究所、武汉市江夏区博物馆、江夏区流芳岭文化馆：《武汉市江夏区流芳岭明墓发掘简报》，《江汉考古》2000 年第 3 期。

④ 武汉市博物馆：《黄家湾明代楚王朱氏墓》，《江汉考古》1998 年第 4 期。

⑤ 武汉市文物考古研究所、武汉市江夏区博物馆：《武汉江夏流芳四股山明墓发掘简报》，《武汉文博》2010 年第 4 期。

⑥ 富士康发掘分队：《武汉江夏富士康工业园区墓葬发掘》，《武汉文博》2010 年第 4 期。

⑦ 武汉市文物考古研究所：《武汉流芳明代墓葬发掘》，《武汉文博》2011 年第 4 期。

⑧ 武汉市博物馆：《黄家湾明代楚王朱氏墓》，《江汉考古》1998 年第 4 期。

件，两侧分别为铜质烛台各 1 件，烛台上插木质涂红漆的象征性蜡烛（外排）。在石几的前左脚下还有一个青白釉瓷罐，内有核桃 7 件、板栗 4 件、枣 1 件、枣核 2 件、白果 1 件、荔枝核 1 件、不明品属 1 件①。散处于多个省区的明代藩王墓葬保存状况普遍不好，考古发掘揭示出的墓内设祭现象清晰者并不多见，像楚昭王墓那样基本完整地存留落葬时信息者更属凤毛麟角。

墓内供祭陈设表达了对墓主最后的直接敬意，它可以是一种简单的形式即摆设场景，也可能是一种礼仪活动的遗存。如是前者，行祭人可以是不在现场的王族成员（如嗣王、墓主妃妾等），是一种虚位体现；如是后者，应该是在现场主持安置棺椁及随葬品的送葬者（如王府官员、内侍等）。随着墓室的封闭，这种祭祀行为连同相应的道具（包括祭器、谥册宝等）便具有了永久性。笔者结合北京昌平明神宗定陵发掘时所见情境，认为明代帝王墓内的祭祀行为应该和传自古代的"赠"礼有关②。明代皇帝葬仪中的"赠礼"是因袭自汉唐乃至更早的古礼而有所损益，赠礼的核心依然是奉赠谥册宝和玉帛等。明制："诸王所用，其制下天子一等"③，各地明代藩王墓葬中的设祭现象，至少有一部分应该是"赠礼"的遗存，即使不会像皇帝大葬一样规范如仪，但或多或少地保留了这种礼仪形式，特别是在明代早中期；鲁荒王、楚昭王墓中的谥册宝等陈设可为佐证④。明代中晚期皇陵"赠礼"或许已有减省式变革，至于这种礼仪行为在各地王府中的执行程度如何，目前还不能确定。无论如何，楚昭王墓中的祭祀现象都具有重要的礼制层面研究价值。

楚昭王墓出土鎏金铜册二副，一副是永乐二十二年（1424）的谥册，两页对折；另一副是洪武三年（1370）分封墓主为楚王的封册。二册形制、大小相同，册页长24.7、宽 10.15、厚 0.5 厘米，共置于一个木盒中，封册在下，谥册在上。册盒置于雕刻龙纹石函中，放在棺床前的石几案上。同墓中还出土木质贴金"楚昭王宝"谥宝一方，龟纽，通高 7.5、长宽各 10.5 厘米，置于石函前盝顶木册匣中⑤。按礼制，明代亲

①　湖北省文物考古研究所、武汉市文物考古研究所、武汉市江夏区博物馆：《武昌龙泉山明代楚昭王墓发掘简报》，《文物》2003 年第 2 期。

②　刘毅、孙怡杰：《明代藩王墓内设祭现象研究》，《江汉考古》2022 年第 1 期。

③　（明）张辅：《明太宗实录》卷一九，永乐元年四月甲戌，据国立北平图书馆红格钞本缩微卷校印本《明实录》，"中央研究院"历史语言研究所，1962 年，第 6 册，第 350 页。

④　关于明代藩王陵墓中册、宝的陈放位置，可参阅拙文《帝王陵墓之册、宝、志探析》（载《东南文化》2012 年第 5 期）。明神宗帝后谥册宝或未安放如仪，此时"赠礼"是否已有变革并进而影响到清代帝后葬仪，尚有待进一步研究。

⑤　湖北省文物考古研究所、武汉市文物考古研究所、武汉市江夏区博物馆：《武昌龙泉山明代楚昭王墓发掘简报》，《文物》2003 年第 2 期。

王应该都有谥册和谥宝随葬,楚昭王陵中兼以实用受封册随葬[1],亦属少见之例。表明这种延自上古的礼制已不再被严格执行。

重棺是明早期亲王棺制比较典型的制度[2]。楚昭王葬用重棺,"棺椁漆木质,已朽"[3];其材质、尺寸未见著录。其墓中仅出土 300 余件器物,而且大都是材质低的明器[4],或许确如其史称其"恭慎畏事,执守礼法,始终一心;在国四十余年,不非理取于民"[5]。墓前碑文亦云:"留心典籍,靡他嗜好。书十事座侧,旦夕自警,恭慎俭约,恒存省己。"[6]

五、完整的明代藩王陵墓群范本

湖北是明代分封亲王最多的省份,先后共有 12 藩。其始封王和王府驻锡地分别为:太祖之子楚昭王(武昌)、湘献王(荆州,即今江陵)、辽简王(荆州,即今江陵),郢靖王(安陆,即今钟祥),仁宗之子襄宪王(襄阳)、荆宪王(蕲州,即今蕲春)、梁庄王(安陆,即今钟祥),宪宗之子兴献王(安陆,即今钟祥)、岐惠王(德安,即今安陆)、寿定王(德安,即今安陆),世宗之子景恭王(德安,即今安陆),神宗之子惠王(荆州,即今江陵)。其中岐惠王、寿定王、景恭王皆以无子除封,还葬北京;惠王驻藩仅一代,始封王朱常润于崇祯末流亡,后死于两广。这样算来,明朝共有八藩王墓在湖北,其中兴献王为明世宗生父,其园寝后按皇陵规制增建,尊为显陵;保存状况最好,已成为全国重点文物保护单位和世界文化遗产。其余七藩亲王陵墓,惟楚藩整体保存状况最好。如前所述,明代各地藩王陵墓的分布形式分为"同藩诸王同兆域"和"同藩诸王异兆域"。前者除楚藩外,还有甘肃榆中肃藩、河南南阳唐藩、山东长清德藩等;后者则有陕西长安秦藩、山西太原等地晋藩、山东邹城等地鲁藩等,但各藩府大都只有部分亲王陵墓保存基本完整或有明显的遗迹现象。自明早期至明末全部亲王陵墓都至少有遗迹可寻者,惟有楚藩。因而"楚藩九寝"具有重

---

① 也有研究者认为,楚昭王墓中随葬的封册并非真正的受封之册,而是"原金册的复制品"。见高大伦、李飞:《从江口出水金封册看明代封册制度》,《文物》2018 年第 10 期。

② 刘毅:《明代皇族棺制研究》,《南方文物》2017 年第 3 期。

③ 湖北省文物考古研究所、武汉市文物考古研究所、武汉市江夏区博物馆:《武昌龙泉山明代楚昭王墓发掘简报》,《文物》2003 年第 2 期。

④ 湖北省文物考古研究所、武汉市文物考古研究所、武汉市江夏区博物馆:《武昌龙泉山明代楚昭王墓发掘简报》,《文物》2003 年第 2 期。

⑤ (明)张辅:《明太宗实录》卷二六九,永乐二十二年三月癸巳,据国立北平图书馆红格钞本缩微卷校印本《明实录》,"中央研究院"历史语言研究所,1962 年,第 9 册,第 2439 页。

⑥ 转引自袁家新:《楚天名胜龙泉山》,武汉出版社,1995 年,第 67 页。

要的文物和历史价值。除经过整修的昭王园寝外，其余诸王园寝遗迹保存情况不一，1998～2019 年间笔者调查所见情况分述如下。

庄王园寝：陵园坐东朝西，宫门遗址前左有碑亭，亦三面开门，顶已不存，内竖碑，同昭王园寝之制；局部修复。陵宫券门三洞，中门、配殿及享殿制同昭寝，即原址建成遗址公园。

宪王园寝：陵园朝向东南，已没于荆榛中，地表可见柱础、残碎青砖及绿釉琉璃瓦。山下路边有残墙一段，当为园寝南宫墙。宫门（中门）处可见角石及残墙遗迹。墓葬顶部见有挖开之三合土，残券犹在，墓室已塌成坑。其后有土岗一道，或为后宫墙遗迹。

康王园寝：陵园朝向东略偏北，残存柱础若干，湮没于树草之中。

靖王园寝：陵园朝向西北，尚存中门、享殿及配殿遗址等，遗迹现象比较清晰，其保存部分建成遗址公园。

端王园寝：陵园朝向西北，碑亭已修复，石碑、龟趺座体量均小于昭、庄二园。陵园基址部分已被破坏，遗址区域被植被覆盖。

愍王园寝：陵园朝向西北，经过考古发掘，内外宫墙、宫门、神道、中门、享殿及配殿、后宫门遗址以及封土等尚比较清晰。内外两重宫墙，陵园规模仅次于昭王园寝，其核心部分已建成遗址公园。

恭王园寝：陵园朝向西北，选址距背山稍远，封土后部已被垦殖。

末王园寝（"贺王陵"）：陵园朝向西北，有柱础、石构件等残留于地面，大致可见建筑物轮廓。后为坟冢区。有二冢并列，其西侧者可见盗洞，曾出土张氏圹志一件。此园寝为楚末王朱华奎（南明追谥曰定王）之墓。

明代宗藩墓葬具有比较高的考古学价值和文化遗产价值，在中国古代晚时段的考古学研究中还具有进行方法论探索的标本意义。龙泉山楚王园寝是建筑或遗迹现象保存最为完好的明代藩王墓葬群，也是比较少见的保存基本完好的中国古代高等级家族墓葬群。经过多年的不懈努力，龙泉山楚王墓葬群已经建成国家考古遗址公园，这将进一步提升其作为全国重点文物保护单位的保护力度，更好地宣传展示其历史文化价值，更好地长久传承下去。

明楚昭王朱桢兆域的文物遗存
及其考古意义

涂明星[1] 吴 涛[2]

（1. 武汉开放大学、武汉软件工程职业学院 2. 武汉市东湖新技术开发区龙泉街道）

内容摘要：明楚昭王朱桢痴迷风水，选定湖广武昌府江夏县灵泉山（今湖北武汉龙泉山）作为"万年吉地"。昭、庄、宪、康、靖五代楚王，占山造寝，打起土地官司，历经曲折，建成了明楚藩王第一座茔园。横贯山内的神道，奠定了其后八王茔园的基础，至今犹可利用；其兆域的建筑遗存、地宫出土文物，成为探究朱桢，以及楚藩的社会环境、价值观念、生活状态的原始材料。研究表明朱桢兆域的文物遗存具有独特的考古价值。

关 键 词：明代楚藩 昭王朱桢 兆域 文物遗存 考古意义

一、地 理 环 境

龙泉山原名江夏山，俗称峡山、夹山，唐天宝年更名灵泉山，清代更用今名。西北距武昌古城（楚王宫所在地）30千米，横亘于梁子湖北水系的龙泉半岛北部，宋乐史《太平寰宇记》载："江夏山在县东南，有小山迤逦，西去县六十里。"[①]山体由东西走向的两列峰丛组成，从西端的丰禾山（今凤凰山）开始分支，北为天马峰丛，南为玉屏峰丛，向东蜿蜒约2千米，以珠山为圆心，呈环抱状相会于吾塘湖（今梧桐湖）西浒。在"二龙戏珠"之势中，珠山显得不可或缺，至关重要。"珠山突起圆阜，两山环抱。"[②]若无珠山，不成其为二龙戏"珠"。龙泉山三面环水，北面是梁子后湖，东面是梧桐湖，南面是牛山湖。加上山中自然天成的两条湖漪，形成水中有山，山中有水的景观。两漪以横龙岭（亦名过脉岭，呈南北走向连接天马、玉屏两列峰丛）为分水岭，将山内分成两个盆地。东漪连通梧桐湖，舟楫可达珠山北麓状元桥码头；西漪

---

① （宋）乐史著，王文楚点校：《太平寰宇记》，中华书局，2007年，112卷，第2278页。

② （清）王庭桢、彭崧毓：《江夏县志》卷二《疆土志》，同治八年刻本，（台北）成文书局，1975年，第114页。

（俗称港沟）连通梁子后湖，汇集横龙岭西部的水流，向西北汇流入湖。三面环湖成为楚藩九寝兆域的天然屏障，只要守好几个关隘，山内基本无虞。此地位于北纬 30° 附近，气候温和，宜农宜居。广域的湖水拥有丰富而多样的水产资源，又联通长江水道，提供了舟楫之利。山内罗布多处象形地貌，历来奉为"风水宝地"。唐宋以降，这里形成耕读传家、农商俱盛的封建文化村落，人文景观鳞次栉比，明初科举隆盛名震湖广，灵泉商市出现"阛阓闬闳鳞萃，烟云浡郁"① 的繁华局面。

朱桢刻意追求风水宝地，执意选择天马峰南麓建造地宫，可从楚藩《朱氏宗谱》（以下称《朱谱》）中的《楚昭王寝图·附庄宪康靖端愍恭贺八寝图》寻些答案，图中显示楚藩九王茔园布局及一些风水标识。该谱领衔修撰人朱博藩所撰《楚寝图说》较详细地解读了昭园的风水原理："登穴省视，内而岚嶂围列，外有湖水盘曲……本支（指昭园）左右出于二大枝，数小砂，护绕层叠。下关砂，山龙蠹蠹，环抱内明堂、外明堂。五山排闼，连列玉屏，地理所称'五星连珠''玉屏挂榜'者也。寝内山有九峰，故有'九龙捧圣'之说。"② 这些元素汇成一个结论：原樊哙墓、后被朱桢占作地宫的处所，是龙泉山风水绝佳处。

二、兆 域 范 围

作为楚藩首代藩王，明楚昭王朱桢茔园建造过程中，为以后各王茔园奠定了基础，因而其兆域范围几乎贯通了龙泉山谷地。主要包括占地面积达 113 311 平方米的昭园，以及茔园外神道。当时督修茔园的王府官员、陵卫官兵，由武昌城出发，经洪山（宝通寺）、广阜仓（今广埠屯）、茶棚、油坊岭（今流芳岭）、进山牌楼（入清后有舒姓家族居住，称为"牌楼舒湾"），到傅家后山东麓（今小傅湾），到达右所营（今大营湾）。

茔园外神道连通把守关口的三所陵卫。"楚藩设营兵三所（左、中、右），百户官四员，侍卫四员，祭祀典仪司四员，宰厨二员，威制一方。"③ 三所陵卫处所至今还用作湾名。右所营即今大营湾，中所营即今中所涂湾，左所营即今营口湾。右所营可谓物资储备、转运中心。右所营建有南北贯通的官修御道。向北经傅家后山东麓、进山牌楼，联通武昌城；向南直通凉马坊（当时作为马匹养殖、栖息场所，现有村湾名"凉马坊"源于此）。楚藩还在小傅湾到凉马坊之间修起了称作"粮马房"的街道，其所谓"建起粮马房，修成半边街"④。茔区所需建材、马料、生活物资等，由此中转到东部茔区。

---

① （清）王庭桢、彭崧毓：《江夏县志》卷二《疆土志》，同治八年刻本，（台北）成文书局，1975 年，第 183 页。

② 张高荣：《新编灵泉志》，武汉出版社，2006 年，第 365 页。

③ 张高荣：《新编灵泉志》，武汉出版社，2006 年，第 71 页。

④ 武昌县志编委会：《武昌县志》，武汉大学出版社，1989 年，第 682 页。

三、茔园故事

（1）茔园是强行驱赶原有住户所得。楚藩占山造寝，将龙泉山划作陵园禁区。明初，有五十六个姓氏的住户寓居龙泉山，以张、李、曾、杜、樊、沈、董、邹等为代表的"八大家族"势力最为强大。其中前五姓家族，在明初拥有官宦背景，有人在当地或官场拥有较高声望。楚藩夺地经历了六个阶段。第一是换地。原本以为"以一亩换三亩"的优惠条件住户会乐意接受，但被断然拒绝，住户为了共同目标达成抗衡同盟。贡监张通《与张学悟书》表明强硬态度："曾、李、郑、杜、尹、樊、赵，有山有冢，皆不怕死。我不惜残躯，与藩面谕。头可断而宅不可换，骨可碎而冢不可迁。"① 第二是楚藩采取各个击破的策略。邹沈两家怯于楚藩，率先答应换地，带动一些家族附和，抗衡同盟出现分裂。第三是谈判。弘治二年（1489），朱均鈋（谥"靖"）亲临现场谈判，张李两家表示拒谈，张通"先声抗论，声喧林谷"。朱均鈋不择手段，实施苦肉计，自伤其首，诬告士绅谋害楚王，并将三个血掌印盖在奏本之上，惊动皇上，孝宗皇帝委派专员查勘②。查勘结论是楚王诬告。第四是双方打起各执一词的官司，从明初打到嘉靖中期。山内士绅控告楚王违背公德、强迫民众搬迁、肆意掘毁他人祖茔、矫诏立碑、越占宦产；楚王软硬兼施，步步为营。"弘治、正德、嘉靖三朝，楚王共上四十一本。数十年叠案如山。"③ "先帝并未剖决，朝臣不敢公言。"嗣位皇帝委派钦差"勘问明白，处分停当来奏"④。山内士绅群起申诉，贡监沈世昌有《上楚王书》⑤，张通有《上楚王书》⑥，举人张翾有《参楚藩本》⑦，生员张廷凤、张廷鸾兄弟有《再参楚藩本》⑧，揭露风水术士傅仙子谬托堪舆的无稽之谈，谴责楚王为了谋求牛眠吉地而毁屋掘坟的行径。第五调解。朱均鈋延请乡绅张钟灵（在弘治年湖广乡试考中解元）出面调和，未果。由于楚王得寸进尺的加码，张解元愤然写下《复楚王书》⑨，变调解为斥责。双方交易最后的希望杳无踪影。第六是暴力强迁。张李两姓试图继续坚守，却遭遇暴力驱赶甚至追杀，被迫逃离保命，流落异乡。张天泓《与东白先生书》

---

① 张高荣：《新编灵泉志》，武汉出版社，2006年，第97、98页。
② 张高荣：《新编灵泉志》，武汉出版社，2006年，第63页。
③ 张高荣：《新编灵泉志》，武汉出版社，2006年，第66页。
④ 张高荣：《新编灵泉志》，武汉出版社，2006年，第66页。
⑤ 张高荣：《新编灵泉志》，武汉出版社，2006年，第81页。
⑥ 张高荣：《新编灵泉志》，武汉出版社，2006年，第78页。
⑦ 张高荣：《新编灵泉志》，武汉出版社，2006年，第67页。
⑧ 张高荣：《新编灵泉志》，武汉出版社，2006年，第68页。
⑨ 张高荣：《新编灵泉志》，武汉出版社，2006年，第77页。

足见其被驱逐的悲惨境遇："（楚王）破脑伤首之诬，罪同弑君。宦臣谋主之奏，诛及九族。乡城百里，不敢道长弓半字，只得变姓易名。父母故土，祖宗坟墓，谁忍弃置如遗？"①朱显榕继嗣后，"凶暴尤甚，将内山八名家、外山四十八户，碑坊庙寝审逐毁掘，而诸胜地遂荡然无余"②。钦差大臣《复勘楚藩奏疏稿》曰："（楚藩）逐赶夹山居民四十八户，远离他乡。内山不许百姓行走，外山不许车马践踏。"③

（2）昭园形制布局，仿照武昌城楚王宫设计。昭园与武昌蛇山南坪的楚王宫异曲同工，两者外城和内城呈"回"字形。若说楚王宫前署后憩，显示朱明皇权在湖广地方的延伸，那么昭园前祭后寝，则寄托着"视逝如生"的愿望。

（3）昭园之内另有四座墓冢：樊哙墓、朱桢元妃墓，以及当地两位乡绅，即元末辞官归隐的大学士沈如筠，及其女婿、明初吏部官张添祐之墓。张聪《灵泉樊侯墓碑》记：余少时至天马峰下，有"汉将军樊侯之墓"七大字，半为苍苔所掩。东有一石台，高八尺，又题"武阳侯"三字（樊哙封舞阳侯谥武侯，今保留民间文献"武阳侯"说法——笔者注）。乡邦文献《灵泉志》记载，楚藩略施诡计，将樊墓南迁200余米，移葬其茔园东门。"武阳侯樊哙墓，今昭寝，侯墓迁东边。"④樊哙墓"在灵泉山天马峰下，明（楚）庄王夺其地葬昭王。凿之，才洞其窜，云瀚然出，至半空现哙身。王拜，祝以王礼，改迁其于左。每岁祭墓，必先祭樊墓"⑤。南迁樊墓，或许是楚庄王孟烷的有意安排：一是对樊氏后人有个交代，二则有武将樊侯"把守"东门，可永保平安。据勘探，元妃王氏墓在昭王地宫西40米处。王氏妃先于朱桢亡故，现今勘探到的处所即是初葬之地，原计划昭王入葬后再行迁葬。发掘简报显示：棺台之上，昭王棺椁右（西）侧预留有空位⑥。未能迁葬，不知何因。这与鲁藩戈氏王妃衬葬鲁荒王朱檀寝西60米处，情形相同。沈宝之《灵泉穴地总记》曰："昭寝中堂东下，即元观文殿相国沈公如筠墓，今平。张公添祐与夫人沈氏合葬墓，在昭寝之西。公灵显应，不能掘。碑为石台所压。"⑦《朱谱》有载："楚王请堪舆先生傅姓谋地，看中灵泉。欲山中修寝葬坟，将外地买三亩换一亩掉出。沈阁老（即沈如筠）不允，与楚王面圣。皇上劝语，沈阁老推让，赐沈姓朱，掉出方城一段。"沈如筠墓可不迁葬却要平冢，其后裔迁居山南朱杨庄（今江夏区龙泉街道朱杨湾）。朱桢另五个夫人墓均建在茔园外侧，东侧三座西侧两

① 张高荣：《新编灵泉志》，武汉出版社，2006年，第99页。
② 张高荣：《新编灵泉志》，武汉出版社，2006年，第63、64页。
③ 张高荣：《新编灵泉志》，武汉出版社，2006年，第71页。
④ 张高荣：《新编灵泉志》，武汉出版社，2006年，第84页。
⑤ （清）陈元京、范述之：《江夏县志》卷十五《古迹丘墓》，乾隆五十九年刻本，第16页。
⑥ 湖北省文物考古研究所、武汉市文物考古研究所、武汉市江夏区博物馆：《武昌龙泉山明代楚昭王墓发掘简报》，《文物》2003年第2期。
⑦ 张高荣：《新编灵泉志》，武汉出版社，2006年，第84页。

座（均已盗损）。

（4）茔园犹如祭祀与游憩兼容的场所。茔园设计兼顾了实用和美感，展现山水园林之美、对称之美、平衡之美。园中有山有水，有亭有井，有楸有竹。有明一代，楚宗、官员须经楚王允许方能进入园内。茔园外城垣辟有五门，正门楼有三门，东西垣各有一侧门。正门楼为四垛三门，中门高大为主门，东西门略小为掖门，由中央神道一线向北，依次是东西神道、金水桥、内城、祭台（石几筵）、丹陛、宝顶。茔园分为三个区域，金水桥以南为接待休憩区，设有班房、客堂、茶堂；金水桥至祭台为内茔园，是祭祀瞻仰区。茔园内城包括祾恩门、祾恩殿、东西配殿、棂星门。祾恩殿内置有朱氏先祖，昭王及其王妃、夫人的灵位，以及其他纪念物品；祭台到宝顶属特别保护区，一般人不得入内。茔园中轴线方向（147°）与地宫方向（137°）之所以要错位10°[1]，是出于茔园布局的美感设计。地宫讲究的是面对朝山（玉屏峰五座山峦的中峰），若按地宫中轴线方向建造，茔垣则明显地呈偏斜状横亘于山麓，有碍视觉美感，而错位10°则可弥补这一偏差[2]。

（5）明末至民国时期的情状。《朱谱》载："明末张献忠等将灵泉寝内殿亭宫室放火烧毁。"仅存殿宇残垣、基座。清初两帝颁有保护前明帝王陵寝的谕旨。顺治帝谕旨礼部："故明各帝王陵寝设人看守，以时祭祀不绝。其各省有藩王寝基，仰各督抚饬付；有司令其子孙不时祭祀；其无子孙者，地方官妥为保护，毋任民人侵占。"康熙四年（1665）十二月，康熙帝谕旨：设人看守前明帝王陵寝，允许后人祭祀。朱氏族人在明末清初处于躲避、隐姓埋名的状态，得此谕旨后，相继各寻其业。清中期在祾恩殿地基上建起了朱氏宗祠，祠内有两副楹联：一为"芝兰不独庭中秀，松柏仍当雪后青"，二为"一盏残灯犹识当年故苑，千秋俎豆难忘盛世殊恩"。清代江夏秀才汤铭新所见宗祠："榱桷崇隆，墙院锋锷。"[3]乾隆朝《江夏县志》描述园内的景致："砖皆澄泥为之，棱角无纤缺，纵横视之，层累不可悉数。庙基盘，白石晶莹若玉。四隅龙首翘然，涓滴檐水，皆自上石喷出。甬道中，方石径数尺许，平城槛磴，皆礌砥若琼璇。庙左平远，山房、客堂、茶堂，无不洁净精微。壁间嵌有诸游览名诗。"[4]表露了欲抨不忍、欲褒不妥的笔意。乾隆朝举人曹文藻《昭寝怀古》描写的是园外的景象："两山排列自青青，寝庙凄然俎豆馨；故物龟砆生石发，于今樵牧到荒亭。"[5]

（6）1949年以后的保护措施。1956年，湖北省政府公布明楚王墓群为第一批省

---

① 湖北省文物考古研究所、武汉市文物考古研究所、武汉市江夏区博物馆：《武昌龙泉山明代楚昭王墓发掘简报》，《文物》2003年第2期。

② 涂明星：《龙泉山历史文化资源及其开发价值》，武汉大学出版社，2017年，第85页。

③ 张高荣：《新编灵泉志》，武汉出版社，2006年，第6页。

④ （清）陈元京、范述之：《江夏县志》卷一《山川》，乾隆五十九年刻本，第10页。

⑤ 张高荣：《新编灵泉志》，武汉出版社，2006年，第170页。

级文物保护单位。2001 年，国务院定为第五批全国重点文物保护单位。"破四旧"期间，又遭受一些损毁。20 世纪 70 年代，作为营泉大队林场，种植树木果林，设人驻守。1981 年，武汉市市长办公会决定成立龙泉山风景区管理处，加强楚王墓群的管理与维护，筹建旅游区。一批设施逐步得到修复：正门楼广场、正门楼、祾恩殿、东西配殿、祭台、明楼、神道碑亭庐顶。正门楼，在遗存的汉白玉金刚座、青砖拱券基础上复原，添补大门，屋顶采用歇山顶形制。在长 74 米、宽 69 米的内城垣中，建成的祾恩殿（享殿）、东西配殿呈"品"字阵式。祾恩殿是昭园中面积最大的建筑物，现为"明楚昭王地宫出土文物展览馆"，面阔三间，进深两重，歇山式穹顶，与东西配殿的悬山顶形成两种风格。在宝顶所建明楼，采用歇山卷棚顶，可"保护墓室开切立面的构造制式"，便于游者参观地宫。碑亭庐顶采用钢混结构歇山顶形制修复[①]。以上建筑参照明陵式样，力求达到仿古效果。

四、神　道　概　貌

1. 昭园神道分为茔园外神道和内神道

茔园外神道实际上最初是作为督修官员、陵卫官兵往来和物资运输的通道。茔园外神道由右所营为起点，一路向东，与内神道垂直相交于昭园大红门前，继续向东，经马鞍峰北坪的金榜场、中所营"门口塘"南埂，跨越横龙岭，直达昭园南垣。继续向东沿着宪寝塘南埂，越过珠山北坪的状元桥（水路物质转运码头），联通左所营。外神道也是后来楚藩宗室从武昌来此祭祀楚王的交通要道。此道同时又奠定了后继八个楚王神道的基础，庄、宪、康、靖、端、愍、恭、贺八寝神道，由此派生，连通各茔园。现已灌木丛生，丝藤蔓布。近年来为了方便参观游览，修建了贯通八王茔园的通道。外神道在清以后成为山内交通干道，沿用至今。20 世纪 60 年代，中所涂湾沿着此道南沿，修建了起于横龙岭、连通西澥的灌渠，平整出十余块方方正正的、面积 2～6 亩的"渠园化"农田，成为湖北省武昌县龙泉公社的示范田园。

2. 茔园内神道

内神道呈南北向，以外城南垣正门楼中心为起点，至地宫一线，即是昭园中轴线。内神道以 1 米见方的青石铺设，连通呈对称状分布的祭祀建筑。茔园内御道呈东西向，距南垣 62 米，连通外茔园东西垣两个侧门，在神道桥（俗称金水桥）前，与神道呈"十"字形相交。

---

① 杨忠平：《龙泉山明楚昭王墓园地面建筑修复纪略》，《武汉文博》2014 年第 4 期。

3. 神道桥为三座并列的拱券式单孔石桥

其首要功能是实用、坚固、耐腐、排水流畅，聚水不至于返潮，排水不至于迁渍。江夏区博物馆编印的《江夏石桥》显示：三座石桥对称建在东西长 24、南北宽 7 米的长方形涵池之上，中桥（主桥）坐落于昭园的中央神道上，长 12、宽 4.2、拱高 2.8、跨度 2.3 米。东西宾桥，长 12、宽 2.2、拱高 2.7、跨度 2.3 米。三桥将涵池分隔为四个小池，既象征"金水河"，又作为茔园疏导排水枢纽，常年水位在 1 米左右。北壁砌筑拱形注水孔，主要吸纳北部水流，南壁开有排水孔，由暗渠导入茔园外的明塘（荷花池）。1998 年、2016 年，明楚王墓考古工作站人员，进行了茔园整体和神道桥涵的洪水监测，发现疏导、排水设施布设合理有效，兼有隐蔽的特点。其次是三座石桥区分祭祀人员等级。与正门楼的三门功能相同，供不同身份祭祀者进出（通行）。中门（中桥）较宽，以供高等级身份官员通行；东西宾桥稍窄，通行人员等级则次之。第三是起到防止涵池淤塞、装点修饰作用，桥身与涵池砌以青砖和石板，既可规避土堤溃沿，又保证了平整美观的效果。桥面平铺长 80、宽 40、厚 20 厘米的青石板，两侧护栏砌以汉白玉石板。望柱柱头雕成圆形莲座托尖顶荷苞，栏板刻有云纹和云龙浮雕。整座石桥厚实稳固，成为武汉地区具有代表意义的名桥[①]。

五、神道碑趺

作为茔园标志性建筑之一的神道碑亭，位于茔园中轴线南端东侧。神道碑亭，俗称赑屃亭或龟碑亭，位于内神道（茔园中轴线）南端东 60 米，北距茔城南垣 30 米，坐北朝南。碑亭基座呈正方形，石基砖墙，边长 9.2 米，东、南、西三面正中各开一拱门，高 5、宽 3.35 米，墙体厚度 1.5 米。中央置巨型赑屃碑碣（龟趺），通高约 7 米。《明楚昭王神道碑文》由朱桢之孙、楚王朱季堄（楚宪王）所撰，记述朱桢的生、封、婚、卒、葬、嗣，以及子孙的封爵、婚配等情况。落款时间为正统十二年（1447）三月，神道碑亭落成，标志浩繁的昭园建造工程竣工。

《明楚昭王神道碑文》大致包括六个方面的内容。一是交代建树神道碑背景，其关键词是"奉旨立碑"，这在当时夺地官司中起到一定作用。二是叙述昭王生平，如喜好、恩宠、经历等。"贤王"之说由是传开。"太祖高皇帝、太宗文皇帝皆称曰'贤王'，仁宗昭皇帝在春宫，敬爱仁厚，每湖广三司官辞，必戒以'善事贤叔'。"（朱桢在世，朱高炽尚为太子。按辈分称朱桢为叔）在九位楚王中，楚昭王的生平事迹显得浓墨重彩。朱桢在兄弟中排行第六，他是明太祖 26 子中历经三朝、安然无恙的藩王。并非他比其所有兄弟都出类拔萃，而是懂得安然自保，远离权力中心。同时期的晋王、

---

① 陈艳：《武汉地区的古代桥梁》，《武汉文史资料》2000 年第 9 期。

周王、湘王、代王、宁王、谷王等，论事功、文学造诣均略胜于朱桢，然而他们的行为触及了皇权，因而受到不同程度的打压，有的甚至沦落到人毁国失的地步，而朱桢却赢得了终生平安。三是致祭情形。朱桢临终嘱咐，告诫子孙务必"遵祖训、忠朝廷、务守道"。皇帝闻讣，辍朝三日，遣丰城侯李贤赐祭，谥昭。命有司治丧，宗王及朝之公卿大臣皆致祭。四是介绍家庭主要成员。朱桢一支从洪武十四年（1381）至正统十二年（1447）共 67 年间，增添人口情形，子女 19 人，孙男孙女 44 人，曾孙男女 24 人，共计 87 人。虽有部分夭折，但从出生人口可见明廷对于宗藩人口早期并无控制政策。五是赞词。颂扬朱桢料理楚藩的业绩、待人处世的功德。朱季埙的笔法介于写实与溢美之间，手法高妙，文辞押韵。被视为楚藩文学佳作。六是落款。正统十二年（1447）三月望日楚王朱季椒奉敕立石。由楚府纪善管延枝题额、马纯书丹。

六、地 宫 文 物

地宫坐落于天马峰南麓形似太师椅的象形地貌，是强迁樊哙墓所得。依山凿圹而造，为长方形土圹券顶砖室，南北长 13.84、东西宽 5.78、高 4.78 米。1990 年底至1991 年初，由湖北省文物考古研究所、武汉市文物考古研究所组建考古联队发掘。出土文物有五个特征：一是葬品总量少，共存 318 件。二是低调简朴、极少金银。可见金块是象征藩王身份的金镶木玉带上的包金。而茔园西侧一座夫人墓，先前被盗掘，考古人员在残迹中发掘出金凤冠、金香包，这与朱桢葬品极少金银的情形形成反差。三是葬仪用品明器化，24 类葬仪用品均为明器，器形较小，个别涂有金粉或饰有花纹，大多素面。现场发掘专家梁柱认为明朝第一代亲王、明皇室宗人府宗正"随葬器物明器化"有些出乎意料①。当是朱桢响应朱元璋倡行"丧祭仪物,勿用金玉"②的薄葬之风，继而推崇"以铜鎏金象征金器,而以锡模拟银器"③。四是祭用果品中的稀罕品属或为用作纪念的朝廷奖赏之物。如核桃、荔枝分别产自北方和南方，在运输、保鲜条件有限的时代，异地果品属稀有之物，置于地宫，印证季埙所撰《明楚昭王神道碑文》中所述朱桢常获朝廷奖赏：明太祖朱元璋、成祖朱棣"皆称（朱桢）曰'贤王'，名马及海外贡珍之赐，殆无虚月"。洪武中率师征蛮"岁时入觐，褒赉加厚"④。地宫祭台放置朝廷所赐的意望：其一是表示感恩，其二是象征在冥府续享恩宠。五是全国藩王地宫中独有的物品：鎏金铜版封册、石座砖碑灵牌、包金（金镶木）玉带、人为掰破的铜半

---

① 梁柱：《龙泉山明代楚藩茔域探奇》，《收藏·拍卖》2009 年第 9 期。

② （清）张廷玉：《明史》（二十四史点校本），中华书局，1974 年。

③ 刘毅：《唐季以来帝王世俗化葬仪用品探微》，《南方文物》2012 年第 1 期。

④ （清）陈元京、范述之：《江夏县志》，乾隆五十九年刻本，第 17 页。

镜等，具有特定的研究价值。

七、考　古　意　义

1. 楚藩开辟独立兆域始于楚昭王茔园

明代藩王中，诸王同兆域，"最典型的是湖北武昌龙泉镇楚藩诸王陵"[①]，九王及其妃子、夫人墓分布在横龙岭以东、珠山以西的山麓。藩王以下如郡王、将军、中尉等宗室成员，茔园主要分布在江夏县九峰山、二妃山、四股山、傅家后山、牌楼舒湾、舒李湾、寺王湾等地（以上各处今属武汉市东湖新技术开发区）。

2. 昭园是明代藩王中城墙保存较为完好的茔园

楚藩成建制的建筑物有四处，武昌古城中的楚王宫，两处楚藩郡王宫，均已无存，而在龙泉山的九王茔园，仅有昭园保存较好。其外城垣南北长 353.5、东西宽 321.4、高 3.3 米，占地面积约 170 亩[②]。笔者发现，以明嘉靖营造尺（1 尺＝0.32 米）计算，上述长、宽、高尺寸约 110 丈、100 丈、1 丈，当时即是按此整数尺寸规格来设计建造的。在湖北地区，昭园占地面积仅亚于钟祥显陵（按照皇陵规格建造）；在明代藩王当中，昭园外城垣保存最为完好。"明代亲王第一寝"的朱檀茔园最大，但其城墙未能完好保存[③]。

3. 昭园作为楚藩标志性的建筑，堪称湖北明代藩王建筑的范本

庄、宪、康三代楚王将营建昭园作为理藩事务中的重要事项，可谓殚精竭虑。整体设计大气恢宏，建造质量保证其长久，技术保证其安全。昭园设计吸收了江苏盱眙朱氏祖陵、安徽凤阳皇陵、南京孝陵的设计风格。遗存的建筑物件，历经 600 余载依然坚固矗立，其技术与质量有诸多可圈可点之处。外垣依山而建，凸显立体感。建筑材料可谓优中选优，建造工艺可谓精雕细琢。巨型石料陆路运输采用滚杠旱船技术，起重运用绞车技术。20 世纪 70 年代，当地修建机站时，在状元桥码头淤泥中，挖出大量搭建支架用的树干，推测这是由水路改为陆路运输的转运点。珠山附近的东濒岸边至今犹存当年因事故而落水的赑屃和石碑，证实巨型石料先由水路运至码头，再转运至施工点。建造工艺方面，砖瓦生产已经实现标准化、批量化、定制化、标志化。茔园澄泥青砖长 44、宽 22、厚 11 厘米[④]，地宫壁砖为长宽厚分别为 43、22、11.5 厘米，铺地砖两种：长方形砖长 48、宽 21.5、厚 10 厘米，方砖长宽 48、厚 10 厘米。券顶使

① 刘毅：《明代帝王陵墓制度研究》，人民出版社，2006 年，第 243 页。

② 国家文物局：《中国文物地图集·湖北分册》，西安地图出版社，2002 年，第 320 页。

③ 山东省博物馆：《发掘明朱檀墓纪实》，《文物》1972 年第 5 期。

④ 杨忠平：《龙泉山明楚昭王墓园地面建筑修复纪略》，《武汉文博》2014 年第 4 期。

用匹配尺码的楔形砖。地宫三扇石扉封门墙砖有用石灰书写的文字，表示是工匠的名字或安装方位，其砖块分别按照方位砌装，不相混淆[①]。至今宪园存有"宪"字印模制成的孔雀绿琉璃筒瓦，表明楚藩茔园建材趋于标志化。层次布局讲究"过白"，即后殿与前堂保持间距或错位分布，有助于采光透气。建材用料讲究精致耐用，可从三方面来考察：一是石质石材。龟趺自下而上，由台基、金刚座、赑屃、石碑（含螭首）四件套构成，各部件均为整块石料。赑屃长3.4、宽2.4、高1.5米，碑高5米余[②]，总重量达45吨[③]。神道桥和内城的汉白玉护栏、荷花望柱，以及内城四角的巨型汉白玉螭首（俗称龙头），经历无数损毁，依然如斯。雕凿图饰，古朴典雅。乾隆《江夏县志》描述赑屃"俨一石天成，蠕蠕欲活"[④]。二是砖质砖材。砖材均为官窑烧制的不同规格的青砖，以湖底澄泥烧制。其工艺、品质仅次于金砖。武汉汤逊湖北浒存有一批官窑遗址，祁金刚依据遗物上的文字考证：此地青砖供应龙泉山楚王寝、武昌城、南京城等处用砖[⑤]。三是黏合材料。糯米石灰浆浇砌澄泥青砖，具备粘接强度高、防渗防腐性能好等特征，在朱氏祖陵、北京十三陵、南北京城等建筑中广泛使用，在当时称得上顶尖的黏合材料。现代科学实验表明：天然生物多糖（糯米浆）参与的碳酸钙的生物矿化"形成了有机物/无机物相互搭配、密实填充的复合结构"[⑥]。"灰浆中的碳酸钙颗粒，近似纳米尺度，形成的无机加有机复合结构，更加紧密和坚固。"[⑦]"灰浆缓慢碳化有助于增强抗风化能力，延长大型砌筑体的使用寿命。"[⑧]为了确保地宫长久、安全，采用了防塌、防盗、防水、防潮技术。勘察报告及考古资料显示：朱桢兆域建筑的建造工艺，吸取了历代大型建筑建造技术的精华。所有台基施用了寓意稳固独尊的金刚座，建材质地的讲究体现着皇室贵族的特权，坚固耐用的物象则是期望永久的华贵。古代帝王建造规模浩大陵墓的主旨是：以巨型体量的建造工程和视逝如生的建筑环境，来展现永恒的统治权力和来世享受荣华富贵的构思意匠[⑨]。昭园兆域建筑的象征性与历代皇陵

①　湖北省文物考古研究所、武汉市文物考古研究所、武汉市江夏区博物馆：《武昌龙泉山明代楚昭王墓发掘简报》，《文物》2003年第2期。

②　杨忠平：《龙泉山明楚昭王墓园地面建筑修复纪略》，《武汉文博》2014年第4期。

③　涂家才：《龙泉山上楚王陵》，《武汉文史资料》2003年第9期。

④　（清）陈元京、范述之：《江夏县志》卷一《山川》，乾隆五十九年刻本，第10页。

⑤　祁金刚：《江夏溯源》，武汉出版社，2008年，第292页。

⑥　杨富巍、张秉坚、潘昌初等：《以糯米灰浆为代表的传统灰浆——中国古代的重大发明之一》，《中国科学（E辑：技术科学）》2009年第1期。

⑦　刘照军、王继英、王文佳等：《中国古建筑石灰灰浆的光谱分析技术》，《光散射学报》2016年第1期。

⑧　刘效彬、崔彪、张秉坚：《浙江古城墙传统灰浆材料的分析研究》，《光谱学与光谱分析》2016年第1期。

⑨　孙大章：《中国古代建筑史话》，中国建筑工业出版社，1987年，第137页。

如出一辙，蕴含特权、尊威、华贵、弥久的意象。

4. 地宫文物具有特定时代特定藩邦的代表意义

地宫奇迹般地未被盗掘，保存完好，这是楚藩九王中唯一未被盗掘的地宫，为研究明代第一代亲王墓葬及其生活状态、价值观念，提供了原始的实物样本和史料证据。若说地宫安放藩王的尊威荣华，相比其他藩王，其墓葬规格与其身份不太匹配。作为明初四强名藩的首封亲王的朱桢，持理楚藩 54 年，随葬品共 318 件（套），明器占43%，与其同时同级的两兄弟相比，既无逾制之嫌，更无奢华之象。鲁荒王朱檀墓室出土葬品 1300 余件（套），郢靖王朱栋地宫出土 389 件（套），两者葬品中多件属珍贵文物。综观明代藩王，朱桢属于低调做人、甘于听话的藩王。除开客观因素外，其个人的主观原因显得更加突出。朱桢中晚年，注重慎始敬终，省愆行事。临终遗言是叮嘱子孙"遵祖训，忠朝廷，务保守之道"①。或许这正是朱桢地宫未被盗掘的原因之一。

5. 神道碑碑文额题有个存疑，有待进一步研讨

正统七年（1442）七月，楚王朱季埱欲建昭王园、庄王园功德碑，"以表扬先德"，奏请英宗命儒臣代撰，被婉言推托。同年十二月季埱再次乞奏，英宗方才应允②。季埱于次年三月卒，其弟季堄嗣藩（后谥康王）。正统九年（1444）八月英宗复书楚王："已命儒臣代撰文并碑额附去，可量宜砻石镌刻。"③然而如今所见文额并非如此，碑文落款是：孙季埱撰文，楚府纪善管延枝篆额，纪善马纯书丹，孙楚王季堄"奉敕立石"④。季堄为何未采用英宗所赐文额的原委，未见记载。笔者只能从结果分析变化的过程：季埱见英宗答允却迟无回音，拟订了前述的备用方案。季堄在兄王卒后一年半，收到翰林院儒臣题作，或许觉得不尽如人意，有些为难。若不按皇上准奏的事宜办理，便有违背君旨之嫌。只好再奏恩准，而形成现今看到的结果。至于季堄再奏恩准的具体细节，尚待新的资料发现。

6. 典型文物具有独到的研究价值

明太祖敕封楚王的铜质鎏金封册、明成祖敕谥昭的铜质鎏金谥册，刻的篆文"楚昭王宝"的木谥宝，整石凿成的石匣，已核定为国家一级文物。因"棺椁腐朽才落于棺床之下"的荷形木旌顶，同样封闭式环境中，棺椁等木质器物，包括旌顶下部支撑杆均已腐朽，唯有此物保存完好，其材质、制作工艺技术有待进一步探究。"楚昭王

① （清）陈元京、范述之：《江夏县志》卷十三《艺文记》，乾隆五十九年刻本，第 18 页。
② 《明英宗实录》，"中央研究院"历史语言研究所，1962 年，卷九十九，第 1997 页。
③ 《明英宗实录》，"中央研究院"历史语言研究所，1962 年，卷一二〇，第 2427、2428 页。
④ （清）裴天锡修，武汉地方志办公室校注：《清康熙湖广武昌府志校注》，武汉出版社，2011年，卷十一，第 847 页。

宝"的印信宝箧（即《发掘简报》所称"塑龙纹木盒"）为浑金沥粉漆器，存放封册、谥册的宝箧，有三大考古价值：一是印证了明代亲王礼仪例制，表明其亲王身份；二是反映了明代皇室礼仪纷繁复杂的等级观念。皇后、皇太子宝册之箧，"每副三重，外箧用木，饰以浑金沥粉蟠龙，红绫丝衬里；中箧用金钑蟠龙；内小箧饰如外箧，饰以浑金"[①]。亲王册箧款式与前者同，不同的是前者饰蟠龙，亲王宝盝则雕蟠螭；三是宝箧的制作工艺再现了贵族生活的风范。浑金沥粉工艺，肇始于北魏，如今发展成为漆髹业的专门"漆线雕"[②]。

7. 独特葬制成为研究楚藩葬俗特征的例证

作为楚藩始祖、首代藩王，其葬制典型特征，有些为其后世所仿效。一是夫妇各执半镜入葬。朱桢腰部存有一枚半镜，"系有意为之"[③]。人为分掰铜镜，男女各执半镜，蕴含"破镜重圆"之期许[④]。其他八个楚王地宫均已被盗，是否有相同葬制不得而知。但在郡王及其王妃、宗室墓葬中，发现多例。武汉江夏二妃山景陵王朱孟炤墓出土一枚铜半镜[⑤]。武昌黄家湾崇阳王镇国中尉朱显枻和其妻赵恭人墓各发现一枚半镜[⑥]。二是带着生前秩封凭证入葬。将封册、谥册随葬，不乏后例，江夏二妃山景陵王贲氏墓出土王妃封册[⑦]。三是石座砖质灵牌，目前仅有昭王地宫发现。

8. 楚藩夺人所爱、驱民造寝，引发了民众对朱氏皇族的仇恨

楚藩与山内住户的矛盾实质是朱姓王朝与平民大众矛盾的缩影。明代藩王选吉地、易葬地的记录很多，肃藩庄王朱楧尤为典型，更换寝址一次，改葬一次[⑧]。而因为夺占"吉地"，迁民造茔，导致急剧的社会冲突，楚藩更为突出。朱桢原先看中九峰山狮子峰，动迁了江夏李氏家族的祖坟，李氏后人持续告状。被气猝死的李盛阴魂作祟，弄得朱桢心存恐惧。加上狮子峰岩坚难凿，被迫放弃，重新选择龙泉山。然而龙泉山涉及家族更多，面临的问题更复杂，因而冲突连绵不断。楚王虽然通过强占，实现了营

---

① （清）张廷玉：《明史》（二十四史点校本），中华书局，1974年，第6册卷六十八，志四十四舆服四，第1658～1660页。

② 陈晶：《发掘出土明代漆器集锦》，《湖南省博物馆馆刊》2013年第10期。

③ 湖北省文物考古研究所、武汉市文物考古研究所、武汉市江夏区博物馆：《武昌龙泉山明代楚昭王墓发掘简报》，《文物》2003年第2期。

④ 索德浩：《破镜考》，《四川文物》2005年第4期。

⑤ 武汉市文物考古研究所、武汉市江夏博物馆：《武汉江夏二妃山明景陵王朱孟炤夫妻墓发掘简报》，《江汉考古》2010年第2期。

⑥ 武汉市博物馆：《黄家湾明代楚王朱氏墓》，《江汉考古》1998年第4期。

⑦ 武汉市文物考古研究所、武汉市江夏区博物馆：《武汉江夏二妃山明景陵王朱孟炤夫妻墓发掘简报》，《江汉考古》2010年第2期。

⑧ 岳锋：《明肃庄王陵墓形制蠡测》，《神州》2020年第2期。

造寝园的目标，但夺地事件折射出朱明皇权与社会民众的对抗。这种强制性、暴力性的对抗日积月累，逐步发展到不可调和的地步，最终埋葬了朱氏明朝。

考古的主旨在于还原历史本真，在真相中评判历史事件，评价历史人物。解读明楚昭王兆域文物遗存的意蕴，有助于较为全面认识朱桢的生活状态、价值取向，同时为进一步研究楚藩打开新的路径。其地宫出土文物并不算多，但有些文物具有楚藩的典型特征和独特的研究价值，这正是发掘朱桢地宫的意义之所在。

引入色度学分析建立青釉釉色定名标准
——从明楚昭王墓出土的青釉碗谈起

罗宏斌[1]　范江欧美[2]

（1. 武汉市文物考古研究所　2. 武汉博物馆）

内容摘要： 对于客观的不同釉色，不同的人由于认知、心理、生理上的差异，会对其有不同的认定，这导致瓷器标本辨认和定名上的不准确、不严谨。通过化学、物理学学科的介入，使我们对釉色的成因、区分和定性不断明晰起来。引入色度学学科体系，建立起适用于青釉釉色的色谱及颜色标准，是釉色定名和区分标准化、科学化的一种可行性尝试。

关 键 词： 青釉　釉色　色度学　色谱　标准化

　　龙泉山位于湖北省武汉市东南约 20 千米处，隶属武汉市江夏区，是一个两山环抱、三面环水的山间小盆地，面积约 7.6 平方千米。明代楚王墓群就坐落于此。由于其时间跨度长，世系完整，具有较高的历史研究价值，1956 年它被列为湖北省重点文物保护单位，2001 年被列为全国重点文物保护单位。

　　为配合龙泉山的旅游开发，1990 年冬由湖北省文物考古研究所主持，由当时的武汉市博物馆和武昌县博物馆的考古人员参加，共同对楚昭王墓进行了发掘[①]。发掘表明，明楚昭王的陵园昭园虽屡遭破坏，但昭王墓却未曾被盗，保存完整。经过清理，墓中出土随葬品 318 件，包含有铅锡、铜、铁、漆木、瓷器以及冠带佩饰、册宝牌旌，丝绸果品等。墓中出土瓷器仅两件，一为瓷碗（图一），一为冬瓜形瓷盖罐。出土时，瓷碗置于冬瓜形瓷盖罐内，冬瓜形瓷盖罐置于墓主室中部南端石供桌下东侧。

图一　明楚昭王墓出土的青釉瓷碗

---

① 湖北省文物考古研究所、武汉市文物考古研究所、武汉市江夏区博物馆：《武昌龙泉山明代楚昭王墓发掘简报》，《文物》2003 年第 2 期。

这件瓷碗口径 11.7、高 5.4、圈足径 4 厘米。圆唇敞口，沿微外撇，深弧腹，平底、矮圈足，足壁直。关于这件瓷碗的釉色，原报告是这样描述的："青瓷，豆青色，器表光洁。"[①] 这件瓷碗后入藏武汉博物馆。馆内工作人员曾著文以述其釉色："口沿薄釉处呈白色，内壁积釉处呈湖绿色，圈足底无釉露胎。胎质洁白细腻，釉色晶莹温润，有如玉感。"[②] 工作人员称该碗为"翠青釉碗"。

一、青釉瓷器的发展历史

青釉，是在瓷器烧制伊始就出现的釉色，一直在单色釉领域占据重要地位。东汉晚期的工匠们就已经可以烧制出釉层光亮透明、结合紧密的青釉瓷器。它由早期原始瓷发展而来，是制瓷工艺上的一大飞跃。到了隋唐时期，"南青北白"的地域格局，说明青釉瓷器成为南方窑厂的主要烧制品种，其中越窑的青瓷代表了当时青瓷烧造的最高水平。到了五代时期的"秘色瓷"，其青釉釉色中的黄色不断下降，青绿色逐渐上升，加之釉面润泽光亮，成就了历史上的一代名品。及至南宋晚期，龙泉窑青瓷有了极大发展。一方面，其釉料配方从石灰釉向黏稠的石灰碱釉转变；另一方面，多次上釉技术的应用也不断成熟。随着梅子青与粉青釉瓷器的问世，古代青瓷的釉色在这一刻到达了顶峰。尤其是梅子青釉，釉色莹润青翠，清澈柔和，犹如翠玉般温润含蓄，因其烧成温度在 1250～1280℃之间，且需要更厚的釉层和较强的还原气氛，使得烧造难度极大，存世稀少，故而尤为珍贵。元明两代，由于青花和彩瓷逐渐各领风骚，青釉的地位逐渐有衰退的趋势。虽明代早期的龙泉窑青瓷和永乐时期的景德镇仿龙泉釉、仿影青釉瓷出现过一些青釉器精品，但青釉的高光时刻却是已经一去不复返。直至清雍正时期，经过不断地经验积累和总结，窑工们对釉料中铁含量的控制和烧制过程中还原气氛的把握都越来越醇熟，使得青釉器，特别是冬青釉的色泽更加稳定，成品率也大大提高。青釉器，特别是冬青釉瓷器迎来了又一次的高光时刻。在这个过程中，青釉器的定名，出现了以窑口为名称的定名方式，及越窑青釉、汝窑天青釉、哥窑青釉、官窑青釉、龙泉窑青釉、景德镇仿龙泉窑青釉，等等。这种以窑口来定名的方式显然主要界定了瓷器生产的窑口，但是对瓷器本身釉色的区分度其实并不高。

青釉，经过长达上千年的发展，已经不再是一种单一釉色的描述，而是可以细分出十数个颜色类别的统称。古人定色之名多采自自然万物之色，且无论蓝或绿或黄（非真正意义上的明黄），皆以"青"色命名。我们目前常见的有月白、天青、玉青、

---

① 湖北省文物考古研究所、武汉市文物考古研究所、武汉市江夏区博物馆：《武昌龙泉山明代楚昭王墓发掘简报》，《文物》2003 年第 2 期，第 14 页。

② 翁沁锦：《明永乐翠青釉碗赏析》，《武汉文博》2009 年第 1 期，第 44 页。

粉青、翠青、浅青、灰青、梅子青、豆青（东青或冬青）、苹果青、虾青、蟹壳青、影青……不一而足；另外，早期的青瓷颜色，由于对釉料中铁的含量把控不足，导致釉色还往往偏黄、泛黄或者偏酱黑。

二、传统观察定名法的局限性

这些蓝、绿、黄各异，浓淡深浅不一的釉色，在辨认和定名的时候全凭观察者的眼睛和感觉。我们对于颜色的辨认受多方面因素的影响，包括周围环境光的颜色和亮度、辨认的是实物还是图片（如果是图片还要考虑出版图书是否校色，显示屏是否校色）、观察者视神经对三原色的感知敏感度以及观察者在辨认釉色时的情绪、心理，等等。由此可见，我们传统操作层面上，对青釉不同细分类别的辨认除开客观因素的影响外，还带有非常强的主观性辨识与判断。在这样的操作下，我们经常会把不同釉色的器物定名为同一釉色[①]，也偶尔会把同一釉色的器物定名为不同釉色。

前文已述，明楚昭王墓中出土的青釉瓷碗，不同的观察者给出了不同的颜色判断，发掘人员称其为豆青釉色，收藏保管的人员称其为翠青釉色。另外，通读《明永乐翠青釉碗赏析》一文，我们发现，作者后半部分通篇介绍和讨论了影青釉，这让笔者不得不怀疑，该文作者其实是将墓中出土的青釉瓷碗划分在影青釉瓷器这个类别之中，只是形容其颜色时，恰巧使用了"翠青釉"一词。这也说明作者在观察这件器物时，这件器物的釉色确实给了她这样的感觉。

耿宝昌先生在其《明清瓷器鉴定》一书中，写道："翠青釉是永乐官窑新创的一种以氧化铁为着色剂的高温颜色釉，釉面以肥厚、细腻、光润、平净为主要特征……因烧造年代极短，存世较少，翠青釉瓷多被归入仿龙泉釉类产品而未引起重视……所谓翠青釉，必是翠碧娇嫩，稍白，则为冬青，稍暗，则为灰青……"[②] 从耿宝昌先生的这一段描述中，我们可知：其一，翠青釉不是一种新出的釉色，而是明永乐时期创烧的一种釉色，且其颜色以自然界中的翠竹作为比对，是一种传统意义上有特殊限定的釉色名称，其一般还是被古人归入仿龙泉釉之列；其二，翠青釉的定名依然是通过与自然事物之比对，并与其他釉色相区别的一种感觉上的颜色认定。

高宇先生在其《明初景德镇翠青釉瓷器试析》[③]一文中，分析了她所见的 9 件定名

---

① 参看：故宫博物院数字文物库 https://digicol.dpm.org.cn/，其中藏品清康熙款冬青釉暗刻海水龙纹莱菔尊（新 00006800）与另一件同款同名莱菔尊（新 00006801），虽同定名为冬青釉，但青色釉差别十分明显。

② 耿宝昌：《明清瓷器鉴定》，紫禁城出版社，1993 年，第 36～38 页。

③ 高宇：《明初景德镇翠青釉瓷器试析》，《文物鉴定与鉴赏》2020 年第 11 期。

为翠青釉的瓷器，其中亦包括武汉博物馆所收藏的这件青釉瓷碗（图二）和故宫博物院收藏的明永乐翠青釉三系盖罐①。另外通过故宫博物院数字文物库我们还发现了明永乐翠青釉盘②。从图片上看，这三件所谓的"翠青釉"器，给笔者的颜色感觉还是各不相同的。

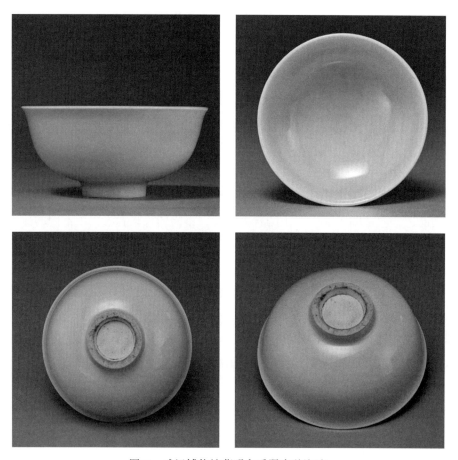

图二　武汉博物馆藏明永乐翠青釉瓷碗

综上所述，这种通过目测观察法给文物界定釉色的方法，时常会给观察者和研究者带来困扰，甚至是国内藏品研究的权威机构也不能免俗。那么，青釉器的釉色到底如何与其名称对应，瓷器的釉色到底有没有一个科学、严谨、标准的评定方法？这样的困扰在讲究定量、定性研究的今天，迫使很多研究者去尝试解决这个问题。

---

① 参看：故宫博物院数字文物库 https://digicol.dpm.org.cn/cultural/detail?id=cc8ff12820c74251b30d2fbc324af7fd&source=1&page=1，明永乐翠青釉三系盖罐（故 00145529）。

② 参看：故宫博物院数字文物库 https://digicol.dpm.org.cn/cultural/detail?id=f2aca2829d444d4db9a28b9ad3bbf6c8&source=1&page=1，明永乐翠青釉盘（故 00145530）。

三、判定釉色的定量定性法尝试

翻阅古籍文献，囿于古代记录手段的局限，对于瓷器釉色，多以文字描述为主，少量见于古代书画中。及至近现代，照相技术出现后，器物的颜色得以大量地记录下来，并结集出版，使我们可以更加具体、真切地看见不同的器物颜色，从而使描述、比对中的瓷色与实实在在的瓷色——对应起来。同时，这些图录的出版也为釉色的定名提供了具体的参考依据。如石少华先生编著的《龙泉官窑青瓷鉴赏》①，石奎济、石玮先生编著的《景德镇陶瓷词典》②等都对不同的青釉釉色给予了文字描述和器物图片举例。

尽管如此，对于深浅不同、明暗不一的釉色，特别是较为接近的釉色，我们在命名时仍然会有一种不确定感。还有些釉色属于颜色的过渡区间，且不同的观察者从认识到观感都不尽相同，这就经常会出现各执一词的情况。

化学科学引入到陶瓷学研究以后，从着色剂的化学分析角度，我们对釉色的理解进入到一个微观而具体的层面。釉料中各种化学元素的作用和配比对釉色呈色的影响，烧成温度对釉色及釉面形态的制约，氧化或还原气氛对釉色呈色的作用……利用定量分析、实物实验、仪器检测等手段，我们对釉色形成背后的原因的了解逐渐清晰起来。继而，中外科学家们试图通过光学检测、化学分析、数值比对等方法找到一条可以区分不同釉色的标准，从而能够更精准地对不同的釉色进行科学的界定。然而釉料成分的确定只能依据成分数值将釉色框定在一个大的范围内，对于细分的釉色类别，却是能力有限。

对釉色的分辨与研究最终交到了光学物理学手上。苏联科学家达渥利吉尔·A. H. 在其《晶质玻璃颜色玻璃和乳浊玻璃》③一书中，详细介绍了颜色的理论，并尝试通过该理论对玻璃颜色进行定量表达。随后，叶宏明先生借鉴了他的测试技术，并采用了光谱半定量分析法，对龙泉窑采集的古陶瓷标本进行了一系列的测试，揭示了青釉瓷器釉色的呈色与铁元素含量的内在关系④。后续不断有学者希望通过利用科学严谨的色度学测试、建模、数值比对建立起不同青釉细分釉色的色值判定标准。其中，在叶银鹏、叶伟平两位先生2020年发表的研究成果中我们看到，他们尝试使用色度计对龙泉青瓷的古瓷片标本进行色度信息采集，并提出利用CIE1976 L*a*b*颜色空间的色调角作为青瓷釉色的表现参数，通过建立青瓷釉色的色调角和色度类型的数学关系式，

①　石少华：《龙泉官窑青瓷鉴赏》，湖南美术出版社，2017年。

②　石奎济、石玮：《景德镇陶瓷词典》，江西人民出版社，2014年。

③　〔苏〕达渥利吉尔·A. H. 著，郑庆海、刘小明译：《晶质玻璃颜色玻璃和乳浊玻璃》，轻工业出版社，1960年。

④　叶宏明：《龙泉青瓷釉色的研究》，轻工业出版社，1960年。

实现了龙泉窑 6 种青瓷颜色的定性分类 ①。

　　张旭在其《基于图片的传统青瓷分类色度学研究与工艺再现》② 一文中阐述了人眼分辨釉色的不可靠性，提出通过科学测量的方法进行颜色确定的必要性。张旭在其论文中对 CIE 标准色度学系统和颜色空间理论进行了深入浅出的介绍和梳理，对叶银鹏先生提出的通过色调角作为青瓷釉色的表现参数的方法给予了极大的肯定。但他同时指出现阶段标本数据采集方面的困难和使用分光测色计测量时会出现漏光现象，从而导致测量数据产生较大误差的情况。他提出了一套通过文物图片与色调角数值进行判定和区分釉色的方法，并验证了其可靠性。然而在笔者看来，利用出版物照片进行比对，虽然便利了操作，拓宽了使用范围，但其准确度其实存疑。首先，器物拍照的环境光和背景纸颜色决定了照片对器物颜色的还原度（图三）。其次，文物照片在出版的过程中也存在色彩偏失的情况。假设报告或图录的出版严格做到了校色，高度还原了器物颜色，且纸质出版物在长期的保存过程中没有发生变色、偏色、色彩流失等情况，还是需要专业的分光测色设备进行二次扫描采样，其操作性还是会大打折扣。

图三　不同灯光背景下拍摄的同一件器物，釉色差异明显

四、一种可行性方案

　　从光学上讲，颜色其实是不同频率的光，它属于客观存在。但人眼对光的感受却是一种主观感知，存在个人差异。为了降低和消除这种差异，人们尝试建立颜色标准来使颜色量化，再通过数值表达出来，使客观存在的同一种颜色具备了唯一性和准确性。RGB 和 CMYK 就是我们经常用到的两种颜色标准。随着人们对色彩研究的不断深入，光学领域现在建立起了不同维度的颜色标准。色相是光学范畴中各类色彩的相貌称谓，

---

① 叶银鹏、叶伟平：《基于均匀色度空间对龙泉青瓷釉色分类的研究》，《中国陶瓷工业》2020年第 5 期。

② 张旭：《基于图片的传统青瓷分类色度学研究与工艺再现》，景德镇陶瓷大学 2021 年硕士学位论文。

是区别各种不同色彩的最准确的标准，通俗来说，色相也就是色彩的名字。色相的差别是由光波波长的长短决定的，即便是同一类颜色，由于其波长不同，也能分为几种色相。换言之，传统命名的各种不同釉色在光学范畴上，都有其特定的色相，而且各个色相是标准的、唯一的、可区分的。我们可以将光学范畴的色相与传统的釉色定名相结合，使釉色的表达不再是文字的描述性语言，也不再是人们的一种色彩观感，而是一种量化的标准化指标，从而避免产生不同时代、不同窑口对釉色认定的不一致性。

我们可以引入光学理论构建起来的色彩标准系统作为釉色辨认和定名的方法参照。通过对传统定名的不同釉色标准器的确认，以及一定数量标准器颜色数据的采集，综合利用前人已有的诸如色调角值等的研究成果，建立起一个区分明晰、定名准确的青釉釉色专用的文物学标准色谱。这个色谱既有数值上的数量标准，又可以将其输出为方便携带的颜色对照卡（即色卡），便于工作中的参照和比对。在比对过程中，对于观察者感受差异巨大的标本，我们可以通过标本与色卡的同环境拍照，提取标本颜色数据与色卡（色谱）数值相比对，进行标本釉色的定量定性确认。

釉色色谱的建立和色卡的应用与推广，实际上是文物学领域色彩国家标准的建立。它需要对现有的古陶瓷釉色标准器有行业一致的认定，同时对每种确认为标准的釉色也需要一个数值上的范围界定。也就是说，数值在多少范围内我们将其认定为某个釉色，而超过了某个临界点后则被认定为另一个。这个标准的确立与光学中的色谱又有一定的差异。它不必将颜色区分得那么严苛，而是分出几个大类，将一些模糊或者过渡性的釉色进行合并和收拢。需要强调的一点是，由于不同窑口不同年代产品和研究者对颜色的认识的差异，各个窑口对釉色的界定可能会存在差异。这时候应该通过光学范畴的色相进行统一的校准，将不同窑口的釉色归入到统一的标准色彩系统中去，而不能出现不同窑口不同釉色标准不一致的情况。另外，这种色谱的建立和色卡的应用方法，还可以从青釉推广到其他单色釉系统中去，如蓝釉、红釉、黄釉等，使我们对藏品、标本的釉色认定和定名更加准确和严谨。

明楚王墓国家考古遗址公园相关思考

明楚王墓创建国家考古遗址公园的
实践与思考

吴宏堂¹　陈　宏²

（1. 长江文明馆、武汉自然博物馆　2. 武汉市东湖新技术开发区龙泉街道办事处）

内容摘要： 本文围绕创建明楚王墓国家考古遗址公园，加强历史文化传承，创新文旅发展新模式，一是从国家考古遗址公园成功立项、补齐考古遗址公园短板、争取国家考古遗址公园挂牌等三个方面论证国家考古遗址公园建设离不开规划引领；二是从揭示明楚王墓文化内涵、明楚王墓的合理利用和向公众普及考古学知识等三个方面论证明楚王墓创建国家考古遗址公园必须坚持考古先行；三是从突出自身特色、优化服务功能和利用科技手段等三个方面论证明楚王墓创建国家考古遗址公园要始终坚持文旅融合。

关 键 词： 明楚王墓　创建国家考古遗址公园　始终坚持规划引领　考古先行
文旅融合

明楚王墓群位于长江南岸的龙泉山麓，这里人文资源丰富，自然风光迤逦，东距武汉中心市区约 15 千米。明洪武三年（1370），太祖朱元璋第六子朱桢分封武昌，国号楚，是为昭王，永乐二十二年（1424）"以疾薨"，享年 61 岁，成祖"赐谥曰昭……葬于国之东南灵泉山之原"。自昭王始至定王终（1643），明代楚藩共八代九王陵园皆建于此，其格局、形制与北京明十三陵遥相呼应，是现存明代亲王墓中时间跨度最长、格局最清晰、占地最集中、保存最完整的墓群。明楚王墓与武当山古建筑群、钟祥明显陵、咸丰唐崖土司城等文化遗址，是明代湖广地区政治、经济、文化发展进程的重要实物见证。2001 年，明楚王墓被公布为第五批全国重点文物保护单位，2021 年被湖北省人民政府公布为首批湖北省文化遗址公园，2022 年 12 月 29 日获批国家考古遗址公园立项，一处集科普教育、公共游憩为一体的高品质文化空间将脱颖而出，武汉市"北有盘龙城，南有九王寝"的一城双星的文化新格局即将形成。

国家考古遗址公园是"以重要考古遗址及其环境为主体，具有科研、教育、游憩等功能，在考古遗址研究阐释、保护利用和文化传承方面具有全国性示范意义的特定公共文化空间"①。它是我国将大遗址保护融入大众生活的一个重要创新,截至 2022 年底,全国共评出国家考古遗址公园 55 家,列入国家考古遗址公园立项 80 家,其中湖北省有熊家冢、盘龙城、屈家岭、龙湾四处文化遗址先后被评定为国家考古遗址公园。楚纪南城、铜绿山古铜矿、天门石家河、京山苏家垄遗址、武汉龙泉山明楚王墓群、郧阳区学堂梁子、随州市擂鼓墩共七处文化遗址获批立项,国家考古遗址公园总数及立项、评定数均位居全国第三,南方省份第一。

根据党的二十大报告关于"加大文物和文化遗产保护力度,加强城乡建设中历史文化保护传承,建好用好国家文化公园"的要求,本文以《明楚王墓创建国家考古遗址公园的实践与思考》为题,紧紧围绕"建好用好国家文化公园"的目标,就明楚王墓在国家考古遗址公园创建中如何始终坚持规划引领、考古先行、文旅融合等谈三点认识。

一、明楚王墓创建国家考古遗址公园要始终坚持规划引领

所谓规划,用通俗的话说,就是实施总体目标的行动计划。文物保护规划,是对一定时期内文物古迹的保护、利用、管理、展陈等工作的综合部署、具体安排和实施管理(以下文物保护规划简称"规划")。2008 年至 2022 年,明楚王墓文物保护管理所先后委托陕西省古建设计研究所,中国文化遗产研究院、上海筑英建筑设计有限公司,北京建工建筑设计研究院、北京建筑大学建筑遗产研究院、武汉市文物考古研究所、武汉市自然资源保护利用中心、武汉市园林建筑规划设计研究院有限公司等单位先后完成了《明楚王墓群文物保护规划》《明楚王墓群遗址保护展示详细规划》《明楚王墓考古遗址公园规划》《明楚王墓遗址公园实施性规划》的编制工作。这些规划虽然侧重点不同,但各编制单位调查勘察仔细,学术研究深入,法规依据充分,定位准确,内容具体,重点突出,特点鲜明,分期合理,不同规划都具有不同的针对性、可操作性和前瞻性。

在规划内容方面,各规划编制单位严格以"保护第一、加强管理、挖掘价值、有效利用、让文物活起来"的文物方针为指导思想,紧紧围绕"明楚王墓国家考古遗址公园"(以下简称"考古遗址公园")的保护、修复、展示、休憩等为重点,将已发掘和未发掘的遗址及其所处环境完整保存在公园范围内,引领着考古遗址公园的创建,最大限度地满足人民群众对美好文化生活的向往。

(一)考古遗址公园成功立项离不开规划引领

为了创建明楚王墓国家考古遗址公园,加强历史文化传承,创新文旅发展新模式,

---

① 国家文物局:《国家考古遗址公园管理办法》第二条,2022 年 4 月。

擦亮"龙泉"名片，助力打造具有国际吸引力的"向往之城"，2018年，明楚王墓考古遗址公园成立了申报创建领导小组。此后聘请湖北省文物局原副局长（副巡视员）长江文明馆（武汉自然博物馆）名誉馆长吴宏堂同志为明楚王墓国家考古遗址公园申创工作专家组高级顾问，指导考古遗址公园的创建工作；先后招聘了5名硕士研究生负责日常申创工作的实施；积极与湖北大学、晴川学院等高校合作，创建龙泉山明代文化研究中心，成立研学实践基地，开展园校合作，探索创建工作的新模式，从组织上、人才上、机制上为考古遗址公园的创建提供了保障。

国家文物局、湖北省文旅厅、武汉市东湖高新区管委会、龙泉街道办事处的领导高度重视考古遗址公园的创建工作，先后投资几亿元人民币，支持考古遗址公园的创建。为了落实好文物保护规划，明楚王墓考古遗址公园申创工作相继写入武汉市文旅发展"十四五"规划、东湖高新区"十四五"发展规划、武汉市2023年政府工作计划，使创建工作做到了谋划在先，规划引领，无论是文物保护还是历史文化研究，也无论是考古发掘还是文旅融合，都严格按照规划要求开展创建工作。为了落实好规划中关于考古遗址公园的活化利用问题，申创领导小组对昭园内祾恩殿陈列展览进行了提档升级，改造后的展厅面积由原来的351.36平方米扩大到561.6平方米。

一是充实展览内容。将展览主题修改为《南有九王寝　北有十三陵——明楚王墓群专题展》，展览结构修改为"太祖赐封、昭昭楚王、寝陵长乐、福地仙壤、三龟九寝、楚藩遗产、远景规划"七个单元，集中展示了楚昭王生前事迹、八代九王生平、昭王地宫出土文物，明楚王墓群考古、保护、利用现状和规划等内容，展览较之前内容更加丰富。

二是活跃展览形式。充分运用电视投影、互动游戏、沙盘、动画、博物馆与网络媒体端融合，开发手机小程序等吸引观众眼球，让博物馆的展览"活起来"。如：大殿内利用大电子显示屏播放与明楚王相关的纪录片；利用不同大小、不同形式的展柜陈列出土文物与展品，包括大明楚王圹志、双耳瓶、炉、瓦当、铭文砖等，其中被称为"国宝中的国宝"的翠青釉碗，更是令人瞠目结舌，它是永乐皇帝朱棣赠送给朱桢的，他为什么不送红釉、甜白釉，单选这只翠青釉碗作为赠品？说明了朱棣与朱桢关系非同一般。祾恩殿右侧配殿，利用沙盘展示楚王墓地形，观众可以对明楚王墓群中的七代八王的陵寝布局一目了然。左侧配殿，游客可以用手机扫码，"把文物展览带回家"，此外，还有自动播放的反映楚王墓相关历史的动画、纪录片、互动游戏、文物、历史知识、历史故事等，使观众流连忘返，展览较之前更具趣味性。

三是美化昭园环境。按照明代的建筑风格和规制，对昭园祾恩殿、东西配殿、龟碑亭等进行了全面维修。包括重新彩绘粉刷，还原原有神道形制，增设参观步道与休闲座椅，扩大游览范围，在地宫两旁增设参观步道，首次对外开放外墙垣北墙垣排水孔，让观众更加直观地感受昭园排水系统的科学性，至此，160余亩昭园全部对外开放。与此同时，还增设了环外墙垣步道和后山步道，环墙垣步道与后山步道连通，步道沿着昭园地宫后山蜿蜒起伏，曲径通幽，既拓展了游园范围，又增加了游园乐趣，游客可以近距离感受古朴的垣墙与古人的聪明才智，昭园的环境较之前更具观赏性。

通过多年特别是近五年来在规划引领下，完成的八项文保工程和两项地方配套工程及系列基础设施的改造与实施，使明楚王墓遗址发生了翻天覆地的变化，终于在2022年获批国家考古遗址公园立项，它将进一步促进文化遗产的保护力度，合理利用的广度、文旅融合的速度。

（二）补齐考古遗址公园短板离不开规划引领

明楚王墓在创建国家考古遗址公园中最大的短板是基础设施不完善和科研成果不丰硕。《明楚王墓群遗址保护详细规划设计》和《明楚王墓考古遗址公园规划》对明楚王墓国家考古遗址公园博物馆与游客中心的建设、考古与科学研究等做出了明确的规划，使创建工作更具针对性和可操作性。

所以需要一是严格按规划要求加强博物馆和游客中心建设。项目设计要根据《中华人民共和国文物保护法》（2017年）等相关法律法规、东湖高新区"十四五"规划等上位规划和《明楚王墓群文物保护规划》《明楚王墓考古遗址公园规划》等专门规划的要求，将建设项目与自然景观相结合，充分利用武汉历史文化名城的文化元素，同时结合龙泉山优越的自然生态环境。方案的立意要高、站位要高、标准要高，要符合有关生态保护红线、山体保护、文物保护、基本生态控制线管理的法律法规要求，建成后要成为东湖高新区一处兼具国际品质与传统文化特色的"新地标"和文旅新IP的经济新引擎。比如：用串联手法将周边自然资源、文化资源与场地合而为一，融为一体进行方案设计，具体说就是按照场地现有条件，联通远山的远眺亭，将场地内湖泊垂直于规划道路明确纵向轴线，将该轴线用作联通服务中心与博物馆的主要流线，在此基础上置入交错的功能块，联通横向山地，体块长度错落形成内庭院，置入庭院景观，按照这种思路设计的博物馆和游客服务中心应该说可以做到特色鲜明，功能完备，美轮美奂。

二是严格按规划要求加强学术研究。要想提高考古遗址公园建设中的底气，就要厘清思路，加强文化遗址的学术研究、加强考古发掘的研究，深化遗址内涵的阐释，更好传播中华优秀传统文化。从2023年开始，需要着手编辑出版《武汉龙泉山明代楚昭王墓》《武汉龙泉山明代愍王墓》考古发掘报告；举办"明楚王墓学术研讨会"，从考古学、历史学等学科领域出发，围绕明代藩王制度、丧葬制度及明代武汉区域政治、经济、文化展开研究，会后将研究成果出版发行；同时编辑出版《武汉龙泉山明楚王墓国家考古遗址公园图录》等，进一步提高明楚王墓的学术研究水平。

三是严格按规划要求加强自然生态环境建设。在生态环境建设中，牢牢树立"绿水青山就是金山银山"的理念，大力加强景观环境保护，使文物保护规划与生态环境保护规划、生物多样性保护规划、土地保护利用规划，以及旅游业发展规划相互协调、相互补充，高度一致，尽可能维持当地生态系统的稳定性，尽可能解决文物保护区内被破坏生态环境的修复，包括原生态环境恢复，水土保持，水源涵养，增加植被覆盖率，大力发展生态农业，恢复原生态环境，取消没有利用价值和不符合景观要求的道路，恢复自然植被绿化率，为考古遗址公园的创建添砖加瓦。

（三）争取考古遗址公园挂牌离不开规划引领

为了进一步加大明楚王墓国家考古遗址公园的创建，争取早日挂牌，在东湖高新区管委会的领导下，按照规划的要求，对标"国家考古遗址公园评定细则（试行）"组织专班，落实专人，压实责任，砥砺前行。

一是突出考古遗址公园新特色。严格按照《明楚王墓考古遗址公园规划（2021—2035）》要求，在保护明楚王墓遗存本体、陵寝格局及自然山水、地理环境风貌的基础上，充分利用"政府主导＋专家指导＋社会共建"的新模式，不断发掘、揭示遗产的价值，加大文旅融合的力度，采取"一寝一园一风格"的建设保护展示方式，将明楚王墓保护好、利用好、融合好、宣传好、传承好。努力打造以"明代楚王陵寝"为核心，以"龙泉山山水胜景"为背景的明楚王墓国家考古遗址公园新特色。

二是突出考古遗址公园新亮点。考古遗址公园是荆楚文化璀璨的明珠，要严格按照《湖北省明楚王墓考古遗址公园实施性规划》原有整体理念和格局，落实好最新的"三区三线"划定成果，除恢复十二景外，还将疏通古河道，打造古河道展示带，以水路交通串联山水胜景，丰富景观层次。严格按规划要求做好居民搬迁与旧建筑改造，按时完成考古遗址公园范围内营泉村的四个自然村塆150居民户476人的搬迁工作（张家湾35户108人，大盛及小盛湾51户184人，舒王湾64户184人）通过流转、租用等方式将村民农田打造成为农业观光园。高质量完成商业街的改造，在分析、借鉴原有建筑形式的基础上，进行功能改造设计，尽可能保持乡土建筑的材料和风格，对民居建筑，按地方传统民居样式，即坡顶、合院、砖石外墙材料等进行统一整饬，使之与遗址公园和环境协调一致，对部分传统风貌好的民居建筑进行改造，使其成为遗址公园配套服务设施。对保护范围和建设控制地带内约3000米基础设施管线，一律进行埋地处理，使考古遗址公园的环境美起来、亮起来，再现"苍烟绿水碧云天"的龙泉新景象。

三是突出考古遗址公园新格局。按照《明楚王墓考古遗址公园规划》，充分利用"考古＋文物＋生态"的叠加优势，在龙泉山面积3平方千米的中央盆地内，建设"一环、一带、九园、十二景"。其中"一环"指环山绿道；"一带"指古河道展示带；"九园"指明朝九位楚王的茔园，即"昭、庄、宪、康、靖、端、愍、恭、定"九位楚王的茔园;"十二景"指龙泉山自汉朝至清朝留下的各类珍贵遗址,分别是含山楼、瑞芝堂、春露亭、秋风亭、寻乐斋、听松阁、紫夢园、莲花池、卧云馆、灵泉寺、岭头松、山溪水。其中"一环"环山绿道已建成开放,它是遗址公园作为"公共空间"的重要部分,市民已可以在绿道上漫步,同时观赏绿道两旁的九王陵园。"九园"现已开放昭园,庄、靖、愍、定四王茔园将按照"一园一景"的思路已列入下一步重点打造的展示计划。我们完全有理由相信,规划全面落实之日将是明楚王墓国家考古遗址公园挂牌之时。

二、明楚王墓创建国家考古遗址公园要始终坚持考古先行

习近平总书记强调:"考古工作是展示和构建中华民族历史、中华文明瑰宝的重要工作。认识历史离不开考古学。"[①] 考古工作将埋藏于地下的古代遗存发掘出土,将尘封的历史揭示出来,让更多人领略到中华文明的灿烂辉煌。2009 年大遗址保护良渚高峰论坛上形成的"良渚共识",对考古遗址公园的理念进行了深入阐述,并强调"应以持续开展的考古、研究和保护工作为基础"[②]。考古发掘可以不断揭示文化遗址的内涵,出土文物可以不断丰富、更新展览内容,所以说加大考古遗址公园创建中的考古发掘工作是利大于弊。

（一）考古先行是揭示明楚王墓遗址文化内涵的关键

考古遗址公园建设以保护展示遗址本体及内涵、价值为根本目的,考古遗址公园要保持可持续发展,也只有通过考古发掘不断增添和丰富展示的内容。因此,明楚王墓遗址的考古发掘工作几乎没有间断。一是发掘揭示昭王墓的文化内涵。1990 年 12 月 5 日至 1991 年 1 月 10 日,经国家文物局批准,由湖北省文物考古研究所主持,武汉市文物考古研究所和武汉市江夏区博物馆的考古人员参加,共同对楚昭王墓进行了考古发掘,发掘资料确认了墓主为第一代楚王朱桢;让人们知道了昭王王妃是安远侯王弼之女,与朱桢合葬;让人们知道了明朝初期的薄葬制度。昭园虽屡遭破坏,昭王墓却未曾被盗,保存完整,但是昭王墓出土的 318 件随葬品,多为铅锡、铜、铁、漆木、瓷器以及冠带佩饰、册宝牌旌、丝绸果品等,出土的腰带也是金镶木材质[③]。朱桢升为宗正（朱氏一族之长）,严格遵守祖训,实行薄葬,这与朱元璋关于"宽以待民,不奢

---

① 《习近平:建设中国特色中国风格中国气派的考古学 更好认识源远流长博大精深的中华文明》,https://www.gov.cn/xinwen/2020-11/30/content_5565962.htm.

② 国家文物局:《关于建设考古遗址公园的良渚共识》,2009 年 6 月。

③ 湖北省文物考古研究所、武汉市文物考古研究所、武汉市江夏区博物馆:《武昌龙泉山明代楚昭王墓发掘简报》,《文物》2003 年第 2 期。

侈度日，不重金厚葬"的祖训有直接的关系。明朝初，朱元璋规定：亲王的葬制遵照洪武二年（1369）常遇春的葬礼标准。随葬"明器九十事"，其中日用器皿都是用廉价的锡制造的，此后，王公随葬器物统一由朝廷管理，统一配备"锡造"器皿，目的在于抑制厚葬之风，就连他自己的后事也留下了"丧祭仪物，毋用金玉"的遗诏。让人们知道了九王陵寝的基本格局。各寝占地都在百亩以上，除墓冢外，原来都有碑亭、茔城、大殿、配殿、祭台等建筑物，现多已不存，其中"昭园"城墙外左侧建有碑亭，内竖石碑一座，碑下龟高 1.4、碑高 5、宽 1.5 米，是朱桢的孙子楚宪王于正统十二年（1447）建立的，昭园的垣墙呈四方形，总长 1400、厚 1、高 2.8 米。砖为官窑特制的青砖，每口重 18 千克，正门三个拱形圆门，左右各一侧门，均为汉白玉、白矾石浮雕砌成，从正门直到大殿，全用 1 米见方的白矾石铺陈路面，依秩是金水拱桥、朱氏皇堂、享殿、拜台等建筑群，地面上的殿堂早已倒塌，但汉白玉雕刻的九龙头、玉柱、屏栏等依然保存完整，1982 年对昭王陵进行了较大规模的修整，龙泉山和明楚王墓群现被辟为风景区。让人们知道了龙泉山当时建有灵泉寺、灵泉书院，万卷书楼等，从这里走出去的名人有唐朝的李廓、李蹊，宋朝的冯京，元代的宰相沈如筠，明代的宰相曾泰等，这一时期，龙泉山一带有樊、李、杜、张、沈、曾、董、邹八大望族，文人墨客也纷纷前来卜居或漫游，这里遂被人视为世外桃源，诗乡福地。去年昭王神道的发掘证明：昭王碑向东延伸的神道方向有第二代楚王庄王和第三代楚王宪王的墓，向西方向则有第四代楚王康王的墓，此前考古界一直推测龙泉山八代九位楚王的墓应该有一条道路贯穿的推测尚未得到证实。

二是发掘揭示二妃山楚王墓的文化内涵。二妃山位于龙泉山，近些年来，考古工作者在江夏二妃山、龙泉山等处共发掘清理了明代不同时期的墓葬 40 余座，出土了一大批珍贵的文物。其中最典型的有 2007 年在东湖高新区流芳二妃山明代楚藩王朱桢家族墓地的考古发掘中，出土的明成化蓝釉鸡心执壶、龙纹高足青花瓷碗等一批堪称国宝级的珍贵文物以及墓葬中出土的墓志等文字资料，为明代中期瓷器的研究提供了"标尺"。有 2002 年 5 月 8 日，为配合武汉市二妃山垃圾处理厂工程建设，武汉市文物考古研究所、江夏区博物馆、江夏区流芳街文化站联合组队，对工程所涉及的范围进行了考古调查勘探及发掘工作，勘探总面积 11 万平方米，共发现明代古墓葬 11 座，均为明代大型砖室墓，其中明景陵王朱孟炤夫妻墓位于武汉市江夏区流芳街佛祖岭村，是一个三面环山，一面临水的天然小盆地，该墓为同茔并穴砖室墓，残存有茔园基址，出土了一批反映明代藩王丧葬礼制的随葬品，是目前武汉地区考古发掘的第一座明代郡王墓，为研究明代藩王制度提供了新的实物资料；这里还发掘出土了崇阳靖简王朱孟炜（朱桢第五子）通山王朱孟爚（朱桢第六子）王妃程氏墓志等，其中王妃程氏，生于 1386 年，庐江人，十九岁册封为楚王第六子通山王妃，因为疾病逝于 1407 年；发掘出土文物最多的是江夏流芳四股山两座明代时期的大型砖室墓，共出土遗物达 120

余件，包括金器、银器、铜器、铁器、铅锡器、木器、玉器、墓志等，尤其两墓出土的木俑，有武士俑、文臣俑、娱乐俑、侍俑等，形态各异，雕刻精湛，形象逼真，极具特色，这在武汉地区乃至湖北省的明代墓葬中尚属首次发现。流芳二妃山明楚藩王家族墓群发现的 24 件保存完好的明朝中前期官窑烧制的青白瓷盘、豆青釉盖罐、青白瓷碗（盘）高足碗、青白瓷盘、青白瓷盏（盖）、绿釉瓷壶、绿釉青白瓷瓶、绿彩青白瓷盒和青白瓷盅等更是填补了湖北省瓷器中的许多空白，根据出土的墓志记载墓主人身份分别是明楚昭王朱桢的孙子"镇国将军"朱季塝和曾孙"辅国将军"朱均钵。一系列的发掘成果表明：江夏二妃山、佛祖岭一带是明朝楚藩王贵族墓群所在地，对研究明朝历史、武汉建城史、明朝丧葬制度、明代瓷器等都有重要意义。

三是发掘揭示愍王墓文化内涵。2019 年 10 月至 2020 年 9 月，武汉市考古所等单位完成了对愍王墓的考古勘探与发掘工作。勘探面积 30 000 平方米，发掘清理 2000 平方米，高精测绘 8 平方千米。这次考古工作揭示了众多尚未明确的重要建筑基址布局及其历史内涵，掀开了龙泉明楚王墓群文物保护工作的新篇章。通过考古发掘，进一步弄清了愍王朱显榕为第七任楚王，受封于嘉靖十五年（1536），嘉靖二十四年（1545）被弑，在位九年，其茔园在墓群中面积较大，仅次于昭王墓，保存较好。进一步弄清了愍王茔园的明塘、外神道、广场、角门、金水池、宝城、封土挡墙、园外祭祀建筑基址等。进一步弄清了墙体多用方形长条砖双层垒砌而成，地面用方砖错缝平铺，靠近后墙的中央处一砖砌供台应是一处守陵祭祀建筑。进一步弄清了愍园的整体布局，其外城垣前方后圆的形制，有别于始封藩王昭园的方形布局，整座陵园呈轴对称布局，重要的建筑集中分布在中轴线上和明塘位于中轴线上也是愍园不同于其他楚藩陵园的又一特点。进一步弄清了外神道、碑亭、明塘、排水系统、房址等遗迹，更加明确了愍园的结构布局，为其他楚藩陵园今后保护展示工作提供了参考，也为研究明王朝其他藩王陵园制度提供了新资料。特别是从发现的各类建筑构件如筒瓦、檐瓦、瓦当、滴水、脊瓦以及各类砖、石构件等文物浮雕看，既有龙的瓦当、滴水，又有大量"官"字款铭文砖等，可以推测愍王茔园原本布局严整宏伟，建筑精雕细刻，结合文献资料与其他地区的考古发现综合研究，进一步弄清了龙泉明楚王茔园的营建史、不同时期不同地区明藩王茔园的异同及相关规章制度等。虽然愍王茔园建筑规格较《明会典》的规定有所逾矩，但明楚藩王茔园未发现有石像生等遗迹，与明代其他同时期藩王茔园相较，总体形制依然遵循相关制度。愍王墓的发掘收获大大丰富了龙泉明楚王墓群的文化内涵，为未来的保护、展示工作提供了有力的支持，荣获湖北省六大考古新发现的"入围奖"。

（二）考古先行是明楚王墓遗址合理利用的物质基础

持续不断地进行考古发掘工作，与持续不断地进行保护利用相结合，是明楚王墓创建国家考古遗址公园工作的又一个重点。一是建设开放龙泉山风景区。1981年，武汉市为了发展旅游，开始对龙泉山的文物古迹和梁子湖的自然景观进行有计划的保护和开发，逐步恢复了一些地面建筑和重要景点，建成开放了楚天名山牌坊、远眺亭、楚昭王陵园、龟碑亭、婆婆树、樊哙雕像及樊哙墓等。1982年，又对昭王陵进行了较大规模的修整，并将龙泉山和明楚王墓群辟为风景区，吸引了不少游客前来"打卡"。

二是修缮开放昭园。20世纪80年代后，明楚王墓保护得到政府部门的高度重视。在武汉市武昌县人民政府支持下，十余年间依明代官式建筑风格，在原基上重建了昭园正神道、金水桥、祾恩门、东西配殿、神帛炉、祾恩殿等，又维修了园内汉代舞阳侯樊哙墓，并造其塑像。1994年10月，明楚昭王陵园对外开放，王开祥和朱德春等人，慕名前往武汉大学历史学院找冯天瑜先生为龙泉山明楚昭王墓园修复撰文，由于冯先生自幼生活在武昌城，对明楚昭王非常熟悉，认为昭王陵园的对外开放利民懿行，而且"民众获此优淳佳处，学者得一研习现场"，当场挥笔撰文，一气呵成，写下了《龙泉山明楚昭王墓园修复记》。王开祥说，冯先生写就后，风景区又请当时的书法大家陈义经手书，最后刻成一碑记，立在昭园游客必经之处，成了观众了解昭园的又一方式。

三是建设开放愍王墓。为了展示愍王墓发掘成果，2021年，明楚王墓文管所向省文旅厅申报了"明楚王墓——愍王墓保护展示（二期）"项目，对考古揭露出的愍王墓建筑基址、明塘、外神道、排水沟等重要遗迹遗物进行保护和展示，项目投资经费为1700多万元。包括文物本体保护，铺设木栈道和散铺碎石小径方便公众实地游览，在入口北侧设置6米高钢木眺望观景平台，沿木栈道流线设置2.5厘米框景观景台引导展示遗址。在茔园西侧设置生态停车场以供游客来往通行，补植茔园内植被，并在边缘位置进行一定程度的绿化改造和景观提升，突出展示遗址整体格局。结合场地遗迹分布与游览流线布置石木标识标牌，对不同区域的现场遗存的名称、年代、形制、历史功能等进行详细的图文解说与科普，辅以必要的整体复原沙盘模型和职能解说系统，着力提升遗址的展示和阐释水平。

（三）考古先行是向公众普及考古学知识的有效途径

中国早期的金石学或现代考古学一直处于社会上层的象牙塔上，被蒙上了神秘的面纱。十八大以来，随着社会经济文化的发展，人民群众对考古工作了解的要求越来越强烈，"公共考古"应势而生，2014年，中国考古学会成立了"公共考古事业指导委员会"，考古学家王仁湘先生担任委员会主任。开展形式多样、行之有效的考古教育，如考古旅游、考古研学、考古讲座、考古科普读物等对传播考古知识、培养遗产保护意识、传承中华文明等都具有重要意义。一是利用考古进行研学活动，2021年，四川三星堆遗址考古发现在央视直播，吸引了400多万人在线围观和10亿多人次的网络阅读讨论量,在全国掀起了一股考古热。也就是在那一年,明楚王墓考古遗址公园同龙泉辖区的龙泉小学建立了课后托管实践基地,同武汉市有关研学机构合作开展了一系列的研学活动,先后开展了多场"文物考古知识课堂""2022 年文化和自然遗产日公众考古课堂"等活动,武汉市考古所的考古工作者还在明楚王墓考古发掘现场向同学们介绍考古基础知识、考古勘探及发掘工具,引导同学们亲自体验考古勘探及发掘工作等,极大地增强了同学们热爱考古、保护文物的责任心与自觉性。

二是利用展览普及考古知识。展览是一个比较成熟的、老百姓喜闻乐见的传播平台,在昭王墓展厅,观众既可以自由参观展览,欣赏文物,了解愍王墓最新考古发掘成果,也可以在讲解员或志愿者的带领讲解下,更深层次地探讨明楚王墓群的历史、相关考古研究的发展,特别是一些考古学家走进展厅用通俗易懂的语言向大众进行考古科普,更是受到了广大消费者的欢迎,成了展厅中一道亮丽的风景线。

三是举办讲座与大众分享考古新成果。2022 年文化遗产日期间,武汉市文物考古研究所考古队员把考古公开课安排在刚刚发掘揭露的楚昭王墓院落前数十米开外的白矾石神道旁,考古所的老师给同学们讲解洛阳铲、手铲、毛刷、探铲、探针、RTK、无人机等考古工具的用途,让同学们尝试用洛阳铲挖掘,用探针深入土层。大家围绕在 600 年前的明代人工琢成的方形石板前,正准备动手刮、刷,考古队员对同学们说:"这些神道上的石板可不一般,它是 600 年前明朝初年的石板,我们在清理时一定要小心,千万不可以用利器伤害它。"只见同学们拿着毛刷小心翼翼,有模有样地将石板上的泥土慢慢清掉。与此同时,武汉市文物考古所还通过网站及时通报愍王墓的发掘情况,用抖音传播愍王墓出土的珍贵文物,深受广大群众的欢迎和喜爱。

三、明楚王墓创建国家考古遗址公园要始终坚持文旅融合

大遗址作为实证中国百万年人类史、一万年文化史、五千多年文明史的核心文物资源是创建国家考古遗址公园、实现文旅融合的重要物质基础,只有深入挖掘、广泛传播文物蕴含的文化精髓和时代价值,创新文物合理利用方式,推动文物活化利用,才能让文化遗产重新焕发光彩,帮助人们更好认识源远流长、博大精深的中华文明。创建国家考古遗址公园的最终目的就是要让文物保护成果与时代共进、为人民共享,截至 2022 年,"全国 55 处国家考古遗址公园共举办社会活动 4733 项,展览活动 367 项;共开展考古和科研项目 465 项,学术活动 633 项;累计 1.46 亿人次'打卡'国家考古遗址公园"①。

---

① 中新社:《中国 55 处国家考古遗址公园五年累计游客达 1.46 亿人次》,https://www.chinanews.com.cn/cul/2023/04-18/9992434.shtml,2023 年 4 月 18 日。

根据规划，2025 年龙泉山风景区文旅融合工作的目标是争取明楚王墓国家考古遗址公园挂牌，5A 级风景区挂牌，门票收入一千万元。根据这一目标，必须创新文旅融合的思路，拓宽文旅融合的渠道，突出特色，优化服务，利用科技，不断推动明楚王墓历史文化创造性转化和创新性发展。

（一）坚持文旅融合就要突出特色

坚持文旅融合，就要认真贯彻落实习近平总书记关于"保护文物功在当代、利在千秋"和"要让文物说话，让历史说话，让文化说话。要加强文物保护和利用，加强历史研究和传承，使中华优秀传统文化不断发扬光大"的思想，加强对中华优秀传统文化的挖掘与阐发，使中华民族最基本的文化基因与当代文化相适应、与现代社会相协调，把跨越时空、超越国界、富有永恒魅力、具有当代价值的文化精神弘扬起来，推动明楚王墓历史文化创造性转化和创新性发展。首先是要加强文物保护，皮之不存，毛将焉附？这些年来，我们对陵园遗址本体的修缮保护从未间断，而且做到了"修旧如旧"。比如在墙体修复时，将散落在当地村民手中的 5000 余块明代青砖全部回收，用于陵园墙体的修缮，有"官"字款砖占了一定的比例，确保了修缮质量。利用文物进行旅游开发，满足人民群众对美好生活的向往，也是我们建设国家考古遗址公园的目的，在祾恩门加设参观木栈道，不仅保护了文物，也方便了游客的行走，避免脚带泥土，两者相辅相成，相得益彰。我们相信，在明楚王墓国家考古遗址公园创建过程中，只要我们正确处理好了文物保护和利用的关系，那么，明楚王墓国家考古遗址公园就一定能够活起来、火起来、潮起来。因此，我们必须充分发挥明楚墓国家考古遗址公园的文化特色，激发文化遗产自身的活力。

一是要突出明楚王墓区位优势的特色。明楚王墓是一个处在武汉城市中的考古遗址公园，地理位置、交通条件比较好，观众进入比较方便，因而要充分发挥这一优势开展创建活动，既要适应一般游客参观学习的需要，又要满足周边市民早晚入园锻炼休憩的愿望。为此，我们始终坚持以人民为中心，创新管理模式，合理安排开闭园时间，整修了园区绿道，并在绿道两旁新设了 6 处休憩点和茔园解说牌，设计制作了龙泉山风景区导览图和新版宣传册，开发了线上购票小程序等，推动了灵泉寺山门及道路的亮化工程建设，提升了景区风貌。同时，通过对考古遗址公园的整体规划和部署，最大程度确保遗址的完整性和观赏性，使得城市的历史文化脉络得到充分显示，极大方便了居民或游客出门游览，今日的明楚王墓考古遗址公园逐步变成了人民群众的休憩娱乐场所，人们可以在优美的环境和轻松的游览中得到文化陶冶与熏陶，在潜移默化中增强了文化自信。

二是突出跨界宣传的特色。明楚王墓在创建国家考古遗址公园的宣传方面，先后与长江日报、楚天都市报建立了长期合作战略关系。积极通过湖北卫视、湖北日报、光明日报、长江日报、楚天都市报、大武汉、武汉广播电视台、极目新闻等媒体、湖北文旅之声、武汉文化和旅游局、中国光谷等官方账号及自身公众号进行宣传报道，提升遗址公园影响力。同时，不断突破考古遗址公园的边界，探索跨界融合宣传。比如：邀请国家非遗传承人何祚欢，用评书讲述楚王与武昌城的历史故事；2022 年陆续推出的 15 集 "老王说藩王" 口述历史短视频，以大众喜闻乐见的方式阐释、传播遗址内容，受到网友好评，点击量突破 200 万人次，并荣获湖北省文旅厅评定的 "九头鸟" 文旅创意三等奖。

三是突出自然生态环境优美的特色。龙泉山地区山清水秀，鸟语花香，植被覆盖率高达 95%，有各种鸟类 50 种，植物 40 多科 200 余种，生态环境十分优美。考古遗址公园的建设，就是要将这种优美的生态与文化进行完美的 "联姻"，使遗址公园成为城市中的一个小型 "绿肺"，起到降温、除尘、清洁的作用。为了使遗址公园的创建在提升城市品位和美化环境中实现 "两不误"，传递绿色正能量，助力文化传承，我们建设开放了龙泉山天马峰攀登绿道。天马峰海拔 200 多米，上下共用一条步道，总共 1000 级台阶，体力好的人 30 分钟可以往返。步道两旁不时出现山花野果，爬累了，在 300 级、600 级台阶处设有座椅，可以休息一下，看看风景。登山的过程，就像在看风光纪录片，随着高度增加，眼前的美丽风光也在不断流动。登到山顶，一座古朴的亭子从林木掩映中渐渐清晰，它就是远眺亭。环视一圈，连绵起伏的群山、雾气腾腾的梁子湖、山脚下的灵泉寺、掩藏在林木间的陵寝与村落美轮美奂，尽收眼底。

（二）坚持文旅融合就要优化服务功能

坚持文旅融合，就是要找准定位、创新思路、精准发力，不断改革创新，正确处理好保护与利用、保护与发展的关系，积极探索符合明楚王墓国家考古遗址公园为民服务的新思路。

一是要优化服务内容。随着明楚王墓考古发掘工作的不断深入，揭露出的遗址文化内涵越来越丰富，随着国家考古遗址公园创建工作的不断深入，可供游客参观学习和旅游休憩的景点越来越多，明楚王墓国家考古遗址公园的历史意义和时代价值越来越凸显。充分利用现代科学技术，将以上的内容，采取不同的方式进行多维度的文旅融合，将极大地促进考古遗址公园的活化利用，推动考古遗址公园在传承中华优秀传统文化、推进社会主义文化强国方面不断绽放新的光芒。

二是要优化服务方式。在明楚王墓国家考古遗址公园的创建中，申创领导小组采取 "走出去，请进来" 的方式，开展了一系列形式多样，丰富多彩的文化活动，包括与武汉职业技术学院建立志愿合作基地，设立志愿服务岗，邀请武汉晴川学院、武汉城市职业学院的大学生们到园区身着汉服，登台进行国风表演。邀请《寻访武汉城市文明——从远古到 1949》巡展进龙泉，展览以武汉历史发展轨迹为经线，以武汉人文地理、风土人情为纬线，用图文版的方式，向观众重点介绍了3500多年的武汉"城市之根"盘龙城遗址、晴川历历汉阳树的晴川阁和高山流水遇知音的古琴台，突出展示了"辛亥革命首义""武汉抗战""武汉解放"等近现代重大历史事件。在文化遗产日期间，还举办了汉绣、草编、捏面人、剪纸、汉味美食等非遗技艺展示，深受游客欢迎。

三是要优化服务功能。在服务功能的优化方面，最重要的是要以人为本，正确处理好保用结合、文旅融合的关系，比如：通过开展全域土地整治，辖区内居民搬迁，旧房改造，以及收购农户青苗，为考古遗址公园的整体规划、保护奠定了坚实的基础。这些实践告诉我们，建设好国家考古遗址公园，必须始终把人民的利益放在第一位，因地制宜、一园一策，才能做到事半功倍。深入挖掘、广泛传播文物蕴含的文化精髓和时代价值，创新文物合理利用方式，推动文物保护利用工作全面融入经济社会发展，才能为考古遗址公园注入蓬勃生机。比如，强化公共文化服务功能，就要不断完善明楚王墓国家考古遗址公园管理机制，提升运营服务水平，让人民群众及时分享文化遗产发展成果；就要不断拓展文物传播渠道，吸引更多人关心文化遗产，走近文化遗产，成为保护文化遗产的中坚力量；就要创新文物活化利用，不断加强文物价值阐释传播，让更多的人认识源远流长、博大精深的中华文明。

（三）坚持文旅融合就要利用科技手段

要实现文旅融合的高质量发展，就必须加快科技创新，就必须充分利用科技信息技术，提高文旅产品的供给质量和效率。

一是打造"智慧公园"。充分利用AR、VR等技术重构文旅产业供应链和产业生态，利用数字科技的力量，在"视、听、嗅、味、触"上做足功夫，为用户创造强交互、高趣味的沉浸式体验，实现文化遗产信息资源数据共享、共用，借助信息化技术，提供智慧票务、智慧游览、智慧游戏服务，打造面向游客的虚拟展示平台，以小程序为载体，使明楚王墓国家考古遗址公园逐步实现AR导览、VR互动数字体验、票务预约、地图导航等服务功能。

二是加强横向融合。充分运用好5G、人工智能、物联网等技术，为明楚王墓国家考古文化公园的高质量发展注入新动能，充分运用智慧化技术，推动文旅产业的横向融合，不断提升数字化平台效能、运营水平、网络速度，扩大龙泉山风景区的预约率、数字展示普及率、宽带网络覆盖率，从供给端到消费端，以新兴技术推动文化和旅游的联姻，除恢复十二景外，还将借助信息化技术，营造农耕、手工技艺体验区、考古研学课程等，实现"吃行游娱"一日游。依靠3D、5G、AR等科技手段，创新形象展示和互动体验方式，推动明楚王墓的创建工作向纵深发展。

三是夯实基础工作。不断加大明楚王墓考古文化公园的数字文旅产业投入力度，在测绘方面，建立明楚王墓地理信息系统，为遗址公园建设提供精细可靠的数据支撑，在遗址公园规划范围内设立永久测绘控制点，建立明楚王墓三维测绘坐标系统，获取明楚王墓全域范围内机载三维激光点云数据、高清航摄影像，建立明楚庄王、靖王、愍王三座陵园高清纹理模型，对保存较好的茔园及重要石刻要进行三维激光扫描，实现重要考古遗迹现象的三维复原展示和公众互动，使丰厚的文化资源在文旅融合的数字时代焕发出新的光彩。

明楚王墓国家考古遗址公园的立项，只是万里长征迈出了第一步，建设发展之路还很长，我们将以此次国家考古遗址公园立项为契机，坚持守正创新，砥砺前行，进一步加强文物保护、推动活化利用，讲好荆楚故事，促进文旅融合，为湖北"建成支点、走在前列"谱写新篇章，做出新贡献！

国家考古遗址公园视野下武汉明楚王墓的价值与保护利用探讨

吴红敬[1]　熊浩宇[2]

（1. 湖北省文物事业发展中心　2. 武汉市东湖新技术开发区龙泉街道办事处）

内容摘要： 在国家考古遗址公园建设背景下，明楚王墓的保护利用价值成为人们研究关注的焦点。本文以武汉明楚王墓为例，旨在探讨其在国家考古遗址公园视野下的价值和保护利用途径。通过文献分析和田野调查，武汉明楚王墓不仅具有丰富的历史文化内涵，还承载着重要的科学、艺术、旅游和社会价值。同时，本研究探索了与武汉明楚王墓相关的旅游开发、教育推广和社区参与等保护利用途径，提出了注重整体规划设计、强化纪念教育以及开展社区合作的建议。期冀对促进国家考古遗址公园的建设和推广有所借鉴和启发。

关 键 词： 国家考古遗址公园　明楚王墓　价值与保护利用

一、引　　言

明楚王墓群位于今武汉东湖新技术开发区（原属江夏区）龙泉山的天马峰和玉屏峰两条山脉相环而形成的葫芦形小盆地中。九王陵寝沿盆地边缘建在两峰的南北坡。天马峰南坡建有昭、宪二座茔园，玉屏峰北坡建有庄、愍、恭、靖、端、贺、康七座茔园。自昭王墓始沿环山路逆时针而行，依次可见宪、庄、愍、恭、靖、端、贺、康九王墓。九座茔园方向依山脉而定，园门皆面向盆地中央[①]。

近年来，随着国家考古遗址公园建设的不断深入推进，历史文化遗址的保护利用受到了广泛关注。作为国内重要的历史遗址之一，明楚王墓因其独特的历史文化价值而备受研究者和社会大众的关注。明楚王墓是明代著名的楚藩王墓葬之一，以"北有十三陵，南有九王寝"而闻名于世。然而，在长期以来的修复和保护过程中，明楚王墓在保护利用问题上也面临着严峻的挑战。

本文旨在以武汉明楚王墓为案例，探讨其在国家考古遗址公园视野下的价值和保

---

① 刘永亮：《明代楚藩陵园的规制布局》，《大众考古》2021 年第 3 期。

护利用途径。通过对文献资料的梳理和实地调查的数据采集，揭示明楚王墓的历史、文化及考古学价值，并探讨国家考古遗址公园建设对明楚王墓的保护作用。同时，提出了相应的保护利用策略与建议，旨在引导和推动明楚王墓的合理保护与开发利用。

首先，明楚王墓作为楚藩王文化的重要遗存，具有独特的历史和文化价值，对于加深我们对荆楚文化的认识和理解具有重要意义。其次，明楚王墓的保护利用还可为地方经济发展和旅游资源的开发提供有效渠道，为地方带来一定经济收益。此外，明楚王墓的保护利用还与当地社区居民的利益息息相关，通过与社区的协作，能够在保护利用过程中考虑到社区发展的需求和参与，从而满足人民群众对美好生活的向往。

本文研究的意义在于，它为国家考古遗址公园的建设与推广提供了又一鲜活的实践案例。同时，通过对明楚王墓保护利用的探索与研究，可以为其他同类型遗址或文化景区的保护与利用提供经验和借鉴。因此，明楚王墓的保护利用问题具有一定的理论与实践价值。

综上所述，本文在探讨武汉明楚王墓在国家考古遗址公园视野下的价值与保护利用途径的同时，将以"保护第一、加强管理、挖掘价值、有效利用、让文物活起来"的新时代文物工作方针为指导思想，通过对其历史价值和考古重要性的探讨，分析明楚王墓在国家考古遗址公园保护体系下的保护作用，并提出相关的保护利用策略与建议。借以丰富和完善国家考古遗址公园的建设经验，促进历史文化遗址的保护与传承。

二、明楚王墓的历史文化价值

1. 明楚王墓的考古发掘略述

龙泉山明楚王墓群位于今武汉东湖新技术开发区（旧属江夏区）龙泉街道营泉村。西北距武汉市城区中心 21 千米，东、北、南三面环水，濒临梁子湖。

自明楚昭王朱桢始，楚王府八代九王全部在此修建茔园，历史极为悠久。明朝 274 年间在此区域相继建起了昭、庄、宪、康、靖、端、愍、恭、贺八代九王茔园。八代九王墓从明初至明末，贯穿明代始终，形成了一个完整的明代藩王葬制。作为目前保存完整的明代藩王墓区，也为研究明代藩王体制，皇家丧葬制度，以及明代武汉地方的政治、经济、文化、世俗等提供了珍贵的实物资料[①]。

1956 年 11 月 15 日，湖北省人民政府公布明楚王墓群为湖北省第一批文物保护单位。2001 年 6 月 25 日，国务院公布明楚王墓群为第五批全国重点文物保护单位。

1982 年对朱桢（昭王）的妃子墓（地宫）进行了考古发掘和修缮。

1984 年、1986 年、1988 年先后修复了楚昭王陵寝正门、西门、城垣、卫陵宫、天

---

① 陕西省古建设计研究所：《武汉龙泉山明楚王墓群保护规划》，2008 年 12 月。

马峰上的"眺望亭"，昭王陵寝内的东西神道、王妃墓门楼等古建筑。完成了昭王墓恩殿复原重建工程。

1988 年、1989 年、1990 年先后修复昭王陵寝内的"卫陵殿""东西配殿"及昭王墓区内的金水桥、昭王碑亭等。

1990 年 12 月至 1991 年 1 月对楚昭王地宫进行了考古发掘。发现其茔园大墓室偏小，三孔式墓门偏离整个茔园的中轴线，为研究明代的藩王墓葬制度提供了新的资料。

1998 年、1999 年、2000 年期间对庄、靖、愍、贺王园基址进行了逐步清理、勘测。

2009 年、2015 年先后对庄王、靖王、愍王三座陵园进行了考古清理，清理面积共计35 900 平方米，了解到茔园基本结构一致，基础结构保存尚可。三陵园内外城垣及其建筑主体略有差异，庄王外城垣左前方还建有碑亭；愍王陵园则在祾恩门前建金水桥。

2018 年对庄、愍、靖、端、恭、康、贺王陵园进行了实际踏查工作，推测、确定上述各陵园的外城垣轮廓。

2019 年、2020 年对愍园外城垣及其以外区域进行了考古发掘，计划勘探面积为20 000 平方米，发掘面积为 1000 平方米；实际完成勘探面积 24 000 平方米，发掘清理2000 平方米。为研究明王朝其他藩王陵园制度提供了新材料[①]。

2014～2016 年编制完成《明楚王墓安防工程设计方案》，完成了庄王、靖王、愍王墓的保护展示工程，编制完成了贺王墓保护展示方案和安防工程方案。

2018～2021 年，相继完成了安全防范工程、昭园环境整治工程、昭王基园展示工程、道路维修整理工程、靖庄愍三王墓园标识展示工程、楚贺王本体保护工程、智慧管理信息系统工程、电力改造工程八项文保工程。

2021 年 11 月，武汉市文旅发展"十四五"规划明确提出要依托盘龙城遗址、明楚王墓群、湖泗瓷窑址群等大遗址建设有影响力的考古遗址公园[②]。

2022 年 1 月，东湖高新区将明楚王墓国家考古遗址公园建设工作纳入区"十四五"发展规划。

2022 年 12 月 29 日，国家文物局公布第四批国家考古遗址公园评定结果，武汉市明楚王墓获批立项，列入国家考古遗址公园立项名单。

通过考古发掘所了解到的明藩王墓葬的规模、陪葬品的种类和数量等都反映了明楚藩地封建制度的发展和演变，展现了明代及楚藩王国的权力结构和社会等级。同时，墓葬中出土的各类文物也为研究楚地的艺术、手工业和物质文化提供了重要的参考。

明楚王墓发掘出土的文物和铭文显示了楚藩王与明朝廷及周边藩国的交流和互动，也为研究明代历史时期的政治格局和藩王地位提供了重要的证据。

---

① 杨娟、刘永亮：《湖北武汉明楚王墓愍王茔园》，《大众考古》2020 年第 9 期。
② 北京建工建筑设计研究院等：《明楚王墓考古遗址公园规划》，2022 年 3 月。

　　总之，明楚王墓的发掘为研究明楚地历史提供了宝贵的实物资料，对于了解楚藩
地的社会、政治、经济和文化具有重要的价值。同时，明楚王墓的发掘也为武汉市的
文化遗产保护工作提供了重要的参考，为国家考古遗址公园的建设和推广提供了宝贵
的实践经验。

2. 明楚王墓的历史文化价值分析

　　通过对武汉明楚王墓群的历史与文化价值进行分析，可以更好地认识和理解该遗
址在历史上的重要意义，并为其保护利用提供借鉴和参考。

　　历史价值珍贵。武汉龙泉山明楚王墓群作为明代楚王墓群的一部分，具有重要的
历史意义。墓群中的墓葬结构及内部陈设反映了明朝时期的葬礼习俗和社会等级制度。
通过墓葬结构和墓中出土的文物，可以推测出明代楚地的丧葬制度、宗教信仰等方面
的特点。通过对墓葬的考古发掘，可以还原出明代楚王墓葬的规模和布局，进一步了
解明代社会的组织结构和文化风貌。为研究明代藩王体制，皇家丧葬制度，以及明代
楚藩地政治、经济、文化、世俗等提供了珍贵的实物资料。

　　科学价值突出。明楚王墓群具有重要的科学价值。从已发掘的楚昭王墓就彰显其
科学研究价值，一是昭王茔园规模最大，为什么墓室规模最小，又为什么是明前期唯
一的单室亲王墓。二是为什么该墓葬偏高茔园中轴线，同时昭园地宫布置在内茔园外。
三是随葬器物明器化，其原因尚待研究。四是为什么楚昭王墓随葬的鎏金铜封册、灵
牌、铜半镜、金镶木腰带、木旌顶等，均不见于其他亲王墓。明楚昭王墓的发掘为研
究明代的藩王墓葬制度提供了新的资料。

　　艺术价值独特。武汉龙泉山明楚王墓群具有重要的艺术价值。墓群中的石刻、壁
画等艺术品展示出楚文化和明代艺术的独特风格，具有很高的艺术观赏价值。例如，
墓群中的石刻造型精美，雕刻工艺精湛，融合了楚文化和明代艺术的特点，展示了古
代工匠的智慧和艺术造诣。发掘清理出的楚昭王茔园残存神道、祾恩殿基址，大理石
基座、栏杆等雕刻精美。发掘出土的墓葬随葬品，有铅锡、铜、铁、漆木、瓷器以及
冠带佩饰、册宝牌旌、丝绸果品等文物，展现了明代楚王墓葬艺术的独特风格。这些
文物与明代的政治、经济、文化等方面密切相关，也是研究明代楚地文化的重要依据。

　　社会价值突显。楚王墓群是湖北省武汉市重要的文化遗产，在弘扬中华民族优秀
的传统文化，加强爱国主义教育，在促进武汉市乃至湖北省的文化传播以及带动当地
文化遗产保护事业中将起到重要作用。

　　明楚王墓群是湖北重要文化资源，为武汉的文化、旅游、生态、农业结构调整、
现代服务业发展等提供了契机，进而带动地方相关产业的发展，有效促进地方和谐社
会的建设[①]。

---

　① 陕西省古建设计研究所：《武汉龙泉山明楚王墓群保护规划》，2008 年 12 月。

旅游价值巨大。武汉龙泉山明楚王墓群在旅游开发方面也具有巨大的潜力。墓群位于龙泉山风景区内,自然环境优美,景色迷人。墓群本身作为历史文化遗产,吸引了大量游客前来参观和学习,对地方旅游产业的发展起到了重要的推动作用。此外,在旅游开发过程中,还可以通过合理设计和规划,提供更好的游览体验,丰富旅游活动内容,进一步提升墓群的吸引力和知名度①。

因此,通过对武汉龙泉山明楚王墓群的研究,我们可以深入了解其在历史文化、艺术价值和旅游开发等方面的重要性。这不仅有助于加深对该墓群的认识和保护利用,也为类似的文化遗产的研究和保护提供了借鉴。在保护利用过程中,我们应该注重墓群的保护,合理利用旅游资源,提升墓群的整体价值和可持续发展能力。通过这样的努力,可以更好地保护和传承这一宝贵的历史文化遗产,推动地方旅游产业的发展。

综上所述,武汉明楚王墓作为明代楚藩国的重要遗址,具有丰富的历史文化价值。通过对其价值的分析,可以更好地认识和理解该遗址在历史上的重要地位,并且为其保护利用提供合理的途径和建议。这对于国家考古遗址公园建设和推广具有重要的实践意义。

3. 明楚王墓的考古学价值及重要性探讨

明楚王墓作为中国历史上重要的古代墓葬之一,其考古学价值和重要性备受人们关注。本研究旨在探讨明楚王墓在国家考古遗址公园视野下的价值和保护利用途径。

首先,通过文献分析和田野调查,在考古学角度上,明楚王墓具有重要的历史价值。明楚王墓的发掘及历史略述表明,墓葬中的出土文物丰富多样,包括陶器、青铜器、金器、铅锡器、铜器、铁器、漆木器、瓷器以及冠带佩饰、册宝牌旌、丝绸等,这些文物反映了明楚藩王时期的社会、经济和文化面貌。对这些文物的研究能够帮助我们更好地了解明楚藩王时期的历史和文化特征。同时,明楚王墓还提供了关于古代葬礼制度、社会等级和宗教信仰等方面的珍贵资料,这对于了解中国古代社会和文明的发展具有重要意义。

其次,明楚王墓在考古学角度上还具有重要的保护利用价值。一方面,明楚王墓作为中国古代墓葬的代表之一,其保护利用能够展示中国古代文明的独特魅力,吸引大量游客前来参观。旅游开发是保护利用的重要手段之一,通过合理规划和设计,可以为墓葬提供适当的保护同时最大限度地实现旅游价值。另一方面,明楚王墓的保护利用也能够推动社区的发展和参与。社区参与是保护利用的重要环节,可以通过开展文化教育活动、培养社区志愿者等方式,增强社区居民的文化自豪感和参与感,并提高墓葬保护的长期可持续性。

---

① 陶力、赵益超:《基于类型特征的国家考古遗址公园旅游发展路径研究》,《云南民族大学学报(哲学社会科学版)》2020 年第 3 期。

最后，通过对明楚王墓的考古学价值及重要性的探讨可以获得如下启示。一是需要注重明楚王墓的整体规划设计，确保保护利用的可持续性。在规划设计过程中，应充分考虑遗址的环境特征和历史文化内涵，注重景观与保护的有机结合，打造具有独特魅力的旅游景点。二是推动多学科联合考古，加快楚王墓综合科研成果更多地呈现。多学科的联合考古工作和严谨的考古研究才能为明楚王墓的保护、开发、利用和国家考古遗址公园科学有序的建设工作提供专业技术支撑。科学评估楚王墓群价值以及探明楚王墓的历史沿革、平面布局、建筑规制、地宫埋藏规模与形制、陵园建筑构造与营建方式、陵区河道、祭祀道路等方面均需要进行长期的考古工作，更需要多学科联合参与的有效的科学论证。三是加强楚藩王历史文化的研究与挖掘。结合墓葬的考古发掘，深入研究楚藩王的历史、文化及其背后的故事，提高公众对明楚王墓的认知和保护意识。

综上所述，明楚王墓在国家考古遗址公园视野下具有重要的考古学价值和保护利用意义。通过充分发挥其历史文化内涵和旅游吸引力，注重整体规划设计、推动多学科联合考古和加强楚藩王历史文化的研究与挖掘等措施，可以有效实现墓葬的保护利用和长期可持续发展。这对于促进国家考古遗址公园的建设和推广，以及推动中国古代文明研究和传承具有重要的实践意义。

三、国家考古遗址公园与明楚王墓的保护作用

1. 国家考古遗址公园概念及其对明楚王墓保护的影响

在国家考古遗址公园建设背景下，明楚王墓的保护利用价值成为研究关注的焦点。《国家考古遗址公园管理办法》载明国家考古遗址公园，"是指以重要考古遗址及其环境为主体，具有科研、教育、游憩等功能，在考古遗址研究阐释、保护利用和文化传承方面具有全国性示范意义的特定公共文化空间"。国家考古遗址公园作为一种新兴的保护利用模式，在其概念和实践中丰富了考古遗址的价值和含义。

以国家考古遗址公园视野为出发点，结合以上概念与标准，分析阐释武汉龙泉山明楚王墓群的价值与保护利用。旨在探讨国家考古遗址公园建设对明楚王墓的保护作用。首先，明楚王墓作为历史遗存的代表之一，具有丰富的历史文化内涵和重要的考古学价值。其历史发掘及略述表明了其在明朝历史中的重要地位，极大地丰富了我们对于明楚藩王的了解。在考古学角度上，明楚王墓是一个珍贵的考古遗址，通过考古发掘和对其墓葬结构、出土文物和人类活动遗迹的研究，可以推测出当时社会的政治、经济和社会状况，促进明史研究。

其次，国家考古遗址公园作为一种全新的保护利用模式，强调了对考古遗址的全

面保护和科学利用。在明楚王墓的保护方面，国家考古遗址公园为其提供了一个理想的保护平台。通过国家考古遗址公园的建设和管理，能够实现对明楚王墓的全程保护，包括维护墓地的完整性和稳定性，防止自然破坏和人为破坏，保护墓葬内的文物和人类活动遗迹。

同时，通过国家考古遗址公园展示与教育功能的发挥，可以提升明楚王墓的历史和文化价值。国家考古遗址公园作为一个大型文化旅游景区，可以吸引大量游客和学者前来参观和研究，提高墓地的知名度和影响力。通过展示明楚王墓的丰富文物和历史故事，可以增加公众对于历史文化的认同和尊重，促进文化传承和发展。

基于此，为了更好地保护明楚王墓，首先，在国家考古遗址公园的整体规划和设计上，应充分考虑明楚王墓的保护需求，制定专门的保护计划和规定。其次，注重纪念教育和历史文化推广工作，通过举办讲座、展览和培训等方式，提升公众对于明楚王墓的认知和理解。此外，开展社区合作，广泛征求社会各界的意见和建议，形成多元化的保护合作机制，推动明楚王墓的高质量发展。

综上所述，国家考古遗址公园对于明楚王墓的保护作用不可忽视。通过国家考古遗址公园的创建和实践，明楚王墓的保护价值可以得到充分的认可和实现。对于促进国家考古遗址公园的发展和推广，推动历史文化保护和传承均具有重要的实践意义。

2. 明楚王墓在国家考古遗址公园保护体系下的实践

随着明楚王墓国家考古遗址公园建设的实施与推进，明楚王墓得到了更加全面和科学的保护。

首先，明楚王墓的保护与利用需要从历史价值与考古重要性出发进行分析。明楚王墓的发掘及其历史略述将有助于深入了解其历史背景和文化内涵。通过考古学方法，可以揭示明楚王墓在古代社会中的历史地位和权力象征作用。更重要的是，可以通过对明楚王墓墓葬结构、陪葬品等遗迹遗物的研究与分析，帮助人们进一步认识明代的皇家丧葬制度。

其次，国家考古遗址公园作为保护和利用考古遗址的有效途径，对明楚王墓的保护起到了积极作用。国家考古遗址公园概念的提出，强调了对考古遗址保护的整体性和系统性要求。在国家考古遗址公园保护体系下，武汉明楚王墓在保护、展示和利用方面的实践是不可或缺的。通过对遗址的清理、修复和保护措施的规范实施，可以保持其原有的历史风貌和文化特色。同时，国家考古遗址公园的建设与保护体系还督促了增加纪念教育的力度，通过开展文化宣传和教育推广来提升墓葬的认知度和保护意识。

再次，在保护利用策略与建议方面，本文提出了注重整体规划设计、强化纪念教育以及开展社区合作的建议。在整体规划设计方面，应遵循学科交叉、融合发展的原则，充分发挥武汉明楚王墓在历史研究、文化传承、旅游开发等方面的综合价值。此外，强化纪念教育对于提升公众对明楚王墓的认同和保护意识至关重要，可以通过举办讲座、展览和故事传播等方式进行。同时，开展社区合作可以增加社区居民对明楚王墓的参与度和认同感，通过建立社区志愿者队伍和开展社区文化活动等途径，促进保护与利用的有效衔接。

综上所述，明楚王墓在国家考古遗址公园保护体系下的实践具有重要的实践意义。通过对明楚王墓的保护与利用，不仅可以充分展示其历史文化价值，还能够促进国家考古遗址公园的建设与推广。因此，加强明楚王墓的保护与利用是当前研究的重点和难点，需要在整合资源、加强保护意识以及促进社区参与等方面继续努力，为国家考古遗址公园的保护与利用提供有益的经验和借鉴。

四、明楚王墓的保护利用策略与建议

1. 综述现有的保护措施及难题

明楚王墓的保护是国家考古遗址公园建设中至关重要的一项任务。为了更好地保护明楚王墓，许多保护措施已经被采取并取得了一定的效果。本研究将对现有的保护措施进行综述，并深入分析其中所面临的难题。

关于明楚王墓的保护措施，目前已经采取了多种方法。一方面，针对墓穴内外的环境保护，相关部门加强了对明楚王墓周边自然环境的保护与修复工作。通过植被覆盖改善、土壤保育、水质监控等措施，有效地保护了墓葬内外环境的稳定性。另一方面，针对明楚王墓的文物保护，博物馆及考古专家们采取了各种手段。包括加强博物馆设施保护、采取合理的藏品陈列展示方式、采用先进的科技手段进行文物保护等措施。

然而，尽管已经取得了一些成果，但是明楚王墓的保护工作面临着诸多挑战和难题。首先，由于明楚王墓的规模较大，保护工作需要耗费大量的人力、物力和财力。特别是在墓穴内部的保护工作上，由于技术手段的限制，目前还无法达到完全无损的状态。其次，由于明楚王墓的开放性和接待游客的人数众多，人为破坏的风险比较高。一些不文明的行为，例如乱涂乱刻、攀爬踩踏等行为，给明楚王墓的保护带来了极大的隐患。此外，还面临着盗掘、偷盗文物的风险，这不仅是对明楚王墓本身的破坏，也是对整个国家文化遗产的深重伤害。

为了克服这些难题，我们需要制定更加科学合理的保护策略和措施。首先，加强管理力度，建立健全的保护机制，落实相关法规，严厉打击盗窃和破坏行为。其次，加强公众教育宣传，提高公众的文化素养和对历史遗址的认同感，增强公众的法律意识和文物保护意识。此外，加强与社区的合作，鼓励社区居民参与保护工作，以社区共治的方式保护好明楚王墓。

总之，明楚王墓的保护是一项复杂而重要的工作。虽然已经实施了一系列的保护措施，但仍然面临着一些难题。只有综合运用多种手段，科学合理地制定保护策略，加强管理和加大公众参与，才能更好地保护明楚王墓，实现其在国家考古遗址公园中的完美保护利用。

2. 明楚王墓的保护利用策略与建议

首先，应注重对墓葬群的整体保护规划的设计，保持遗址的完整性和真实性。通过明确墓园的整体定位和功能划分，可以达到最佳的保护效果。在规划设计中要注重保护环境和景观相结合，使游客在欣赏墓园景观的同时也能够感受到历史文化的底蕴。此外，还需要合理配置游客服务设施，提供便利的参观体验，为游客提供专业丰富的导览服务，帮助他们更好地了解墓园的历史价值和文化内涵。

其次，统筹做好宣传传播，增强公众对明代楚王墓的认知和理解。例如，可以建立展览馆、展示中心，向公众普及明代楚藩王国的历史与文化。通过展示丰富的文物藏品和历史文献，可以向公众普及明楚王墓的历史背景和文化价值。同时，可以开展各种形式的文化活动和教育推广活动，如举办专题讲座、展览和培训班，吸引更多的公众参与到保护与利用的工作中来。此外，还可以在明楚王墓附近建设相关研究机构，系统地开展相关学术研究，以推动明楚王墓的科学保护与利用工作。

再次，有序推动社区参与，加强对墓葬群的保护和管理工作。社区合作是保护利用工作中的重要环节。通过与周边社区的积极沟通和合作，可以增强社区居民对明楚王墓保护的认同感。增强他们对墓葬群保护的责任感和主动性。可以鼓励社区居民参与到墓园的保护与管理中，组织志愿者参与相应的工作，共同守护明楚王墓的安全和完整。同时，还可以通过开展合作项目，提升社区居民的生活质量，增加他们对明楚王墓的关注和保护意识。

最后，需要特别强调的是切实加强各墓葬遗址的文物本体保护和周边相关大环境保护。对于遗址的文物本体保护，可以采取物理保护措施，如加强建筑物和遗迹的科学维修和保养，依法设置保护区域以避免破坏。对于环境保护，应加强对周边相关大环境的保护控制，如加强监测，控制污染物排放，维护周边山脉、河流、森林草原始风貌，保持周边环境的生态平衡。

五、结　语

本文以武汉明楚王墓为案例，对其价值、考古重要性，以及受国家考古遗址公园保护的作用进行了探讨。本文通过对文献资料的分析和实地调查，发现明楚王墓不仅传承着丰富的历史文化价值，还具有重要的科学、艺术、旅游和社会价值。同时，本研究还探讨了明楚王墓在国家考古遗址公园保护体系下的实践，并给出了保护、利用策略和建议。研究结果对于进一步推动国家考古遗址公园的建设和推广具有积极的意义。

未来的研究方向和实践建议方面，本研究建议注重遗址公园整体规划设计，将明楚王墓纳入更广泛的文化遗产保护议程中。同时，建议加强纪念教育，通过开展丰富多样的宣传教育活动，增加公众对明楚王墓及国家考古遗址保护的了解和认同。此外，建议开展社区合作，将地方居民纳入遗址公园的管理和保护中，促进社区参与和共享遗址资源。另外强调要切实加强遗址文物本体保护和周边大环境保护。

试论720度全景技术在明楚王墓国家考古遗址公园保护利用中的运用探索

范江欧美[1]　罗宏斌[2]

（1. 武汉博物馆　2. 武汉市文物考古研究所）

内容摘要： 720度全景技术是一种有别于视频、声音、图片等传统流媒体，具有可操作、可交互的一种新媒体技术。其"3D实景"和"虚拟现实"两大技术实现模式各有利弊。在未来的明楚王墓国家考古遗址公园的保护利用中，对于室内的展陈，适合运用"3D实景"技术去完成；而室外的遗址点展示部分，则建议使用"虚拟现实"、"增强现实"及"混合现实"等技术来实现。在新科技助力展陈的过程中，还需把握好科学真实原则、透物见人原则和内容为王原则。

关 键 词： 遗址展示　全景技术　虚拟现实

明楚王墓群位于武汉市东南郊，距武汉市城区中心21千米处。其东南濒临梁子湖、东隔鸭儿湖与鄂城市相毗邻；西以陈子海、龙潭河与五里界接壤，遗址规划保护范围及控制地带约6.29平方千米。明楚王墓群墓区分布于龙泉山的天马峰和玉屏峰两条山脉相环而形成的葫芦形小盆地中。其中昭、宪二园在天马峰南麓，庄、愍、恭、靖、端、贺、康七王茔园建于玉屏峰北麓。明楚藩八代九王墓自明初至明末，虽经历四五百年的沧桑风雨，其墓葬、茔园和地面建筑基址仍能有一定规模的留存，其世系谱系清晰完整，贯穿明代始终，为研究明代藩王墓葬制度，以及明代武汉地方的政治、经济、文化、民俗等提供了珍贵的实物资料。

一、遗址的历年工作和目前的保护现状

1956年11月15日，明楚王墓群遗址由湖北省人民委员会公布为湖北省第一批文物保护单位。1980年武昌县（即今江夏区）龙泉山风景区管理处暨明楚王墓群文物管理所成立。文馆所的成立加强了对明楚王墓群的保护和管理。

1982年考古工作人员对楚昭王妃子墓地宫进行了清理和修缮，1986年又对楚昭王茔园进行了全面的清理和勘测，并对茔园的园门、神道、金水桥、享殿、配殿等建筑

进行了修缮和复原性修复。1991 年经国家文物局批准,考古工作人员对明楚昭王墓开展了清理和发掘,并发表了明楚昭王墓地宫的发掘简报①,为研究明代藩王的墓葬制度提供了新资料。清理发掘后的楚昭王茔园及地宫开始对外开放。

1993 年,武汉市人民政府(武政〔1993〕55 号)文件公布了明楚王墓遗址的保护范围。1998 年、1999 年、2000 年,为配合园区的整治改造,考古工作人员对庄、靖、愍、贺王茔园基址进行了调查和初步勘测。2001 年 6 月 25 日,龙泉山明楚王墓群由国务院公布为第五批全国重点文物保护单位。

2007 年《明楚王墓保护规划》获国家文物局批复通过,明楚王墓群的保护进入快车道。2009 年和 2015 年,考古工作人员对明楚庄王、靖王、愍王三座陵园进行了新一次更加精细的调查和数据勘测,获得了几座茔园平面布局的精准数据。2013 年和 2014 年,关于明楚庄王墓、靖王墓和愍王墓的保护展示工程设计方案又陆续获得国家文物局批复通过。2018 年 6 月 13 日,明楚王墓考古工作站挂牌成立。2019 年至 2022 年武汉市文物考古研究所、武汉市文化遗产保护中心持续在明楚愍王茔园开展工作。通过考古发掘和高精测绘相结合,取得了一系列客观真实、科学严谨的工作成果,为楚愍王墓下一步的保护性展示奠定了坚实的基础。

目前,明楚王墓已是第四批国家考古遗址公园立项单位,正在向着建成明楚王墓国家考古遗址公园的目标迈进。

二、遗址展示的内容和展示方式的分析

明楚王墓遗址规划保护范围及控制地带约 6.29 平方千米。在 2007 年获批的《明楚王墓保护规划》(下称《规划》)中,确定了遗址展陈体系由遗址现场展示和博物苑展示两部分组成。现已被明确列出的展陈点包括:楚王苑、康王墓、贺王墓、端王墓、万卷书楼、靖王墓、恭王墓、愍王墓、庄王墓、宪王墓、李道宗墓、楚昭王墓、妃子墓、观晴井、蓼莪堂遗址、婆婆树、大观桥等,共计 17 处。

《规划》中指出,楚王苑是明楚王墓群遗址的管理、研究机构所在地,也是明楚王墓群保存并传播历史信息,发挥社会效应的重要场所。其具备保藏、研究、展示教育三大功能,应是未来的明楚王墓遗址博物馆及其遗址区管理机构的所在。而博物馆的展示方式,包括文物标本、图文资料、多媒体设备等,有其系统和相对完备的展示理念和技术支撑,如再获得专业设计团队的加持,博物馆的室内展陈相信可以做到内容严谨科学、形式丰富多样。

---

① 湖北省文物考古研究所、武汉市文物考古研究所、武汉市江夏区博物馆:《武昌龙泉山明代楚昭王墓发掘简报》,《文物》2003 年第 2 期,第 4~18 页。

除楚王苑外，其余 16 处遗址点中，有 9 处为历代楚王的茔园展陈点。各代楚王茔园虽在区域方位、大小规模、保存现状、细部结构等方面有个体差异，但基本结构和总体布局受明代王室宗法制度和典章仪制的约束，仍以相似点居多。这 9 处历代楚王墓茔园遗址具有整体占域面积广阔，单体遗址点众多、分散且布局相似度高等特点。那么，通过怎样的展示方式才能使我们的观众对遗址的情况做到既能全面了解又能深入掌握、既可走马观花又可解剖麻雀、既不因重复而感到乏味又保有不断探索的兴趣和乐趣？这给我们的遗址点展示设计工作提出了难题！

三、720 度全景技术在明楚王墓遗址点展示方面的运用探索

720 度全景技术是一种有别于视频、声音、图片等传统流媒体，具有可操作、可交互的一种新媒体技术。其中"全景"一词，源自英文 Panorama，该技术作为目前新媒体应用场景最广泛的技术之一，经过十多年的持续发展，其技术水平日臻完善，在博物馆行业中的应用已被逐步接受和认可。该技术的使用使得博物馆的藏品和展览得以突破时间、空间和物质本身的桎梏，通过数字互联网呈现在公众面前。

1. 720 度全景技术的两种主要实现形式及其各自的特点

720 度全景技术创造出来的"景"大体可分为两类，即"3D 实景"和"虚拟现实"。3D 实景是运用数码相机对现实场景进行多角度环视拍摄，然后经过特殊的后期缝合处理并加载播放程序来完成的一种三维虚拟展示技术，可以让体验者在不使用传感设备的情况下，产生一种行走在真实场景中的感觉[①]。而虚拟现实（VR）是利用 MAYA、3D MAX 等三维软件，模拟制作出逼真的虚拟场景，通过使用一定的传感设备如 VR 眼镜、头盔等，使体验者产生一种置身于虚拟世界中自由游览的体验感受。

"3D 实景"式虚拟展示是一种经济型数字化博物馆展示建设途径。目前，这种造景方式，已经逐渐为各大中型博物馆所接纳，并广泛运用到常设展览和临时展览的线上展示中。它的优势是体量不大、生产周期短、造价便宜、使用方便，它可以突破时间和空间的限制，通过互联网数据传输，使即使远在地球另一端的观众也能轻松实现观展。在本文的论题中，对于楚王苑未来数字化展示方式来说，笔者认为，"3D 实景"式虚拟展示将是一个不错的选择。

而"虚拟现实"造景法则更适合应用于具有空间解剖或拓展的场景，以及部分需要虚拟还原的展陈环境中。例如大型建筑物的外形与内部构造，如桥梁、塔楼、石窟造像等；又如古家具、古建筑构件等内部结构精巧、无法或很难用肉眼直观观察到的

---

① 游杰：《基于 720 全景技术的数字博物馆建设方法研究》，《信息与电脑（理论版）》2018 年第 17 期。

器物细部或结构等,如榫卯、斗拱等;又或者天空、海洋、外太空等科技展馆的展览中需要展示的特殊场景;再如需展示的内容部分或全部已经消逝,需要历时性复原,如废弃的遗址及其地面建筑的布局及结构等都是"虚拟现实"造景法的用武之地。在这些场景中,"虚拟现实"造景法可以利用三维模型,将需要展示的内容分解出内部的细节或复原出原貌,提供更加直观、清晰、具体、系统的可视化信息给观众去认识和理解展示内容。经过这些年不断地技术积累和完善,"虚拟现实"营造出的场景,配合VR眼镜、头盔等传感设备的使用,其真实感已经可以达到身临其境、自主漫游的效果。很多"虚拟现实"造景的展项中,还会加入虚拟的讲解员,为观众进行导览和讲解。未来的"虚拟现实"技术还会加入 AI 智能互动、知识图谱等技术,这些无疑会带给观众更加真实、新奇、深刻的体验。笔者认为,历代楚王茔园及其墓葬的展示部分就非常适合用"虚拟现实"技术来实现。

从各单体遗址点现存的情况看,历代楚王中以昭王茔园保存得最好,但也仅存陵园垣墙、茔园内建筑基址及台明部分,地面建筑已然无存(现存台明以上部分皆为 20世纪 80 年代以后复建)。其余诸王,虽或多或少留下了一些建筑基址,但地面建筑部分均已湮没于历史的长河之中,甚至个别已几乎损毁殆尽。通过遗址点残存的遗迹和前期严谨扎实的考古勘探、清理、发掘等工作,并通过现代高精测绘设备的数据采集,以及历史文献、绘画、留存的同时期遗物和建筑物资料等,我们基本可以复原出历代楚王茔园的大致风貌。同时,我们可以通过 3D 模型的搭建,对历代楚王的茔园布局有一个系统梳理,对各单体间的特点和差异有一个具象和充分的认识。除了楚藩历代楚王之间的比对,还可以与明孝陵、明显陵和明十三陵进行比较,找出茔园规格上的差异,并引导观众探索差异背后的原因。

然而,假设我们用同一种展示方法来展示 9 位楚王的茔园,相信参观者会逐渐失去游览的兴趣。在这种情况下,也许我们可以通过"虚拟现实(VR)"技术的几个"好兄弟",即增强现实(AR)、混合现实(MR)和扩展现实(XR)等技术来帮助我们实现不一样的参观体验。增强现实(AR)是英文词组 Augmented Reality 的缩写,可以理解为将虚拟的信息应用到真实世界,被人类视觉、听觉、触觉等所感知,从而达到超越现实的感官体验。混合现实(MR)是 Mixed Reality 的缩写,则是虚拟现实技术的进一步发展,该技术通过在虚拟环境中引入现实场景信息,在虚拟世界、现实世界和用户之间搭起一个交互反馈的信息回路,以增强用户体验的真实感。而扩展现实(XR)是 Extended Reality 的英文缩写,则是 VR、AR、MR 三者的合集,且 X 代表变量,指未来未知的多种新技术应用其中。我们在科幻电影中所见到的全息投影、人机交互、化身技术等,都可以统称为 XR。针对不同单体遗址点的情况,设计出不同的展示方式,给观众提供差异化的体验感受,从而不断吸引观众变被动为主动,去探索和体验、参与和学习,实现现代博物馆工作从以"物"为中心向以"人"为中心的转变。

2. 720 度全景技术在展示过程中需要注意的几个问题

新技术的应用固然为我们的展陈展示提供了新的手段和方式，然而，在运用新技术的过程中我们还需把握好几个原则，注意几个问题。

首先，在技术的应用过程中需牢牢把握科学、客观、严谨的工作原则。无论是博物馆的室内陈列还是遗址的保护复原展示，都离不开历史之真实、科学之严谨这一关键原则。特别是古遗址的展陈展示，是向公众进行教育和宣传，尤其不能有谬误和失真。这就要求我们对于遗址点的保护和修复要做好考古工作先行。通过科学的发掘、清理，精准地勘测与记录，将历史的原貌揭露、绘制出来。同时，明代史料翔实、内容繁多，明史的研究也在一代代历史学家的努力下，留下了累累硕果，这些前人的智慧成果，也给我们提供了很多的指引和参考。只有将二者结合起来，才能给明楚王墓遗址下一步的展陈工作提供牢固的学术支撑。

其次，坚持透物见人原则。遗址的内容展示不应仅仅停留在茔园、墓葬、出土遗物等物质展示上。我们应该结合史料和明史研究成果，尽量复原和展现历代楚王、明代宗室，甚至普通民众的样貌性格、学识经历、文化生活等方方面面。观众看到的不再是一件件上古遗留下来的死物，而是一个个鲜活丰满的"活物"，以此为公众提供一个了解明代武汉社会文化生活的切口。通过虚拟技术的运用，使观众完成一次参观体验就如同经历了一次时空的穿越一般。

再次，坚持技术始终为内容服务原则，切不可本末倒置。在展陈展示的过程中，其核心是内容的设计，而非技术的炫技。不能为了吸引观众的眼球，把一些与遗址、文化不相干的新技术生拉硬拽地砸向观众；又或者脱离历史的真实，进行低级趣味的消遣，从而脱离了遗址保护、展示、利用的初衷。展陈的内容设计一定要围绕明代藩王文化、明代武汉地区社会、经济、文化展开，必须牢牢把握这个初衷。

四、结　　语

大遗址的保护、利用和展示是目前及未来很长一个时间段内，文博考古人需要面对的课题。优秀灿烂的历史，从发现整理、研究解读到宣传教育、保护利用，是一个环环相扣、步步推进的过程。它饱含着一代或者几代考古工作者、历史研究者、文博工作者、多学科学者及相关工作人员的心血智慧。新科学技术的发展，让我们看到未来无限前景，这些技术的利用，可以使我们突破时间、空间、思想的桎梏，看到我们想看到的，了解我们感兴趣的，从而激发我们创造出更加绚烂瑰丽的世界。而处在当下的我们，在把握好保护、展示原则的基础上，利用好各项现有的技术手段，服务和引导公众，保护好、传承好、利用好优质的文化资源，是我们的荣幸、更是我们的责任！

浅谈价值导向下的墓葬遗产保护展示
——以明楚愍王墓为例

李长盈[1]　吴　忱[2]

（1. 湖北省古建筑保护中心　2. 武汉市东湖新技术开发区龙泉街道办事处）

内容摘要： 本文以明楚愍王墓的考古与保护展示工作为切入点，探讨墓葬保护展示与文物价值之间的联系：明代藩王墓葬的保护展示要借助田野考古的支撑，尽可能还原历史原貌；在制定保护展示措施时，针对性地结合遗址价值特点充实展示内容与形式，确保遗存原貌及其反映的制度特征得到真实、完整的展示，阐释说明的遗存信息能够易于理解。

关 键 词： 明楚愍王墓　遗址保护展示　考古遗址公园

明代藩王墓葬因其年代序列完整、分布范围广泛、现存遗存众多、文献考证丰富而成为我国大遗址的一个独特代表，对其进行有效保护和合理利用，不仅可以推动明代考古学、建筑史等研究的不断深入，还可进一步发挥文物见证历史、弘扬传统文化的作用。近年随着文物保护工作的日益深入，明代藩王墓葬得到了越来越多的关注，如何展现明藩王墓所反映的丧葬习俗、社会制度和文物价值，是当前值得思考的问题。

结合有明以来不同藩王分封情况，通过查阅已有考古工作成果和遗存现状，笔者对有据可依的明代藩王墓的保护展示情况进行了初步梳理。总体而言，明藩王墓保护展示工作具有保护级别低、考古成果少、保存现状差、展示水平低等特点。究其原因，一方面与明藩王墓分布相对分散、区位条件不利等因素有关，更多则与田野考古基础工作不足、对墓葬价值认识与专项研究成果有限有较大关系。因此，目前少数考古工作基础较好的藩王墓群尤显弥足珍贵，其阶段性的考古工作突出反映了不同时期考古工作重点，在此基础上实施的展示利用也更具代表性，对于墓葬遗产的保护展示有重要意义。

一、楚愍王墓保护展示历程

明楚愍王朱显榕为楚藩第六代王、端王庶长子，正德十一年（1516）初封长乐王，十六年（1521）改封为楚世子，嘉靖十五年（1536）袭封王爵，二十四年（1545）为世子英燿所弑，终年39岁[1]。楚愍王墓为愍王及其王妃的合葬墓园，为明楚王墓中除昭王墓外面积最大、保存最为完整、实施田野考古与保护展示项目最多的墓园。经过大量工作，目前楚愍王墓已成为明楚王墓原址展示的核心展示区（图一～图五）。

图一　2014年楚愍王墓卫星遥感图片

图二　2016年楚愍王墓卫星遥感图片

---

① （清）汤铭新、汤盘：《灵泉志·第一卷·楚藩世次纪》，武汉地方志办公室影印资料。

图三 2020 年楚愍王墓卫星遥感图片

图四 2022 年楚愍王墓卫星遥感图片

截至目前，楚愍王墓先后实施了六个阶段的田野考古发掘、清理工作[①]，四次文物保护展示工程[②]。根据明楚王墓田野考古与保护展示工作的目标、历程、范围、成效，楚愍王墓田野考古与展示工作可分为四个阶段：

---

① 六次正式考古工作先后为：1998～2000 年、2010 年、2015～2016 年、2018 年、2020 年、2023 年。

② 四次保护展示工程先后为：2014 年、2018 年、2019 年、2023 年。

图五　2023 年初楚愍王墓（右）、楚庄王墓（左）鸟瞰

（一）调查认定阶段

1956 年，明楚王墓被公布为省级文物保护单位，标志着当代保护利用明楚王墓的兆始。1985 年，武昌县成立龙泉山风景区管理处，将明楚王墓所在龙泉山辟为游览区，明确了楚王墓群系明代朱元璋第六子朱桢封楚王后的九位藩王寝地，俗称"三龟九寝"[①]。1998～2000 年期间，武汉市文物考古研究所、江夏区博物馆在龙泉山就明楚王墓建筑遗迹进行了调查，对其中的愍王墓园等基址进行了初步勘测、清理。统计出墓群内共有历代楚王及其正妃、次妃和继妃墓葬 24 座。明确了明楚王墓九座墓园核心保护区和现状，其中愍王、庄王、靖王、末代王四座墓葬总体保存较差，仅存部分建筑基址[②]，其余墓葬地面建筑基址几乎无存。

这一阶段，明楚王墓的文物工作集中于墓园范围格局与墓葬数量认定方面，楚愍王墓的田野考古工作较少，仅以明确其位置、属性为主，其作为明楚王墓核心文物构成的地位被明确。

（二）局部展示阶段

2007 年，江夏区设立明楚王墓专职管理机构——明楚王墓文物管理所（以下简称

① 武汉县志编纂委员会：《武昌县志》，武汉大学出版社，1989 年。
② 武汉年鉴编纂委员会：《武汉年鉴（2000）》，武汉年鉴社，2000 年。

"文管所")。2009 年,《明楚王墓群保护规划》^①经国家文物局批复同意后由省人民政府公布实施。

在保护规划的指导下,2010 年武汉市文物考古研究所对楚愍王墓园进行了调查和局部清理。明确了内城垣基本格局和文物构成,墓葬整体保存较差,功能建筑遗存均仅存少量建筑基址和散落的砖石构件,金水桥可见部分桥基,外垣及外门两侧残存部分墙体,其余部分仅存墙基。

为做好已发现遗存的保护工作,2014 年 6 月,国家文物局批复同意了《明楚王墓——愍王墓保护展示工程方案》^②。2015~2017 年,文管所组织对外垣以内区域实施保护展示工程,此次工程根据对楚愍王墓核心区的整体布局,通过对砖石构件现场分布情况及殿基内填土土质研究,以对墓葬建筑基址进行现场保护及加固为主要内容。在此阶段,楚愍王墓的建筑基址和墓冢得到了有效保护,外城垣以内区域得到了初步展示。但外城垣整体格局、外垣以外遗存分布、乡村公路破坏内神道等问题尚未得到有效解决。

(三)格局展示阶段

为了推动国家考古遗址公园建设工作,2018 年,当地政府在文管所的基础上成立公园申创领导小组,明楚王墓各项保护展示工作进入加快推进阶段。2019~2021 年,经国家文物局批准,武汉市文物考古研究所对楚愍王外垣及以外区域进行了考古调查勘探,清理发掘约 1000 平方米,完整揭露出外垣墙体,新发现角门 2 处、外门外广场1 座、外神道 1 条、明塘 1 处、排水暗沟 2 处、祭祀建筑 1 座。墓园外发现的明塘和祭祀建筑等附属设施,均为明代藩王墓所罕见。

同一时期,"明楚王墓靖王、愍王、庄王墓保护、展示及标识工程"^③和"明楚王墓遗址园区道路维护整理工程"^④获省文旅厅批复实施。其中楚愍王墓保护、展示及标识工程对当时新发现的内神道、外垣等遗存进行现状保护及加固。道路维护工程在原有3.5 米宽道路基础上,将部分穿过遗址路段进行改线(靖、愍、庄三王墓园),有效解决了墓园格局及公路占压等问题,并将楚愍王墓的展示起始点由外门扩展到明塘,向游客简洁直观地展示了墓园的完整格局。

---

① 陕西省古建设计研究所:《明楚王墓群保护规划》,2008 年 12 月。

② 陕西省文化遗产研究院(陕西省古建设计研究所):《湖北省武汉市明楚王墓群楚愍王墓保护展示工程方案设计》,2014 年 8 月。

③ 河南华威设计院有限公司:《龙泉街明楚王墓靖王、愍王、庄王墓保护、展示及标识工程》,2018 年 11 月。

④ 郑州大学城市规划设计研究院有限公司:《龙泉街明楚王墓遗址园区道路维护整理工程》,2019 年 4 月。

（四）整体展示阶段

2022 年 12 月，明楚王墓成功入选第四批国家考古遗址公园立项名单，国家考古遗址公园建设工作取得实质进展，与之配套的阶段性考古和文物保护展示工作也进入了新的阶段。

2022 年以来，武汉市文物考古研究所对楚愍王墓的若干细部结构做进一步勘探发掘，新发现了金水池、宝城、挡墙等遗存，完整梳理出墓园的排水系统，对楚愍王墓的细部构成有个更深入的认识，其中的宝城、挡墙等遗存为明楚王墓其他墓葬所未见。同时，《明楚王墓考古遗址公园规划》^①编制完成，提出打造以"明代楚王陵寝"为核心，以"龙泉山水胜景"为背景的明楚王墓考古遗址公园。湖北省文化和旅游厅批复同意了《明楚王墓——愍王墓保护展示（二期）勘察设计方案》^②。在楚愍王墓保护展示工程（一期）的基础上，对既往保护展示工作进行了修正和补充。对 2021 年以前考古揭露出的建筑基址、明塘、外神道、排水沟等重要遗存进行修缮保护，同时重点展示明塘、排水沟、外垣基石、角门、后土祠^③等新发掘区域，通过排水系统展示，将楚愍王墓的展示与整个墓群的展示紧密结合，并利用沙盘、观景台、标识标牌、植被模拟等多种形式，进一步丰富提升了遗址的展示和阐释水平。

二、楚愍王墓文物价值梳理

从楚愍王墓田野考古与保护展示工作历程来看，各阶段田野考古工作均在既往考古收获的基础上对墓园有了逐步深入、日趋细化的认识，保护展示工作在各阶段田野考古收获的基础上均能及时、有效展开。通过对楚愍王墓田野考古成果的分析，我们对楚愍王墓的兆域选址、陵园规模、城垣布局、营造形制等内容有了全新的认识，对墓园文物价值的理解也更为深入。

（一）历史价值

作为目前考古揭露最为完整的明代藩王墓园，楚愍王墓内外城垣的建设格局、前方后圆的形制特征、布局精巧的功能分区，为研究明代的藩王丧葬制度提供了新的资料，对研究明代藩王体制具有重要意义。

---

① 北京建工建筑设计研究院等：《明楚王墓考古遗址公园规划》，2022 年 3 月。

② 湖北省古建筑保护中心：《明楚王墓——愍王墓保护展示（二期）勘察设计方案》，2022 年 2 月。

③ 经武汉市文物考古研究所考古人员清理研究发现，其不符合奉祠、次妃墓拜台性质，推测为道教后土祠。

明正统十三年（1448）《大明会典》规定"亲王茔坟五十亩，房十五间"①。按此计算，楚愍王墓的占地面积达 74 亩②。另外经考古确认的宝城与后土祠设置，其他建筑如外门、中门、值守班房等建筑形制均超过制度规定，愍王墓建设存在严重僭越现象，反映了受明嘉靖扩建兴献王墓为显陵影响③，楚愍王上行下效、违背朝纲、大肆越制的历史史实，也是中央政府监管不严甚至有意纵容的实物证据，对研究明代政治演变、藩王地位等问题有重要参考价值。

（二）艺术价值

楚愍王墓选址布局与环境十分协调，一方面依靠地理之山、水、植被与墓园建筑形成良好的葬地环境；另一方面追求风水在这些环境要素上附加的"乘生气"④观念，反映了明代中期"陵制当与山水相称"的环境观，是中国古代建筑风水理论的天才杰作。墓园将周边的山峦、河流作为其有机组成部分，统一规划布局，与所在的玉屏峰、古河道与天马峰共同构成背山面水、有靠有照的整体布局，达到了墓园与山水相融的统一，构成了一项建筑艺术与环境美学相结合的典范。

（三）科学价值

茔园在经历自然侵蚀和人文历史巨变后，虽然部分地面建筑残损严重，墓园格局和建筑基址仍然完好，体现了墓园修建用料和工艺的科学性。楚愍王所在时期是古代建筑和丧葬制度的重要发展阶段，建筑遗存形制规整，用功巨大，在建筑布局上力求简洁庄重，中轴对称，建筑布局封闭而序列分布，体现明代建筑组群设计的优秀传统。对愍王墓园建筑结构和工艺特征的研究，丰富了对明代建筑营造技艺和装饰工艺的认识，有助于推进明代建筑特别是官式建筑的研究。

田野考古工作揭示了大量愍王墓与其他楚王墓甚至明藩王墓与众不同的遗迹现象：层层干垒的半圆形明塘为其他楚王墓所未见，凸显其高超的营造技艺，进水口与泄水口高差配置兼顾了水系景观和防洪需要。发达的排水系统完整串联了整个墓园，既有效缓解墓园水患、解决明塘水源问题，又通过对水路走向的调整，满足了金水桥等规制建筑配置，提升景观效果的同时也在外垣形成水系条带环绕的风水格局，其精巧程度令人叹为观止。愍王墓冢之上的挡墙不仅形制稀有，亦能起到加固墓冢、防止

① （明）李东阳等撰，申时行等修：《大明会典》，江苏古籍刻印社，1989 年。

② 陈梦家：《亩制与里制》，《考古》1966 年第 1 期。该文认为，明代一营造亩约合今 607.7440 平方米。

③ 陈飞、李媛丽：《明楚王墓探析》，《明清皇家陵寝保护与发展研讨会论文集》，北京燕山出版社，2007 年。

④ （晋）郭璞（传）：《葬书》内篇，影印文渊阁《四库全书》，台湾商务印书馆，1985 年。

水土流失的作用，是中国古代丧葬艺术的建筑典范。

三、楚愍王墓保护展示探析

通过对楚愍王墓价值的重新梳理，可以将楚愍王墓的核心价值要素概括为选址、格局、环境、功能、形制、材料、技术和精神八个方面，结合楚愍王墓目前已实施的各项文物保护工程，笔者从保护措施、展示措施和配套设施三个方面探索构建楚愍王墓的保护修缮和价值阐释体系。

（一）保护措施

保护措施主要结合历次田野考古工作和现场勘察情况，对残损的遗迹进行适度修缮，在保证文物遗存安全完整的同时为遗存展示提供基础。由于楚愍王墓各类梁柱、门窗等木构件遗存均已损毁，现存遗迹大部分为砖石构件，其修缮重点在于砖石构件归安和形制恢复两方面。

本体保护主要包括恢复墓园部分遗存的形制、功能、还原营造材料和技术等内容，保护措施主要集中于墓园中轴线及两侧的门址及建筑基址、内外神道、排水系统等遗存。门址及建筑基址在保持外门、中门、享殿等基址格局完整的前提下，对散落砖石构件进行归安，对殿面、墩台、散水进行整修补配；根据墓园地形南高北低的特点，墓区内排水由南向北自由散排；对墓冢进行覆土加固，修补墓冢坑洞。排水系统中的明塘主要采取收集散落的泊岸块石进行归安，局部缺失的石构件予以补配，恢复泊岸原形制，根据相关安全要求设置塘底标高及出水口等；对金水桥采用青石铺地，标识出金水桥的位置，用卵石标识金水桥下部水体；修缮疏通墓葬周边原有排水暗沟，归安松动错位的石构件，恢复排水功能，其上进行覆土回填保护。

环境保护主要包括恢复格局和修复环境，在保持愍王墓园现有地形地貌的基础上，将环境整治与生态保护相结合，保留场地内的历史肌理和生态信息，清除分布杂乱和深根系灌乔木，保留低矮及浅根系植物，保持地域性的生态平衡和生态特色。同时突出观赏性要求，注重植物与遗址格局的联系，从植物配置的角度突出场地的历史特色（图六～图八）。

（二）展示措施

为凸显墓园的选址格局、形制功能和环境氛围，进一步聚焦展示内容和展示形式，结合楚愍王墓功能分区，对墓葬的展示空间进行了区域划分：接驳区、祭祀区和地宫区。

接驳区主要以明塘和外神道展示为主。明塘周边整体空间开阔通透，以强烈的轴线感引导游客进入，围绕明塘形成半弧形空间，烘托陵区的庄严与肃穆；外神道现有壕

图六　楚愍王墓明塘考古发掘前后对比图

图七　楚愍王墓月台考古发掘修缮前后对比图

图八　楚愍王墓内红门考古发掘修缮前后对比图

砖采取修缮复原的形式进行原貌展示，依现存轮廓播散不同颜色的草种，用色彩凸显道路的轮廓与指向，打开视线的畅通感；结合外侧栈道引导游人的参观流线与行进方向。

　　祭祀区的内神道和建筑基址采取修缮后原址展示的方式进行展示。排水系统中的排水沟采取局部露明覆罩展示，其余大部在原址回填后铺设卵石进行标识展示；金水桥以采取桥体模拟复原展示和金水池局部复原展示为主。对于祭祀区植被分布区，采用混播常绿草种与季向型散布花卉形成通透的视线廊道与开阔的空间格局，烘托祭祀区的形态与地位，色彩缤纷的散布花草从视线角度美化场地景观，吸引游客注意的同时也将主体建筑与步道隔离开；围绕场地边缘设置的漫步道路通过采景框与错位透视的手法引导游人在场地外侧观赏祭祀区的景观风貌。

地宫区的拜台、墓冢采取原址展示，宝城回填后进行植被标识展示。

（三）配套设施

除必要的保护与展示措施外，为有效串联墓园各展示节点、增加楚愍王墓展示效果，引导游客有序参观，满足游客服务需求，在墓园保护展示措施制定过程中还需增加部分展陈提升配套与游客服务配套设施。

展陈提升配套主要包括串联各个展示节点的栈道、标识标牌体系、沙盘模拟系统、语音解说系统和园区观景平台五类。木栈道主要沿内外城垣边界铺设，保证了墓园肌理走向，为保证栈道耐久性，新近修缮和实施的栈道改为青石铺设，主要栈道之间采取散铺碎石小径以方便游客实地游览。沿墓园内主要建筑基址、遗存分布节点及展示节点设施标识标牌，对遗存的名称、年代、形制、历史功能等进行详细的图文解说。于墓园入口处中轴线上设置缩小版全园区沙盘模型，对模拟复原的愍王墓园全景进行模拟展示，便于游客对比理解[1]。园区四周设置语音解说系统，对愍王生平、园区布局等进行详细解说，丰富视听效果，提升参观体验。在入口北侧设置观景眺望平台，沿木栈道流线设置框景观景台引导展示遗址，分别满足全景导览和细部大样参观需求。游客服务配套主要为停车场、休息座椅和垃圾桶等设施，分别满足游客停泊、休息等需求。游客服务设施均与墓园主要遗存分布区间隔一定距离，避免对遗存风貌产生影响[2]（图九）。

图九　楚愍王墓保护展示预期效果

① 刘润晨：《武汉龙泉山明楚王墓群愍王享殿复原研究》，湖北工业大学 2020 年硕士学位论文。
② 李鹏：《古墓葬展示利用研究》，北京建筑大学 2013 年硕士学位论文。

四、结　语

　　明楚憨王墓的田野考古工作在明确遗存构成、时空结构、价值内涵、遗存关系等方面发挥基础作用，为墓葬保护思路的明确、展示内容的确定、利用形式的拓展提供重要的科学支撑，推动了保护展示的不断丰富[①]，墓葬价值得到了高度彰显。

　　楚憨王墓为代表的明楚王墓，其规格和等级远超包括品官在内的其他明代墓葬，其所蕴含的历史价值、艺术价值和科学价值，以实物表达的方式，印证了明代宗藩凌驾于当时社会之上的史实[②]，代表了明代武昌地区最高的艺术旨趣和建造技艺，是明代特权阶层乃至社会制度的一个缩影。保护展示措施，要在最大程度还原明代藩王墓葬历史原貌的基础上，凝练墓葬特性与共性，不断拓展墓葬的展示内容与展示形式，真实、完整、简洁地展示明代藩王墓葬独有的文物价值。

---

　　① 李长盈：《大遗址保护规划编制评价体系研究》，湖北人民出版社，2021 年。

　　② 刘毅：《明代藩王陵墓的考古学研究》，科学出版社，2021 年。刘毅：《明代藩王陵墓》，《大众考古》2021 年第 3 期。

武汉龙泉山风景区自然资源及其景观价值

姜 昊[1] 皮 磊[2]

（1. 华中农业大学　2. 武汉市东湖新技术开发区明楚王墓文物管理所）

内容摘要： 本文从生态学的角度对武汉龙泉山风景区的自然资源及其景观价值进行了详细分析和研究。龙泉山风景区的自然资源包括地形地貌、气候条件、水域资源、植被资源和动物资源等，通过对龙泉山风景区的自然资源进行景观价值的分析，揭示了其作为重要生态系统具有观赏性、生态性、教育性、文化性及产业经济的价值。并就保护和合理利用龙泉山风景区的自然资源，探讨了相应的策略与措施，为风景区的保护与可持续利用提供科学依据。

关 键 词： 龙泉山风景区　自然资源　景观价值

风景名胜区拥有宝贵的文化资源和自然资源，是地区落实国家文化传承和自然生态保护政策的重要抓手。武汉龙泉山风景名胜区是一处山水相依、人文景观独特的旅游胜地，具有丰富的自然资源和独特的生态环境，吸引了众多游客前来观光和旅游。为了更好地保护和管理这一宝贵的生态景观，需要对龙泉山风景名胜区的自然资源赋存进行研究和分析，本文以生态学的视角，对龙泉山风景名胜区的自然资源进行深入剖析，旨在提供科学依据和建议，以自然资源赋能人文资源，以实现景区可持续、高质量发展。

一、龙泉山风景区自然资源概述

龙泉山的自然资源非常丰富，具体来说有地形地貌、气候、水域、动植物等方面的资源。

1. 地形地貌

地形地貌是决定风景区景观特色的重要因素之一。龙泉山地势较为复杂，包括山脉、山谷、峡谷等地形类型，这些地形形成了山体起伏、水流汇聚与分流的格局，为风景区提供了独一无二的景观。龙泉山由天马、玉屏、珠山、花山、凤凰五组峰丛组成，峰峦叠嶂，风采各异；谷地中央有横龙岭，形成中间高东西两头低的地势；三汊湖、梧桐湖、牛山湖有大面积滩涂，汉邂呈珊瑚枝状，湖岸蜿蜒曲折，多港湾渡口，珑岗、山地多红土，谷地、湖滨多潮土。景区兼有山丘型、谷地型、滩涂型三种类型旅游条件，龙帐峰南坡黑石湾、小傅塆后山分别可见地层剖面景观和褶层景观，还有一些天然的洞穴景观，天然洞穴有清风洞，在玉屏峰东南麓，冬暖夏凉；岩壁景观有四处：黑虎岩在玉屏峰东北支脉，天马峰北坡有地质勘测标志岩，狮子岩位于龙帐峰西巅，马鞍岩在马鞍峰西山腰，数组巨岩排列分布。龙帐峰中段有名叫"陡口"的峡谷，是由黑石垮进入山内的通道；沟壑景观有两处：一为曾子谷（今仙人窝），二为龙湫壑；象形山景观有平山、笔架峰、珠山、马鞍峰、坨坨山、尾巴山等，民间传说的地貌景观有仙人福桃、金鲤化龙、落雁投湖、碧梧栖风、骆驼卸宝、二龙戏珠等，其中二龙戏珠奇异地貌成为风景区的景观标志。

2. 气候条件

气候是影响风景区生态系统和人类活动的重要因素之一，气候条件对植被生长、生物活动和生态环境起着重要作用。龙泉山位于温带季风气候区域，四季分明，冬暖夏凉，降水分布均匀，温和的气候有利于植物生长，为龙泉山的丰富植被提供了条件，而适宜的气温也吸引了大量的候鸟和游客。

3. 水域资源

水资源是维持风景区生态平衡的重要因素之一。龙泉山拥有丰富的水资源，包括江河、湖泊、泉水和小溪等，这些水体丰富了风景区的景观特色，提供了生物生存和游客活动的场所。汉湖（别称三汉港、梁子后湖）、梧桐湖（旧称吴塘湖）、牛山湖，属梁子湖水系，从北、东、南三面环绕龙泉山，兼具养殖、灌溉、航运之利。龙泉山风景区内分布着溪流、湖泊和瀑布等水域景观，其中一些水域还可供游客进行水上活动，为景区增添了动感与美感。

4. 植被资源

龙泉山风景区的植被类型繁多，包括森林、草地、花卉等，这些植被不仅美化了景区的环境，还为各类动物提供了栖息地和食物来源。植被兼具亚热带常绿阔叶、落叶阔叶、针叶混交特征，山地绿化覆盖率超过 90%。乔木以松、枫、樟、朴、楮、栎为主，经济树种有桃李、梨、茶、枣、橘、桐等。龙泉山古树名木的资源比较丰富，主要包括楠木、松木、槐木、榆木、梓木等，这些古树不仅形态各异，树干粗壮，树皮纹理清晰，还具有丰富的文化内涵和历史传承，分布在郭家畈、中所涂塆、胡鸭塆树龄较长的古树有皂荚、桑葚、香樟、三角枫等树种。距楚昭王陵园右前百米远处，有一棵古树，榆科，朴属，学名朴树，传为明代洪武状元曾泰之母陈氏所植，历来都被附近老婆婆们所保护，故名婆婆树。据专家测定，这棵树龄约 700 年，高近 30 米，干粗三人合抱，树大枝密，荫蔽数亩之地，作为景点纳入重点保护范畴 [①]。

5. 动物资源

动物资源通过明代进士董礼的《灵泉山水乐》的描写中可窥见一斑，其写道："今览灵泉胜概，有峰有峦，有泉有流，有松有柏，有树有竹，有烟有云，有鹤有莺，有鹿有虎，有桂有兰，有花有卉，有茶有酒，无一不备。"通过以上描述，我们知道，有鹤有莺，有鹿有虎，老虎现在是看不到了，鹿、鹤和莺应该是还可以看到，据资料记载，1970 年前，山林野生动物更多，现今尚存常见动物有：野猪、野兔、黄鼬、刺猬、鹿麂等。山林有斑鸠、布谷鸟、猫头鹰等常见鸟类，江夏热线 2019 年公布区内野生鸟类达 138 种，梁子湖自然保护区资源调查数据有鸟类 166 种，国家重点保护 21 种，省级保护的有 42 种 [②]。龙泉山风景区拥有丰富的动物资源，这些动物不仅丰富了景区的生物多样性，还为游客带来了观赏与互动的乐趣。

生物多样性是风景区生态系统的重要组成部分，也是景观要素中的重要内容。龙泉山拥有丰富的生物多样性，这些生物丰富了风景区的生态景观和观赏价值，同时也对生态系统的稳定性和生态平衡发挥着重要作用。随着人类活动的增加和生境的破坏，一些物种的数量和分布受到了威胁，呈逐年减少的趋势。

二、龙泉山风景区自然资源的景观价值

龙泉山风景名胜区具有丰富的地形地貌，为景区带来了丰富的景观资源；水域资源丰富，湖泊、河流和瀑布等形成了壮观的水景，也为景区的生态系统提供了丰富的养分和生态平衡；植被类型多样，森林、草原、湿地等为景区提供了独特的生态环境和生物多样性；作为城区，其动物物种丰富度较高，包括珍稀濒危物种，为景区的生态系统增添了独特的价值和吸引力。

龙泉山风景区自然资源的景观主要是地质景观和生态景观，其价值主要体现为观赏价值、生态价值、教育价值、文化价值及经济价值。

1. 观赏价值

龙泉山风景区的自然景观壮丽，自然风光秀丽，山峰、峡谷、湖泊、瀑布、四季植被季相变化等自然景观构成了一幅幅壮丽的画卷，给人以视觉上的美感和心灵上的

---

① 王海丹、叶永烓：《武汉龙泉山风景名胜区古木资源的特征及其保护对策》，《生态科学》2012 年第 6 期，第 1230～1234 页。

② 李显南、文德峰：《龙泉山风景名胜区的生态环境问题研究》，《武汉市环境科学研究所学报》2007 年第 6 期，第 654～657 页。

享受，除了自然景观，龙泉山风景区还有丰富的文化景观价值，自然景观和人文景观的融合，相互放大其价值，不断地拓展各自的内涵和外延，大大提升了风景区的观赏和游览价值。

2. 生态价值

普遍意义上讲龙泉山风景区的自然资源为人类提供了各种生态系统服务。例如，植被的森林覆盖可以吸附二氧化碳、净化空气；水域的湖泊和河流提供了饮用水源和水资源储存；生物多样性维持了生态平衡并参与了土壤肥力的维护等。这些生态系统服务对于维持人类的健康和生计具有重要意义。作为风景名胜区，龙泉山自然资源的生态价值更为凸显，不仅构成了景区重要的景观要素，而且这些自然景观赋予了该风景区独特的景观价值。

3. 教育价值

龙泉山风景区作为一个生态系统，可以向人们传递自然科学知识，教育人们了解和认识自然界的奥妙，提高人们对生态环境的保护意识。龙泉山风景区位于大别山脉中，自然环境优美，山川景色迷人，作为一个生态系统，人们可以通过观察山脉、森林、溪流等自然景观，学习有关地质、生物多样性、生态系统等知识，增加对自然保护和可持续发展的认识，了解自然界的奥妙，提高人们对生态环境的保护意识。龙泉山风景区积极开展生态保护和环境教育工作，组织开展一系列的生态考察、观鸟、环境清洁等活动，这些活动可以增强人们对环境问题的认识，倡导绿色生活方式，培养人们的环保意识和可持续发展观念。武汉龙泉山风景区的丰富的自然景观、历史文化底蕴以及体验式教育项目，为人们提供了一个丰富的教育资源和学习空间，有助于培养游客的环保意识和历史文化素养。

4. 文化价值

龙泉山风景区是历史悠久的文化名山，拥有丰富的历史文化遗产，其中包括明代楚王寝、楚昭王寝、古泉、古寺、古井、古树、古墓等古建筑和文物，这些文化遗产代表了武汉地区的历史、宗教、建筑等方面的文化，具有重要的历史研究价值和文化保护意义。龙泉山风景区的山川景色秀丽，有着丰富的人文景观、人文古迹，是文人雅士修学和寻幽览胜的胜地，龙泉山还有许多传说故事，这些故事丰富了文化内涵，给人们带来了娱乐和启发；龙泉山风景区是艺术家和文化爱好者的创作和表达场所，许多文人墨客和艺术家在这里寻找灵感，创作了大量诗歌、书法、绘画等作品，这些作品反映了龙泉山的美景和人文气息，为文化传承和艺术创作提供了重要素材。龙泉山风景区蕴含丰富的历史文化底蕴，古建筑群、文物古迹等见证了历史的变迁与传统文化的瑰宝，了解武汉地区的历史演变、文化传承和人文精神，通过这些文化元素的展示，人们可以感受到当地独特的文化魅力，增强对历史文化的理解和尊重。这些文化景观不仅是历史遗迹，也是地域文化的重要组成部分。

5. 经济价值

龙泉山风景区作为一个重要的旅游景点，对当地经济有着重要的影响。风景区作为武汉市的自然资源宝库和独特景观的代表，具有丰富的自然资源和多样化的景观价值，其自然景观和文化景观不仅吸引了大量的游客，也为当地经济的发展提供了重要的支撑，旅游业的发展为当地居民提供了就业机会，增加了他们的收入，旅游业的兴旺也带动了相关产业的发展，如餐饮、住宿和交通业等，这些都为当地经济的发展做出了积极贡献。

三、龙泉山自然资源的保护与利用

1. 规划先行，保护和利用"知行合一"

"绿水青山就是金山银山"，龙泉山的本底是绿水青山，我们希望把它变成金山银山，就要保护好龙泉山的绿水青山。我们经常会说在开发中保护，或者在保护中开发，其实开发和保护是对立的，在对立中找到统一，就是在开发和保护之间找到一个平衡点。城市型风景区由于密集的人类活动，其生态系统更具有敏感性，生态系统可能更脆弱，龙泉山风景区需要有一个可持续发展的、科学的、高水平的发展规划，而且规划的第一原则是生态保护，真正做到保护和开发的"知行合一"，在保护的前提下开发，在开发的过程中落实保护的第一原则，必须建立完善的风景区生态保护管理体系，制定科学规划和管理方案，严格控制开发和建设活动，保障自然资源的稳定和健康发展。

2. 加强科研，推动景区生态系统的恢复和保育

加强对龙泉山景区生态系统的详细研究和监测，包括植被分布、动植物物种多样性、生物量、水质等方面。通过科学研究的数据支持，能够更好地了解景区生态系统的现状和问题；基于科学研究的结果，制定并落实针对龙泉山景区生态系统的恢复方案，并充分考虑景区的特点和需求，利用先进的环保技术和工程手段，对景区内的污染物进行治理，通过土壤修复技术将受到污染的土壤进行修复，以恢复其生物多样性和生态功能；加强对公众和游客的科普宣传和教育工作，提高对景区生态系统的认识和保护意识，通过科学知识的普及，能够引导游客遵守游客行为准则，减少对生态系统的破坏，建设和完善科技创新平台，加强与相关科研机构和高校的合作，推动科技成果的转化和应用，吸引更多的科研人员和技术人才参与到景区生态系统的保育和修

复工作中。加强科学研究和技术支持是推动武汉龙泉山景区生态系统恢复和保育工作的重要手段,通过科学研究的支持和先进技术的应用,可以更好地了解和保护景区生态系统,实现其可持续发展[①]。

3. 突出特色,促进可持续发展与利用

加强龙泉山风景区自然生态资源的利用,就必须突出特色,鼓励发展可持续利用的产业,如生态旅游、绿色农业等,促进当地经济的发展和人民生活水平的提升,同时确保资源的可持续利用。武汉是"百湖之市,湿地之城",其自然禀赋国际上都是很少有的,我们说"山水相依",武汉城区的山还是很少的,同时具有丰富自然资源和人文底蕴的龙泉山更是难得的资源,龙泉山地理优势、区位优势明显,旅游资源开发的潜力巨大,当然近些年来旅游业态也在发生着深刻的变化。伴随农业产业化发展,现代农业不仅具有生产的功能,还具有改善生态环境质量,为人们提供观光、休闲、度假的功能[②]。另外龙泉山周边的湿地资源也特别丰富,鸟类资源也很有特色,可以开展以观鸟为主题的自然教育研学游,让人们在城市里更直观地欣赏自然、了解自然、保护自然。

综上所述,龙泉山风景区作为武汉市的自然资源和景观宝库,具有丰富的自然资源和独特的景观价值。通过加强保护和管理,可以实现龙泉山风景区的可持续发展,既满足了游客对美丽景色的需求,也保护了当地的生态环境和文化遗产。

---

① 王艳红、王晓光:《武汉龙泉山风景名胜区自然资源开发和保护策略》,《矿产与地质》2013年第2期,第204～207页。

② 涂明星:《武汉龙泉山风景区资源赋存调查与合理利用方略》,《武汉职业技术学院学报》2020年第4期,第107～111页。

结　语

习近平总书记关于"历史文化遗产承载着中华民族的基因和血脉，不仅属于我们这一代人，也属于子孙万代。要敬畏历史、敬畏文化、敬畏生态，全面保护好历史文化遗产，统筹好旅游发展、特色经营、古城保护，筑牢文物安全底线，守护好前人留给我们的宝贵财富"① 的重要讲话，是我们在新时代坚定文化自信和明楚王墓群创建国家考古遗址公园的指导思想。为了保护好、利用好、传承好明楚王墓群这份珍贵的历史文化遗产，东湖高新区成立了明楚王墓群国家考古遗址公园申创领导小组，并紧紧围绕"规划""考古""研究"三个主题不断上下求索，打造文化精品，增强文化自信，满足人民群众对美好文化生活的向往。

六百年苍茫风烟，世代藩镇武昌的明楚王生前身后事均随历史洪流远去，唯其茔园隐匿在如今的绿水青山之中；四十年栉风沐雨，几代文保人默默守护这一珍贵的历史文化遗产，在"让文物活起来"的路上永不停步；五年的艰苦探索，创建国家考古遗址公园取得了新突破。今年又成功举办了"明楚王墓与明代藩王文化学术研讨会"，收到了来自全国各地有关明史研究专家学者撰写的论文 30 多篇，从不同角度深入研究了明代藩王制度、皇家丧葬制度以及国家考古遗址公园建设等，为明楚王墓群国家考古遗址公园的创建提供了学术支撑，现将这些论文结集出版。在论文的编辑出版中，武汉东湖新技术开发区管委会和龙泉街道办事处提供了经费支持，国家考古遗址公园高级顾问吴宏堂为研讨会的筹备及论文编辑出版进行了精心策划，王巍院士为该书作序，湖北大学、武汉市文物考古研究所、明楚王墓文物管理所高效协作、有力推进了各项工作的落实，文管所的吴怡蓉、吴忧等同志在论文的约稿、编辑、校对等方面作出了辛勤的付出，在此一并表示衷心感谢！希望通过编辑出版"明楚王墓与明代藩王文化"学术研讨会论文集，唤起更多的人对明楚王墓的关注、重视并共同见证、参与明楚王墓国家考古遗址公园的建设。

---

① 2022 年 1 月 27 日习近平在山西省晋中市考察调研时的讲话。引自《习近平谈历史文化遗产保护》，人民网 http://politics.people.com.cn/n1/2022/0323/c1001-32381843.html.